奋进

追求卓越的东华大学研究生教育

东华大学研究生院　著

上海三联书店

Contents

目　　录

Contents

序　言

Foreword

在服务纺织强国战略中奋进不止

——东华大学研究生培养改革与实践之路

东华大学是新中国第一所纺织高等院校，也是中国纺织研究生教育的开拓者和引领者，1959年学校开始在纺织工程等4个专业招收5名研究生，开启了我国自主培养纺织领域研究生的大幕；1978年恢复招收研究生，1981年获得博士、硕士、学士首批学位授权，开启了学校研究生教育的新阶段；2011年获评"全国工程硕士研究生教育创新院校"，2020年成立东华大学研究生院，开启了研究生改革新篇章。

纺织工业作为国民经济的重要支柱产业，中国工业化进程的母亲行业，世界各国工业化的先导产业，对高层次创新型人才培养的需求也在不断变迁。在第一个百年征程中，我国纺织工业实现了由小及大、由弱到强，2019年，中国工程院公布中国的纺织产业与通讯设备等五类产业属于世界领先产业；2021年我国宣布基本建成纺织强国。纺织强国的实现有四大要素：人力资源、科技支撑、管理创新和发展模式，其基础在人才，关键在人才。建校至今已为国家培养超26万各类人才，其中研究生为3.6万余名，为我国基本建成纺织强国提供重要人才支撑。正如原全国政协副主席陈锦华曾为我校题词所说的："从旧中国人民衣不蔽体，到新中国的丰衣足食和成为世界纺织大国，东华大学作为纺织业的人才摇篮，功不可没，业绩辉煌。"

针对纺织上下游产业链长、涉及学科链广、工程性和应用需求强的特点，我校始终聚焦纺织产业转型升级和服务国家战略需要两条主线，紧扣高水平复合型人才和拔尖创新型人才的育人目标，深入开展大纺织学科研究生教育改革探索，创新实践“三全程”产教融合和“三大一长”科教融合的人才培养新模式，在研究生人才培养的“量”与“质”特别是“高精尖缺”人才培养上取得较显著成效。

一、聚焦“缺”与“少”，打造“三全程”产教融合人才培养模式

纺织产业转型升级，迫切需要大批卓越工程师和青年科技人才，针对人才稀缺的现实困境，我校在研究生培养源头上下功夫，聚焦研究生教育的改革设计、育人场景和育人主体三大要素，破除校企壁垒，创新“三全程”产教融合人才培养新模式，在推进现代化发展和服务企业技术改进中培养满足纺织产业转型升级需要的新纺织人。

首先，学科教授与行业专家全程参与研究生教育的改革设计。让“懂行的人”全过程参与大纺织研究生培养的教育改革设计中来，行业需要什么、我们就教学生什么，学校积极服务企业需求，邀请行业企业专家进校交流，深度参与纺织学科研究生培养方案制定等改革设计，就纺织学科人才培养规格充分研讨、达成共识。推动形成“企业出题、学校解题”的“校企相融”新模式。

其次，企业项目与场景全程融入大纺织研究生知识体系的建构。我校深刻把握基地、课程与人才培养三大要素，与全国六大纺织产业集群的龙头企业已创建了“国家－上海市－学校－学院”四级研究生联合培养基地 400余个，依托这些基地聚焦企业急需项目组织研究生开展研究，围绕企业实际问题强化科研实践育人。在落实人才培养的课程教学和教材体系建构中，拥有丰富实践经验的教师系统梳理并建构了从“机械化”到“电气化”再到“智能化”时代所需的、基于学科交叉的大纺织知识体系，通过校企联合的实验室、实践基地等育人场景与过程的交替进行，培养了研究生复合、交叉的素质能力，实现了“教研相融”的新目标。

最后，校内外导师全程参与研究生的培养。校内外导师在招生、培养到学位论文全流程的言传身教，扎实做到课堂理论学习、企业生产及社会实践的有机融合，有效改变和提升学生对未来纺织产业的理性认知和情感认同，

实现知识传授与产业要素充分融合，培育学生热爱纺织产业、扎根实业的工匠精神，充分展现了研究生作为科研和服务社会生力军的支撑作用和价值，实现了“过程相融”的新境界。

二、聚焦“战略”与“顶尖”，构筑“三大一长”科教融合人才培养路径

高水平人才除了量的需求，更要有质的突破，这就是瞄准国家战略培养突破“卡脖子”技术的未来领军人才。为此，我校突出“高精尖缺”导向，聚焦研究教育的前沿知识响应、科研资源流通、团队协作能力和交叉学科视野等要素，探索“三大一长”科教融合人才培养新模式，在突破“卡脖子”技术中培养满足心怀“国之大者”的时代新人。

首先，聚焦前沿知识和科研资源，以“大平台”提供领军人才培养的资源供给。我校拥有纺织领域第 1 个国家重点实验室和仅有的两个国家制造业创新中心等 28 个国家及省部级科研基地，充分利用这些高水平的“国家队”力量，充分发挥他们引领纺织知识发展方向，处在知识前沿的优势，以及承担国家战略任务的资源优势，深度融入研究生招生规划、科研能力训练等关键环节，践行“把论文写在祖国纺织强国产业中”的成果产出导向，把政府认定、企业协作、校内实体运行的三类科研基地转变为培养领军人才的摇篮、技术创新的场所和科技创新的策源地。打通了高水平的科教、产教融合创新全流程，实现了培养领军人才的高质量资源供给。

其次，聚焦多学科交叉和多任务驱动的动力机制，以“大项目”提供领军人才培养的问题供给。重大项目是是解决国家“急难”问题的“国计”所系，需要调动多学科知识体系，需要研究主体具备大格局、大情怀与大视野。学校坚持以承担“高性能纤维制备过程中的关键科学问题”等一批 973、国家重点研发计划等国家重大项目为契机培养满足“大项目”需要的未来领军人才。广大研究生导师主动担当，在承担国家重大项目中历练和塑造满足大项目需要的研究生。如师生共同努力先后突破碳纤维、高强高模聚乙烯、芳纶和聚酰亚胺四大高性能纤维的国外封锁，通过“研、用、转、产”提供了国产技术化源头，助力我国科技自立自强。在此基础上，学校通过设置鼓励创新、容许失败的创新基金项目，引导研究生围绕“大项目”自主探索，打造了全方位、多角度、全过程提升研究生科研能力和综合素质的“主动训练范

式”。形成了“导师引领”和“资助探索”相结合的“大项目”育人方式，在师生协同服务国家战略中养成了博士生把握前沿科技的敏锐意识、舍我其谁的担当精神和敢于质疑的创新思维。如从钱宝钧先生到潘鼎教授（1978 级研究生），再到陈惠芳教授（2000 级研究生）三代东华人 70 年专攻一件事，小小碳纤维撑起大国重器，就是我校在研究生培养过程中攻克了“卡脖子”技术的写照，先后荣获国家科技进步二等奖和一等奖。

再次，针对“高精尖缺”的多学科问题集成和知识不确定性等特征，以“大团队”提供领军人才培养的知识供给。新一轮科技革命和产业变革正在重构全球创新版图、重塑全球经济结构，这在现代化先导产业——纺织中尤为突显。学校聚焦纺织产业服务国防军工、航空航天的战略转型，破除学科壁垒，前瞻布局建设和建强纺织、材料与设计三个大纺织核心学科群，经由多学科知识体系的交叉，拓展领军人才的视野，为服务纺织强国建设所需领军人才培养提供高质量的学科知识体系。如全国“互联网+”金奖获得者赵兴雷，即学校俞建勇院士领衔大团队培养的博士。

最后，瞄准大项目、大团队和大平台所需的未来领军人才特性，探索实施长学制改革。面对知识的爆炸、学科的交叉、资源的流通等要素对新时代“高精尖缺”人才的挑战，传统本硕博分离的选拔与培养模式已无法适应新时代的要求。我校通过“长学制”制度改革，在选拔中更关注协作能力、创新意识、担当精神等素质，在培养中加强育成上述素质，通过考察研究生的知识宽度、科研深度和兴趣专注度等要素进行分流，利用大项目、大团队和大平台的优势，打破学科藩篱、知识固化和视阈局限，创造更多机会、推出更多平台，为未来领军人才培养提供保障。

通过两条主线的交叉融合，我校的研究生教育改革取得了丰硕的成效，为纺织强国建设提供了高层次创新型的人才支撑和高精尖缺高水平科技人才的引领。

三、学校研究生教育的创新之道

深化对服务国家战略和立足特色行业布局与建强特色学科群的规律性认识。以多向度评价引领学位点建设、建构支撑产业转型升级和国家战略所需人才培养的高水平学科平台，提供了学科布局、学科交叉引领研究生教育的经验，为行业特色高校研究生教育提供了规律性认识。

积累聚焦特色产业发展创新“三全程”产教融合培育卓越人才的实操性经验。聚焦纺织产业转型升级激发多育人主体的活力，善用多育人环境的淬炼、强化多学科知识体系的交叉，深化校企、教研和过程相融，创新了支撑纺织产业发展的“三全程”产教融合人才培养新模式，为培育卓越工程师提供了实操性经验。

开展瞄准国家战略的“三大一长”科教融合培养领军人才的开拓性探索。瞄准国家战略需要，立足新科技革命，充分服务大平台、大项目和大团队在主动担当突破“卡脖子”技术中的育人需要与资源，试点探索“长学制”改革，赋能“导师引领”和“资助探索”，创新了引领纺织产业发展的“三大一长”科教融合人才训练新路径，为培育突破卡脖子技术的“高精尖缺”人才贡献了开拓性探索。

四、学校研究生教育的成效与影响

（一）形成了支撑国家战略所需人才培养的高水平学科平台

我校瞄准国家战略及纺织产业升级需要，把论文发表的单一评价转变为包括论文发表、科创竞赛、创业转化、专利授权和成果应用等多向度评价，并以此开展学位点建设，再铸大纺织学科辉煌。学科生态持续完善，“核心学科高峰引领、学科群全面支撑、交叉学科融合”的机制初步建成。大纺织学科群内纺织和材料均入选国家一流建设学科，材料科学、工程学等七大学科入围 ESI 前 1%，其中材料科学为前 1‰学科。历任国务院纺织科学与工程学科评议组组长单位、材料科学与工程学科评议组成员单位。全国工程专业学位教指委、艺术专业学位教指委委员单位。全国工程教指委华东区域协作组组长和秘书处，上海艺指委主任委员和秘书处等。

（二）培育了支撑与引领纺织产业发展的人才资源

学校累计培养了 3.6 万名研究生，约 60%就职于纺织及相关行业或教育系统，实现了立足国内自主培养高层次人才的战略目标。纺织高校现有师资队伍，有近 25%的大纺织学科师资为本校培养的研究生。我国现有 123 家纺织类上市公司，总市值 1.2 万亿；东华大学毕业生任高管的有 50 家，市值 4376 亿。新世纪以来纺织领域新增 4 位院士，3 位（俞建勇、朱美芳、徐卫林)为本校培养的研究生。纺织高校所获12项纺织相关的国家级教学成果奖,75%的奖项由本校培养的研究生作为第一完成人。全国所获的77项纺织相关的国家三大奖中,60%的奖项(21项)由本校培养的研究生作为第一或参与完成人。本校31项国家三大奖,19项(占比61.3%)第一完成人为本校培养研究生,总计280位获奖人中,107位(占比38.2%)为本校培养研究生,其中8人为在校期间获奖、31人为毕业1-5年内获奖。新世纪以来纺织领域4项国家科技进步一等奖中,有3项由本校毕业研究生获得,2项第一完成人、1项第三完成人,助力我国纺织科学技术世界领先。

(三)深度服务行业的特色研究生教育影响持续扩大

改革项目保持高水平,承担国家体制改革、上海一流研究生教育项目等120余项。改革经验报道高频次。学校研究生教育先后得到教育部官网、新华网、人民网以及光明日报、教育报、解放日报等200余家主流媒体广泛报道。在《学位与研究生教育》等杂志发表30余篇研究生教育研究论文。主编或参编反映上海和学校研究生教育发展经验的专著4部。改革成果交流高水准,在全国和上海市的相关大会或论坛做主题报告等。

总之,学校秉承一流研究生教育的目标,为纺织产业转型升级和纺织强国所需要的高水平人才而持续改革探索与实践创新,取得卓越的成效,助力我国初步建成纺织强国。

展望未来,学校将立足新发展阶段,贯彻新发展理念,服务构建新发展格局,深入贯彻落实国家教育现代化方案,不断推进教育改革与创新,为党育人,为国育才,为上海"五个中心""四大品牌""五个新城"建设,以及建成具有世界影响力的社会主义现代化国际大都市,培养德才兼备的高层次创新型复合人才。

是为序。

中国学位与研究生教育学会副会长、东华大学副校长　舒慧生
2021年12月31日

前　　言

Preface

学校的研究生教育是从1959年开始的。是年,根据国务院和高等教育部的有关指示精神,学校的纺织工程(棉纺)、纺织材料、纺织机械、化学纤维四个专业招收了5名研究生,钱宝钧等4位教授担任导师。至1965年,学校陆续增加了针织工程、机械制造、工业自动化、染整工程4个招收研究生的专业,招生人数亦有所增加,1959—1966年间8个专业共招收了98名研究生,导师队伍增至30人。"文化大革命"期间研究生教育中止。1978年,恢复招收研究生并新增了工业管理和应用数学两个专业,至1980年,学校3年间在10个专业共招收研究生120名。

1981年11月3日,经国务院批准,学校成为全国首批具有博士学位授予权的学校,同时建立了学位制度。博士学科、专业点3个,硕士学科、专业点7个,博士生导师4人。此后,学校研究生教育取得了快速发展。

至1991年,国家学位制度实施10周年,学校建校40周年时,学校招收博士生9人,硕士生63人;在校博士生25人,在校硕士生约180人。博士学科、专业点6个,硕士学科、专业点18个。博士生导师16人。

至2001年,国家学位制度实施20周年,学校建校50周年时,学校招收博士生101人,硕士生726人,其中专业学位硕士生227人;在校博士生约310人,在校硕士生约1760人,其中专业学位硕士生约700人。博士一级学科点2个、二级学科点10个,硕士一级学科点3个、二级学科点25个。博士生导师60人。

至2011年,国家学位制度实施30周年,学校建校60周年时,学校招收博士生202名，博士少数民族高层次骨干计划2名；硕士生1973名（其中学术学位1138名，全日制专业学位835名），在校研究生规模7134人（博士996人、学术学位硕士3544人、专业学位硕士1749人-学历、专业学位硕士845人-非学历）；研究生导师队伍746人（其中博士生导师为193人）；一级学科博士学位授权点7个，二级学科博士学位授权点40个（含自主设置），一级学科硕士学位授权点24个，二级学科硕士学位授权点104个（含自主设置）。

至2021年，国家学位制度实施40周年，学校建校70周年时，学校招收博士生376名；硕士生2920名（其中学术学位1280名，全日制专业学位1397名），在校研究生规模8659人，其中博士生1404人，硕士生7255人；研究生导师队伍1207人（其中博士生导师376）；一级学科博士学位授权点11个，一级学科硕士学位授权点29个，二级学科硕士学位授权点2个；博士专业学位授权类别3个，硕士专业学位授权类别14个。

在培养类型上，有全日制和非全日制两种学习方式，学术学位和专业学位两种学位类型。在培养模式上，包括学校自主培养，校院及国内外联合培养的研究生。在研究生的组织管理方面，校院二级管理逐步推进，相关学术组织逐步健全，各项工作制度逐步建立并不断系统化与完善化。

2003年学校启动研究生教育创新工程，内容包括设立研究生教育创新基金、开展研究生精品课程和高水平教材建设、启动研究生创新实践中心建设、评选优秀学位论文等，进一步提升了研究生的培养质量。

2010年学校通过物流工程领域工程硕士与英国皇家物流与运输学会(ILT)认证，通过项目管理领域工程硕士与国际项目管理专业资质认证合作单位评审。2017年通过AMBA认证，2021年荣获AMBA&BGA全球最佳社会责任奖银奖等。

2011年8月，学校纺织工程、计算机技术、软件工程、材料工程、电子与通信工程、环境工程6个研究生层次学科领域获批加入卓越工程师教育培养计划。

1987年，学校的纺织工程和化学纤维2个学科入选首批国家重点学科；2002年，材料学、纺织工程、纺织化学与染整工程、服装设计与工程入选国家二级学科重点学科；2007年，纺织科学与工程入选国家一级学科重点学科，材料学入选国家二级学科重点学科，机械设计及理论入选国家重点（培育）学科。2017 年，学校纺织科学与工程进入首批“双一流”学科建设；2021 年，纺织科学与工程和材料科学与工程 2 个学科进入第二轮“双一流”建设学科行列。

研究生教育的快速发展提高了学校的整体办学水平，促进了学校由单一教学型向教学科研型的转变，目前正处在支撑发展到引领发展的关键阶段。在学校的科研方面，研究生已成为学校科研队伍的生力军，是各科研团队中一支不可或缺的力量。尤其是通过博士生创新基金的全流程训练，2003—2021 年，累计 1524 名研究生获批主持创新基金，极大激发了研究生的创新活力。在过去 20 年中，学校三大检索论文数的快速增长，研究生作出了重要贡献，如 2001 年学校三大检索论文 118 篇；2020 年，仅科学数据引文论文就有 1300 余篇；此外，研究生参与技术创新、申请专利数持续增加。

学校坚持“人才强校”，导师队伍结构不断优化、实力持续增强。1981 年，学校仅有 4 名博士生导师。1995 年，学校拥有 24 名博士生导师。2011 年，博导数量增长到 193 名，其中 50 岁以下的博导 119 名，占 59.5%，且都具有博士学位。截至 2021 年 9 月 30 日，博导数量增长到 376 名，其中 50 岁以下的博导 196 名，占 52.1%。2003 年学校在全国优秀博士学位论文评选中取得“零”的突破，至 2013 年①共有 8 篇博士论文获得这一荣誉，6 篇博士论文获得“提名”。从 2000 年开始评选上海市研究生优秀成果（学位论文），至 2016 年②，学校累计有 55 篇博士论文和 59 篇硕士论文被评为上海市研究生优秀成果（学位论文）。

站在新发展阶段，践行新发展理念，实现新发展格局，东华大学研究生教育将以成立研究生院为契机，锐意改革、积极进取，坚持“立德树人、服务需求、提供质量、追求卓越”的主线，以一流研究生教育为方向，奋进不已，为学校的发展提供高端引领，为我国早日建成教育强国和制造强国提供助力。

（执笔：俞昊、丁明利）

① 2014 年开始，国家不再评选全国优秀博士学位论文。

② 2016 年开始，上海不再评选上海市研究生优秀成果（学位论文）。

第一章
研究生教育组织机构变迁

第一节　研究生教育管理部门及模式变迁

一、管理部门与组织机构变迁

1959 年学校开启研究生教育，1978 年恢复研究生教育至今，学校历来重视研究生教育。研究生教育甫一开始，就由钱宝钧副院长亲自分管，后来一直都由主管校领导分管，至今共经历 7 位校领导，具体情况见表 1－1。

表 1－1　研究生教育分管校领导情况一览表

序号	分管校领导	时间	备注
1	钱宝钧	1959.09—1984.03	其中 1978.02 开始以院长身份分管
2	陈瑞琪	1984.03—1997.06	
3	朱世根	1997.06—2001.06 2005.09—2009.11	其中 1997—1998.07 为校长助理身份分管
4	陈田初	2001.06—2004.03	
5	张家钰	2004.03—2005.09	校长助理
6	邱　高	2009.12—2018.02	
7	舒慧生	2018.03—至今	

从管理部门角度来看，学校研究生教育管理部门先后经历了六个时期，

分别为教务处负责、科研处负责、研究生处、研究生院(筹)、研究生部、研究生院。

1. 教务处时期

1959 年学校招收第一届研究生时,研究生的具体事务由教务处管理。

2. 科研处研究生科时期

从 1964 年开始,学校研究生教育由科研处下设的研究生科管理,各系分级负责。1966 年 6 月教育部下达了《取消研究生制度的通知》,学校即进行处理研究生工作的善后事宜,于 1968 年底将在校研究生全部分配完毕,终止了研究生教育。“文化大革命”期间,国家曾于 1973 年前后开展恢复研究生教育的试点,学校钱宝钧教授招收了王依民等 3 名研究生。

1978 年恢复招收研究生,科研处恢复了研究生科,具体负责研究生的培养管理工作。当时学校还未设置学院,实行校、系和教研室三级机构管理。各系也都有一位系主任分管研究生工作,形成了延续至今的研究生教育管理架构。研究生科任职情况见表 1 - 2。

表 1 - 2　研究生科任职情况一览表

科长	任职时间	副科长	任职时间
徐霆猷	1980.12—1984.06	沈美霞	1982.03—1984.07
沈美霞	1984.07—1985.09	倪璇珍	1982.03—1985.09

3. 研究生处

1985 年 9 月,研究生科改设为研究生处。当年学校曾向纺织工业部申请成立研究生院,但未获批准。1987 年 2 月,经校党委、校长办公会议讨论决定在研究生处试行不设科的建制。此一时期任职情况见表 1 - 3。

表 1 - 3　研究生处任职情况一览表

正职	任职时间	副职	任职时间
何宗海	1987.08—1991.04	徐霆猷	1985.09—1987.05(主持工作)
徐载熊	1991.05—1993.02	沈美霞	1985.09—1993.02
		倪璇珍	1988.11—1993.02

4. 研究生院(筹)

1993年,学校研究生教育有了较大的发展。全国已经有两批共33所高校试点开展研究生院建设,为促进学校研究生教育更好地发展,2月26日,经校务会议讨论决定,学校成立研究生院(筹)。此一时期任职情况见表1-4。

表1-4　研究生院(筹)任职情况一览表

正职	任职时间	副职	任职时间
徐载熊	1993.02—1994.05	倪璇珍	1993.02—1994.05
陈东辉	1994.06—1997.09	蒋岐康	1994.06—1999.09

5. 研究生部

1997年9月,学校撤销研究生院(筹),成立研究生部。1999年12月,按照高校机构改革"精简、高效"的原则意见,学校对机关科级机构进行调整,研究生部设研究生招生办公室、研究生学籍管理与就业办公室、研究生培养与学位办公室、学科建设办公室(含211办公室)。2001年7月,学科建设办公室(含211办公室)成建制从研究生部划出。2002年10月,成立研究生工作办公室,与研究生部合署办公。2006年12月,学校成立学生就业服务中心,负责学校的研究生就业等工作。2008年6月,研究生工作办公室与学生处合署办公,研究生部科室设置更改为招生办公室、培养办公室、学位办公室和综合办公室。2012年,学校成立排课选课管理中心,所有研究生课程的排课选课由研究生部培养办划出去。此一时期任职情况见表1-5。

表1-5　研究生部任职情况一览表

正职	任职时间	副职	任职时间
陈东辉	1997.09—2002.10	蒋岐康	1997.09—1999.01
张家钰	2002.11—2007.01	俞　明	1997.10—1999.05
柯勤飞	2007.01—2010.09	舒国汀	1999.10—2001.07
舒慧生	2010.10—2018.03	蒋光辉	1999.11—2007.07

续 表

正职	任职时间	副职	任职时间
俞　昊	2018.10—2020.12	舒慧生	2002.03—2010.09
		俞　昊	2010.10—2018.10
		陆　嵘	2011.10—2017.08
		刘晓艳	2017.07—2020.12
		丁明利	2020.11—2020.12

6. 研究生院

2020年12月31日，借助新中国成立以来召开首次研究生教育会议的东风，为促进学校研究生教育高质量发展，学校召开研究生教育大会并正式成立研究生院，下设招生办公室、培养办公室、学位办公室和综合办公室。此一时期任职情况见表1-6。

表1-6　研究生院任职情况一览表

院长	任职时间	常务副院长	任职时间	副院长	任职时间
舒慧生	2020.12—	俞　昊	2020.12—	刘晓艳	2020.12—
				丁明利	2020.12—
				徐效丽	2020.12—

二、研究生管理体制

自1978年恢复招收研究生以后，学校对研究生教育实行三级管理：研究生院(部处)代表学校施行管理；院(系)管理；教研组(学科)管理。1996年，为进一步加强院(系)对研究生教育的过程管理，逐步过渡实行校/院(系)二级管理，同时为了促进学科、专业建设，决定各院(系)成立研究生工作指导小组。

研究生院(部处)是研究生教育管理机构，在校党委和学校领导下进行工作，由主管副校长分管。2008年之前，根据招生、培养学位、政治思想等工作的需要，研究生院(部处)设立了招生办公室、培养与学位办公室、就业办公室、研究生工作部。研究生的后勤工作由学校统一管理。研究生院(部处)的职责主要是:制定学校研究生培养规划和招生计划,组织招生;学籍管理与毕业研究生的就业工作;组织制定研究生的培养方案及管理工作的各项规章制度;组织研究生课程教学和负责思想政治工作;加强导师队伍建设;根据国务院学位委员会的授权,办理有关博士和硕士学位的审核与授予工作;组织学位点的申报;开展对外联系,进行学术交流,总结交流研究生工作经验;开展培养质量检查和学位授予质量评估等。2008 年之后,为加强研究生思想政治教育工作,研究生就业划归就业指导中心,研究生思政工作划归研究生工作部,与学生处合署办公,后来,排课选课等工作也划出。

编制学校研究生招生计划,组织实施招生工作。制订研究生招生工作相关管理规定;编制各类研究生招生简章;负责研究生报名、资格审查及考务工作的组织与协调;负责各类研究生的复试组织和录取工作。负责研究生的培养过程管理工作,包括培养方案及其课程体系修订、教育教学改革和课程(教材)项目建设、学籍学历管理和预警、国际合作交流和出国(境)管理、专业学位实践基地和实践环节管理、校际联合培养项目管理和研究生培养质量评价与监控。履行学校学位办职责,承担校学位评定委员会秘书处工作,负责全校学生学位授予工作。负责研究生导师遴选和队伍建设、负责研究生学位论文开题、中期检查、预答辩、重复率检测、盲审、答辩、学位授予等环节的管理。负责研究生创新工程,学术成果奖励管理等。负责学位点申报建设和学位点评估工作。研究新型教育教学方法的影响和对研究生教育的影响。开展研究生教育过程各项情况调研。研究并部署研究生教育教学改革。积极申报各类研究生教育教学奖项,积极协调组织各类研究生学科竞赛;加强推动各类评估工作,以评促建,加强质量建设,积极研究研究生教育发展规划。负责学风建设的制度建设,开展学风建设宣讲教育活动。完成学校交办的其他任务。

院(系)是研究生培养与管理的二级基本行政单位,各院(系)领导中都有 1 名分管研究生教育工作,还设有专职的研究生教务员(教学秘书)。1987 年前,各教研室、研究室是培养和管理研究生的最基层组织,管理人员主要是导师和室负责人,这一级的管理负责具体培养计划的实施,侧重在学位论文和答辩的组织。1987年后，相关工作逐渐过渡到院（系）层面。尤其是1990年代以来，随着研究生教育工作的逐步开展和深化，相关学院纷纷成立，系也成为仅组织本科教学工作的组织，研究生教育职能收归各学院层面开展。现在，部分专业学位发展情况较好的学院还设立了类似于专业学位教育中心的机构，提供更好的管理与服务工作。学校成立的相关实体研究中心配有专门队伍，与学院配合好共同为研究生提供管理与服务工作。

2013年5月，学校发出《东华大学深化校院两级管理改革实施办法（试行）》（东华校〔2013〕30号）的通知，全面深化校院两级管理改革。在改革目标上，提出突破学校管理体制机制瓶颈，进一步实现管理重心下移和机关作风转变，切实推进分类指导，充分激发学院办学的主动性和积极性，增强办学活力，优化资源配置，提高办学质量和办学效益，加快推进有特色、多科性、高水平大学建设。学院实行以党政联席会议决策、教授委员会审议或审定重要学术事项、教职工代表大会参与民主管理为基本内容的治理形式。学院在学校授权范围内依法、依规、依章实行自主管理。如明确学院教授委员会为学院学科建设和学术管理等重要学术事项的审议、审定和咨询机构。具体职责为：审定学科、专业设置方案，本科生、研究生培养方案，科研立项，负责学院中、初级职务人员的评审，审核申报高级职务人员的资格等；审议学院事业规划、队伍建设计划、经费和资源配置计划、学术规范、学风建设相关事项等；为学院重要的改革事项、内部机构设置等提供决策咨询。改革后，学院学位评定分委员会、院学术委员会、教学委员会的职能并入学院教授委员会。

现在，研究生教育的校级管理队伍由分管研究生教学的副校长、分管学生工作的副书记和研究生院等专职管理人员组成。院级管理队伍由研究生教学副院长、党委副书记（党总支副书记）、研究生教学秘书和专兼职辅导员组成。目前在岗的研究生教学专职管理人员共93人。教学管理人员中，拥有高级专业技术职务者占32.3%，拥有博士、硕士学位者占94.6%，45岁以下的占75.3%，形成了结构合理、综合素质高、战斗力强的管理队伍。见表1-7。

表 1-7　东华大学研究生教育管理服务人员现状一览表

序号	部门	总人数	行政职级			专业技术职级			
			分管人数	科级人数	职员人数	正高级	副高级	中级	其他
1	研究生院	18	4	5	9	2	1	15	0
2	纺织学院	8	2	2	4	1	0	7	0
3	材料学院	7	2	0	5	1	1	4	1
4	服艺学院	6	2	1	3	1	1	3	1
5	管理学院	10	3	0	7	1	2	4	3
6	化生学院	6	2	1	3	1	1	3	1
7	机械学院	6	2	0	4	1	1	4	0
8	环境学院	5	2	1	2	1	1	2	1
9	信息学院	4	2	0	2	1	1	2	0
10	计算机学院	5	2	0	3	1	0	3	1
11	理学院	4	2	1	1	1	2	0	1
12	外语学院	5	2	1	2	1	1	3	0
13	人文学院	6	3	1	2	2	2	1	1
14	马院	3	1	0	2	1	0	2	0
合计		93	31	13	49	16	14	53	10

注：1. 各相关学院均用简称，下同。
2. 各学院包括分管院领导、分管副书记、研究生教学秘书和研究生专职辅导员。

三、研究生工作部和党支部

1993 年 2 月，经校党委扩大会议讨论，决定成立研究生院（筹）党总支，负责全校研究生的党建工作。2002 年 10 月 14 日，校党委讨论决定，机关部处、业务部门机构设置调整。撤销研究生党总支，成立研究生工作办公室，研究生部与研究生工作办公室合署办公。研究生党建和学生管理工作划归各二级学院。2002 年 11 月，学校正式成立研究生工作部（亦称为研究生工作办公室），与研究生部合署办公。研究生工作部作为党委分管研究生工作的部门，负责研究生日常思想教育、党建管理工作、社会实践的组织工作，研究生奖、惩、贷及助学金管理，研究生分团委、研究生会工作指导，勤工助学及三助帮困工作，研究生就业工作等。

2008 年 6 月，研究生工作部与学生处合署办公，持续至今。

1993—2021 年学校研究生工作部负责人任职情况见表 1－8。

表 1－8　1993—2021 年学校研究生工作部及相关部门负责人任职情况一览表

部门	正职	任职时间	副职	任职时间
研究生院（筹）党总支	吉启华	1996.05—2002.10	吉启华	1993.02—1995.06 1995.06—1996.05 （主持工作）
			郭　萍	1996.05—2002.10
研究生工作部（研究生部合署）	吉启华	2002.10—2005.11	郭　萍	2002.10—2004.05
	林文伟	2005.11—2008.06	朱　英	2006.09—2008.06
研究生工作部（学生处合署）	林文伟	2008.07—2010.10	朱　英	2008.07—2014.03
	任晓杰	2010.11—2017.07	李斌荣	2008.09—2010.08
	廖丽金	2017.07—	廖丽金	2008.09—2017.06
			宋德军	2010.10—2014.04
			严　军	2014.04—2017.07
			宋　珺	2017.07—2020.03
			林惠英	2017.07—
			赵彦明	2017.10—
			马　欣	2020.03—
学生就业服务中心	宋丽贞	2006.12—2017.7	徐　玥	2008.11—2013.12
	严　军	2017.07—	刘春雁	2013.12—2018.12
			秦泽峰	2018.12—

2002 年，学校撤销研究生部党总支，学生党建工作归各学院管理。2002 年 10 月，成立研究生部党支部，郭萍任支部书记，研究生部党支部负责研究生部门的党建工作。先后有 4 人任党支部书记，见表 1－9。

表 1-9 研究生院(部、处)党支部书记任职情况表

部门	姓名	任职时间
研究生部党支部	郭 萍	2002.10—2004.06
	王 英	2004.07—2013.06
	骆轶姝	2013.07—2017.08
	刘晓艳	2017.09—2020.12
研究生院党支部	刘晓艳	2020.12—

四、研究生会

东华大学研究生会成立于1984年,为全国学生联合会的团体会员,上海市学联研究生会委员会的副主席单位。东华大学研究生代表大会,每2年召开一次,代表由选举产生。主席团设立主席1人,副主席若干人。朱美芳、卞向阳等都曾任研究生会主席团主席。

研究生会机构下设主席团、秘书处、学术部、宣传部、编辑部、生活部、文艺部、体育部、外联部、信息部、博士生部、英语协会、调研部、基层工作部等部门,在明确分工的基础上,各部积极开展工作。

在历届研究生会的工作中,开展学术活动、加强各学科间的联系是研究生会的主要任务。为此研究生会参加并开展了形式多样的活动,其中"经纬韵"科技文化节是最具有代表性的活动之一。文化节自1997年由学校研究生会创办,每年11—12月间举办,为期4周左右,开展研究生学术、文艺、体育等各项活动,以"建立科技校园、文化校园、和谐校园"为宗旨,推动校园文化建设,展示东华研究生积极向上的科研创新精神、严谨求实的治学态度、朝气蓬勃的精神面貌和丰富多彩的文化生活。

此后,每一届"经纬韵"科技文化节的主题、形式、内容的设置都紧密结合当时的形势和研究生关注的热点问题,并且根据研究生发展的要求变化而改进。2005年11月10日,第九届研究生"经纬韵"科技文化节上,校党委副书记浦解明,副校长朱世根,校长助理、研究生部主任张家钰,研究生工作办公室主任吉启华和团委副书记任晓杰等出席开幕式,主题为"传承与创新"。全校3000余名研究生踊跃参与了此次科技文

化节。

（执笔：丁明利、林琳、陈晓双）

第二节　研究生教育专家组织变迁

一、国务院学科评议组成员和全国专业学位教指委委员

国务院学位委员会学科评议组是国务院学位委员会领导下的专家组织，从事学位与研究生教育的咨询、研究、监督和审核等工作。全国专业学位研究生教育指导委员会（以下简称教指委）是在国务院学位委员会、教育部、人力资源和社会保障部指导下的全国专业学位研究生教育的专业性组织。

（一）国务院学科评议组

国务院学位委员会学科评议组是依照《国务院学位委员会学科评议组组织章程》组织运行，承担着我国学位与研究生教育研究咨询、审核评估、规划标准制定、指导本学科建设及人才培养等重要任务的重要组织。国务院学位委员会按照授予学位的不同学科门类设立学科评议组，依授予学位的哲学、经济学、法学、教育学、文学、历史学、理学、工学、农学、医学、军事学、管理学等学科门类，按学科或几个相近学科设立若干评议组进行工作。也可以根据工作任务的需要，临时组织跨学科的评议组进行工作。

《国务院学位委员会学科评议组组织章程》规定国务院学位委员会学科评议组的主要任务是：评议和审核有权授予博士、硕士学位的高等学校和研究机构及其学科、专业；对新增授予博士、硕士学位单位的整体条件进行审核；对有关学位和研究生培养规格和类型的调查，学位授予标准及其质量等进行研究并提出建议；指导和检查监督各学位授予单位的学位授予工作；对调整和修订授予学位的学科、专业目录进行研究并提出建议；承担国际交流中学位的相互认可及评价等专项咨询工作等。每个评议组人数一般为7—15人，每个评议组设召集人二至三名。全体或各门类学科评议组成员大会，由国务院学位委员会主持召开；各评议组的会议，由国务院学位委员会委托各评议组召集人主持。学科评议组成员由国务院学位委员会聘任（均系兼

职)，学科评议组日常工作由国务院学位委员会办公室联系，并协助处理。

自 1981 年国务院学位委员会成立第一届学科评议组以来，学校累积共有 13 人担任历届学科评议组成员，其中严灏景、王善元、丁辛、俞建勇分别担任了第一届纺织轻工学科评议组、第二届纺织轻工学科评议组、第五届纺织轻工学科评议组、第六届纺织科学与工程学科评议组、第七届纺织科学与工程学科评议组、第八届纺织科学与工程学科评议组的召集人。

1981 年 6 月，国务院学位委员会第一届学科评议组成立，下设哲学等 10 个评议组(后调整为 40 余个)，共计委员 407 人。学校严灏景、刘裕瑄和孙桐被聘为纺织、轻工学科评议组成员，严灏景担任该组召集人，学校负责研究生工作的徐庭猷被聘为秘书。

1985 年 6 月，国务院学位委员会第二届学科评议组成立，共计委员 644 人。学校严灏景、孙桐被聘为纺织轻工学科评议组成员，严灏景担任该组召集人，学校研究生处副处长沈美霞被聘为秘书。

1992 年 4 月，国务院学位委员会第三届学科评议组成立，学校王善元、陈明被聘为纺织轻工学科评议组成员，严灏景被聘为特约成员。

1997 年 5 月，国务院学位委员会第四届学科评议组成立，学校王善元、周翔被聘为纺织轻工学科评议组成员，王善元被聘为该组第二召集人；顾丽霞被聘为材料科学与工程学科评议组成员。

2003 年 6 月，国务院学位委员会第五届学科评议组成立，下设 70 个评议组，委员人数共计 764 人。学校王善元、丁辛被聘为纺织、轻工学科评议组成员，王善元被聘为该组召集人，俞建勇被聘为该组秘书；王依民被聘为材料科学与工程学科评议组成员。

2009 年 1 月，国务院学位委员会第六届学科评议组成立，下设 77 个评议组，共计委员 858 人。学校丁辛、阎克路被聘为纺织科学与工程学科评议组成员，丁辛被聘为该组召集人，柯勤飞被聘为该组秘书、2011 年调整为李炜；王依民被聘为材料科学与工程学科评议组成员。

2015 年 6 月，国务院学位委员会第七届学科评议组成立，下设 99 个评议组，共计委员 1142 人。学校俞建勇、阎克路被聘为纺织科学与工程学科评议组成员，俞建勇被聘为该组召集人，李炜被聘为该组秘书；朱美芳被聘为材料科学与工程学科评议组成员；西安交通大学徐寅峰被聘为管理科学与工程学科评议组成员，于2016年11月起担任学校旭日工商管理学院院长。

2020年11月，国务院学位委员会第八届学科评议组成立，下设97个评议组，共计委员1511人。学校俞建勇被聘为纺织科学与工程学科评议组成员及该组召集人；朱美芳被聘为材料科学与工程学科评议组成员。具体名单见表1-10。

表1-10　国务院学位委员会学科评议组历届东华成员名单

届数	成立时间	评议组名称	成员名单
第一届	1981年6月	工学学科评议组	严灏景、刘裕瑄、孙桐
第二届	1985年6月	纺织、轻工学科评议组	严灏景(召集人)、孙桐
第三届	1992年4月	纺织、轻工学科评议组	王善元、陈明、严灏景(特约成员)
第四届	1997年5月	纺织、轻工学科评议组	王善元(第二召集人)、顾丽霞、周翔
第五届	2003年6月	纺织、轻工学科评议组	王善元(召集人)、丁辛
		材料科学与工程	王依民
第六届	2009年1月	纺织科学与工程	丁辛(召集人)、阎克路
		材料科学与工程	王依民
第七届	2015年6月	纺织科学与工程	俞建勇(召集人)、阎克路
		材料科学与工程	朱美芳
		管理科学与工程	徐寅峰(始于2016年11月)
第八届	2020年11月	纺织科学与工程	俞建勇(召集人)
		材料科学与工程	朱美芳
		管理科学与工程	徐寅峰

(二) 全国专业学位教育指导委员会委员名单

全国专业学位研究生教育指导委员会是依照《专业学位研究生教育指导委员会工作规程》组织运行，承担着我国学位与研究生教育研究咨询、审核评估、规划标准制定、指导各专业学位类别建设的重要学术组织。现在全国设35种专业学位委员会，历年来学校共有朱美芳、刘晓刚、冯信群、徐寅峰等4人分别担任了全国工程专业学位研究生教育指导委员会、全国艺术专业学位研究生教育指导委员会、全国应用统计专业学位研究生教育指导委员会委员。见表1-11。

表 1-11 全国专业学位教育指导委员会东华委员名单

序号	姓名	专业学位类别	职务、职称	届别
1	刘晓刚	艺术	委员,教授	第一届(2005—2010)
2	刘晓刚	艺术	委员,教授	第二届(2011—2016)
3	朱美芳	工程	委员,教授	第四届(2013—2019)
4	冯信群	艺术	委员,教授	第三届(2016—2021)
5	徐寅峰	应用统计	委员,教授	第二届(2017—)
6	朱美芳	工程	委员,教授	第五届(2020—)
7	冯信群	艺术	委员,教授	第四届(2021—)

1. 全国工程专业学位研究生教育指导委员会

1998 年 12 月,为适应工程硕士研究生教育发展的需要,国务院学位委员会、教育部和人力资源、社会保障部决定成立全国工程硕士专业学位教育指导委员会。教育指导委员会是国务院学位委员会、教育部、人力资源和社会保障部领导下的全国工程硕士专业学位教育的专家指导和咨询组织。其主要职责是:指导、协调全国工程硕士教育活动,监督工程硕士教育质量,推动工程硕士教育与企业工程技术和工程管理人员队伍建设的联系与协作,指导开展工程硕士教育方面的国际交流与合作,促进我国工程硕士专业学位教育的不断完善和发展。①

2013 年 12 月"全国工程硕士专业学位教育指导委员会"更名为"全国工程专业学位研究生教育指导委员会",同时成立第四届教育指导委员会,共有委员 39 人,学校朱美芳被聘为第四届全国工程专业学位研究生教育指导委员会委员;2019 年 11 月成立第五届教育指导委员会,共有委员 37 名,学校朱美芳被聘为第五届全国工程专业学位研究生教育指导委员会委员。

2. 全国艺术专业学位研究生教育指导委员会

2005 年,国务院学位委员会和教育部批准设置艺术硕士专业学位(英文为 Master of Fine Arts,简称 MFA),旨在培养音乐、戏剧、戏曲、电影、广播电视、舞蹈、美术、艺术设计领域的高层次应用型专门人才。为贯彻习近平新时代中国特色社会主义思想,坚持党的全面领导,落实党的教育方针和立

① 全国工程专业学位研究生教育网:https://meng.tsinghua.edu.cn/ztqk/jbqk/472.htm。

德树人根本任务，积极发展专业学位研究生教育，建立具有中国特色的专业学位研究生教育制度，保证艺术专业学位教育工作的健康发展，国务院学位委员会、教育部、人力资源和社会保障部成立全国艺术专业学位研究生教育指导委员会。[①]

2005 年 7 月，第一届全国艺术专业学位研究生教育指导委员会成立，共有委员 30 人，学校刘晓刚被聘为第一届全国艺术专业学位研究生教育指导委员会委员；2011 年 3 月，第二届全国艺术专业学位研究生教育指导委员会成立，下设音乐、戏剧戏曲与广播影视、美术设计 3 个分委员会，共有委员 36 人，学校刘晓刚被聘为第二届全国艺术专业学位研究生教育指导委员会委员；2016 年 6 月，第三届全国艺术专业学位研究生教育指导委员会成立，下设音乐舞蹈、戏剧戏曲与广播影视、美术设计 3 个分委员会，共有委员 45 人，学校冯信群被聘为第三届全国艺术专业学位研究生教育指导委员会委员。

（三）全国工程专业学位研究生教育指导委员会华东区域协作组秘书处

为促进全国工程类专业学位研究生培养单位的工作交流，提升高层次人才培养质量，服务区域经济社会发展，工程教指委决定组建六大区域协作组。其中，华东区域协作组面向上海市、江苏省、浙江省、安徽省和江西省具有工程专业学位授权的高校，开展工程专业学位研究生教育的研究、咨询、指导和交流工作。2021 年 7 月 13 日，全国工程专业学位研究生教育指导委员会华东区域协作组筹备会在学校松江校区召开。会上就华东区域协作组工作委员会组织原则及建设方案、华东区域协作组秘书处建设方案、华东区域协作组 2021 年工作计划，以及华东区域协作组第一次工作会议筹备事宜进行了讨论。筹备会建议设立工程教指委华东区域协作组指导委员会、工程教指委华东区域协作组工作委员会和秘书处三个层级的机构，各司其职，在工程教指委的指导下，结合华东区域 90 所高校的特色和特点开展卓有成效的工作，促进华东区域高校工程专业学位研究生教育高质量发展。[②] 东华大学和东南大学共同担任华东区域协作组召集人和秘书处单位。

---

① 中国艺术硕士网：http://www.mfa.edu.cn/index.php?m=content&c=index&a=lists&catid=21。

② 工程教指委华东区域协作组筹备会在沪召开。全国工程专业学位研究生教育网：https://meng.tsinghua.edu.cn/xxfb/xwdt/6120.htm。

二、上海市学位委员会委员、学科评议组成员和专业学位教指委委员

（一）上海市学位委员会委员

1992 年 4 月 25 日，上海市学位委员会成立，至今，已有五届。首届委员会共聘任 23 位委员和 5 位顾问委员。教卫办主任、高教局局长王生洪兼任学位委员会主任，学校副校长陈瑞琪被上海市政府聘为上海市学位委员会委员。

2001 年 6 月 21 日，上海市学位委员会调整组成人员。副市长周慕尧担任市学位委员会主任委员，市教委主任张伟江担任常务副主任委员，王奇、王生洪、谢绳武、吴启迪、计国桢等 5 人担任副主任委员，王建磐等 19 人担任委员，干福熹等 10 人担任顾问委员，王奇兼任秘书长。

2003 年 10 月 27 日，上海市学位委员会调整组成人员。副市长严隽琪担任主任委员，市教委主任张伟江担任常务副主任委员，王奇、王生洪、谢绳武、万钢、姜卫红等 5 人担任副主任委员，王建磐等 25 人担任委员，顾玉东、洪家兴等 2 人担任顾问委员，王奇兼任秘书长。

2008 年 8 月 28 日，上海市学位委员会调整组成人员。副市长沈晓明担任市学位委员会主任委员，市教委主任薛明扬担任常务副主任委员，王奇、王生洪、张杰、裴钢、朱志远等 5 人担任副主任委员，俞立中等 22 人担任委员，金力等 3 人担任顾问委员，王奇兼任秘书长。学校校长徐明稚任委员。

2013 年 12 月 5 日，第四届上海市学位委员会调整部分组成人员。调整后翁铁慧任上海市学位委员会主任委员，苏明等 6 人任副主任委员，叶青等 22 人任委员，桂永浩和陈以一任顾问委员。学校校长徐明稚任委员。2015 年，改由学校校长蒋昌俊担任委员。

2016 年 5 月 6 日，上海市学位委员会第五届组成人员名单正式发布。共由 29 人组成，其中翁铁慧任主任委员，陆靖、郭为禄、许宁生、林忠钦、钟志华、张旭为副主任委员，郭为禄兼任秘书长。杨玉良、桂永浩、陈以一为顾问委员。学校校长蒋昌俊担任委员。2019 年，改由学校校长俞建勇担任委员。

（二）上海学科评议组成员

为更好地落实上海市学位委员会的相关工作，上海市成立了上海市级层面的学科评议组，目前已经成立五届。1994 年，上海市学位委员会第三次

全体会议召开，会议审议通过了第一次学科评议组成员。1998 年 2 月 24 日，上海市学位委员会第七次会议召开，讨论通过《上海市学位委员会学科评议组章程》，作为学科评议组开展工作的依据。

2005 年 2 月 6 日，召开上海市学位委员会第十五次全体会议。副市长、市学位委员会主任委员严隽琪出席会议并讲话。会议审议了上海市学位委员会第三届学科评议组组成人员名单。

2009 年 6 月 19 日，上海市学位委员会发出《关于做好学科评议组换届和选聘第四届学科评议组成员工作的通知》(沪学位〔2009〕5 号)，决定对第三届学科评议组进行换届并同时选聘第四届学科评议组成员。2010 年 6 月 1 日，上海市学位委员会第十九次会议在上海市政府召开。审议并通过上海市第四届学科评议组成员名单。

2015 年 4 月 27 日，上海市学位委员会印发《关于做好学科评议组换届和选聘第五届学科评议组成员工作的通知》(沪学位〔2015〕4 号)，根据上海市学位委员会第十八次全体会议的精神和《上海市学位委员会学科评议组章程》，决定对第四届学科评议组进行换届，同时选聘第五届学科评议组成员。2016 年 8 月 2 日，上海市学位委员会第二十二次会议在上海市政府召开，审议通过《上海市学位委员会工作条例(修订草案)》和《上海市学位委员会学科评议组章程(修订草案)》；审议通过上海市学位委员会第五届学科评议组成员名单。其中条例和章程于 8 月 10 日发布。

第四届和第五届学科评议组成员的学校情况为：

全市第四届学科评议组成员共 495 人组成，来自 41 家单位，分为 45 个学科评议组；其中年龄最小的 34 岁，年龄最大的 73 岁，平均年龄为 50.9 岁。任期为 2010—2016 年。学校共有 29 人担任 24 个学科评议组的成员。具体见表 1－12。

表 1－12　第四届学科评议组东华大学成员一览表

序号	姓名	职称	二级学科	组别
1	张　怡	教授	科学技术哲学	哲学
2	高长春	教授	西方经济学	理论经济学

续　表

序号	姓名	职称	二级学科	组别
3	朱淑珍	教授	金融学	应用经济学
4	邵　腾	教授	马克思主义基本原理	马克思主义理论
5	刘晓刚	教授	设计艺术学	艺术学
6	杨小明	教授	科学技术史	历史学、科学技术史
7	陶有山	教授	应用数学	数学、系统科学
8	邱　高	教授	等离子体物理	物理学、天文学
9	卿凤翎	教授	有机化学	化学
10	孟　清	教授	生物化学与分子生物	生物学
11	王生泽	教授	流体力学	力学
12	朱世根	教授	机械制造及自动化	机械工程
13	王依民	教授	材料加工工程	材料科学与技术、冶金工程
14	沈恒根	教授	热能工程	动力工程及工程热物理
15	方建安	教授	电力电子与电力传动	电气工程
16	李德敏	教授	信号与信息处理	信息与通信系统
17	丁永生	教授	控制理论与控制工程	控制科学与工程
18	郝矿荣	教授	模式识别与智能系	
19	乐嘉锦	教授	计算机软件与理论	计算机科学与技术
20	亢燕铭	教授	供热、供燃气、通风及空调工程	建筑学、土木工程、水利工程、测绘科学与技术
21	何瑾馨	教授	应用化学	化学工程与技术
22	俞建勇	教授	纺织材料与纺织品	纺织科学与技术、轻工技术与工程、食品科学与工程
23	阎克路	教授	纺织化学与染整工程	
24	丁　辛	教授	纺织工程	
25	李　俊	教授	服装设计与工程	
26	柳建设	教授	环境科学	核科学、环境科学与技术

续　表

序号	姓名	职称	二级学科	组别
27	徐　琪	教授	管理科学与工程	管理科学与工程
28	徐明稚	教授	会计学	工商管理、农业经济管理
29	孙明贵	教授	企业管理	

全市第五届学科评议组成员共570人组成，来自44家单位，分为54个学科评议组；其中年龄最小的35岁，年龄最大的78岁，平均年龄为52.5岁。任期为2016—2021年。学校共有36人担任32个学科评议组的成员。具体见表1-13。

表1-13　第五届学科评议组东华大学成员一览表

序号	姓名	专技	学科方向	组别
1	王　平	教授	马克思主义哲学、外国哲学	哲学
2	高长春	教授	世界经济、国际贸易	理论经济学
3	朱淑珍	教授	金融创新、风险管理	应用经济学
4	廖大伟	教授	马克思主义理论、中国近现代史	马克思主义理论
5	杨林贵	教授	英美文学、莎士比亚	外国语言文学
6	杨小明	教授	地方科技史、纺织科技史	考古学、中国史、世界史、科学技术史
7	秦玉明	教授	非线性发展型偏微分方程教授、无穷维动力系统	数学、系统科学
8	邱　高	教授	常压低温等离子体工程、聚合物光导纤维	物理学、天文学
9	卿凤翎	教授	有机化学、高分子化学	化学
10	孟　清	教授	生物化学与分子生物学、生物材料	生物学
11	舒慧生	教授	概率与随机分析、随机控制理论	统计学
12	王生泽	教授	机电系统动力学及仿真、纺织装备技术与系统	力学

续 表

序号	姓名	专技	学科方向	组别
13	朱世根	教授	机械制造工艺、纺织器材	机械工程
14	邢怀中	教授	光电子材料、器件仿真	光学工程、仪器科学与技术
15	朱美芳	教授	材料学、材料物理化学	材料科学与工程、冶金工程
16	余木火	教授	材料加工工程、材料物理化学	
17	沈恒根	教授	能源与环境系统工程、工业暖通空调与冷热源系统工程	动力工程及工程热物理
18	方建安	教授	电力系统建模、优化与运行、复杂系统理论分析、优化与控制	电气工程
19	李德敏	教授	自组织网络理论与应用、移动计算理论与应用	信息与通信工程
20	郝矿荣	教授	机器视觉与模式识别、机器人控制与智能控制	控制科学与工程
21	蒋昌俊	教授	网络信息服务、形式化方法	计算机科学与技术
22	曹奇英	教授	计算机应用、网络与信息安全	
23	亢燕铭	教授	室内空气质量与热舒适、气体净化与空气污染控制术	土木工程、水利工程、测绘科学与技术
24	何瑾馨	教授	新型纺织化学品及应用技术、纺织品染整加工与环境	化学工程与技术
25	俞建勇	教授	纺织材料与纺织品设计、纺织复合材料	纺织科学与工程
26	陈南梁	教授	纺织科学与工程、产业用纺织品	
27	李　俊	教授	服装设计与工程、服装材料学	
28	柳建设	教授	水污染控制理论与技术、环境化学与生物技术	核科学、环境科学与工程、安全科学与工程
29	莫秀梅	教授	生物材料、组织工程	生物医学工程
30	刘国华	教授	数据库、业务流程管理	软件工程
31	徐　琪	教授	供应链管理、运营管理	管理科学与工程

续 表

序号	姓名	专技	学科方向	组别
32	孙明贵	教授	企业管理、技术经济及管理	工商管理、农林经济管理
33	王梅芳	教授	公共管理、时尚文化与公共传播管理	公共管理、图书情报与档案管理
34	卞向阳	教授	艺术史论、艺术管理与文创产业	艺术学理论
35	冯信群	教授	绘画艺术、公共艺术	美术学
36	刘晓刚	教授	设计学	设计学

（三）上海专业学位教指委委员

2014年开始，上海共设有工商管理、艺术、法律、翻译、公共管理、金融、教育等7个专业学位教育指导委员会。学校先后有22位专家参加5个教指委，担任相关委员等职务。见表1-14。

表1-14 上海各专业学位教指委东华大学成员一览表

序号	姓名	专技	教指委类别	备注	届别
1	刘晓刚	教授	艺术	主任委员	第一届
2	冯信群	教授	艺术	委员、兼任秘书长	第一届
3	吴　翔	教授	艺术	专业委员	第一届
4	鲍诗度	教授	艺术	专业委员	第一届
5	卞向阳	教授	艺术	专业委员	第一届
6	徐海燕	教授	艺术	专业委员	第一届
7	丁明利	副教授	艺术	副秘书长	第一届
8	刘晓东	教授	艺术	秘书	第一届
9	黄　更	讲师	艺术	秘书	第一届
10	刘晓刚	教授	艺术	主任委员	第二届
11	冯信群	教授	艺术	副主任委员、兼任秘书长	第二届
12	陈庆军	教授	艺术	委员	第二届
13	汪　芳	教授	艺术	委员	第二届

续　表

序号	姓名	专技	教指委类别	备注	届别
14	丁明利	副教授	艺术	副秘书长	第二届
15	刘晓东	教授	艺术	副秘书长	第二届
16	黄　更	副教授	艺术	秘书	第二届
17	赵晓临	教授	翻译	委员	第一届
18	沈炜艳	副教授	翻译	委员	第一届
19	赵晓康	教授	工商管理	委员	第一届
20	刘长奎	副教授	工商管理	委员	第一届
21	姚洪心	教授	金融	委员	第一届
22	黄军甫	教授	公共管理	委员	第一届

按照规定，每个教指委均设有主任委员、秘书长和秘书处单位。学校作为上海艺术专业学位研究生教育指导委员会秘书处单位。

2014 年 6 月 18 日，上海市学位委员会办公室发布《关于推荐上海艺术硕士专业学位研究生教育指导委员会委员的函》，要求各相关高校在 6 月 27 日前推荐上海艺术硕士专业学位研究生教育指导委员会的委员。6 月底，由上海市学位办委托学校成立上海艺术专业学位教育指导委员会（以下简称上海艺术教指委）筹备组，召开第一次会议，明确筹备组工作职责：研制上海艺术专业学位教育指导委员会的章程，经费使用办法，筹备成立大会等事宜。筹备组人员中组长为刘晓刚，秘书长为冯信群，秘书为姜友芬、白玉、刘晨澍、丁明利。2014 年 12 月 4 日，上海艺术专业学位研究生教育指导委员会成立大会暨 2014 年第一次工作会议在学校召开。会议议程包括教指委章程研讨、教指委经费管理办法研讨、2014—2015 年教指委工作议题研讨以及其他相关工作事宜研讨。会上聘任首届上海艺术教指委委员 35 人，来自东华大学等 13 家高校和上海市经信委都市产业处、上海市工艺美术协会、上海市服装行业协会。刘晓刚任主任委员，宫宝荣等 7 人任副主任委员，冯信群任秘书长。秘书处设在东华大学。

自此，上海艺术教指委接受上海市学位办和上海市研究生教育学会的领导，接受全国艺术专业学位研究生教育指导委员会的指导，每年均举办主任委员会议和全体委员暨年度工作会议，开展相关评奖评优和培训等工作，为促进上海艺术专业学位研究生教育的品牌建设做出贡献。如 2015 年 12 月 11 日，由上海市研究生教育学会和上海市学位委员会办公室主办，上海艺术专业学位研究生教育指导委员会（以下简称“上海艺指委”）和学校承办的“上海艺术专业学位研究生教育十周年庆优秀作品展暨新常态驱动下的艺术专业学位研究生教育创新论坛”在学校延安路校区隆重举行。学校邱高副校长、全国艺术专业学位研究生教育指导委员会丁凡秘书长、宋慧文副秘书长，上海市学位委员会办公室束金龙主任、学校研究生部舒慧生主任，服装与艺术设计学院党总支袁孟红书记、李俊院长、李敏副院长以及来自沪上 12 所培养院校的上海艺指委委员，院校教师和学生代表共计 200 余人与会。2018 年以来，随着长三角一体化战略的推进，上海艺术教指委开始筹备举办面向长三角艺术教育院校的乡村振兴设计大赛。

总之，上海艺术教指委主要开展了四类工作。第一，定标准，研制上海艺术专业学位研究生教育评价指标体系，目前正在开展艺术硕士论文范式建设。第二，建平台，面向长三角艺术硕士培养院校，组织开展“乡村振兴设计大赛”。面向上海艺术硕士学位获得者，举办艺术硕士学位作品竞赛（美术、艺术设计领域），每年举办展览和优秀作品出版交替进行。第三，促交流，每年举办主任委员会议，讨论决定年度工作和总结工作成绩；每年由培养院校轮流举行年会，根据年度艺术专业学位教育主题开展深入研讨交流，共同提高。第四，提质量，每年收集院校培养艺术硕士相关资料和信息，制作上海艺术专业学位研究生教育质量报告并在年会发布，督促各培养单位树立质量第一、学生优先的教育理念并落实下去。

三、东华大学学术委员会

1978 年 12 月，学校成立了由 68 人组成的校学术委员会，18 人组成的常委，钱宝钧为主任。同时，各系成立学术委员会。校学术委员会的任务是：审核本科教学计划，审查招收研究生的专业、导师条件、招生名额及录取条件、研究生的学习计划，审查教师职称的提升。后来随着国家和上海市相关教育政策的调整，校学术委员会的职能也随之做出改变。

根据相关规定，2007 年第 25 次校长办公会议通过《东华大学学术委员会章程》,并自通过之日起实行。该章程分总则、组织、职责和附则四章15条。对于职责的具体规定如下:东华大学学术委员会审议学校与学术有关的重要事项,其主要职责是,审议学校学科发展规划,论证学校拟重点发展的学科;审核新增或调整学科点,审议学校科研规划,论证重大科研项目,并对学校教学、科研中的重大问题提出建议;评议学校师资队伍建设规划,评议博士生指导教师和教授(包括其他正高级技术职称)的任职资格;接受学校委托,对教师的学术水平进行鉴定;审议高级专业技术职务评定、重大科研成果鉴定中与学术水平有关的争议问题;指导院(系、所)学术委员会开展工作;承担学校委托的其他有关任务。

2014年1月29日,教育部公布《高等学校学术委员会规程》(中华人民共和国教育部令第35号),指出自2014年3月1日起施行。据此,学校开始对《东华大学学术委员会章程》进行修订。2014年10月30日,《东华大学学术委员会章程(修订)》经2014年第28次校长办公会议讨论通过,予以印发。其中包括总则、组成规则、职责权限、运行制度和附则共22条。包括审议事项10条,包括学科、专业及教师队伍建设规划,以及科学研究、对外学术交流合作等重大学术规划;自主设置或者申请设置学科专业;学术机构设置方案,交叉学科、跨学科协同创新机制的建设方案、学科资源的配置方案;教学科研成果、人才培养质量的评价标准及考核办法;学位授予标准及细则,学历教育的培养标准、教学计划方案、招生的标准与办法;学校教师职务聘任的学术标准与办法;学术评价、争议处理规则,学术道德规范;学术委员会专门委员会组织规程,学院教授委员会章程;由校长或学术委员会主任,或三分之一以上委员联名提出的学术发展方面的重要议题;学校需要提交审议的其他学术事务。评定事项5条,包括学校教学、科学研究成果和奖励,对外推荐教学、科学研究成果奖;高层次人才引进岗位人选、名誉(客座)教授聘任人选,推荐国内外重要学术组织的任职人选、人才选拔培养计划人选;教师学术成就、学术水平,博士生指导教师和正高级专业技术职务岗位的任职资格;自主设立各类学术、科研基金、科研项目以及教学、科研奖项等;需要评价学术水平的其他事项。咨询事项5条,包括制订与学术事务相关的全局性、重大发展规划和发展战略;学校预算决算中教学、科研经费的安排和分配及使用;教学、科研重大项目的申报及资金的分配使用;开展中外合作办学、赴境外办学，对外开展重大项目合作；学校需要听取学术委员会意见的其他事项。

2013 年之后，校学术委员会的学院层面的执行机构为学院教授委员会，具体内容见学位评定分委员会。

1978—2021 年学校学术委员会成员任职情况见附录十二。

四、东华大学学位评定委员会

（一）规章制度变迁

学校学位评定委员会最早是依据《东华大学学位评定委员会组成条例》成立并行使相关职责。根据该组成条例，其职责包括九项内容：(1)作出授予博士学位的决定；(2)作出授予硕士学位的决定；(3)作出授予各类专业学位的决定；(4)通过学士学位获得者的名单；(5)通过授予名誉博士学位的人员名单；(6)作出撤销违反规定而授予学位的决定；(7)对学位授予中有争议的问题和其他有关学位授予的问题有裁决权；(8)审定本校授予学位的文件并检查执行情况；(9)审查博士学位和硕士学位授权学科、专业点的增设申请。

2019 年第 9 次校长办公会审议并通过了《东华大学学位评定委员会章程》(东华校〔2019〕16 号)，《章程》主要内容分为 6 个部分，分别为：总则、组织机构、工作职责、议事规则、工作纪律与附则。与原有“组成条例”相比，主要调整以下几个方面：(1)明确委员评选范围与担任委员所应具备的基本条件；(2)明确学位评定委员会议事规则；(3)明确学位评定委员会工作纪律；(4)调整学院学位评定分委员会职责。

2020 年第 13 次校党委常委会审议通过《东华大学学位评定委员会章程(修订)》(东华校〔2020〕60 号)，《章程》主要修订的内容包括：(1)依据上位文调整校学位评定委员会人数范围；(2)对校学位评定委员会成员组成细化明确；(3)对校学位评定委员会整体换届的流程进行细化明确；(4)明确了学位评定分委员会章程的制定要求；(5)修订了学位评定分委会的职责。

（二）学位评定委员会职责

根据 2020 年《东华大学学位评定委员会章程》，学校学位评定委员会的工作职责依然为九项，分别是：(1)作出授予博士学位的决定；(2)作出授予硕士学位的决定；(3)作出授予学士学位的决定；(4)通过拟授予名誉博士学位的人员名单；(5)作出撤销已授予学位的决定；(6)对学位授予中有争议的问题和其他有学位授予的问题有裁决权；(7)审定本校授予学位相关的文件并检查执行情况；(8)审议学校各类学位授权点增列与动态调整工作；(9)审议或审定其他学位教育相关事宜。

（三）学位评定委员会人员

自1981年实行学位制以来，学校即按照《中华人民共和国学位条例》及实施办法的规定，组成学位评定委员会，行使学位工作的有关职权。1981年9月，由校学术委员会选举产生15人组成学位评定委员会，评审本科毕业生和研究生毕业生的学位。根据国务院学位委员会办公室关于每二三年调整一次的规定，学校对学位评定委员会进行了几次调整。

根据2020年印发的《东华大学学位评定委员会章程(修订)》，校学位委员会由23至25人组成。委员会设主席1人，副主席2－3人，秘书长1人。委员会下设学位委员会办公室，挂靠在研究生部(院)。校学位委员会主席由校长担任，主管学校研究生教育副校长可担任副主席，秘书长由研究生部(院)主要负责人担任。委员包括校长、主管学校研究生教育和本科教学的副校长、两院院士、国务院学科评议组成员、学院和相关职能部门(教务处、研究生部(院))主要负责人，以及由各博士学位授权学科所在学院推荐的一名学科专家代表。历届校学位评定委员会基本情况见表1－15。

表1－15　历届校学位评定委员会基本情况表

届数	成立时间	主任	副主任	人数
第一届	1981年9月	钱宝钧	严灏景、蒋永椿	15
第二届	1984年12月	严灏景	蒋永椿、陈瑞琪	23
第三届	1992年12月	陈瑞琪	严灏景、王善元	25
第四届	1996年1月	薛有义	周翔、陈瑞琪、王善元、陈东辉、朱世根	31
第五届	2002年3月	陈田初	周翔、王善元、顾利霞、陈东辉	26
第六届	2004年6月	徐明稚	周翔、王善元、顾利霞、宋立群	28

续 表

届数	成立时间	主任	副主任	人数
第七届	2009 年 6 月	徐明稚、蒋昌俊	周翔、朱世根、陈田初、邱高	26
第八届	2019 年 6 月	俞建勇	舒慧生、江莞	25

第一至第八届委员具体名单见附录十三。

五、东华大学学位评定分委员会和专业学位委员会建设

(一) 学位评定分委员会(学院教授委员会)

根据学校的具体情况，各系不另成立学位评定委员会，由各系学术委员会进行学位评定工作。各学位评定分委员会的主要工作职责是：

学位评定委员会根据工作需要设置若干分委员会。学位评定分委员会一般可由各学院学术委员会兼任，分委员会主席同时兼校学位评定委员会委员。分委员会成员中全部或绝大多数应具有正高级职称。学院学位评定分委员会成员由学院提出，校主管领导审批。各分委员会协助校学位评定委员会工作。工作职责包括：(1)审议本分委员会所属学科和专业的硕士研究生、博士研究生的人才选拔机制、培养方案和学位授予标准；(2)审议学位论文答辩委员会成员名单；(3)审议博士学位的申请，作出是否同意提交校学位委员会表决的决定；(4)审议硕士学位的申请，作出是否同意提交校学位委员会表决的决定；(5)审议学士学位的申请，作出是否同意提交校学位委员会表决的决定；(6)审议同等学力申请学位，作出是否同意提交校学位委员会表决的决定；(7)审议有权授予博士、硕士学位的学科、专业研究方向的变动；(8)审议本学院所属的有关学科、专业学位授予权的申请；(9)作出拟撤销已授予学位的决定，报校学位委员会审批表决；(10)负责主持学位与研究生教育工作的评估；(11)研究和处理学位与研究生教育工作中有争议的问题及其他与学位和学科发展有关的事宜；(12)校学位委员会要求其协助履行的其他职责。

2013 年 6 月 3 日，学校发出《关于印发〈东华大学学院教授委员会实施办法(试行)〉的通知》(东华校〔2013〕27 号)，明确学院教授委员会定位和职

能，指出学院教授委员会是学院学科建设和学术管理等重要事项的审议、审定机构，是学院重大改革和建设的咨询机构。明确其审定事项的职责包括：审定学院本科生、研究生教学计划和培养方案，审核学院学科、专业设置方案，报校学术委员会审议；评定硕士研究生导师资格，审查、评定博士研究生导师的学术水平，报校学术委员会审议；对申请学士学位、硕士学位、博士学位者进行审查，向校学位评定委员会提出是否授予学位的建议等。2021 年 4 月 21 日，学校发布《关于印发〈东华大学学院教授委员会实施办法〉的通知》（东华校〔2021〕14 号），调整后的职责权限明确指出，学院下列事务决策前，应提交教授委员会审议，或者交由教授委员会审议并直接做出决定：学科建设规划及专业设置方案；教学计划，人才培养方案及标准，学位授予细则及标准等。学院实施事项中，涉及对学术水平做出评价的，应当由教授委员会进行评定具体事项包括硕士研究生指导教师任职资格评审，博士研究生指导教师任职资格审核与推荐；申请学士、硕士、博士、同等学力学位人员的学术资格，授予学位的建议人员名单等。

（二）由研究生工作指导小组到研究生培养指导委员会

1. 研究生工作指导小组

1996 年为了进一步加强落实院（系）对研究生教育的过程管理，逐步过渡实行校、院（系）二级管理体制，同时为了促进学科、专业的建设，决定各院（系）成立研究生工作指导小组。2015 年，根据国家要求，学校在学院层面设置研究生培养指导委员会，替代研究生工作指导小组。2021 年，研究生院修订研究生培养指导委员会设置办法，按一级学科和专业学位类别设置。

研究生工作指导小组的建立原则。每个专业、学科点原则上组成一个研究生工作指导小组，有些相关学科也可联合组成一个指导小组。招生人数在 3 人以下的，一般由 3 人组成指导小组，招生人数在 4 人以上（含 4 人）则由 4－6 人组成指导小组。指导小组是学位评定分委员会下设的工作小组，行政上受学院领导。指导小组的人选由院学位评定分委员会讨论决定，并报研究生部备案，任期为 3 年。

研究生工作指导小组成员的条件。必须是具有一定研究生教学经验的副教授（或相当职称）以上人员担任。成员的组成应当优先考虑本专业、学科点主要研究方向的指导教师。

研究生工作指导小组的职责。拟定本专业、学科近远期的研究方向和本学科研究生培养方案。制定本学科开题报告的具体要求。对开题报告书进行审议，并和全体到会导师一起无记名投票表决研究生的开题通过与否。每学期认真组织召开本学科研究生指导教师的述职报告会。聘请校内外专家对学位论文进行评阅，参加论文答辩，向院学位评定分委员会推荐“优秀学位论文”。组织检查或交流本学科、专业研究生教育和学位质量的情况，提出教学改革的意见。负责评审研究生各类学术、科技活动的论文和作品。

2. 研究生培养指导委员会

2015 年，根据教育部、国家发展改革委、财政部《关于深化研究生教育改革的意见》(教研〔2013〕1 号)，以及教育部、人力资源和社会保障部《关于深入推进专业学位研究生培养模式改革的意见》(教研〔2013〕3 号)等文件要求，学校决定设立研究生培养指导委员会。研究生培养指导委员会成立后，学院原研究生工作指导小组的相应职能统一归并，由研究生培养指导委员会履行。

在《关于设立研究生培养指导委员会的实施办法》(东华研函〔2015〕3 号)中，对于委员职责做出明确规定。包括如下五项内容。根据国家相关文件要求，结合学科或专业学位培养特色，拟订研究生培养的基本要求、培养方案以及学位授予要求。以培养目标和学位要求为出发点，建立并不断优化研究生课程体系。加强教学指导，加强课程、案例教学、基地建设等工作。负责博士研究生候选资格考核、研究生学位论文开题和中期检查及盲审答辩等工作。定期召开有导师、学生、主管部门和行(企)业专家参加的研究生培养工作研讨会。以研究生教育活动入手，定期开展质量评估，构建质量保证与监督体系。

2021 年，根据国家政策调整和实际变化，研究生院对研究生培养指导委员会的职责和办法做了修改。在设立类别上，明确设立在学院层面的研究生培养指导委员会按一级学科或专业学位类别设立，属性相近的可合并设立。一级学科或专业学位类别涉及多学院的，学院间应共同商议、联合设立。学校层面仅设置交叉学科培养指导委员会。在委员职责方面，指出研究生培养指导委员会是隶属于学院党政联席会议领导的基层学术组织，是学院教授委员会的具体执行组织，在学院党政领导下开展工作，实行主任负责制。委员职责包括六个方面：根据国家和上海相关文件要求，结合学科或专业学位培养特色，拟订研究生培养的基本要求、培养方案以及学位授予要求等。以培养目标和学位要求为出发点，建立并不断优化研究生课程体系。加强教学指导，加强课程建设、案例教学、基地建设等工作。负责博士研究生过程质量考核、研究生学位论文开题和中期检查及盲审答辩的组织与落实等工作。定期召开有导师、学生、主管部门和行（企）业专家参加的研究生培养工作研讨会。负责各学位授权点自我评估的方案制订、组织实施与整改，制定研究生培养方案，编撰《学位授权点自我评估总结报告》《基本状态信息表》《学位授权点建设年度报告》等。以研究生教育全程活动入手，定期开展自我质量评估，构建质量保证与监督体系。

2015 年，学校共成立了 21 个研究生培养指导委员会，其中 12 个学院层面总计由 132 名专家担任委员；8 个专业学位类别由 83 名校内外专家担任委员；以及 15 名专家组成的校级层面的交叉学科培养指导委员会。2021 年，新一届研究生培养指导委员会成立。经各学院党政联席会议讨论推荐，成立纺织科学与工程一级学科等 24 个一级学科研究生培养指导委员会，共有 184 名专家担任委员；成立材料与化工等 16 个专业学位类别研究生培养指导委员会，共有 136 名校内外专家担任委员，以及 9 人组成的校级层面的交叉学科培养指导委员会。

（三）研究生教育专家指导与咨询小组

为落实创新教育，指导学校研究生教育创新工作，2003 年学校决定成立研究生教育专家指导与咨询小组，每届任期 3 年。主要负责学校研究生教育政策的咨询，学校研究生创新基金、教改项目、优秀成果等各类评审。

首届成员由陈瑞琪、黄秀宝、梁伯润、张渭源、陈水林、耿兆丰、戴昌钧 7 人组成。

2006 年，第二届成员由黄秀宝、张渭源、戴昌钧、王依民、沈新元、邱夷平、丁辛、庄惠生、李蓓智、蔡再生、丁永生 11 人组成。

2009 年，第三届成员由丁辛、王依民、丁永生、李蓓智、蔡再生、亢燕铭、徐琪、李俊 8 人组成。

2013 年，第四届成员由丁辛、王依民、阎克路、王璐、王华平、史向阳、亢燕铭、徐琪、刘晓刚、李俊、王生泽、郝矿荣 12 人组成。

2021年，根据新时代研究生教育的新要求，目前正在启动第五届成员调整工作。

（四）研究生教育督学组

东华大学研究生教育督学组由校党委领导，是学校关心下一代工作委员会下属的一支队伍。2012年5月，为了加强研究生质量监控，在学校老教授协会的支持下，第一届“东华大学研究生教育督学组”成立，截至目前已历经五届，共聘请全校13个学院的退休老教授（绝大部分人担任过博士生导师和硕士生导师）66人次。

第一届成员包括张元明、黄秀宝、陈敬铨、耿兆丰、黄象安、夏金国、叶国铭、张文斌、眭伟民、邢传鼎。

第二届成员包括张元明、黄秀宝、陈敬铨、张神勇、戴培兴、耿兆丰、苏厚勤、吴承训、黄象安、夏金国、叶国铭、俞保安、袁琴华、张文斌。

第三届成员包括张元明、陈敬铨、戴昌钧、戴培兴、耿兆丰、苏厚勤、吴承训、王依民、夏金国、叶国铭、俞保安、袁琴华、赵曙辉、张文斌。

第四届成员包括张元明、丁辛、陈敬铨、戴培兴、耿兆丰、王依民、赵曙辉、苏厚勤、赵炯心、毛立民、俞保安、戴昌钧、张文斌、高国柱。

第五届成员包括张元明、丁辛、陈敬铨、赵萍、官洪运、王依民、赵曙辉、苏厚勤、赵炯心、毛立民、马承愚、戴昌钧、俞英、高国柱。

自成立以来，形成了先评估后整改的闭环督学机制，建立了第三方质量保障监控体系，学校研究生教育质量得到了全面提升。督学组专家们活跃在研究生整个培养过程，包括课堂督查、教学档案检查、教学大纲档案检查、研究生课程考试考查巡视、评阅答辩后再盲审论文、研究生开题预答辩及答辩巡视、部分成员参与硕士生博士生招生复试巡视等。2015年被评为上海教育系统关心下一代工作“示范特殊项目”。

六、研究生导师遴选和管理

（一）1978年前的研究生导师沿革与概况

1959年学校培养研究生工作开始后，由于没有经验，第一次招生只选了四个专业的应届毕业生5名，指导教师为钱宝钧、严灏景、陈寿祺、陈人哲等4位教授。

1960、1961 年是学校在“文化大革命”前招收研究生人数最多的两年，指导教师主要由各专业的正副教授担任，但少数专业也有由较成熟的讲师来担任。研究生入学后，采取导师负责制，由导师根据研究生的具体情况制订培养计划，安排学习课程，要求研究生结合本专业参加科研工作，撰写科研论文。

1962—1965 年，学校研究生教育有了一定的发展，开始正规培养三年制研究生。为了保证研究生的培养质量，学校严格遴选导师，规定了带研究生的导师只有正副教授才能担任，必须有较高的学术水平，较多的科学研究工作经验，其所在教研室要有较好的科学研究工作基础和试验设备。学校 8 个培养研究生的专业、学科，共选了 30 位教授、副教授担任指导教师，其中钱宝钧、严灏景、陈寿祺、张文赓、刘裕瑄，薛威麟、陈敩、洪钟威、王菊生、方柏容等教授都是学校各学科的带头人。

1978 年恢复研究生招生后，学校注意挑选学术水平高、教学经验丰富的教师担任研究生的指导教师，并且坚持只有教授、副教授才能带研究生，在培养工作中，注意充分发挥指导教师作用。大多数指导教师都能够从实际出发，做到：研究生一进校，导师就与研究生座谈，共同商讨培养计划，并规定研究生所读的基础课程；要求研究生定期（半月或一月）向导师汇报学习情况，取得导师的指导和帮助；导师结合研究生的特点和研究方向，指导他们学习有关课程和查阅文献资料；导师经常深入研究生中了解情况，检查学习，做思想工作。

（二）1981 年以来的博士生导师审批与遴选

1. 国务院学位委员会审批的博士生指导教师

1981 – 1993 年，博士生指导教师由国务院学位委员会在审核博士、硕士学位授权学科、专业时一并进行，通过后报国务院批准公布（1986 年改由国务院学位委员会批准公布）。学校在 1981 – 1993 年共 5 批博士、硕士学位授权学科、专业的审核中，有 24 人被批准为博士生指导教师。

2. 学校自行审批的博士生指导教师

1995 年，国务院学位委员会为扩大学位授予单位的办学自主权，充分发挥博士点集体的作用，下达《关于改革博士生指导教师审核办法的通知》，决定把由全国组织统一评审博士生指导教师的办法，逐步转变为由学校根据博士点学术梯队水平和招生需要，参照国务院学位委员会制定的基本条件，自行审定博士生指导教师。

从1995年开始，学校自行审核增列博士生指导教师，一般每年进行一次。为做好这项工作，学校制定了《关于遴选审定博士生指导教师的实施细则》，并在实施过程不断修改完善。博士生指导教师自审增加了各学科办学的自主权，改善了导师队伍的年龄结构，不少30多岁的具有博士学位的教授成了博士生指导教师，导师具有博士学位人数有了很大增长，年龄结构更趋合理。

根据国务院学位委员会《关于改革博士生指导教师审核办法的通知》《关于改革博士生指导教师审核工作的实施办法》《关于进一步下放博士生指导教师审批权的通知》的精神，经2006年第九次校长办公会议讨论，对博士生指导教师的遴选办法进行改革，2006年4月27日，学校发布《关于印发〈东华大学博士生指导教师上岗遴选办法〉的通知》(东华校〔2006〕27号)。该遴选办法的基本原则有三条：(1)博士生指导教师是培养博士生的重要工作岗位，不是一种固定的身份。上岗遴选必须坚持"按需设岗"原则，全面考虑学科建设、人才培养的实际需要和生源情况，形成有增有减的动态机制。(2)博士生指导教师的审定，应适应改进博士研究生培养工作和提高博士研究生培养质量的需要，适应与满足学科建设和凝练学科方向的需要，适应与满足改善博士生指导教师队伍结构(尤其是年龄结构)和培养扶持新的学科(学术)带头人的需要。(3)博士生指导教师的审定工作，应坚持标准、严格要求、保证质量、公正合理。

遴选办法规定了博士生指导教师的基本条件：热爱研究生教育事业，具有高尚的科学道德，严谨的治学态度，强烈的创新意识和良好的团队精神，能教书育人、为人师表。应是本学科领域中学术造诣较深且在教学、科研一线岗位上工作的教授(或具有相当专业技术职务人员)，身体良好，年龄不超过60周岁，一般应具有博士学位；1960年1月1日及以后出生的申请者，必须具有博士学位。在本学科有稳定的研究方向，有培养研究生的经验，有一定水平的学术成果和一定数量的科研经费。

遴选办法明确规定：申报博士生指导教师的人员须先经院、系学术评定分委员会审核通过，再报校学术委员会评审；校学术委员会会议应有全体成员的三分之二以上出席，决定以无记名投票的方式作出，经校学术委员会全体成员过半数同意者视为通过。通过后的拟新上岗博士生导师名单在校内公示，15 天内接受个人或集体对审定工作过程或结果提出的申诉和异议，并做出仲裁。

截至 2021 年 9 月，学校共有博士生导师 376 人。占全校导师总数的 31.1%。

1981—2021 年学校博士生指导教师名单见附录九。

3. 近 10 年学校博士生指导教师情况

相较 2012 年，博士生导师数扩充了近 2 倍，全校各博士学科授权点均稳步发展，博士生导师队伍的年龄结构、职称结构、学缘结构都获得明显优化。目前，学校共有一级学科博士学位授权点 11 个。10 年来，纺织科学与工程、材料科学与工程的博导数一直排在前两位，两学科的博导数一直占总博导数的 50%左右。到 2021 年，博导数超过 30 人的学科还有化学与控制科学与工程。具体情况见表 1 - 16。

表 1 - 16　2012—2021 年学校博导学科分布表

一级学科/年份	2012	2013	2014	2015	2016	2017	2018	2019	2020	2021
数学	/	/	/	/	/	/	/	/	/	1
化学	7	11	13	23	25	27	32	33	38	41
机械工程	13	16	18	20	20	21	21	21	22	20
材料科学与工程	52	54	59	61	68	70	80	83	91	108
控制科学与工程	26	28	28	28	29	31	34	31	34	32
土木工程	3	3	4	5	5	8	8	9	12	12
纺织科学与工程	64	68	71	77	82	84	77	78	82	85
环境科学与工程	12	13	14	17	17	21	21	19	23	21
管理科学与工程	15	17	18	11	13	14	17	20	20	22
工商管理	11	12	13	13	12	13	14	15	15	16
设计学	/	/	/	/	/	/	12	13	16	18
总计	203	222	238	255	271	289	316	322	353	376

年龄是博导质量的重要因素之一，中青年教师一直是学校博导的主力军，10年来学校55岁及以下博导的平均占比为75.5%，不同年份略有波动，最高年份达到82.7%，最低年份为68.8%。具体见表1-17。

表1-17　2012—2021年博士生导师年龄结构表

年份	45岁以下	45—55岁	55岁以上	总计
2012	42	111	50	203
2013	54	122	46	222
2014	53	119	66	238
2015	58	153	44	255
2016	61	158	52	271
2017	65	163	61	289
2018	75	162	79	316
2019	89	147	86	322
2020	99	144	110	353
2021	128	131	117	376

根据国家和学校的规定，博导中既有正高级职称，也有副高级职称。自从2010年学校首位副高级职称通过遴选获得博士生指导资格以来，近10年申请人数和获批人数都持续上升。随着部分副高级职称教师的职称升级，每年的情况也在不断地变化。至今，累计24人获批博士生指导教师，占同期获批博士生指导教师的6.3%。具体到各个年份，最高占比达到9.8%，近5年稳定在5.1%以上。具体见表1-18。

表1-18　2012—2021年博士生导师职称结构表

年份	正高级	副高级	总计
2012	202	1	203
2013	218	4	222
2014	232	6	238
2015	248	7	255

续 表

年份	正高级	副高级	总计
2016	258	13	271
2017	264	25	289
2018	285	31	316
2019	297	25	322
2020	335	18	353
2021	352	24	376

随着我国研究生教育的持续发展以及国际交流与合作的逐步增强，学校博士生指导教师的学缘结构也在优化，拥有境内其他高校和境外高校博士学位的人数增幅明显，相应占比（仅统计拥有博士学位的导师）在 68.8%和 72.3%之间；前 5 年都在 69.9%以下，近 5 年都在 70.4%以上。单纯计算境外高校，相应占比在 13.4%和 18.6%之间。具体见表 1-19。

表 1-19 2012—2021 年博士生导师学缘结构表

年份	博士			硕士	其他	总计
	本校	境内其他高校	境外高校			
2012	57	102	30	8	6	203
2013	63	110	36	7	6	222
2014	69	119	33	9	8	238
2015	75	131	32	9	8	255
2016	78	142	36	7	8	271
2017	82	156	39	5	7	289
2018	86	171	45	6	8	316
2019	90	165	55	8	4	322
2020	94	182	63	8	6	353
2021	106	194	62	8	6	376

（三）硕士生导师

1. 遴选和管理办法

按照国家教委《关于改进和加强研究生工作的通知》精神，为做好学校硕士生指导教师的遴选工作，1991 年学校制订了《关于遴选硕士生导师的试行办法》，并于 1996 年 9 月予以修订，指出硕士研究生指导教师队伍的水平是保证硕士研究生培养质量的关键。

学校规定硕士生指导教师必须具有良好的科学道德和严谨的治学态度，教书育人，为人师表。热心研究生教育和培养工作，能认真履行教师职责。年龄在 57 周岁以下的具有副教授（或相当职称）或以上职称，从事教学及科研工作的在职教师（或兼职教师），1960 年 1 月 1 日以后出生者必须具有硕士学位。

硕士生指导教师须有丰富的教学和科学研究的工作经验，熟悉本学科研究生的课程设置和内容，至少能讲授一门本学科的硕士研究生课程；有较高学术造诣，近三年内获得较高水平的科研成果，有公开出版的著作、教材或在国内外核心学术刊物或在国内外重要学术会议上发表过两篇以上学术论文（为第一作者）；有指导较高水平科学研究工作的能力，曾协助指导过研究生完成硕士学位论文；具有稳定研究方向的学科团队的成员，从事所在团队的科研项目，有充足的科研经费，具备研究生进行论文研究所需的科学实验条件；具备一定的外语水平，能指导研究生查阅外语论文和著作。

硕士生指导教师主要由学院教授委员会（学位评定分委员会）审核，报校学位评定委员会审定备案。

2. 近 10 年硕士生指导教师情况

截至 2021 年 9 月，学校共有研究生导师 1207 人，较 2012 年增长了 35.1%，其中硕士生导师人数增长了 30.2%，具体见表 1－20。

表 1－20　2012—2021 研究生导师数量结构表

年份	硕导人数	博导人数	导师总数
2012	580	203	783
2013	590	222	812

续　表

年份	硕导人数	博导人数	导师总数
2014	622	238	860
2015	631	255	886
2016	656	271	927
2017	668	289	957
2018	698	316	1014
2019	740	322	1062
2020	799	353	1152
2021	831	376	1207

硕士生指导教师的年龄结构也在持续优化，中青年教师一直是学校研究生导师的主力军。10 年来学校 55 岁及以下的研究生导师数平均占比为 88.0%，最高占比达到 91.4%，最低占比为 82.8%。与博士生指导教师相比，平均占比多 13.0%左右，其中最高的年份多 15.6%，最低的年份为 7.1%。具体见表 1-21。

表 1-21　2012—2021 研究生导师年龄结构表

年份	45 岁以下	45 岁—55 岁	55 岁以上	总计
2012	354	344	85	783
2013	359	383	70	812
2014	377	379	104	860
2015	418	378	90	886
2016	408	419	100	927
2017	421	437	99	957
2018	422	466	126	1014
2019	462	443	157	1062
2020	504	450	198	1152
2021	555	444	208	1207

根据规定，学校的硕士生指导教师既有高级职称，也有中级职称。这一情况也是随着导师职称的变化而逐年变动。总体来说，2012 年至 2021 年，研究生导师中拥有副高级以上职称的导师一直在 85.0%以上，中级职称的研究生导师人数一直在增加，相应占比由 2012 年的 0.8%上升到 2021 年的 15.1%，近 5 年稳定在 11.1%以上。具体见表 1-22。

表 1-22 2012—2021 研究生导师职称结构表

年份/职称	正高级	副高级	中级	总计
2012	365	412	6	783
2013	366	436	10	812
2014	382	461	17	860
2015	390	430	66	886
2016	400	442	85	927
2017	392	459	106	957
2018	420	466	128	1014
2019	448	485	129	1062
2020	479	544	129	1152
2021	487	538	182	1207

3. 研究生生师比结构变迁情况

2021 年全校博士生生师比为 3.7∶1，硕士生师比为 5.3∶1，总生师比为 6.5∶1。经过 10 年发展，学校生师比状况相较 2012 年明显优化。这与学校大力加强研究生导师队伍建设密不可分。当然，也与学校研究生规模扩展不足有一定的关联。具体见表 1-23。

表 1-23 2012—2021 年学校研究生生师比结构一览表

年份	硕士生师比	博士生师比	总生师比
2012	8.3	5.7	9.7
2013	8.0	5.2	9.4

续　表

年份	硕士生师比	博士生师比	总生师比
2014	6.1	4.8	5.8
2015	6.0	3.8	5.5
2016	6.0	3.6	6.8
2017	5.6	3.5	6.6
2018	5.5	3.2	6.5
2019	5.4	3.2	6.4
2020	5.2	3.2	6.2
2021	5.3	3.7	6.5

（四）专业学位校外导师

学校专业学位研究生的培养实行“双导师”制，为进一步加强校内外导师对专业学位研究生的培养指导力度，达到培养高层次应用型专门人才的目标，结合学校实际，制定了《东华大学专业学位研究生校外导师聘任与管理办法》。对校外导师的身份进行界定，即：指与校内导师合作培养专业学位研究生的校外人员。校外导师基本要求除了拥护党的基本路线，为人师表，作风正派，具有良好的职业道德和社会声誉外，对专业技能突出要求，即：在相应的专业领域有丰富的实践经验和较高的业务水平，研究方向或工作特长须与指导的研究生的专业研究方向相一致，原则上具有副高及以上专业技术职务、或取得硕士及以上学位、或在重要岗位担任重要职务、或工作年限5年及以上且取得较为突出的工作业绩等。校外导师的职责是：协助校内导师制定研究生个人培养计划；参与开设相关专业学位研究生的实践课程或举办专题讲座；共同与校内导师做好研究生的整个专业实践环节的培养指导工作，为研究生提供相应的专业实践平台及必要的科研条件，负责研究生实践能力的培养；协助校内导师参与研究生学位论文的选题和指导工作；针对研究生专业实践环节存在的问题，及时与校内导师交流，保证研究生培养质量。校外导师的聘任程序规范，即：由校外导师所在单位或校内教师推荐；申请者按照要求填写《东华大学专业学位研究生校外导师审批表》;学院师德建设小组与党组织具体落实对申请者政治表现与师德师风情况的考察,经学院教授委员会讨论、学院党政联席会确定后报备研究生院。规定校外导师同一时间培养学校专业学位研究生原则上不超过 6 人,一个聘期原则上为 3 年;一个聘期结束,学院对其该聘期内的表现进行综合评价,评价通过后,报备研究生院,研究生院重新颁发聘书;一个聘期内,校外导师指导研究生数量少于 1 人,不再续聘。

经过学校、学院两级积极构建双师团队,打造了一大批合作紧密、结构优化、年龄合理、协力育人的校外导师队伍。至今共聘任校外导师 1404 人次,主要集中在纺织学院、材料学院、机械学院和化生学院等。见图 1-1。

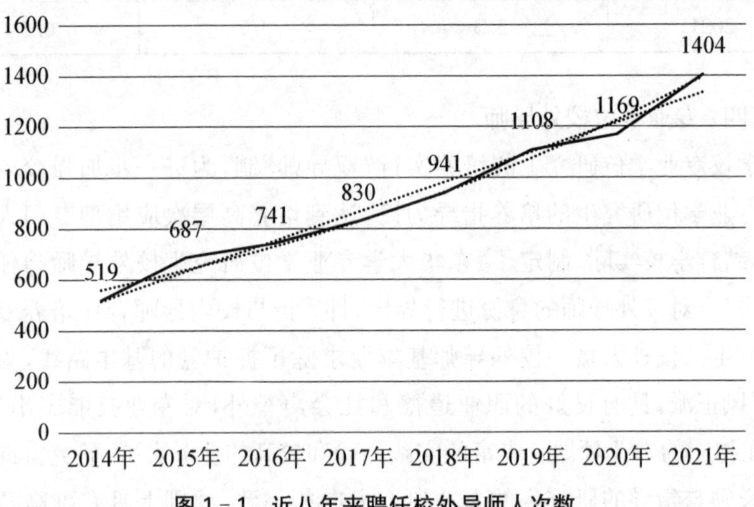

图 1-1 近八年来聘任校外导师人次数

（执笔：丁明利、张翔、陈晓双、杨超、田顺利）

第三节 研究生教育制度变迁

一、研究生工作手册

我国的研究生制度一直处于完善和改进之中,学校研究生教育的发展同样日新月异。为此,学校一直都及时印制研究生工作手册,以更好地指导工作开展。据不完全统计，研究生院（部、处）分别于1991年10月、1996年9月、2000年8月、2003年8月、2007年、2013年、2015年、2017年和2019年汇总并印刷了研究生管理工作文件汇编及研究生工作手册，以更好地指导和规范研究生教育管理工作的开展。如2000年先后发布的《关于博士研究生课程管理的规定》《关于硕士研究生课程管理的规定》《研究生教务管理工作要点与流程》等，对研究生的课程开设、选课、排课、学分的计算、课程成绩的评定、补考、成绩管理及校核、试卷的存档均作了具体规定；《研究生创新基金管理办法》《博士生资格考核制度》《研究生在学期间发表论文的要求》《研究生发表论文奖励办法》《非理工类博士生导师遴选条件》等，旨在加强引导、健全制度、严格考核、适当激励，进一步加大了提升研究生培养质量的力度。

此外，围绕工程硕士专业学位研究生教育，工商管理硕士教育等，学校也曾印制相关工作手册，以更好地指导相关工作的顺利开展。各专业学位教育中心也会制作自己管辖范围内的制度汇编等。

二、招生规定一览

研究生招生办公室结合教育部、上海市的系列文件精神和工作要求，制定了东华大学有关招生工作办法和规章制度。通过制度建设，保障研究生招生工作的规范管理、科学选拔、质量提升。

（一）研究生招生质量提升的相关规定

选拔具有创新潜质的优秀生源是研究生培养的基础和保障，针对推进学校研究生教育资源优化配置，促进研究生招生生源质量提升，2013年制定了《东华大学博士研究生招生指标动态配置试行办法》、2021年制定了《东华大学硕士研究生招生计划管理办法（试行）》（东华研函〔2021〕17号）；针对优秀生源选拔制定了《东华大学招收“优才计划”专项研究生办法（试行）》（东华研函〔2021〕12号）

（二）研究生招生管理工作的相关规定

为全面加强和规范对不同类型研究生的招生工作管理，针对博士研究生招生制定了《东华大学关于招收攻读博士学位研究生的工作规定》；针对全日制硕士研究生招生制定了《东华大学关于招收攻读硕士学位研究生的工作规定》《东华大学关于招收攻读硕士学位研究生的工作管理办法》；针对港澳台研究生招生制定了《东华大学招收港澳台攻读博士、硕士学位研究生暂行规定》；针对同等学力报考、在职工程硕士、在职艺术硕士、高等学校教师等在职人员为主体的招生制定了《东华大学接受“以同等学力报考研究生”的规定》《东华大学关于招收工程硕士专业学位研究生的规定》《东华大学关于招收高等学校教师在职攻读硕士学位的规定》《东华大学关于招收艺术硕士专业学位研究生的规定》等一系列文件。

（三）研究生选拔方式的相关规定

为扩大研究生招生自主权、选拔拔尖创新人才、提高研究生招生质量，针对博士生选拔制定了《东华大学招收培养提前攻博研究生的试行办法》、《东华大学关于选拔硕博连读研究生的办法》（东华研函〔2013〕8 号）、《东华大学关于选拔硕博连读研究生的办法（修订）》（东华研〔2014〕20 号）》；针对推荐免试硕士研究生选拔制定了《东华大学接收外校推荐免试硕士研究生的办法》、《东华大学优秀应届本科毕业生推荐免试攻读硕士学位研究生（直博生）实施办法》（东华教〔2013〕11 号）。

（四）研究生复试录取的相关规定

为切实发挥复试在研究生选拔过程中的重要作用，促进硕士生招生复试工作规范化和制度化，提高复试的科学性和有效性，保障选拔质量，针对博士生招生制定了《东华大学招收攻读博士学位研究生复试及录取办法》、《东华大学博士研究生招生复试与录取办法》（东华研〔2019〕11 号）；针对统考硕士生招生制定了《东华大学招收攻读硕士学位研究生复试及录取办法》、《东华大学硕士研究生招生复试与录取办法》（东华研〔2019〕4 号）；针对推荐免试硕士生招生制定了《东华大学接收推免生复试与录取办法》（东华研〔2018〕19 号）。

（五）研究生招生安全保障的相关规定

为切实做好研究生招生考试的安全保密工作，加强研究生招生考试管理，保障考试制度的有效实施，针对考试考务安全制定了《东华大学研究生招生考试考务安全保密工作实施细则》、《全国硕士学位研究生招生考试东华大学考点考务工作规定》（东华研〔2014〕15 号），针对自命题工作制定了《东华大学博士、硕士研究生命题工作要求》《东华大学研究生招生入学考试评卷规则》、《东华大学硕士研究生招生考试自命题工作管理办法》（东华研

〔2019〕19 号)。

(六) 研究生入学资格审查的相关规定

为了做好新生政治素质和入学资格监督保障,针对研究生政治思想品德的审核工作,制定了《东华大学招收研究生政审工作规定》。针对新生录取资格复查和入学资格审查,制定了《东华大学研究生新生入学资格审查实施办法》。

通过建立相关制度,并根据政策调整及时修订、逐步完善,确保招生工作科学、规范、公平、安全。

三、培养规定一览

(一) 学籍管理规定

2014 年,教育部发布第 41 号令《普通高等学校学生管理规定》。学校组织相关工作人员认真学习领会,制定《东华大学研究生学籍管理规定》(东华研〔2017〕20 号)。新的规定突出立德树人要求,促进学校加强社会主义核心价值观教育,培养学生社会责任感、创新精神、实践能力和诚信意识;建立更加灵活的学习制度,落实学生管理的自主权,服务学生创新创业,着力提高培养质量,为学校深化综合改革提供支持;体现以学生为本,强化服务意识,切实尊重和保护学生利益,增补了有关赋予学生利益行为的规范操作,完善了有关学生处分和申诉的程序要求;进一步规范学籍学历、学业成绩以及奖励处分等管理行为,推进学校依法治校。在此基础上,制定了《东华大学关于研究生转专业的实施细则》《东华大学研究生结业及结业转毕业管理办法》等规定,并随情况的变化而适时调整,以更好地保障研究生的相关权益。

(二) 培养管理规定

为规范研究生培养过程和教育管理规范,研究生部先后制定了《东华大学关于攻读博士学位研究生培养工作的规定》《东华大学关于攻读学术学位硕士研究生培养工作的规定》《东华大学关于攻读专业学位硕士研究生培养工作的规定》,这三个规定分别面向博士和硕士的培养过程进行规范解读,分为总则(含培养目标、学制与培养年限)、培养方式、培养方案与培养计划、课程学习、学位论文、发表学术成果六个章节。

（三）课程教学管理规定

2014 年为进一步规范研究生课程教学，学校印发《东华大学关于研究生课程教学管理的规定（修订）》（东华大学研〔2014〕23 号），对于任课教师、课程开设、教学大纲与教学日历、排课管理、选课管理、教学任务、教学方式、课程考核、成绩管理、教学档案管理等方面进行全面的规定。

四、学位授予规定一览

（一）关于学位授予工作的有关规定

为做好学位授予工作，明确学位授予流程和学位评定委员会职责，学校制定了《中国纺织大学学位评定委员会暂行工作条例》，并修订为《东华大学学位评定委员会组成条例》，2019 年制定了《东华大学学位评定委员会章程》（东华校〔2019〕16 号），并在此基础上修改完善为《东华大学学位评定委员会章程（修订）》（东华校〔2020〕60 号）。

为规范我校各级学位授予工作，学校于 90 年代制定了《中国纺织大学关于授予博士和硕士学位的有关规定》。根据工作需要，学校依据《中华人民共和国学位条例》《中华人民共和国学位条例暂行实施办法》，于 2004 年制定《东华大学学位授予工作实施细则》，经过多次修改发布《东华大学学位授予工作实施细则》（东华研〔2014〕19 号），现在正根据国家相关规定调整和学校实际情况开展新一轮修订工作。

为规范符合条件人员同等学力申请学位工作的需要，学校先后制定了《中国纺织大学关于授予具有研究生毕业同等学力的在职人员博士、硕士学位实施细则》《东华大学关于授予具有研究生毕业同等学力在职人员博士学位工作的实施细则》《东华大学关于授予具有研究生毕业同等学力在职人员硕士学位工作的实施细则》等相关文件规章制度。

（二）关于学位过程的有关规定

为做好开题、中期检查、预答辩、答辩等环节的全过程管理，学校分别制定了《东华大学关于博士、硕士研究生学位论文选题工作的要求》、《关于加强研究生中期考核工作的规定》（东华研函〔2015〕10 号）、《关于执行博士研究生学位论文预答辩制度的通知》（东华研函〔2011〕16 号）、《东华大学关于博士研究生学位论文及答辩工作的要求》《东华大学关于硕士研究生学位论文及答辩工作的要求》。

科研创新能力的训练是研究生培养工作的重要环节。为了提高研究生的教育质量，检验研究生的科研成果和学术论文的写作能力，学校先后制定了《中国纺织大学关于研究生在学期间发表学术论文要求的规定》《东华大学关于研究生在学期间发表学术论文要求的暂行规定》《东华大学关于研究生在学期间发表学术论文的暂行规定(修订)》，各学院依据此框架制定符合学院和学科要求的学术成果发表要求。为进一步提高研究生培养质量，建立引导优秀学术成果产出的人才培养机制，健全研究生获得学术成果的科学评价，破除"五唯"倾向，学校于 2021 年根据全国研究生教育会议精神和《关于加快新时代研究生教育改革发展的意见》等文件要求，对我校研究生申请学位所需在学期间获得学术成果的基本要求进行了修订，并于 2021 年上半年面向全校师生进行了公开意见征询。

为切实保障和提高研究生教育质量，建立健全研究生培养的组织机构，充分发挥专家治学的作用，学校制定《中国纺织大学关于建立研究生工作指导小组的规定》《东华大学关于建立研究生工作指导小组的规定》，通过设立研究生工作指导小组指导开展研究生培养工作。2015 年，根据教育部、国家发展改革委、财政部《关于深化研究生教育改革的意见》(教研〔2013〕1 号)，以及教育部、人力资源社会保障部《关于深入推进专业学位研究生培养模式改革的意见》(教研〔2013〕3 号)等文件要求，学校决定设立研究生培养指导委员会，代替履行研究生工作指导小组工作职责。2021 年，学校印发《关于设立研究生培养指导委员会的实施办法(修订)》(东华研函〔2021〕13 号)，调整了培养指导委员会的范围与工作职责，将合格评估正式纳入培养指导委员会的职责范围内。

根据《教育部关于切实加强和改进高等学校学风建设的实施意见》(教技〔2011〕1 号)精神，为贯彻落实《国家中长期教育改革和发展规划纲要(2010—2020)年》的要求，进一步在学校内营造风清气正的育人环境和求真务实的学术氛围，学校于 2013 年制定了《东华大学切实加强和改进学风建设实施细则(试行)》(东华校〔2013〕26 号)。

(三) 学位论文质量保障相关规定

为了提高研究生学位论文的质量，做到学位论文在内容和格式上的规范化，学校自90年代起，分别制定了《中国纺织大学关于博士、硕士研究生学位论文选题工作的要求》《中国纺织大学关于博士、硕士研究生学位论文与摘要的统一要求》《东华大学关于博士、硕士研究生学位论文及摘要的统一要求》《东华大学关于实行研究生学位论文原创性声明制度和版权使用授权书的通知》《东华大学关于研究生学位论文格式的统一要求》、《关于进一步规范和加强答辩后学位论文修改工作的通知》(东华研函〔2019〕30号)。

为提高我校研究生教育质量，培养和激励在学研究生的创新意识，学校自1996年起制定《中国纺织大学关于评选研究生优秀学位论文的规定》，自1996年9月开始执行，经过2006年11月、2013年10月、2015年10月共计3次修订。2020年，学校制定《东华大学关于优秀研究生学位论文的评选办法》(东华研函〔2020〕14号)。

为把好研究生学位论文质量关，保证学位论文评审结果的客观性与公正性，学校先后制定了《东华大学关于对研究生学位论文实行抽样检查的若干规定》《东华大学关于对研究生学位论文实行“双盲”抽检的若干规定》、《东华大学关于对研究生学位论文进行“双盲”抽检的规定》(东华研〔2016〕16号)、《关于对博士生学位论文进行文字重合率检测工作的通知》(东华研函〔2010〕8号)、《东华大学学位论文文字重合率检测流程》(东华研函〔2012〕9号)等一系列文件，对学位论文文字重复率检测、“双盲”评审的流程、形式、结果处理方式做了详细的规定。

(四) 研究生指导教师管理规定

为了充分发挥指导教师教书育人的作用，全面提高研究生的素质，学校先后制定了《中国纺织大学关于研究生指导教师的职责条例》《东华大学关于研究生指导教师的职责条例》《东华大学关于研究生指导教师职责的有关规定》等文件，并进行了多次修订完善。为全面落实研究生导师立德树人职责，学校制定了《东华大学全面落实研究生导师立德树人职责实施细则》(东华研〔2018〕18号)，明确了研究生导师的基本素质、立德树人职责、考核机制、组织保障。

为建立健全研究生指导教师管理办法，规范研究生指导教师选拔机制，学校先后制定了《中国纺织大学关于遴选审定博士生指导教师的实施细则》《中国纺织大学关于遴选硕士生指导教师的暂行办法》《东华大学关于遴选审定博士生指导教师的实施细则》《东华大学关于遴选审定硕士生指导教师的实施细则》、《东华大学关于博士研究生指导教师上岗遴选办法》(东华校〔2006〕27号)、《东华大学关于遴选审定硕士研究生指导教师的实施细则(修订)》等一系列文件。为落实《深化新时代教育评价改革总体方案》、《关于加快新时代研究生教育改革发展的意见》(教研〔2020〕9号)等一系列重要文件,对于导师管理等提出了新的要求。学校于2021年以“有利于学校整体发展、有利于学科专业进步、有利于学生全面成长”为原则,启动了对研究生导师遴选和上岗办法进行了调整修订。修订核心内容包括把导师资格认定与上岗招生资格分离,实施招生上岗年度审核制度,激发导师教学科研活力;将师德师风考评结果和完成导师培训作为导师资格认定的基本条件,以进一步提升导师立德树人能力;坚持分类评聘原则,对不同学科和不同学位类型导师设置不同招生上岗条件和考核要求,充分发挥各类导师的长处。

（五）研究生创新能力培养规定

为加强研究生科研创新意识和创新能力的培养,鼓励研究生选择创新性较强的基础理论研究和应用研究课题,发挥高校科技创新作用,推进国家创新体系建设,全面提升我校研究生教育质量,学校于2003年启动了研究生创新基金项目,并制定了《东华大学研究生创新基金管理办法》进行管理。2021年,随着我校研究生综合教育改革全面启动,研究生创新基金项目被“精英科学家”项目所取代。

为鼓励我校研究生在学期间积极参加科学研究,增强创新意识,提高创新能力,取得创新成果,形成有利于研究生科研创新的激励机制,学校制定了《东华大学研究生在学期间发表学术成果奖励办法》对研究生发表高水平学术成果进行奖励。为全面落实上级主管部门“破五唯”要求,该文件于2021年废止。

（六）学位点建设有关规定

为落实国务院学位委员会《关于开展博士、硕士学位授权学科和专业学位授权类别动态调整试点工作的意见》(学位〔2014〕1号)、《关于开展博士、硕士学位授权学科和专业学位授权类别动态调整工作的通知》(学位〔2015〕40号)等文件精神,学校制定《东华大学学位授权点动态调整实施办法》(东华研〔2016〕15 号)，明确学校开展动态调整的原则、方式、流程。为不断提升学校学位与研究生教育质量，建立质量保证与监督长效机制，做好周期性合格评估工作，学校制定了《东华大学学位授权点周期性自我评估工作方案》，对周期性合格评估过程中的校内自我评估的工作指导思想与原则、组织机构与形式、评估方式与内容、工作流程进行了明确的要求与规定。

关于研究生管理规定的具体名录见附录三。

(执笔：林琳、查琳、张慧芬、张翔)

第四节　优化学位授权点的举措成效和学科评估

一、学位点规划与建设

2004 年起学校决定开展拟增列硕士、博士学位点立项建设工作。根据《2004—2010 年东华大学学科建设行动计划》，第一阶段学科建设以学位点建设为重点，学科建设以立项的申报博士学位点建设项目为主，有科学技术哲学、模式识别与智能控制、企业管理、产业经济学、应用数学、应用化学等申报博士点的学科建设项目开始立项建设。

学位点立项建设的指导思想：通过 2－3 年的集中建设，提升拟增列学位点的实力和竞争力，提高相关学科水平和高层次人才培养质量，为学位点的申报增列工作奠定良好的基础。

学位点立项工作的原则：(1)坚持按需立项的原则。对组织申报立项学位点，一定要充分考虑国家经济建设、社会发展和科技进步的需要，坚持以需要为导向，按需要来组织申报。(2)坚持学科创新的原则。要按照学科创新的要求，努力培育一批创新型学科，为培养创新人才奠定坚实的学科基础。对与信息技术、生物技术、新材料、新能源和其他高新技术产业相关的学科点和其他在研究方向上具有明显创新性的学科优先立项。(3)坚持为地方服务的原则。积极扶持与上海、长三角经济区经济和社会发展联系密切的学科点。

批准立项建设的学科、专业由各学院进行重点建设。责任到人，建立健全管理制度。学院要支持责任人的工作，共同制定并落实建设计划，定期研究建设的进展和问题，解决建设遇到的困难。立项学位点每学年提交建设进展报告。校学位评定委员会适时对有关学科建设情况进行检查。

2009年以来，学校继续进行拟增列学位点的日常建设工作，梳理拟增列博士硕士点现状，聘请专家评审、指导学位点建设和申报材料准备工作等。

二、学位授权点增列与调整

（一）初创阶段研究生专业

1959年，国务院批复同意教育部拟定的高等学校培养研究生工作及1959年全国高等学校招收研究生计划和选拔考试办法。高等教育部据国务院的指示精神，向各高等学校下达《关于编制的1959、1960年招收和选送研究生及进修教师计划的通知》。学校接到高教部《通知》后，即着手筹备第一届研究生的招生和培养工作。由于缺乏经验，第一次招生只从比较成熟的专业中选了纺织工程（棉纺）、纺织材料、纺织机械、化学纤维四个专业。

1960和1961年，根据高教部“尽可能挖掘潜力和对缺门或薄弱的尖端学科可多招收一些研究生”的指示精神，学校扩大了招生规模，招生专业注意结合学校重点发展方向加以安排，除1959年招收的四个专业外，陆续增加了针织工程、机械制造、工业自动化（电气）、染整工程等四个专业。

根据1966年6月教育部下达的《关于暂停1966年、1967年研究生招生工作的通知》要求，学校的研究生教育中断了12年之久。

1977年10月国务院批准了教育部《关于高等学校招收研究生的意见》。1978年1月教育部又发出了《关于高等学校1978年研究生招生工作安排意见》，学校决定将1977和1978两年招收研究生工作合并进行，统称为1978年研究生。招收的专业有：纺织工程（包括棉纺、毛纺、机织、针织专业）、纺织材料、纺织机械、机械制造、工业自动化（包括电气自动化和化工自动化）、化学纤维、染整工程及三废治理，合计7个专业。1979年增加了纺织史、纺织工业管理工程、计算机应用、环境治理化学工程和应用数学专业，合计12个专业。

1959－1978年间，学校招收研究生的专业由最初的4个发展到后来的8个。但此时我国的学位授予体系还未建立，并非学位点。具体见表1－24。

表 1-24　1959 年—1966 年招生专业情况一览表

学科、专业名称	设置年份	学科、专业沿革及有关说明	招研究生年份
纺织工程(国家重点学科)	1952 年	原名纤维材料机械工艺学，1956 年改为纺织工程	1959 年
纺织机械(部级重点学科)	1952 年	原名轻工机械，1956 年改为纺织机械	1959 年
纺织材料	1953 年	原名纤维材料，1958 年改为纺织材料	1959 年
化学纤维(国家重点学科)	1954 年	原属纺织化学工程系，1985 年成立化纤系	1959 年
染整工程(部级重点学科)	1952 年	原名纤维材料化学工艺学，1956 年改为染整工程	1960 年
机械制造工艺与设备	1953 年	原名机械安装与修理，1957 年改为机械制造工艺与设备	1960 年
毛纺	1958 年	1958 年从纺织工程中分离出来	1960 年
针织	1958 年	1958 年从纺织工程中分离出来	1961 年
工业管理工程	1959 年	原名纺织企业管理工程，1978 年改为工业管理工程	
电气自动化	1960 年	原为企业动力专业，1959 年改为工业企业电气自动化，1984 年改为电气自动化	
化工自动化及仪表	1960 年	原为纺织生产过程自动化，1979 年改为化工自动化及仪表	
环境工程	1977 年	原为纺织工业三废治理，1984 年改为环境工程	

说明：1. 1951 年建校初期不设专业，设立纺织工程、机械工程、染化工程 3 个系。
2. 所有专业设置后均招收本科生。

（二）学术学位授权点的历程

1981 年 1 月 1 日起全国施行《中华人民共和国学位条例》，同年 5 月 20 日，国务院批准了国务院学位委员会关于《中华人民共和国学位条例暂行实施办法》。学校于1981年起全面实施《学位条例》,并于当年开始招收攻读硕士学位研究生和授予1978年以来各届研究生的硕士学位。

学校是首批被国务院批准的博士学位和硕士学位授予单位之一。

1981年11月3日,国务院批准首批博士和硕士学位授予单位名单及博士、硕士学位授权点。其中:博士学位授予单位共151个,博士学位授予单位的学科、专业点812个,可以指导博士研究生的导师1155人;硕士学位授予单位358个,硕士学位的学科、专业点3185个。学校被批准的博士点有3个,为化学纤维、纺织材料和纺织机械专业;被批准的硕士点有9个,为纺织工程、针织工程、纺织材料、纺织机械、化学纤维、染整工程、工业自动化、固体力学和应用数学专业。

1984年1月13日,国务院批准第二批博士和硕士学位授予单位名单。第二批新增博士学位授予单位45个,有权授予博士学位的学科、专业点316个,博士研究生指导教师601人;硕士学位授予单位67个,有权授予硕士学位的学科、专业点1052个。学校被批准的硕士点有2个,为纺织管理工程和机械制造专业。

1986年7月,国务院学位委员会下达第三批博士、硕士学位授权学科专业名单,第三批新增博士学位授予单位41个,新增博士学位授权学科、专业点675个;新增硕士学位授予单位130个,新增硕士学位授权学科、专业点2045个。学校被批准的博士点2个,为纺织工程和染整工程专业;被批准的硕士点3个,为纺织品设计、计算机应用和建筑热能工程专业。

1990年10月,国务院学位委员会下达第四批博士、硕士学位授权学科专业名单,第四批新增博士点277个,新增博士生导师1509人,新增博士学位授予单位10个;审批了硕士学位授权学科、专业839个,新增硕士学位授予单位41个。学校被批准的博士点1个,为工业自动化专业;被批准的硕士点1个,为服装专业。

1996年5月,国务院学位委员会下达第六批博士、硕士学位授权学科专业名单,新增博士学位授权点182个,调整已有博士点6个;新增硕士学位授权点1075个(包括全国统一评审的562个,授权六省、市学位委员会审批的454个,有关单位自行审批的59个),调整硕士学位授权点146个(包括统一评审调整的24个,授权六省、市调整的106个,有关单位自行调整的16个)。

学校被批准的博士点1个，为针织工程专业；被批准的硕士点7个，为工艺美术设计、等离子体物理、机电控制及自动化、高分子材料、管理信息系统、环境工程和精细化工专业。

1998年6月，国务院学位委员会下达第七批博士、硕士学位授权学科专业名单，共增列博士点341个，硕士点363个（另外，学位授予单位自行审批增列160个硕士点，北京等16个省级学位委员会和军队学位委员会审核增列946个硕士点），一级学科点304个，新增博士学位授予单位49个，硕士学位授予单位55个。学校被批准的一级学科博士点1个，为纺织科学与工程一级学科；硕士点5个，为科学技术哲学、国际贸易学、外国语言学及应用语言学、材料加工工程和电力电子与电力传动专业。

2000年12月，国务院学位委员会下达第八批博士、硕士学位授权学科专业名单，增列博士学位授权一级学科点310个；增列博士点442个，调整原有博士点1个；增列硕士点2598个（其中国务院学位委员会审批的硕士点229个，省级学位委员会审批的硕士点1765个，部分学位授予单位自行审批的硕士点604个），调整原有硕士点11个。学校被批准的一级学科博士点1个，为材料科学与工程一级学科；二级学科博士点1个，为环境工程专业；硕士点5个，为产业经济学、中国近现代史、材料物理与化学、模式识别与智能系统和计算机软件与理论专业。

2003年9月，国务院学位委员会下达第九批博士、硕士学位授权学科专业名单，新增博士学位35个授予单位，新增一级学科博士学位授权点291个，博士点728个；新增硕士学位授予单位59个，硕士点4170个。学校被批准的一级学科博士点1个，为管理科学与工程一级学科；二级学科博士点1个，为机械制造及其自动化专业；硕士点7个，为基础数学、有机化学、高分子化学与物理、热能工程、通信与信息系统、检测技术与自动化装置和环境科学专业。

2005年，学校成功增列环境科学与工程一级学科博士点，理科博士学位授权点实现零的突破。是年，学校提出校内学科建设贯彻以学位点建设为重点的原则，以学位点建设为抓手，调研学校学科现状，制定学位点增列计划，培育新的博士点。

2006年1月，国务院学位委员会下达第十批博士、硕士学位授权学科专业名单，共增列一级学科博士点371个（另外清华、北大自主设置16个），二级博士点605个，被一级学科博士点覆盖605个，净增为零；共增列一级学科硕士点2087个，二级学科硕士点3830个，被一级学科硕士点覆盖5356个，净增约25%。学校被批准的一级学科博士点1个，为环境科学与工程一级学科；二级学科博士点4个，为高分子化学与物理、模式识别与智能系统、供热、供燃气、通风及空调工程和企业管理专业；一级学科硕士点2个，为科学技术史和计算机科学与技术一级学科；二级学科硕士点11个，为马克思主义哲学、世界经济、金融学、马克思主义基本原理、生物化学与分子生物学、信号与信息处理、系统工程、生物化工、会计学、技术经济及管理和行政管理专业。

2011年3月，国务院学位委员会和教育部印发的《学位授予和人才培养学科目录（2011年）》是在原《授予博士、硕士学位和培养研究生的学科、专业目录（1997年颁布）》和《普通高等学校本科专业目录（1998年颁布）》的基础上，经过专家反复论证后编制的。《学位授予和人才培养学科目录（2011年）》分为学科门类和一级学科，是国家进行学位授权审核与学科管理、学位授予单位开展学位授予与人才培养工作的基本依据，适用于硕士、博士的学位授予、招生和培养，并用于学科建设和教育统计分类等工作。实施后，学校根据国务院学位办要求，结合学校实际情况，对学校现有的学位授权点提出了对应调整申请。

2011年8月，国务院学位委员会发布《关于下达按〈学位授予和人才培养学科目录〉进行学位授权点对应调整结果的通知》（学位〔2011〕51号），经调整，学校新增五个硕士学位授权一级学科：中国史（0602）、软件工程（0835）、艺术学理论（1301）、美术学（1304）、设计学（1305）。原硕士学位一级学科艺术学（0504）自动撤销。截至2011年底，学校拥有一级学科博士点7个，一级学科硕士点24个，专业学位授权类别6个，其中工程领域17个。

2018年3月，国务院学位委员会发布《关于下达2017年审核增列的博士、硕士学位授权点名单的通知》（学位〔2018〕9号），全国共新增博士学位授权一级学科点658个，其中新增博士一级学科点324个，新增博士专业学位点48个，二级学科博士授权点升级为一级学科博士授权点286个。学校共新增工商管理、土木工程、设计学3个一级学科博士点，土木工程、外国语言文学、新闻传播学、电气工程、公共管理5个一级学科硕士点，至此学校一级学科博士点的数量达到了两位数。

2020年，学校自主增列系统科学一级学科硕士点获批开始招生。

2021年10月26日，国务院学位委员会发布《关于下达2020年审核增列博士、硕士学位授权点名单的通知》(学位〔2021〕14号)，通过审核公示新增博士、硕士学位授予单位共75家。新增博士硕士学位授权点共671个，其中包括博士学位授权点229个、硕士学位授权点442个；新增专业学位授权点共1204个，包括专业博士学位授权点89个、专业硕士学位授权点1115个。学校新增数学一级学科博士点。40年来学校学位授权点变动一览见表1-25。

期间，开展多次学位点优化调整，自主撤销相应二级学科学位授权点。

表1-25　东华大学学位授权点增长一览表

学科专业层次与类型	1981年	1991年	2001年	2011年	2021年
博士一级学科	0	0	2	7	11
硕士一级学科	0	0	3	23	29
博士专业学位类别	/	/	0	0	3
硕士专业学位类别	/	0	2	7	17

备注：1990年开始有一级学科。
东华大学学位授权点(学术学位)一览表见附录二。

(三) 专业学位授权点历程

1996年10月，国务院学位委员会办公室根据《关于扩大培养工商管理硕士(MBA)试点单位的通知》(学位办〔1996〕55号)文件，学校获批为第三批工商管理硕士培养试点单位。1997年6月，学校获批在职攻读工商管理硕士(MBA)招生授权。2009年6月，学校获批高级管理人员工商管理硕士(EMBA)招生授权。

1997年11月，学校获批工程硕士专业学位授权单位。1997年，在机械工程和纺织工程领域获得授权；1998年，在材料工程和控制工程领域获得授权；1999年，在环境工程领域获得授权；2001年，在计算机技术、化学工程和工业工程领域获得授权；2002年，在软件工程和工业设计工程领域获得授权；2004年，在电子与通信工程、建筑与土木工程、项目管理和物流工程领域获得授权；2010年9月，在电气工程、动力工程和生物工程领域获得授权。

2005年5月，经国务院学位办公室批准，学校成为32所开展艺术硕士专业学位教育试点工作的研究生培养单位之一。

2010年9月，学校获批国际商务硕士、翻译硕士和工程管理硕士专业学位授予权。

2014年5月，学校根据国务院学位委员会《关于开展增列硕士专业学位授权点审核工作的通知》（学位〔2013〕37号）要求，获批增列会计和公共管理2个专业学位类别。

2016年10月，自主增列金融硕士专业学位。

2018年3月，国务院学位委员会发布《关于下达2017年审核增列的博士、硕士学位授权点名单的通知》（学位〔2018〕9号），学校新增先进制造工程博士学位点，应用统计、新闻与传播2个专业学位硕士点。同时也成为全国40所拥有工程博士专业学位点的高校之一，实现博士授权结构上的重大突破，为学校所有工学学科在先进制造领域开展最高层次应用型人才培养、加快学科建设和师资队伍建设步伐提供了坚实的基础。

2018年国务院学位委员会与教育部启动工程专业学位类别调整工作。经申报，学校获批机械、能源动力两个博士专业学位授权点，同时电子信息、机械、材料与化工、资源与环境、能源动力、土木水利、生物医药等7个硕士专业学位授权点亦完成对应调整工作。此次工程专业学位类别调整，尤其是机械、能源动力博士专业学位授权点的获批，是学校专业学位教育发展的一次重要契机，对学校构建一流的专业学位培养体系，培养高层次应用型专业人才起到了积极的促进推动作用。

2020年学位点增列审核，学校新增材料与化工专业学位博士点，至此学校共拥有3个博士专业学位授权点，17个硕士专业学位授权点。对培养高层次工程类专业人才，推动纺织行业的科技创新，服务区域经济建设具有重要的战略意义。

期间，学校根据学位点优化调整办法，自主撤销了工程硕士下属的工业工程领域。

（四）自设二级学科

2002年开始，教育部发布相关文件，开始自设二级学科的工作。2011年，教育部进一步发布相关文件，规范自设二级学科事宜。学校根据学科发展需要以及为新博士学位点提前布局，开展自主设置二级学科和自设交叉学科学位点的工作。

2003年1月，学校在材料科学与工程一级学科下自主设置3个学科专业，为纳米纤维及杂化材料、物质智能系统（工程）和仿生材料，授予博士和硕士学位。

2004年1月，学校在纺织科学与工程一级学科下自主设置4个学科专业，为数字化纺织工程、纤维材料物理、纤维工程和中国古代纺织工程，授予博士和硕士学位。

2005年3月，学校在管理科学与工程一级学科下自主设置5个学科专业，为电子商务、智能决策和知识管理、信息管理与信息系统、产业组织创新与管理控制和经济管理决策与分析，授予博士和硕士学位。

另外，完成2009年具有博士授权一级学科下自主设置学科专业工作，在环境科学与工程一级学科下自主设置环境生物技术专业；纺织科学与工程一级学科下自主设置纺织生物材料与技术、纺织复合材料、非织造材料与工程专业，撤销纤维材料物理、纤维工程专业。

2013年，学校新设立纳米纤维及杂化材料、功能与智能材料、生物与仿生材料、化学生物学等4个自设二级学科学位点和企业信息化系统与工程、生物材料学、纺织科技史、信息与通信智能系统、时尚设计与创新工程、新能源材料与器件等6个自设交叉学科学位点。见表1-26。

表1-26　东华大学自设二级学科一览表

序号	学位授权点类型	学科代码	学位点名称	获得学位授权时间
1	自设二级学科	0703Z1	化学生物学	2014年1月
2	自设二级学科	0805Z1	纳米纤维及杂化材料	2003年1月设立；2013年1月经重新论证通过
3	自设二级学科	0805Z2	功能与智能材料	2003年1月设立“物质智能系统（工程）”自设二级学科；2013年1月经重新论证调整为“功能与智能材料”

续　表

序号	学位授权点类型	学科代码	学位点名称	获得学位授权时间
4	自设二级学科	0805Z3	生物与仿生材料	2003年1月设立“仿生材料”自设二级学科；2013年1月经重新论证调整为“生物与仿生材料”
5	自设二级学科	0821Z1	数字化纺织工程	2004年1月设立；2013年1月经重新论证通过
6	自设二级学科	0821Z2	古代纺织材料与技术	2004年1月设立“中国古代纺织工程”自设二级学科；2013年1月经重新论证调整为“古代纺织材料与技术”
7	自设二级学科	0821Z3	纺织生物材料与技术	2009年2月设立；2013年1月经重新论证通过
8	自设二级学科	0821Z4	纺织复合材料	2009年2月设立；2013年1月经重新论证通过
9	自设二级学科	0821Z5	非织造材料与工程	2009年2月设立；2013年1月经重新论证通过
10	自设二级学科	0830Z1	环境生物技术	2009年2月设立；2013年1月经重新论证通过

注：2004年1月纺织科学与工程设立“纤维材料物理”“纤维工程”两个自设二级学科，于2009年2月撤销；2005年3月管理科学与工程设立“电子商务”“智能决策和知识管理”“信息管理与信息系统”“信息管理与信息系统”“产业组织创新与管理控制”“经济管理决策与分析”6个自设二级学科，于2013年1月撤销。

自设交叉学科清单见附录二(3)。

为进一步完善交叉学科发展机制，支持战略性新兴学科发展，为学校人才培养提供新引擎，2021年学校基于纺织学科的特色与优势，开展新一轮交叉学科建设培育工作，完成“人工智能”和“纺织产业与科学社会主义”2个交叉学科的设置工作。

（五）其他招生类型和同等学力申请硕士情况

1986年9月20日，国务院学位委员会下发了《关于扩大在职人员申请硕士、博士学位试点工作的通知》。又于同年12月29日发文同意东华大学为第二批在职人员申请硕士学位的试点单位。授予学位级别为硕士，授予学科、专业名称为：应用数学、机械制造、计算机应用、工业自动化、工业管理工程、纺织工程、针织工程、纺织材料、化学纤维、染整工程、纺织机械。

1989 年学校开展在职人员申请博士学位试点工作。

2003 年 1 月，根据《关于东华大学与加拿大卡尔顿大学合作举办工商管理硕士(MBA)项目的批复》(教外综函〔2003〕3 号)，中国教育部和国务院学位委员会办公室批准东华大学-卡尔顿大学国际 MBA 项目正式开始招生。

2003 年 6 月，学校获招收高校教师在职攻读硕士学位的授予权。

(六) 学位点动态调整

学校在积极做好学位点增列申报的同时，积极做好学位点动态调整工作。2016 年 6 月 6 日，学校发布《关于印发〈东华大学学位授权点动态调整实施办法〉的通知》(东华研〔2016〕15 号)，规范学校开展学位点优化调整。通过撤销师资力量不足、发展缺乏后劲的学位点，同时根据国家社会需求和学校学科发展布局需要，增设新的学位点，从而优化学校学位点布局。2016 年学校通过动态调整撤销了工业工程专业学位硕士点，自主申请增列为金融专业学位硕士点；2018 年学校通过动态调整撤销了“动力工程及工程热物理”一级硕士学位点与“世界经济”“马克思主义哲学”“科学技术哲学”二级硕士学位授权点；2019 年自主申请增列“系统科学”一级学科硕士点并获批。

总之，截至 2021 年 10 月，学校共拥有 11 个一级学科博士点，29 个一级学科硕士点，3 个专业学位博士点，17 个专业学位硕士点。见图 1-2。涵盖

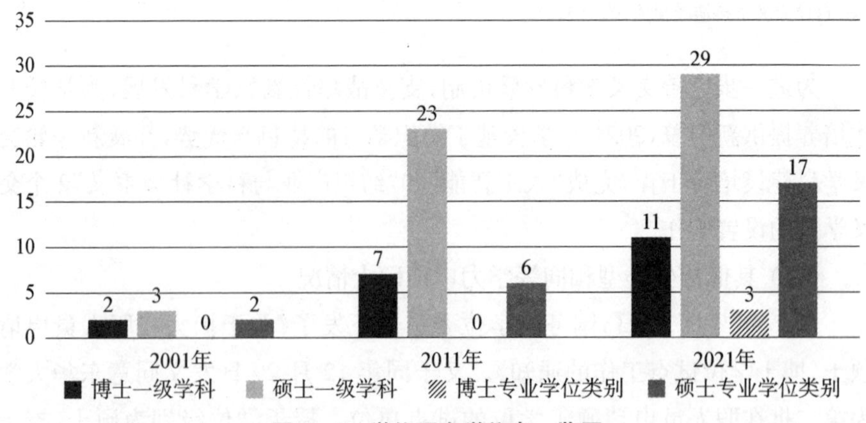

图 1-2　学位现有学位点一览图

工学、理学、管理学、经济学、艺术学、文学、法学、历史学八大学科门类。经过20年的持续建设,学校博士点数量是世纪之初的7倍,硕士点数量是世纪初的9倍,为学校"一体两翼"的特色发展布局和整体学科的跨越式发展提供了基础条件和新的增长点。

三、学科与学位点评估

(一)学科评估

1. 学科评估

学科评估是教育部学位与研究生教育发展中心(简称学位中心)按照国务院学位委员会和教育部颁布的《学位授予与人才培养学科目录》(简称学科目录)对全国具有博士或硕士学位授予权的一级学科开展整体水平评估。学科评估是学位中心以第三方方式开展的非行政性、服务性评估项目,于2002年首次开展,截至2017年完成了四轮,第五轮学科评估于2020年正式启动。

学校坚持以评促建、通过了解学科状况促进学科发展为原则,积极参与历次学科评估。

(1) 第一轮学科评估(2002－2004)

为推动国内学位与研究生教育事业的改革和发展,全国学位与研究生教育发展中心于2002年4月开展了一级学科整体水平评估试点工作。评估结果基本上反映出了各学科整体水平高低的实际情况。2003年,学位中心决定开展第二次学科评估工作,确定在42个一级学科中进行。东华大学材料科学与工程学科参加了评估。全国具有材料科学与工程一级学科博士学位授予权的单位有28个,参加评估的有26个;具有博士学位授予权的单位有33个,参加评估的有12个;还有11个具有该学科硕士学位授予权的单位也参加了评估。评估结果东华大学材料科学与工程一级学科排名第29位。

2004年,纺织学院在有5个单位参评的纺织科学与工程一级学科评估中,以98.8分的好成绩取得该学科排名第一。

学校控制理论与控制工程二级学科在控制科学与工程一级学科评估中排名第25位(得分66.23)。

(2) 第二轮学科评估(2007－2009)

教育部学位与研究生教育发展中心按照国务院学位委员会和教育部颁布的《授予博士、硕士学位和培养研究生的学科、专业目录》,对除军事学门类外的全部一级学科进行整体水平评估,并根据评估结果进行排名,又称"一级学科整体水平评估"。在2007－2009年第二轮学科评估中,学校共有6个学科参评,应用经济学、机械工程、材料科学与工程、控制科学与工程、纺织科学与工程、环境科学与工程;其中纺织科学与工程继续名列第一。见表1－27。

表1－27 第二轮学科评估情况一览表

序号	一级学科代码	一级学科名称	评估年度	全国排名
1	0202	应用经济学	2009年	28
2	0802	机械工程	2007年	36
3	0805	材料科学与工程	2007年	22
4	0811	控制科学与工程	2007年	24
5	0821	纺织科学与工程	2009年	1
6	0830	环境科学与工程	2009年	31

(3) 第三轮学科评估

2011年12月,根据教育部学位与研究生教育发展中心《关于参加第三轮学科评估的邀请函》(学位中心〔2011〕76号)文件精神,学校开展第三轮学科评估。本次参评的目的是"提高学校声誉,促进学科发展",基本原则是"保障国家重点学科申报,支撑学校'十二五'规划学科建设,支持未来学位点申报,所有学院深入研讨、重点选择评估学科"。历时一年,2013年1月29日,教育部学位与研究生教育发展中心发布了第三轮学科评估结果。至此,第三轮学科评估告一段落。

申报参评情况。本次学科评估按照《学位授予和人才培养学科目录(2011年)》下的一级学科进行,只要有一个二级学科具有博士或硕士学位授权的学科都可参评。新学科目录共有13个门类、110个一级学科。本次评估涉及12个门类、95个一级学科,军事学门类下的10个一级学科以及"公安学”“公安技术”“生物工程”“医学技术”和“特种医学”共计 15 个一级学科不参加本次评估。全国 391 个高校和科研机构的 4235 个学科参评。上海 21 个高校的 301 个学科参评。学校符合申报参评条件 32 个学科，参评学科 18 个。所有学院都有学科参评。见表 1-28。

学校参评学科覆盖率[①]。参评学科 18 个，覆盖率为 56.3%，涉及学校研究生培养 9 个学科门类。参评学科中有博士学位授权的 7 个、有硕士学位授权的 11 个。7 个博士一级学科中 6 个参评，覆盖率为 85.7%；9 个博士学位授权的学科中 7 个参评，覆盖率 77.8%；23 个仅有硕士学位授权的学科中 11 个参评，覆盖率 47.8%。

学校参评学科属性分布。参评学科中国家重点学科全覆盖，7 个上海高校一流学科(A 类，B 类)6 个参评，覆盖率为 85.7%；11 个校重点学科中 9 个参评，覆盖率 81.8%。

参评学科情况分析。排名结果分析中学校参评的 18 个学科中，第一名的 1 个学科，为纺织科学与工程，得分为 96 分，超过第二名 10 分；百分位列前 30%的共 4 个学科，分别为纺织科学与工程(一档)、设计学(三档)、材料科学与工程(三档)和机械工程(四档)，占参评学科比例为 22.2%；6 个具有“博士一级”授权的参评学科排名都进入前 1/3；百分位列前 50%的共 10 个学科，占参评学科比例为 55.6%。

学科得分分析。学校参评的 18 个学科中，高于学科全国平均分的有 7 个，占参评学科比例为 38.9%，分别是纺织科学与工程、材料科学与工程、设计学、控制科学与工程、环境科学与工程、机械工程、管理科学与工程；低于学科全国平均分的有 11 个。见表 1-29。

总之，本轮学科评估采用“客观评价与主观评价相结合、以客观评价为主”的指标体系，突出“质量、成效、特色”导向。强化质量评价，弱化规模与数量，如对学术论文的评价强调代表性论文质量，突出 ESI 高被引论文，弱化论文数量。突出人才培养质量评价，注重在学培养质量与毕业后发展质量相结合，如引入用人单位对“学生毕业后质量跟踪评价”。加强分类评估，突出学科特色，如针对艺术类学科设置“艺术创作水平”指标。

---

① 覆盖率=参评学科总数/可申报参评学科总数。

表 1-28 第三轮学科评估参评学科得分及排名情况一览表

学科代码名称	博一学科学校数	博一学科参评数	参评学校总数全国(上海)	全国排名	上海排名	得分	最高分	最低分	平均分	百分位	与平均分距离
纺织科学与工程	5	5	12(2)	1	1	96	96	63	73.9	8.3%	22.1
设计学	12	10	54(6)	6	1	78	92	66	72.6	11.1%	5.4
材料科学与工程	77	61	98(7)	18	2	78	94	62	71.5	18.4%	6.5
机械工程	73	57	102(6)	29	3	73	94	63	71.8	28.4%	1.2
环境科学与工程	50	37	82(7)	26	4	72	97	63	70.6	31.7%	1.4
控制科学与工程	51	43	83(6)	27	4	73	94	63	71.3	32.5%	1.7
管理科学与工程	87	58	102(8)	34	6	71	92	64	70.8	33.3%	0.2
艺术学理论	19	14	34(3)	14	3	69	86	65	71.3	41.2%	-2.3
化学工程与技术	41	29	68(4)	33	2	67	96	62	70	48.5%	-3.0
软件工程	52	47	106(7)	52	5	67	88	63	68.9	49.1%	-1.9
物理学	55	42	87(6)	47	6	66	90	63	69.9	54.0%	-3.9
美术学	15	12	48(3)	27	3	69	91	65	71.2	56.3%	-2.2
外国语言文学	34	30	92(11)	52	10	67	93	63	70.7	56.5%	-3.7
马克思主义理论	35	28	121(9)	69	8	69	93	66	71.8	57.0%	-2.8
土木工程	44	35	69(5)	41	4	67	95	63	70.6	59.4%	-3.6

续　表

学科代码名称	博一学科学校数	博一学科参评数	参评学校总数全国(上海)	全国排名	上海排名	得分	最高分	最低分	平均分	百分位	与平均分距离
计算机科学与技术	60	50	120(7)	77	7	64	95	63	68.6	64.2%	-4.6
生物医学工程	36	25	36(6)	26	5	67	93	63	72.8	72.2%	-5.8
科学技术史	7	5	10(2)	8	2	72	93	67	78.4	80.0%	-6.4

表 1－29　学校三轮学科评估结果一览表

一级学科名称	第三轮				第二轮				第一轮			
	全国参评院校	排名	得分	百分位	全国参评院校	排名	得分	百分位	全国参评院校	排名	得分	百分位
纺织科学与工程	12	1	96	8.3%	6	1	98	16.7%	5	1	98.8	20.0%
材料科学与工程	98	18	78	18.4%	69	22	72	31.9%	49	29	68.82	59.2%
机械工程	102	29	73	28.4%	70	36	67	51.4%	—	—	—	—
环境科学与工程	82	26	72	31.7%	69	31	67	44.9%	—	—	—	—
控制科学与工程	83	27	73	32.5%	51	24	71	47.1%	29	25	66.23	86.2%
管理科学与工程	102	34	71	33.3%	—	—	—	—	34	29	65.89	85.3%
土木工程	69	41	67	59.4%	—	—	—	—	—	—	—	—
设计学	54	6	78	11.1%	—	—	—	—	—	—	—	—
艺术学理论	34	14	69	41.2%	—	—	—	—	—	—	—	—
化学工程与技术	68	33	67	48.5%	—	—	—	—	—	—	—	—
软件工程	106	52	67	49.1%	—	—	—	—	—	—	—	—
物理学	87	47	66	54.0%	—	—	—	—	—	—	—	—
美术学	48	27	69	56.3%	—	—	—	—	—	—	—	—
外国语言文学	92	52	67	56.5%	—	—	—	—	—	—	—	—

续　表

一级学科名称	第三轮				第二轮				第一轮			
	全国参评院校	排名	得分	百分位	全国参评院校	排名	得分	百分位	全国参评院校	排名	得分	百分位
马克思主义理论	121	69	69	57.0%	—	—	—	—	—	—	—	—
计算机科学与技术	120	77	64	64.2%	—	—	—	—	—	—	—	—
生物医学工程	36	26	67	72.2%	—	—	—	—	—	—	—	—
科学技术史	10	8	72	80.0%	—	—	—	—	—	—	—	—
应用经济学	—	—	—	—	68	28	65	41.2%	—	—	—	—

相比前两轮学科评估，学校参评学科数大幅增加；纺织科学与工程学科继续保持第一，实现三连冠，领先优势明显；材料科学与工程、机械工程、环境科学与工程、控制科学与工程、管理科学与工程进步明显。设计学首次参评，在54所参评高校中取得了全国第六的好成绩。

通过本轮评估，初步摸清了各参评学科的“家底”，了解了在全国学科中的位置。各学科认真研究，分析问题，找出差距，找准追赶目标，进一步提高了学科水平。

(4) 第四轮学科评估

第四轮学科评估，共有513个单位的7449个学科参评(比第三轮增长76%)；全国高校具有博士学位授予权的学科有94%申请参评。其中上海共有24所各类高校(不含科研单位)参评，上海4所“985”高校与6所“211”高校全部参评，另有14所普通高校也参与了评估。

学校参评学科评估情况。学校共有25个学科参评，除马克思主义理论、外国语言文学、光学工程、动力工程及工程热物理与公共管理这5个学科外，共有20个学科被列入统计范围。总数位列上海第9，在上海“211”高校中位列第7。

学校参评学科评估结果分布及比例。学校纺织科学与工程评估结果为A类，另有10个学科评估结果为B类，9个学科评估结果为C类。排名结果最好的3个学科分别为纺织科学与工程(A+)、材料科学与工程(B+)、设计学(B+)，这也与学校“一体两翼”的学科布局相契合。见图1-3。

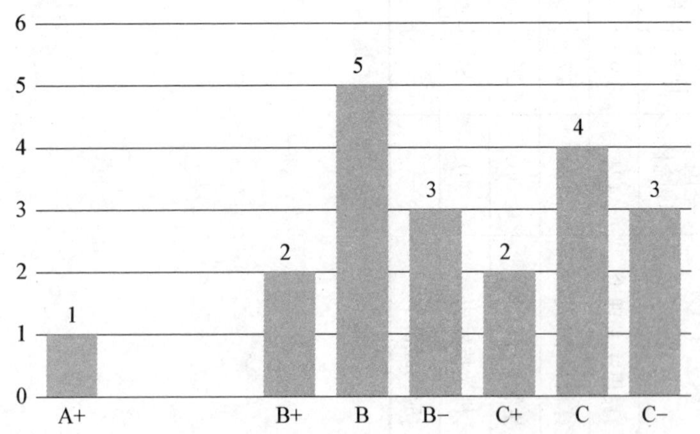

图1-3　东华大学第四轮学科评估参评档次分布图

(5) 第五轮学科评估

第五轮学科评估于2018年3月开始筹备,学校科学谋划,积极组织,有序推进,开展了一系列工作,2021年1月底完成全部参评学科评估数据的报送工作。

工作过程中,学校明确主体,落实组织保障。成立东华大学第五轮学科评估领导小组和工作小组,召开第五轮学科评估筹备启动会与第五轮学科评估启动工作会,明确各职能部门工作职责,科学谋划、挖掘潜力、整合资源,充分调动各学院和学科参加学科评估的积极性与主动性,全面保障学科评估顺利开展。合理规划,做好过程管理。制定《第五轮学科评估工作方案》,统筹规划第五轮学科评估工作进度;分析研判学科评估体系大纲并制定学校学科评估指标体系,共组织开展了3轮数据预填报与3轮校内数据填报,保证各学科提前做好充分准备。为重点学科进行专题数据分析与诊断,把握全校资源全景,为学校决策提供依据。精准研判,做好填报指导。定期组织工作会议,及时解决遇到的困难与问题。以"一体两翼"为重点,有目标、分层次地开展工作指导。召开工作协调会5场,保障成果利用率最大化。开展专题培训会6场,走访全部参评学院进行工作讨论,重点学科走访与现场讨论平均达6场次以上。组织研究生教育专家对评估材料进行2轮评审并提出修改意见与建议。

2020年11月17日,学校召开第五轮学科评估工作小组会议,舒慧生副校长对学校第五轮学科评估提出了工作要求。研究生部主任俞昊介绍了第五轮学科评估的整体情况和重要变化。研究生部副主任丁明利就第五轮学科评估的参评要求与指标体系分析、评估工作进度安排,以及部处任务分工向工作小组进行了汇报。而后与会人员共同审议了《东华大学第五轮学科评估工作方案》,并就相关问题进行了讨论。11月18日,组织第五轮学科评估培训工作会议,对参评学科和相关职能部门工作人员进行指标体系分析解读和工作布置。11月27日,第37次校长办公会审议通过《东华大学第五轮学科评估工作方案》,确定学校参评学科。12月10日,再次举行第五轮学科评估工作小组会议,推进相关工作。绑定参评情况见表1-30。

本轮评估相比以前有较大变化,表现在:突出人才培养的中心地位,聚焦立德树人,构建四维度评价体系;突出质量、贡献和特色,强化"代表作"和

表1-30 第五轮学科绑定参评情况一览表

序号	门类	学位授予类型	学科代码	学位点名称	绑定参评情况	第四轮学科评估情况
1	理学	硕士一级学科授权	0701	数学	绑定参评	C+
2	理学	硕士一级学科授权	0702	物理学		C-
3	理学	博士一级学科授权	0703	化学		B-
4	工学	博士一级学科授权	0802	机械工程		B
5	工学	硕士一级学科授权	0803	光学工程		未上榜
6	工学	博士一级学科授权	0805	材料科学与工程		B+
7	工学	硕士一级学科授权	0810	信息与通信工程		C-
8	工学	博士一级学科授权	0811	控制科学与工程		B
9	工学	硕士一级学科授权	0812	计算机科学与技术		B-
10	工学	博士一级学科授权	0814	土木工程		C+
11	工学	硕士一级学科授权	0817	化学工程与技术		C
12	工学	博士一级学科授权	0821	纺织科学与工程		A+
13	工学	博士一级学科授权	0830	环境科学与工程		B
14	工学	硕士一级学科授权	0831	生物医学工程		C-
15	工学	硕士一级学科授权	0835	软件工程		B-
16	管理学	博士一级学科授权	1201	管理科学与工程	绑定参评	B
17	管理学	博士一级学科授权	1202	工商管理		B
18	艺术学	硕士一级学科授权	1301	艺术学理论	绑定参评	C
19	艺术学	硕士一级学科授权	1304	美术学		C
20	艺术学	博士一级学科授权	1305	设计学		B+
21	法学	硕士一级学科授权	0305	马克思主义理论	学院要求参评	未上榜
22	理学	硕士一级学科授权	0712	科学技术史	学院要求参评	C

“典型案例”评价；改革师资队伍考察方式，把师德师风作为评价教师的第一标准；采用“队伍总体结构与代表性教师相结合”的方法评价教师队伍质量；

加强数据可靠性核查。坚持“归属度”原则，采用“公共数据获取与单位审核补充相结合”的信息采集模式。

公示情况。2021 年 4 月，教育部学位中心发布《关于开展第五轮学科评估信息公示的函》（学位中心〔2021〕13 号），公示内容包括出版教材质量、国家级一流课程、教学成果奖、专任教师总数、支撑平台、科研获奖情况等六项。见表 1 - 31。

表 1 - 31　第五轮学科评估参评学科情况对比

学科代码	学科名称	学位授予类型	第四轮结果	第四轮参评数	本轮参评数	参评高校变化
0821	纺织科学与工程	博士一级学科授权	A+	17	19	增加 2
0805	材料科学与工程	博士一级学科授权	B+	174	182	增加 8
1305	设计学	博士一级学科授权	B+	94	131	增加 37
0703	化学	博士一级学科授权	B-	152	172	增 20
0802	机械工程	博士一级学科授权	B	191	197	增 6
0811	控制科学与工程	博士一级学科授权	B	163	162	减 1
0814	土木工程	博士一级学科授权	C+	136	145	增 9
0830	环境科学与工程	博士一级学科授权	B	159	163	增 4
1201	管理科学与工程	博士一级学科授权	B	189	206	增 17
1202	工商管理	博士一级学科授权	B	241	251	增 10
0305	马克思主义理论	硕士一级学科授权	其他	235	251	增 16
0701	数学	硕士一级学科授权	C+	183	212	增 29
0702	物理学	硕士一级学科授权	C-	129	150	增 21
0712	科学技术史	硕士一级学科授权	C	22	14	减 7
0803	光学工程	硕士一级学科授权	其他	81	81	不变
0810	信息与通信工程	硕士一级学科授权	C-	138	142	增 4
0812	计算机科学与技术	硕士一级学科授权	B-	239	244	增 5
0817	化学工程与技术	硕士一级学科授权	C	147	145	减 2

续表

学科代码	学科名称	学位授予类型	第四轮结果	第四轮参评数	本轮参评数	参评高校变化
0831	生物医学工程	硕士一级学科授权	C-	71	72	增1
0835	软件工程	硕士一级学科授权	B-	166	137	减29
1301	艺术学理论	硕士一级学科授权	C	51	51	不变
1304	美术学	硕士一级学科授权	C	93	101	增8

2. 专业学位水平评估

(1) 专业学位水平评估试点

全国专业学位水平评估试点工作于2016年4月启动，根据“先试点、后推广”的原则，选取法律、教育、临床医学(不含中医)、口腔医学、工商管理、公共管理、会计、艺术(音乐领域)等8个专业学位类别进行试点评估，评估结果于2018年8月公布。

评估坚持专业学位研究生培养模式改革方向，以“导向为先、质量为重、突出特色”为方针，评估指标在设计时充分考虑了专业学位应用性教育特征，重点关注人才培养质量体系建设，突出对学生实践能力培养、毕业生职业发展质量、教师实践指导能力等方面的考核和评估。

评估结果通过精准计算，按“分档”呈现，具体方法是按“专业学位整体水平得分”的位次百分位，将每个专业学位类别前75%的参评单位分为9档公布：前2%(或前2名)为A+，2%～7%为A(不含2%，下同)，7%～15%为A-，15%～25%为B+，25%～35%为B，35%～45%为B-，45%～55%为C+，55%～65%为C，65%～75%为C-。最后25%的参评单位不公布。

全国共有293个学位授予单位650个专业学位授权点参评。共有235家单位的492个学科获得分档排名。A+类学科共有18个，A类学科共有28个，A-类学科共有52个，B+类学科共有65个，B类学科共有66个，B-类学科共有67个，C+类学科共有62个，C类学科共有71个，C-类学科共有63个。

上海共有15个单位的42个专业学位点参评，39个专业学位点进入榜单，整体表现优异。东华大学工商管理专业学位类别参评，评估结果为 B，并列上海第六。上海共有 12 所高校参评，结果见表 1－32。

表 1－32 首轮专业学位水平试点评估上海工商管理参评学校情况

序号	学校名称(类别数量)	结果	批次
1	复旦大学	A+	第一批，1991 年
2	上海交通大学	A+	第二批，1993 年
3	同济大学	A	第二批，1993 年
4	上海财经大学	A－	第一批，1991 年
5	华东理工大学	B+	第三批，1996 年
6	华东师范大学	B	第五批，2007 年
7	东华大学	B	第三批，1996 年
8	上海外国语大学	B	第六批，2009 年
9	上海大学	C+	第四批，2006 年
10	上海海事大学	C+	第三批，1996 年
11	上海对外经贸大学	C+	第七批，2010 年
12	上海理工大学	C	第四批，2006 年

(2) 首轮专业学位水平评估

2020 年，我国正式启动专业学位水平评估。11 月 27 日，国务院教育督导委员会发布《全国专业学位水平评估实施方案》，11 月 30 日，教育部学位中心发布《组织实施全国专业学位水平评估工作的通知》。国务院教育督导局组织，学位中心承接，符合条件的专业学位类别必须参评，3 个一级指标，分为教学质量、学习质量、职业发展质量，更加注重学生培养过程。根据要求，学校有国际商务、翻译、工程管理、艺术(美术领域)、艺术(艺术设计领域)五个硕士点参评。

12 月 10 日，学校召开“全国专业学位水平评估工作会”。

2021 年 1 月，学校完成艺术等 5 个专业学位水平评估材料的上报。2021 年 4 月，对评估材料进行公示。见表 1－33。

表 1-33 专业学位水平评估公示内容清单

序号	公示内容
1	S3-2 获得教学成果奖情况
2	S3-3 代表性课程
3	S3-4 国内外专家开设的讲座、大师班、工作坊(艺术)
4	S3-4 校外资源参与的课程或讲座
5	S3-5-2 代表性案例/S3-5-3 其他代表性案例
6	S4-2 代表性艺术实践活动(艺术)
7	S4-3 艺术实践平台(艺术)
8	S4-3 专业实践基地/临床实践基地(护理、中医)
9	S4-4 代表性专业实践活动(工程管理)
10	S7-2 学生代表性应用性成果
11	S8-1 学生艺术创作获奖(艺术)
12	S8-2 学生艺术创作展演/展映/展览/展演与发表/展映与发表(艺术)
13	S9 学生比赛获奖(体育)
14	S11/S12 代表性毕业生情况

(二)学位点评估

1. 学位点抽查和定期评估

1990 年代,在上海市硕士学位授权点的检查评估活动中,学校被抽查的 7 个硕士点成绩优良:科学技术哲学、国际贸易学、固体力学、机械电子工程、电力电子与电力传动、计算机应用技术、企业管理。

2005 年,在硕士点定期评估中,学校被评的 6 个硕士点成绩优良:外国语言学及应用语言学、设计艺术学、应用数学、等离子物理、供热、供燃通风及空调工程、应用化学。

2. 学位点合格评估

首轮合格评估。

根据国务院学位委员会、教育部《学位授权点合格评估办法》(学位〔2014〕4 号)、《关于开展学位授权点合格评估工作的通知》(学位〔2014〕16

号）等文件精神，学校经多方深入交流，成立东华大学学位授权点自我评估领导小组和工作小组，制定了《东华大学学位授权点自我评估工作方案》（东华研〔2015〕13号）并上报上级部门。根据工作方案安排，于2015年11月—12月，完成了29个一级学科学位授权点、3个专业学位授权点（其中含17个工程硕士专业学位授权点）的预评估工作[①]，累计48场，邀请校外专家279人次，从目标定位、研究方向、师资队伍、人才培养、科学研究、学术交流、资源配置、制度建设等方面，全面诊断学校现有的学位授权点，总结发展和建设经验，找出制约学位授权点发展因素和不足之处，为未来发展寻求办法和出路。

为贯彻落实《国家中长期教育改革和发展规划纲要（2010—2020）》，实施《教育部国家发展改革委财政部关于深化研究生教育改革的意见》（教研〔2013〕1号），保证我国学位与研究生教育质量，国务院学位委员会、教育部于2014年1月印发《学位授权点合格评估办法》（学位〔2014〕4号），明确学位授权点合格评估是我国学位授权审核制度的重要组成部分。2014年6月，国务院学位委员会、教育部发布《关于开展学位授权点合格评估工作的通知》（学位〔2014〕16号），决定于2014—2019年开展首轮学位授权点合格评估工作。

学校整个合格评估周期内的自我评估工作分为以下5个阶段：

方案制定及顶层设计阶段（2014年12月—2015年3月）

成立自我评估领导小组和工作小组，负责评估过程的组织、协调和实施等；制定《东华大学学位授权点自我评估工作方案》，详细规定学校开展学位授权点自我评估的工作安排；制定学校自我评估指标体系，围绕研究生培养过程的各个环节，涵盖学位授权点抽评要素全部17个二级指标内容，并增设体现学位授权点质量水平的特色指标；开发学位授权点数据填报平台，为学位授权点评估提供坚实完整的数据基础及保障。

预评估工作阶段（2015年4月—2015年12月）

为保证2018年学位授权点自我评估工作的顺利开展，学校于2015年将

---

① 另外，生物医学工程、光学工程两个硕士学位授权点以及翻译硕士、国际商务硕士和工程管理硕士三个专业学位于2015年3月—9月，完成专项评估，并上报国务院学位委员会。力学未开展预评估工作。公共管理硕士和会计硕士不在预评估范围，未开展预评估工作。

对列入评估范围的所有学位授权点开展预评估工作。2015 年 4 月至 9 月，各学位授权点在“学位授权点数据填报平台”上完成 2013 年至 2015 年的学位授权点基础数据，并撰写自我评估报告。10 月至 12 月，学校组织包括各学科评议组成员在内的评估专家进校，对全校所有学位授权点开展评估工作，通过评估查找问题，并给出诊断性建议。

改进建设阶段(2016 年 1 月—2017 年 12 月)

学校针对预评估中的共性问题和突出问题，制定评建方案，确定重点评估整改内容，每学期持续跟踪检查评建工作；各学位授权点参考预评估专家的评议意见，提出改进措施、评建方案，按计划进行学位授权点建设。

正式评估阶段(2018 年 1 月—2018 年 10 月)

2018 年学位授权点自我评估工作进入正式评估阶段。学校邀请国务院学科评议组成员、全国专业学位研究生教育指导委员会委员、研究生教育以及行业专家对各学位授权点进行考察并最终评估意见。本年度全校共有 45 个学位授权点开展了专家进校正式评估，评估结果全部为通过。

评估材料审核报送(2018 年 11 月)

根据 2018 年 6 月国务院学位委员办公室发布《关于学位授权点合格评估有关事项的通知》(学位办〔2018〕25 号)，明确要求学校有 45 个学位授权点需提交参评材料。其中，马克思主义哲学、科学技术哲学、世界经济、动力工程及工程热物理 4 个硕士学位授权点已于 2018 年 6 月提交上级主管部门申请动态调整，故实际参评学位授权点共计 41 个。

根据文件要求，各学位授权点需报送的材料为《培养方案》和《学位授权点合格评估总结报告》。培养方案由研究生部组织国内外专家进行了专项评估，通过特色与定位、课程设置和学位要求等内容的评估，进一步明确了现行培养方案的特色、优势与不足，为确保人才培养质量提供了保障。总结报告由学位授权点负责总结报告的撰写与修改；研究生部负责总结报告的形式审查，包括文字格式、数据校对核查等；教育专家负责总结报告的整体质量把控、报告内容结构以及文字修改；学院教授委员会和党政联席会议负责总结报告的最终审核与定稿。

各参评学科培养方案与总结报告经校学术委员会、校学位评定委员会通讯评议，校长办公会进行审定通过，于 2018 年 11 月正式通过质量信息平台上报提交。经国务院学位委员会与上海市学位委员会抽取，学校纺织科学与工程、机械工程、化学 3 个博士学位授权点以及应用经济学、马克思主义理论、艺术学理论、工商管理硕士 4 个硕士学位授权点被抽评，评估结果均为“合格”。

2020－2025 年周期性合格评估。

根据国务院学位委员会、教育部《关于修订印发学位授权点合格评估办法的通知》(学位〔2020〕25 号)和《关于开展 2020—2025 年学位授权点周期性合格评估工作的通知》(学位〔2020〕26 号)等文件要求，学校于 2021 年初启动新一轮学位授权点周期性自我评估工作。

指导思想与原则。学位授权点周期性自我评估遵循科学、客观、公正，坚持底线思维，以研究生培养和学位授予质量为重点，学科条件保障与人才培养质量提升相统一。本次评估以“统筹安排、分类实施；预评先行，分步推进；评建结合、以评促建”为原则，以国家制订的《学位授权审核申请基本条件(2020)》为标准，以人才培养为核心，重点评估研究生教育质量和学位授予质量，着眼于发现问题，办出特色，建立质量监督长效机制，持续提升学校研究生教育整体水平。

构建科学合理的组织机构，是顺利开展自我评估工作的有力保障。成立东华大学学位授权点自我评估领导小组，由校党委书记和校长担任双组长、主管副校长担任副组长、相关校领导及研究生院、发展规划处等部门负责人组成，负责统筹、规划和领导学校学位授权点周期性合格评估工作。成立东华大学学位授权点自我评估工作小组，由主管副校长担任组长、研究生院负责人担任副组长，党委办公室、校长办公室、宣传部、组织部、发展规划处、科研院、人事处(人才办)、教务处、学生处、学生就业服务中心等相关部门负责人组成，负责评估过程的组织、协调和实施等，研究制订学校整体评估方案以及确定评估要素；审定评估专家组成名单；审核各学位授权点报送的自我评估方案等。

学校研究生培养指导委员会根据学位类型分别组建，学术学位授权点按照学位点所在学院成立，专业学位授权点按照专业学位类别成立。学院研究生培养指导委员会委员由具有丰富研究生指导经验的副教授(或相当职称)及以上在岗的研究生指导教师担任，应包括学院的主要负责人、研究生教育分管院长等。专业学位培养指导委员会委员由学校主管领导、研究生管理部门负责人、教育专家和具有丰富实践经验的教授组成，并有一定比例来自行(企)业的专家。研究生培养指导委员会负责各学位授权点自我评估的方案制订、组织实施与整改落实等工作。

评估专家由5—7名外单位同行专家担任，负责对学位授权点进行评议，并提出具体的评估意见。正式评估的学术学位授权点评估专家组成员中必须含有国务院学科评议组成员，专业学位授权点评估专家组成员必须含有全国专业学位教指委委员和行业专家，且行业专家一般不少于专家人数的三分之一。预评估与正式评估的专家，应保持一定的稳定性与连续性。

评估目标。学位授权点自我评估应与学科评估相结合，按照预评估阶段、整改建设阶段与正式评估阶段分阶段实施；根据学科建设目标，分别制订合理的评估目标和要求，实施分类评估。列入高峰学科建设规划的学位授权点，目标是着力提升学科的国际影响力，总体实力达到国际一流、国内领先；列入高原学科建设规划的学位授权点，目标是着力提升学科的国内外影响力，至少1—2个二级学科或方向达到国际先进、国内一流水平；列入校级重点学科建设规划的学位授权点，目标是稳步提升学科水平、突出学科特色，特色学科方向达到国内先进水平。

参评学位授权点范围。预评估覆盖范围为学校现有全部学位授权点，正式评估覆盖范围为2013年以前(含2013年)获得授权的学位授权点，以及2013—2015年获得授权且专项合格评估结果达到合格的学位授权点。

评估方式。根据教育部相关文件要求，结合学校学科现状、特点和目标，采取多样化评估方式。评估方式由各培养指导委员会充分酝酿，经学院教授委员会讨论并报学校学位授权点自我评估工作小组和学位评定委员会、学术委员会批准。鼓励有条件的学位授权点将自我评估与自主开展或参加的相关学科领域具有公信力的国际评估、教育质量认证等相结合。

评估内容。自我评估是对学位授权点水平和人才培养质量的全面检查，应从师资队伍、学科方向、人才培养数量质量和特色、课程教材质量、科学研究、社会服务、学术交流、条件建设和制度保障等方面考察目标达成度。评估标准应体现办学水平和培养目标；评估内容应突出人才培养，围绕研究生培养过程的各个环节，要求涵盖学位授权点抽评要素全部21个二级指标内容以及各学科评议组、教指委补充指标，并增设体现学位授权点质量水平的 3 个特色指标。

为更好地开展本轮周期性合格评估工作，学校于 2021 年 7 月 19 日召开学位授权点合格评估工作启动会。各学院院长、研究生教育分管院长、新一届培养指导委员会主要负责人及相关职能部处负责人出席本次会议。会上介绍了学校研究生教育改革的思路及未来重点工作，部署了本轮学位授权点合格评估的工作要求与进度安排。

3. 专项合格评估

国务院学位委员会办公室根据国务院学位委员会和教育部发布的《关于印发学位授权点合格评估办法的通知》(学位〔2014〕4 号)等文件要求，对全国获得博士或硕士学位授权满 3 年、且不满 6 年的学位授权点开展审核性评估。专项合格评估由国务院学位委员会办公室统一组织，委托国务院学位委员会学科评议组和全国专业学位研究生教育指导委员会实施。国务院学位委员会根据学位授权点专项评估结果，分别做出继续授权、限期整改或撤销学位授权的处理决定。

在新增学位点专项合格评估工作中，自 2014 年以来，学校光学工程等 2 个学术学位授权点和国际商务等 8 个专业学位授权点参加了专项评估，评估结果均为合格。见表 1 – 34。

表 1 – 34　历年专项评估情况一览表

序号	评估年度	评估学科专业学位类别代码	评估学科专业学位类别名称	学位授权点类型	评估结果
1	2014	0803	光学工程	硕士一级学位授权点	合格
2	2014	0831	生物医学工程	硕士一级学位授权点	合格
3	2014	0254	国际商务	硕士专业学位授权点	合格
4	2014	0551	翻译	硕士专业学位授权点	合格
5	2014	1256	工程管理	硕士专业学位授权点	合格
6	2018	1252	公共管理	硕士专业学位授权点	合格
7	2018	1253	会计	硕士专业学位授权点	合格
8	2020	0251	金融	硕士专业学位授权点	合格

2022年将开展设计学等9个学位授权点的专项评估，这也是此项工作开展以来学校参加评估最多的一次。见表1-35。

表1-35　2022年专项评估学位点一览表

序号	学位授予级别	学科代码	学位点名称	获得授权时间
1	博士一级学科授权点	0814	土木工程	1986年5月获供热、供燃气、通风及空调工程硕士二级学科授权； 2006年1月获供热、供燃气、通风及空调工程博士二级学科授权； 2018年3月获土木工程博士一级学科授权。
2		1202	工商管理	1983年9月获管理工程硕士二级学科授权； 2006年1月获会计学、技术经济及管理硕士二级学科授权，企业管理博士二级学科授权； 2011年3月获硕士一级学科授权； 2018年3月获工商管理一级学科授权。
3		1305	设计学	1996年5月获设计艺术学硕士二级学位授权； 2011年8月调整为设计学硕士一级学科授权； 2018年3月取得博士一级学科授权。
4	硕士一级学科授权点	0502	外国语言文学	1998年6月获外国语言学及应用语言学硕士二级学科授权； 2018年3月获外国语言文学硕士一级学科授权
5		0503	新闻传播学	2018年3月
6		0808	电气工程	1998年6月获电力电子与电力传动硕士二级学科授权； 2018年3月获电气工程硕士一级学科授权。
7		1204	公共管理	2006年1月获行政管理硕士二级学科授权； 2018年3月获公共管理硕士一级学科授权。
8	硕士专业学位授权点	0252	应用统计	2018年3月
9		0552	新闻与传播	2018年3月

学校通过周期性合格评估和专项合格评估，“以评促建，以评促改，以评促管”，对合理定位学校学位授权点建设目标，进一步完善内部质量保障体系，建立以提升质量为导向的研究生教育管理制度和资源配置机制，促进学

校研究生教育和学位授权点建设全面发展，实现全面提高学校研究生培养质量有着积极的意义。

4. 其他学位点评估

2001年12月，全国学位与研究生教育发展中心发布《中国高校工商管理硕士学位(MBA)教学合格评估(第二批)结果》，学校MBA总分名列第五，其中教学管理排名第一，教学组织排名第三。

2005年在上海市学位办公室组织的工程硕士机械工程领域和计算机技术领域培养质量检查中，学校分别获得82分、83分的好成绩，在被检查学校中位居前列；

2006年顺利通过了全国工程硕士专业学位纺织工程领域协作组对东华大学纺织工程领域工程硕士专业学位培养质量的检查评估，并取得了94.4的高分。

（执笔：丁明利、张翔、孙增耀）

第五节　关于组织机构的设想

2020年12月31日，为落实全国研究生教育会议精神和国家研究生教育通知精神，学校组建了研究生院，下设招生办公室、培养办公室、学位办公室，以及综合办公室。着眼高质量研究生教育工作开展，建设务实高效、服务一流、追求卓越的研究生院机构建设和管理职能转变，根据“三定”要求，面向未来、面向需求对组织机构变化做出规划。

面对新时代研究生教育高质量发展，强化全过程管理和服务的新要求，研究生院需要加强二级机构建设，拟设置科室由原来的4个增加至8个。具体包括：研究生招生办公室，负责博士生、硕士生、推免生和港澳台研究生招生，研究生招生宣传，研究生考点与考务工作等。研究生学籍管理办公室，负责全校研究生的学籍、学历管理工作等。研究生教务管理办公室，负责研究生培养方案和培养计划管理，研究生课程与教材的建设与管理，研究生学风建设和学术诚信教育，同等学力与非全日制专业学位研究生培养，研究生教育教学合作工作等。研究生教学实践办公室，负责实践类课程教学管理，专业学位研究生实习实践和校外导师管理，研究生对外开放与国际交流，研究生创新教育管理和校际合作工作等。研究生教育研究与质量办公室，负责学校研究生课程体系建设及教育教学改革项目实施，各级研究生教育教学改革组织申报，各类教学评估的开展与研究生教育评价，学位与研究生教育年度质量报告撰写与分析工作等。研究生导师管理办公室，负责研究生导师队伍建设、培训、评价和状态跟踪工作等。学位管理办公室（学位委员会办公室），负责研究生学位全过程管理工作，学位信息报送工作，学位点建设工作等。综合办公室，负责研究生经费管理，研究生院日常办公，研究生教育信息化建设，研究生院领导安排的其他工作等。

（执笔：俞昊、丁明利）

第二章

研究生招生管理变化

第一节　博士研究生招生

一、博士招生制度变迁

1981 年教育部下达《关于做好一九八一年攻读博士学位研究生招生工作的通知》(〔81〕教高二字 037 号),我国博士研究生招生工作拉开帷幕。1982 年,教育部发布了《关于招收攻读博士学位研究生的暂行规定》,对博士生招考方式提出了更明确的指导。

1982 年教育部下达教育部关于制订一九八二年招收攻读博士学位研究生计划的通知(〔82〕教高二字 007 号),同意凡经国务院批准有权授予博士学位的单位及其学科/专业和指导教师,可以根据需要与可能条件,有计划/有步骤地招收脱产或在职博士生,并规定每个指导教师每届招收博士生人数,一般不得超过两名。学校当年首次正式招收博士研究生,经校学位评定委员会讨论决定录取 1 名(潘宁),于 1983 年 2 月入学。

1984 年教育部发出《关于制定招收攻读博士学位研究生计划的通知》,要求有关单位要"积极招收攻读博士学位研究生","为国家培养四化建设迫切需要的高级专门人才"。同年 11 月,教育部发布《关于硕士生提前攻读博士学位问题的通知》(〔84〕教研字 054 号),文件提出:为了加速培养我国社会主义现代化建设需要的高级专门人才,逐步改革和完善具有中国特色的研究生教育制度，根据这几年研究生培养中已涌现出少数有进一步培养前途的优秀硕士生的实际情况，决定在博士研究生培养单位中，有权授予博士学位的学科、专业内对少数优秀硕士生试行提前攻读博士学位的办法。

1985 年学校经推荐、考试合格并经校长批准有 2 名硕士生提前攻读博士研究生，在 3 个专业招收 13 名博士生。

1988 年国家教委发出《高等学校招收定向培养研究生的暂行规定》。指出定向培养和委托培养招生的研究生将占全部研究生的 50%。学校在校内试行招收在职博士生。

1989 年起学校面向港澳台招收硕士和博士研究生。

1990 年起学校在本市范围内公开招收在职博士生。

2001 年教育部发出《关于做好 2002 年招收攻读博士学位研究生工作的通知》，首次将直接攻博、硕博连读、提前攻博列为博士生的三种选拔方式。

2003 年，教育部发布《教育部关于做好 2004 年招收攻读博士学位研究生工作的通知》(教学〔2003〕17 号)，是至今一直参照执行的博士招生文件。

2004 年教育部下发《关于做好 2005 年招收攻读博士学位研究生招生工作的通知》，明确提出“按照科学发展观和质量关的要求，重视并抓好博士招生质量”。

2008 年，学校按教育部招生改革精神，在广泛听取学院和导师意见的基础上，对部分学科的博士入学考试科目进行改革，由原来的一年两次考试、入学调整为一年一次。研究拟订研究生招生改革机制改革方案。调整博士生生源结构，增大硕博连读的比例，2008 年录取硕博连读学生 55 名。

2009 年，根据《教育部办公厅关于在国家公派研究生项目选拔工作中实施“博士生兼招补偿”办法的通知》(交外厅函〔2009〕4 号)，学校招收博士出国留学补偿计划生 6 名。教育部印发《2010 年全国招收博士学位研究生工作管理办法》(教学〔2014〕4 号)，2010 年起，博士生选拔方式调整为普通招考、硕博连读和直接攻博三种。同时全国专业学位博士研究生开始招生 851 人。

2010 年建立研究生招生名额配置机制，学校根据各学院科研经费状况、培养质量、导师队伍及博士点的数量，综合考虑配置各学科点招生名额，使学校博士招生资源更多地向科研能力强、培养质量高的学科倾斜。

2011 年学校探索选拔优秀的应届本科毕业生推荐免试直接取得博士生入学资格，从本科推荐免试生中选拔优秀学生尝试开展直博生“长学制”培养模式，采取 4－6 年的弹性学制。2011 年学校首次在纺织科学工程国家重点一级学科的推免生中招收直博生 15 名，其中纺织学院 11 名，化工生物学院 4 名。

2012 年，为促进科教结合，加强高层次拔尖创新人才培养，推动科技创新，创新研究生培养机制和培养模式，建立完善联合培养博士生工作长效机制，推进联合培养工作深入发展，教育部印发《高等学校和科研机构开展联合培养博士研究生工作暂行办法》(教研〔2009〕5 号)。学校 2012 年获批与中国纺织科学研究院联合培养博士研究生专项名额，从此开启积极探索联合培养模式，实现科教资源共享，在培养高层次拔尖创新人才方面取得新的突破。首次招收与中国纺织科学研究院联合培养博士研究生 3 名，由双导师共同培养。其中纺织学院 1 名，材料科学与工程学院 2 名。

2013 年，制订《东华大学博士研究生招生指标动态配置试行办法》按年度分学院实施，实行包含基本指标、专项指标和调整指标的“博士研究生招生动态分配指标体系”，指标分配向学校重点建设计划、人才计划、重大科研项目以及培养质量高的学院倾斜。指标体系设置中，强化培养能力和质量因素，降低导师数量权重。2013 年《教育部、国家发展改革委、财政部关于深化研究生教育改革的意见》(教研〔2013〕1 号)明确提出，改革招生选拔制度，完善招生选拔办法，建立博士研究生选拔“申请-审核”机制，发挥专家组审核作用，强化对科研创新能力和专业学术潜质的考察。

2014 年，学校在 5 个交叉学科开始招生。交叉学科人才培养是学校培养高层次拔尖创新人才的一种新模式、新探索。不再以直博生方式招收博士研究生，选拔方式为公开招考和硕博连读。2014 年度学校录取硕博连读 99 名。

2015 年 10 月，学校限制定向就业博士研究生招收比例，一般不超过招生总数 10%。制定《东华大学 2016 年“申请-考核制”攻读博士学位研究生招生试行办法(指导意见)》。

2016 年，以“长学制”转博为选拔方式的博士招生方式开始实施，当年共招收长学制转博生 64 名，2016 年 12 月，除纺织、材料学院外，学校 9 个博士招生学院试行“申请-考核”制招收博士研究生，根据各学院学科特点和生源情况，制定选拔方案，呈现出百花齐放的现象。

2017 年，学校停止定向就业博士研究生招生。对《东华大学博士研究生招生指标动态配置试行办法》进行适当调整，根据国家相关科研政策的调整，更新专项指标分配方案并自 2018 年始实施，指标专项专用。纺织学院和材料学院第一年试行“申请-考核”制招生。

2018 年，全国专业学位博士研究生招生规模从 2009 年的 851 人达到 6784 人。这一年，学校首次招收先进制造专业学位博士研究生。2018 年 5 月，通过硕博连读、申请考核、普通招考，学校首次招收工程专业学位博士 15 人。

2019 年，学校全面施行“申请-考核”选拔方式，学校博士生招考方式由普通招考、申请-考核、硕博连读（包括长学制转博）三种方式组成。在具有国家重点学科的纺织学院和材料学院，“硕博一体化”长学制研究生人才选拔模式改革趋于成熟稳定。对《东华大学博士研究生招生指标动态配置试行办法》进行修订，以东华大学为牵头单位的国家重点研发计划项目、国家自然科学基金重大重点项目、国家级军工重大重点项目，学校博士生导师为以上项目负责人的在项目执行期内可增加 2 名博士生招生专项指标，且当年博士招生总数不超过 3 人。学校首次招收设计学博士研究生 8 名。

2020 年，学校首次以“申请-考核”制在 9 个学院招收机械及能源动力专业学位博士研究生，其中机械专业 29 名，能源动力专业 29 名。博士招生复试首次探索网络远程在线笔试的统一考试，制定线上笔试实施方案，顺利完成博士复试录取工作。改革招生选拔制度，完善招生选拔办法，发挥专家组审核作用，强化对科研创新能力和专业学术潜质的考察，提高导师的招生自主权。

2021 年，学校取消公开招考，全面施行“申请-考核”制和硕博连读两种选拔方式。自 2021 年开始，专业学位硕士研究生可以申请硕博连读专业学位博士研究生，学校首次招收能源动力硕博连读研究生 11 名。学术学位博士研究生不再招收定向就业，且专业学位博士研究生的定向名额控制在学院专业学位总指标的 10%左右，其他定向指标可由科研博士等其他专项进行申请。根据全国研究生教育会议以及关于研究生教育综合改革方案等重要指示精神，破除“唯帽子”，取消博士研究生招生人才专项及重大项目专项指标。为主动服务国家重大战略需求，解决重大战略问题，储备战略人才，探索基于国家高水平科研项目、重大科技创新平台和重大工程项目的人才培养模式，教育部启动探索实施“科研经费博士研究生专项招生计划”（以下简称“科研博士计划”），2021 年学校为科研博士计划试点高校，首次实施以科研经费为研究生培养成本的承担机制，学校共招收科研经费博士 32 名，其中学术学位 9 名，专业学位 23 名。

二、博士生招生数量变化

学校博士研究生自 1982 年开始招生以来，从招收第 1 名博士研究生潘宁，至 2021 年目前已发展到接近 400 人的规模。1982 年至 1994 年，博士招生规模发展缓慢，1994 年至 2002 年，博士招生规模快速发展达到 100 人，至 2010 年增长至 200 人，2010 至 2017 年博士规模趋于稳定，自 2018 年学校获批专业学位博士授权点，2018 至 2021 年专业学位研究生招生规模发展到 98 名，博士研究生整体招生规模接近 400 人。见图 2－1，表 2－1。

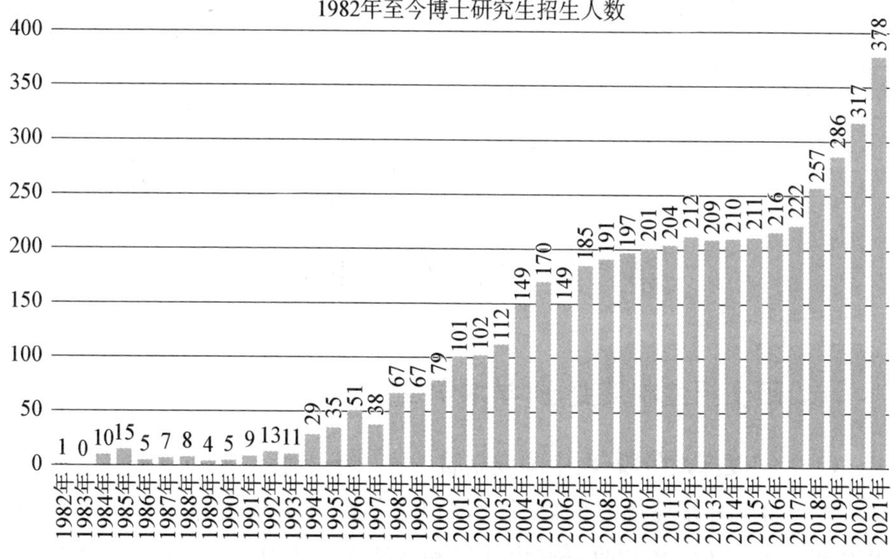

图 2－1　1982—2021 年招生一览图

表 2-1　2012 年至今各学科/领域招生人数

代码	学科/领域	2012	2013	2014	2015	2016	2017	2018	2019	2020	2021	总计
0703	化学	11	15	18	15	21	20	23	25	24	26	198
0802	机械工程	11	14	13	12	12	12	15	18	15	16	138
0805	材料科学与工程	55	47	49	49	52	61	60	59	66	67	565
0811	控制科学与工程	15	23	20	20	19	19	19	15	20	21	191
0814	土木工程	5	7	3	7	5	5	5	8	9	10	64
0821	纺织科学与工程	79	71	69	71	70	76	81	81	78	84	760
0830	环境科学与工程	10	11	14	13	12	14	15	14	14	16	133
1201	管理科学与工程	13	11	16	13	15	8	12	11	12	14	125
1202	工商管理	13	10	10	10	7	6	9	9	11	10	95
1305	设计学	/	/	/	1	3	1	3	8	13	16	45
0852	先进制造	/	/	/	/	/	/	15	38	/	/	53
0855	机械	/	/	/	/	/	/	/	/	29	41	70
0858	能源动力	/	/	/	/	/	/	/	/	29	55	84

（执笔：单丹）

第二节　硕士研究生招生

一、硕士招生制度变迁(学术学位)

(一) 制度探索阶段(新中国成立后——1976 年)

1959 年,国务院批复同意教育部拟定的高等学校培养研究生工作及 1959 年全国高等学校招收研究生计划和选拔考试办法,并指出要切实掌握研究生的数量和质量问题,“如果学生来源确实不足,宁缺毋滥,不要降低标准录取”。高等教育部根据国务院的指示精神,向各高等学校下达《关于编制的59、60年招收和选送研究生及进修教师计划的通知》,文中指出,“研究生是培养具有较高的政治和业务水平的高等学校教师和科学研究人员,修业年限一般是三年,招收对象除选留部分当年高等学校本科优秀毕业生外,并尽可能选拔高等学校本科毕业又有实际工作经验的在职干部或教师做研究生,通过系统的学习进行培养”。

1959年高等教育部向各高等学校下达《关于编制的59、60年招收和选送研究生及进修教师计划的通知》,学校即着手筹备第一届研究生的招生和培养工作。由于培养研究生没有经验,第一次招生只从比较成熟的专业中选了纺织工程(棉纺)、纺织材料、纺织机械、化学纤维四个专业的应届毕业生5名。

1960、1961年,根据高教部“尽可能挖掘潜力和对缺门或薄弱的尖端学科可多招收一些研究生”的指示精神,学校在这两年中都扩大了招生规模,是学校在“文革”前招收研究生人数最多的两年。招收研究生的专业,注意结合学校重点发展方向加以安排,除1959年招收的四个专业外,又陆续增加了针织工程、机械制造、工业自动化(电气)、染整工程等四个专业。各专业的招生计划是根据学校科学研究工作进展情况、指导力量、基建设备等条件并结合学生来源情况而拟订的。

从1962－1965年,学校研究生教育有了一定的发展,开始正规培养三年制研究生。在这期间,按照保证质量、严格要求的方针,有计划地培养研究生,使研究生工作进入一个新阶段。

(二)制度建立阶段(1977年—2008年)

正当学校研究生教育走上正常轨道,在健康发展时,“文化大革命”爆发了,研究生教育与大学本科教育一样,遭受了严重的破坏和损失,致使研究生教育从1966年起中断了十二年之久。从1977年下半年到1980年是学校研究生教育的恢复阶段。

1977年10月国务院批准了教育部《关于高等学校招收研究生的意见》,《意见》中指出:“高等学校,特别是重点高等学校,凡是教师条件和科学研究基础比较好的,应从1977年起,在办好本科的同时,积极招收研究生。”1978

年1月，教育部又发出《关于高等学校1978年研究生招生工作安排意见》，决定将1977年、1978年两年招收研究生合并进行，统称为1978年研究生。学校1978年共招收53名硕士研究生，其中5名为研究生选拔出国留学生。

1984年开始，学校实行应届本科毕业生推荐免试和推荐加考试选拔硕士研究生的试点工作，学校共批准14名学生免试直升和21名学生推荐加考试攻读硕士研究生。

1985年起为了适应我国高等学校不断提高教学质量和科研水平的需要，对高等学校青年教师必须提出更高的素质要求并加强对他们的培养。过去高等学校助教的绝大部分是从大学本科毕业生中选留的，今后一个较长时期内也还需要选留一些优秀的大学本科毕业生承担助教工作。为了使他们能够较好地胜任本职工作，具备从事高等学校教学、科研工作的基本条件，并尽快地使其中的一部分成长为教学、科研工作的骨干，特对高等学校举办助教进修班。学校1985年举办助教进修班，招收学生纺织工程专业10名，化学纤维专业10名。

1986年根据国家教委相关文件精神，为尽快加强高等学校中少数比较薄弱而且对经济和社会发展影响较大的学科、专业及某些公共课，基础课的师资队伍建设，学校试办管理专业研究生班，招收20名学生和应用数学研究生班，招收15名学生。

1987年工学硕士研究生入学考试中数学考试进行全国统一命题。

为有利于有实践经验的在职人员报考并被录取为硕士生，国家教委(86)教研字019号文规定：少数硕士生招生单位，经国家教委批准，可以进行对大学本科毕业后有五年以上实践经验，且在工作中确有成果的在职人员进行单独入学考试的试点。国家教委研究生司于1987年8月18日发文正式同意学校作为1988年招收在职人员为硕士生进行单独考试的试点单位。

研究生的定向培养是指在招生时就确定研究生毕业分配去向的一种培养形式，是贯彻按需招生、按需培养和按需分配原则的重要途径。定向招生计划有国家计划内定向培养和国家计划外委托培养两种。计划内定向培养主要满足高等学校、科研机构和其他事业单位的需要。计划外委托培养主要满足企业的需要。纺织工业部教育司为进一步充实高等院校师资队伍，在1987年6月27日发出关于试行硕士生定向培养的通知，拟于1988年在中国纺织大学试行计划内硕士生定向培养，首先为部属院校定向培养一部分硕士生，待取得经验后再扩大试行范围。

1988 年开始试行应届本科生考取研究生后，保留入学资格到专业对口单位工作一至三年后再入学的办法。

1989 年根据社会实际需要，调整学科、专业招生数，扩大定向生，控制非定向生招生数。

1989 年起面向港澳台招收硕士研究生。

2003 年根据《关于 2003 年招收在职人员攻读硕士学位工作的通知》(学位办〔2003〕52 号文)，学校开始招收高等学校教师在职攻读硕士学位，2009 年根据《关于 2009 年招收在职人员攻读硕士学位工作的通知》(学位办〔2009〕33 号文)，“高等学校教师在职攻读硕士学位(除单列的招生计划外，只限中西部地区符合条件的高等学校招生)”的相关规定，停止该类招生。

2006 年，教育部印发《关于加强硕士研究生招生复试工作的指导意见》(教学〔2006〕4 号)，对硕士研究生招生复试工作提出指导性意见，进一步规范复试、录取工作，强化复试的地位和作用，提高复试成绩占总成绩的权重(一般在 30%—50%)。2006 年根据教育部印发《全国普通高等学校推荐优秀应届本科毕业生免试攻读硕士学位研究生工作管理办法(试行)》(教学〔2006〕14 号)，提出具体要求和试行办法。学校首次向校外推荐 13 名优秀应届本科毕业生免试直升硕士研究生。

这三十年间，伴随着改革开放和国家发展，招生制度的体系也得到了快速的建立和完善，构建了比较稳定的研究生招生主要制度的框架，招生规模快速扩张，形成了相对成熟的研究生招生选拔方式和考试形式。

(三) 制度改革阶段(2009 年至今)

2009 年以来，在科教兴国、人才强国战略的驱动下，我国研究生发展进入新阶段，完善制度、发展内涵、提升质量成为改革重点，招生制度的改革进入稳定规模、优化结构、提升质量的阶段。

2012 年，教育部印发《教育部关于做好 2013 年全国硕士学位研究生招生工作的通知》(教学〔2012〕9 号)，提出要深入推进研究生招生改革；加大力度防范和打击考试舞弊；进一步推动研究生教育结构调整和优化；完善信息公开制度。2012 年 6 月至 12 月，学校作为全国研究生考试考点，严格按照改革要求建设符合标准的考场(85个)和考试工作所需要的指挥中心、保密室、考务室、试卷分发或保管室、监控室(2个),全面建设五大系统(网上视频巡查系统、应急视频指挥系统、考生身份验证系统、无线电作弊防控系统和考务综合管理系统)。自2013年1月硕士研究生入学考试开始投入使用。通过加强考生身份校验,加强考务流程管理。进一步完善招生考试工作责任体系,加强系统内部治理和监管,确保招生考试安全。

2013年教育部印发《教育部办公厅关于进一步加强推荐优秀应届本科毕业生免试攻读研究生工作的通知》(教学厅〔2013〕8号),进一步加强推免工作,加强推免生校际交流,提倡不同高校学生交流融合。2014级推免生名额不再区分校内和校外,所有推免生名额均可用于向其他招生单位推荐。在切实保障考生自主报考,公平竞争,科学选拔的同时,也对学校和学科提出了新的要求,进一步提升科研实力、加大宣传力度,吸引优秀生源申报,突显出重要性。

2015年9月,教育部办公厅发布《关于做好2016年"退役大学生士兵专项硕士研究生招生计划"招生工作的通知》(教学厅〔2015〕9号),提出2016年起,教育部设立"退役大学生士兵专项硕士研究生招生计划"(以下简称"大学生士兵计划"),专门招收退役大学生士兵攻读硕士研究生。对符合报考条件的退役大学生士兵,按照"自愿报名、统一招考、自主划线、择优录取"的原则,严格规范做好招生录取工作。该招生计划单列下达,专项专用。2016年下达学校士兵计划10名,报考2人。

2016年10月,教育部等六部门在1999年发布的《关于普通高等学校招收和培养香港特别行政区、澳门地区及台湾省学生的暂行规定》基础上,制定《普通高等学校招收和培养香港特别行政区、澳门特别行政区及台湾地区学生的规定》(教港澳台〔2016〕96号),进一步促进内地(祖国大陆)与香港特别行政区、澳门特别行政区以及台湾地区(以下简称港澳台)高等教育交流与合作,规范对港澳台学生的招生管理和服务。2017年学校招收港澳台硕士研究生1名,2019年招收港澳台硕士研究生2名。

2018年3月,按照《教育部办公厅关于做好硕士研究生招生调剂工作的通知》(教学厅函〔2018〕14号)要求,学校严格执行招生政策,规范调剂工作程序,招收调剂考生,外校调剂和校内调剂都通过调剂服务系统进行。招生公平性和规范性不断完善。

2020 年试点推行硕士研究生招生指标动态分配。受新冠肺炎疫情的影响，2020 年、2021 年硕士研究生招生复试均通过采用远程会议系统在线考核，严格遵守“三随机”原则（随机确定考生复试次序，随机抽取复试试题，随机分配各组复试导师），积极探索新形势下研究生考核方式的新模式。

二、硕士招生制度变迁（专业学位）

（一）在职专业学位硕士研究生招生的发展

为了培养具有应用创新力的高层次职业技术人才，20 世纪 90 年代，面向在职人员攻读硕士学位、以“在职联考”为主的专业学位招生制度体系开始建立并迅速发展。

根据学校的申请以及有关专家通讯评议意见，经研究，国务院学位委员会于 1996 年 10 月 28 日发出《关于扩大培养工商管理硕士试点单位的通知》（学位办〔1996〕55 号），批准学校试行培养工商管理硕士研究生，并于 1997 年试行 MBA 联考制度正式招生。

1997 年 9 月学校向国务院学位委员会办公室申请工程硕士培养点。经研究，国务院学位委员会于 1997 年 11 月 20 日发文《关于批准部分高等学校开展工程硕士培养工作的通知》（学位办〔1997〕57 号），批准学校开展培养工程硕士工作并行使工程硕士专业学位授予权，同意学校于 1998 年在机械工程和纺织工程领域招收在职人员攻读工程硕士专业学位 50 名。

自 1998 年至 2005 年，学校在纺织工程、机械工程、材料工程、化学工程、环境工程、控制工程、工业工程、计算机技术、软件工程、工业设计工程、电子与通信工程、物流工程、项目管理和建筑与土木工程领域可以招收工程硕士。期间，在职联考招生制度体系逐步建立，2001 年开始，在职攻读硕士学位入学考试实行全国统一联考。2003 年开始实行“GCT 考试”。

2005 年 5 月国务院学位委员会发文《关于开展艺术硕士专业学位教育试点工作的通知》（学位办〔2005〕34 号），同意学校开展艺术硕士专业学位教育试点工作。学校于 2005 年首次招收 30 名艺术硕士。

2010 年学校招收首届高级管理人员工商管理硕士（EMBA）42 名。

（二）全日制专业学位硕士研究生招生的发展

2009年教育部发布《关于做好2009年全日制专业学位硕士研究生招生工作的通知》（教学司〔2009〕2号）和《关于做好2009年全日制专业学位硕士研究生招生计划安排工作的通知》（教发〔2009〕6号），指出调整优化研究与教育类型结构，推动硕士研究生教育从以培养学术型人才为主的模式向以培养应用型人才为主的模式改变，做好全日制专业学位研究生招生，更好地适应国家经济社会发展对高层次应用型人才的迫切需要。全国首次面向应届本科毕业生招收全日制硕士专业学位研究生。学校获计划增加招收全日制专业学位260名，实际招收全日制专业学位214名，学制2年，分布于纺织学院、计算机学院、材料学院等9个学院的10个工程类别。

2013年11月《教育部、人力资源社会和保障部关于深入推进专业学位研究生培养模式改革的意见》（教研〔2013〕3号），指出要深入推进培养模式改革，加快完善体制机制，不断提高教育质量，积极发展专业学位研究生教育[①]。通过改革考试制度，推进专业学位与学术学位硕士研究生分类考试、分类招生。

（三）在职专业学位与全日制专业学位并轨招生的改革

2014年7月国务院学位办下发《关于2014年招收在职人员攻读硕士专业学位工作的通知》（学位办〔2014〕18号），其中第八条“招生改革”明确指出：“从2016年起，我办不再组织在职人员攻读硕士专业学位全国联考，除高级管理人员工商管理硕士外，其他类别的在职人员攻读硕士专业学位招生工作，将以非全日制研究生教育形式纳入国家招生计划和全国硕士研究生统一入学考试”。2016年3月，教育部发布《关于进一步规范工商管理硕士专业学位研究生教育的意见》（教研〔2016〕2号），提出对工商管理硕士专业学位研究生教育加强规范管理和监督，同时指出：从2017年起，高级管理人员工商管理硕士（EMBA）统一纳入全国硕士研究生考试招生，统一划定工商管理硕士专业学位（MBA）分数线，自2016年12月1日起，不再自行组织高级管理人员工商管理硕士专业学位研究生招生考试。

① 《教育部、人力资源社会保障部关于深入推进专业学位研究生培养模式改革的意见》（教研〔2013〕3号）

2016 年 9 月，为推进全日制和非全日制研究生教育协调发展，促进全日制和非全日制研究生教育规范管理，教育部办公厅发布《关于统筹全日制和非全日制研究生管理工作的通知》（教研厅〔2016〕2 号）。2016 年 12 月 1 日后录取的研究生从培养方式上按全日制和非全日制形式区分，原在职人员攻读硕士专业学位全国联考（单证）的考试方式与统考并轨，纳入全国硕士研究生统一考试体系。全日制和非全日制研究生实行相同的考试招生政策和培养标准，学历学位证书具有同等法律地位和相同效力。按照教育部办公厅《关于 2017 年全国硕士研究生招生计划初步安排方案的通知》（教发厅〔2016〕7 号）中“2017 年硕士生招生计划……非全日制招生计划以 2016 年各招生单位实际录取的在职人员攻读硕士专业学位研究生（单证）规模为基数”的标准，学校 2017 年下达非全日制招生计划 240 名，实际录取 206 名。

通过优化结构调整，学校专业学位研究生快速发展，至 2019 年专业学位硕士研究生招生人数首次超过学术学位研究生，达到 51.4%。

三、硕士招生数量变化

（一）总体情况

1978 年恢复招收研究生以来，总计招收各类硕士生 43706 人。可粗略划分为三个阶段，第一阶段为 1978—1997 年，仅招收学术学位硕士生，累计招收 1845 人，第二阶段为 1998 年—2015 年，招收学术学位和专业学位两种类型硕士研究生，二者均有在职攻读人员，累计招收 26930 人；第三阶段为 2016 年至今，招生方式为全日制和非全日制，招生类型未变，累计招收 14931 人。见表 2－2。

表 2－2　1978—2021 年研究生招生情况一览表

年度	全日制硕士录取人数			非全日制硕士录取人数				
	学术学位	专业学位	专业学位（管理类联考）	工程类	艺术类	管理类	EMBA	—
2021 年	1280	1397	—	3	30	210	—	—
2020 年	1263	1156	169	2	30	208	—	—
2019 年	1180	891	120	1	30	206	—	—

续 表

年度	全日制硕士录取人数			非全日制硕士录取人数				
	学术学位	专业学位	专业学位（管理类联考）	工程类	艺术类	管理类	EMBA	—
2018 年	1150	743	120	3	—	233	—	—
2017 年	1150	701	154	7	—	209	—	—
2016 年	1150	574	284	—	—	—	—	—
年度	全日制硕士录取人数			在职专业学位硕士录取人数				
	学术学位	专业学位	专业学位（管理类联考）	在职工程硕士	在职艺术硕士	在职工商管理硕士	EMBA	—
2015 年	1140	473	396	159	75	—	6	—
2014 年	1136	473	410	162	98	—	48	—
2013 年	1135	497	358	182	71	—	23	—
年度	学术学位	专业学位	MBA	在职工程硕士	在职艺术硕士	在职工商管理硕士	EMBA	高校教师
2012 年	1130	449	443	171	68	—	13	—
2011 年	1138	387	448	224	30	—	29	—
2010 年	1203	370	322	239	30	—	42	—
2009 年	1255	214	305	119	30	20	—	停招
2008 年	1162	—	284	115	30	63	—	11
2007 年	1110	—	248	136	30	70	—	49
2006 年	1110	—	250	54	29	53	—	48
2005 年	941	—	250	84	30	44	—	6
2004 年	838	—	246	108	—	22	—	10
2003 年	778	—	120	140	—	36	—	4
2002 年	538	—	101	139	—	46	—	—
2001 年	499	—	80	112	—	35	—	—
2000 年	357	—	70	146	—	65	—	—

续 表

年度	学术学位	专业学位	MBA	在职工程硕士	在职艺术硕士	在职工商管理硕士	EMBA	高校教师
1999 年	211	—	78	78	—	30	—	—
1998 年	205	—	—	51	—	59	—	—
1997 年	146	—	—	—	—	—	—	—
1996 年	177	—	—	—	—	—	—	—
1995 年	135	—	—	—	—	—	—	—
1994 年	115	—	—	—	—	—	—	—
1993 年	125	—	—	—	—	—	—	—
1992 年	71	—	—	—	—	—	—	—
1991 年	63	—	—	—	—	—	—	—
1990 年	65	—	—	—	—	—	—	—
1989 年	53	—	—	—	—	—	—	—
1988 年	119	—	—	—	—	—	—	—
1987 年	111	—	—	—	—	—	—	—
1986 年	131	—	—	—	—	—	—	—
1985 年	128	—	—	—	—	—	—	—
1984 年	102	—	—	—	—	—	—	—
1983 年	81	—	—	—	—	—	—	—
1982 年	56	—	—	—	—	—	—	—
1981 年	46	—	—	—	—	—	—	—
1980 年	15	—	—	—	—	—	—	—
1979 年	53	—	—	—	—	—	—	—
1978 年	53	—	—	—	—	—	—	—

注：不含研究生班学生。

2012 - 2021 年，东华大学硕士研究生招生规模呈稳步上升趋势，与 2012 年相比，2021 年报考人数上涨 3.75 倍，招生人数上涨 1.44 倍。见图 2 - 2，表 2 - 3。

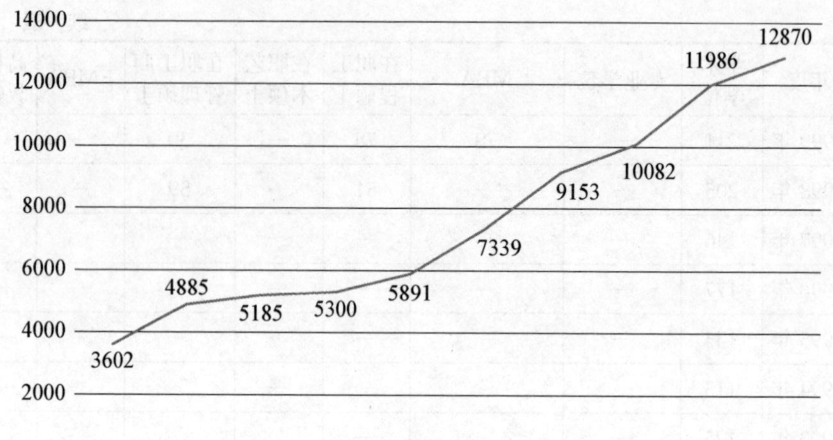

图 2-2　2012—2021 年硕士生报名情况一览图

表 2-3　2012—2021 年硕士研究生报考及录取人数一览

项目/年度	2012	2013	2014	2015	2016	2017	2018	2019	2020	2021
报考人数（单位：人）	3602	4885	5182	5293	5890	7336	9153	10082	11986	12870
全国报考人数（单位：万人）	165.6	176	172	164.9	177	201	238	290	341	377
录取人数（单位：人）	2022	1989	2019	2009	2008	2221	2249	2428	2828	2920
全国录取人数（单位：万人）	52.13	54.09	54.87	57.06	58.98	72.22	76.25	81.13	110.66	117.65

注：分析数据均为全国统考数据。（本节下同）

（二）学术学位硕士研究生

1. 招生情况

（1）报考情况

学术学位研究生的报考人数整体呈上涨趋势，2019 年前学术学位研究生报考人数占报考总数的比值为 50%以上。之后，占比降至 50%以下，并逐年下降。见表 2-4。

表 2－4　2012—2021 学硕报考人数、增速及比值情况

年份	2012	2013	2014	2015	2016	2017	2018	2019	2020	2021	平均
报考	2788	3608	3516	3466	3574	4530	5081	4822	5535	5110	4203
占比	77.4%	73.9%	67.9%	65.5%	60.7%	61.8%	55.5%	47.8%	46.2%	39.7%	59.6%

（2）录取情况

2012—2021 年间，录取人数整体变化不大，2020 年前录取人数均在 1130—1200 人之间，2020 年突破 1200 人。见表 2－5。

表 2－5　2012—2021 学硕录取人数占比情况

年份	2012	2013	2014	2015	2016	2017	2018	2019	2020	2021	平均
录取	1130	1135	1136	1140	1150	1150	1150	1180	1263	1280	1168
占比	55.9%	57.1%	56.3%	56.7%	57.3%	51.8%	51.1%	48.6%	44.7%	43.8%	52.8%

2. 学院接收情况

从学院来看学术学位硕士研究生的接收情况，马克思主义学院 2017 年正式招生，历年招生人数为 15 人左右。其他学院整体变动幅度不大，人数增长集中在纺织学院与材料学院。见表 2－6。

表 2－6　2012 年与 2021 年各学院学硕招生人数对比一览表

学院名称	2012 年	2021 年
纺织学院	152	182
材料学院	142	213
化生学院	153	164
机械学院	80	91
管理学院	134	141
服艺学院	97	99
信息学院	84	93
环境学院	80	87

续 表

学院名称	2012年	2021年
理学院	55	72
人文学院	58	44
外语学院	23	20
计算机学院	72	55
马院	—	19
合计	1130	1280

3. 生源质量

(1) 学历结构构成

根据招生简章，拥有本科学历或同等学力学生均可报考硕士研究生。2012—2021年间，报考东华大学学术学位硕士研究生中本科及以上学历的学生占比均在99.8%以上，多个年份达99.98%，2021年达到100%占比，实现报考全员本科及以上学历。在录取的学术学位硕士研究生中，2013年后本科及以上学历学生占比均为100%。见表2-7。

表2-7　2012—2021报考学硕中本科及以上学历学生情况

年份	2012	2013	2014	2015	2016	2017	2018	2019	2020	2021
报考人数	2787	3604	3514	3463	3573	4529	5080	4821	5534	5110
占比	99.96%	99.89%	99.94%	99.91%	99.97%	99.98%	99.98%	99.98%	99.98%	100%
录取人数	1129	1135	1136	1140	1150	1150	1150	1180	1263	1280
占比	99.91%	100%	100%	100%	100%	100%	100%	100%	100%	100%

(2) 报考录取比情况

2012年至2018年，学术学位硕士研究生的招生规模基本保持稳定，2019年开始逐步上升。虽然招生规模保持平稳，但通过加强学科建设、加大招生宣传力度，报考人数迅速增长，报考录取比持续上升，2018年突破4，生源质量不断优化。见表2-8。

表 2-8　2012—2021 学硕报考录取情况

年份	2012	2013	2014	2015	2016	2017	2018	2019	2020	2021	平均
报考人数	2788	3608	3516	3466	3574	4530	5081	4822	5535	5110	4203
录取人数	1130	1135	1136	1140	1150	1150	1150	1180	1263	1280	1171
录取比	2.47	3.18	3.10	3.04	3.11	3.94	4.42	4.09	4.38	3.99	3.58

(3) 重点院校毕业比例情况

重点院校毕业主要统计毕业于“211 工程”高校、毕业于“双一流”建设高校者和毕业于具有推免资格高校的学生。毕业单位为 211 高校者报考学硕占比呈“U”字型波动，两端高，中间低的模式，2021 年为 17.0%，根据 2017 年 9 月出台的“双一流”建设高校名单统计 2017—2021 年间的报录情况，录取人数比值基本稳定在 34%左右。报考人数中，毕业于具有推免资格高校者均在 50%附近波动。录取人数比值基本高于 64%，2021 年和 2021 年均在 70%以上。见表 2-9，表 2-10，表 2-11。

表 2-9　2012—2021 年毕业于“211 工程”考生报录情况

年度	2012	2013	2014	2015	2016	2017	2018	2019	2020	2021
报考人数	712	760	692	745	744	624	761	746	858	867
占比	25.5%	21.1%	19.7%	21.5%	20.8%	13.8%	15.0%	15.5%	15.5%	17.0%
录取人数	395	417	359	447	402	373	329	347	375	395
占比	35.0%	36.7%	31.6%	39.2%	35.0%	32.4%	28.6%	29.4%	29.7%	30.9%

表 2-10　2017—2021 年毕业于“双一流”建设高校考生报录情况

年份	2017	2018	2019	2020	2021
报考人数	934	923	897	1018	1042
占比	20.6%	18.2%	18.6%	18.4%	20.4%
录取人数	416	394	386	423	444
占比	36.2%	34.3%	32.7%	33.5%	34.7%

表 2-11　2012—2021 年毕业于具有推免资格高校考生报录情况

年份	2012	2013	2014	2015	2016	2017	2018	2019	2020	2021
报考人数	1480	1709	1621	1737	1847	2259	2424	2380	2890	2797
占比	53.1%	47.4%	46.1%	50.1%	51.7%	49.9%	47.7%	49.4%	52.2%	54.7%
录取人数	748	706	651	737	772	767	783	817	909	945
占比	66.2%	62.2%	57.3%	64.7%	67.1%	66.7%	68.1%	69.2%	72.0%	73.8%

(4) 录取推免生情况

2012 年录取学硕推免生数量为 162 人，占比 14.34%，2021 年录取学硕推免生数量为 412 人，占比 32.19%，人数和比值均大幅度提升。见表 2-12。

表 2-12　2012—2021 年学硕推免生录取情况

年份	2012	2013	2014	2015	2016	2017	2018	2019	2020	2021
录取人数	162	177	215	330	293	338	351	374	360	412
占比	14.3%	15.6%	18.9%	29.0%	25.5%	29.4%	30.5%	31.7%	28.5%	32.2%

(三) 专业学位硕士研究生

1. 招生情况

(1) 报考情况

2012—2021 年间，专业学位研究生发展变化极快，2012 年报考人数为 2011 年的 9 倍之多，2019 年专硕报考人数占据报考总数半壁江山，2021 年比值为 60.30%，结构优化凸显成效。见表 2-13。

表 2-13　2012—2021 专硕报考人数、增速及比值情况

年度	2012	2013	2014	2015	2016	2017	2018	2019	2020	2021
报考人数	814	1277	1666	1827	2316	2806	4072	5260	6451	7760
占比	22.6%	26.1%	32.2%	34.5%	39.3%	38.3%	44.5%	52.2%	53.8%	60.3%

注：分析数据均为全国统考数据。(本节下同)

(2) 录取情况

专硕录取工作以 2017 年为分水岭，2017 年前录取人数基本保持在 800

人左右，小幅波动。2016 年 9 月，教育部办公厅出台《关于统筹全日制和非全日制研究生管理工作的通知》，明确了全日制和非全日制研究生的界定和招生计划等方面的统筹管理，全日制和非全日制研究生考试招生依据国家统一要求，执行相同的政策和标准，2017 年后录取人数破千人，增速达 24.83%，见表 2-14。

2016 年前，原在职人员攻读硕士专业学位多集中在我校的工商管理硕士、工程管理硕士、艺术硕士和高级管理人员工商管理硕士这四类，2010 年前录取人数平均为 119 人，2010 年后录取人数平均为 240 人。见表 2-14。

表 2-14　2012—2021 专硕录取人数、增速及比值情况

年度	2012	2013	2014	2015	2016	2017	2018	2019	2020	2021
录取人数	892	854	883	869	858	1071	1099	1248	1565	1640
占比	44.1%	42.9%	43.7%	43.3%	42.7%	48.2%	48.9%	51.4%	55.3%	56.2%

2. 学位类别分布情况

专业学位类别变化较大，根据 2018 年《国务院学位委员会、教育部关于对工程专业学位类别进行调整的通知》(学位〔2018〕7 号)中确定将我国将工程专业学位调整为 8 个专业学位类别，40 个工程领域调整至相关类别之中。2020 年招生作相应调整。见表 2-15。

表 2-15　2012 年与 2021 年招收专硕按专业学位类别分布情况

专业代码	专业名称	2012 年人数	2021 年人数	备注(2020 年调整后代码)
0251	金融	—	45	
0252	应用统计	—	40	
0254	国际商务	—	30	
0551	翻译	20	43	
0552	新闻与传播	—	30	
085201	机械工程	28	135	机械学院 0855 机械 01 方向
085204	材料工程	44	180	材料学院 0856 材料与化工

续 表

专业代码	专业名称	2012 年人数	2021 年人数	备注(2020 年调整后代码)
085206	动力工程	6	8	环境学院 0858 能源动力
085207	电气工程	12	29	信息学院 0858 能源动力
085208	电子与通信工程	15	85	信息学院 0854 电子信息
085210	控制工程	18		
085211	计算机技术	26	66	计算机学院 0854 电子信息 01 方向
085212	软件工程	22	56	计算机学院 0854 电子信息 02 方向
085213	建筑与土木工程	22	35	环境学院 0859 土木水利
085216	化学工程	13	23	化生学院 0856 材料与化工 02 方向
085220	纺织工程	101	195	纺织学院、化生学院 01 方向、服艺学院 0856 材料与化工
085229	环境工程	31	66	环境学院 0857 资源与环境
085237	工业设计工程	20	24	机械学院 0855 机械 02 方向
085238	生物工程	10	21	化生学院 0860 生物与医药
085240	物流工程	33	34	管理学院 125604 物流工程与管理
0854	电子信息	—	15	理学院
1251	工商管理	443	129	
1252	公共管理	—	55	
1253	会计	—	107	
1256	工程管理	—	72	机械学院、管理学院、计算机学院 125601 工程管理
1351	艺术	28	117	
总计		892	1640	/

3. 生源质量

(1) 学历结构构成

2012—2021 年间，报考东华大学专业学位全日制硕士研究生中本科及以上学历者人数绝对值稳步上涨，其中 2018 年人数增长为 1303 人，涨幅达 48.21%。2016 年后报考比值稳定在 93%以上，说明报考者中绝大多数均具有本科及以上学历。录取人数中也保持上涨趋势，从 2012 年开始均在 82.0%以上，2019 年最高为 99.0%。见表 2-16。

表 2-16 2012—2021 年学历结构构成情况

年度	2012	2013	2014	2015	2016	2017	2018	2019	2020	2021
报考人数	644	1058	1426	1608	2157	2703	4006	5152	6287	7508
占比	79.1%	82.9%	85.6%	88.0%	93.1%	96.3%	98.4%	98.0%	97.5%	96.8%
录取人数	777	768	799	823	832	946	964	1236	1365	1623
占比	87.1%	89.9%	90.5%	94.7%	97.0%	88.3%	87.7%	99.0%	87.2%	99.0%

(2) 报考录取比

报考录取比增幅较大，2015 年突破 2.1，2019 年达到 4 以上，2021 年创历史新高，达到 4.73。见表 2-17。

表 2-17 2012—2021 年报考录取比情况

年度	2012	2013	2014	2015	2016	2017	2018	2019	2020	2021
报考人数	814	1277	1666	1827	2316	2806	4072	5260	6451	7760
录取人数	892	854	883	869	858	1071	1099	1248	1565	1640
录取比	0.9	1.5	1.9	2.1	2.7	2.6	3.7	4.2	4.1	4.7

(3) 重点院校毕业比例情况

毕业于“211 工程”者报考人数有很大提升，相较于 2012 年，2021 年涨幅达 3.55 倍。

毕业于“双一流”建设高校的报考人数在 2019 年后都有较明显变化，2019 年报名人数 955 人，2020 年报名人数 1219 人，2021 年报名人数 1529 人，增长幅度大。

毕业于具有推免资格高校者在2017年后，每年涨幅人数均在500人左右，在2018年之前，录取人数常年徘徊在500—600人周围，2019年突破700人，2020年突破900人。见表2-18，表2-19，表2-20。

表2-18　2012—2021年毕业于"211工程"考生报录情况

年度	2012	2013	2014	2015	2016	2017	2018	2019	2020	2021
报考	347	496	583	568	561	654	670	804	1031	1266
占比	42.6%	38.8%	35.0%	31.1%	24.2%	23.3%	16.5%	15.3%	16.0%	16.3%
录取	387	326	356	297	258	292	233	268	336	386
占比	43.4%	38.2%	40.3%	34.2%	30.1%	27.3%	21.2%	21.5%	21.5%	23.5%

表2-19　2017—2021年毕业于"双一流建设"高校考生报录情况

年度	2017	2018	2019	2020	2021
报考	724	775	955	1219	1529
占比	25.8%	19.0%	18.2%	18.9%	19.7%
录取	318	269	316	398	461
占比	29.7%	24.5%	25.3%	25.4%	28.1%

表2-20　2012—2021年毕业于具有推免资格高校考生报录情况

年度	2012	2013	2014	2015	2016	2017	2018	2019	2020	2021
报考人数	511	769	911	986	1115	1379	1848	2418	3121	3720
占比	62.8%	60.2%	54.7%	54.0%	48.1%	49.1%	45.4%	46.0%	48.4%	48.0%
录取人数	608	557	554	537	480	594	612	726	913	998
占比	68.2%	65.2%	62.7%	61.8%	55.9%	55.5%	55.7%	58.2%	58.3%	60.9%

(4) 录取推免生情况

专硕录取推免人数保持稳步上升趋势，2012年录取人数为96人，2021年录取人数为171人，从2017年开始录取人数稳定在100人以上。见表2-21。

表 2-21 2012—2021 年专硕推免生录取情况

年度	2012	2013	2014	2015	2016	2017	2018	2019	2020	2021
录取人数	96	124	129	69	66	102	110	159	173	171
占比	10.8%	14.5%	14.6%	7.9%	7.7%	11.9%	12.8%	15.7%	13.1%	12.2%

四、研究生联合培养招生

高等学校和科研机构联合培养博士研究生(以下简称联合培养)工作是加强高层次拔尖创新人才选拔培养途径的有效探索,是博士研究生培养机制创新和培养模式改革的重要尝试。为促进联合培养工作的规范化和制度化,建立完善联合培养工作的长效机制,推进博士研究生教育科学发展,提升人才培养质量和科技创新能力,教育部印发《高等学校和科研机构开展联合培养博士研究生工作暂行办法》(教研〔2009〕5 号)以及《关于开展高等学校和工程研究院所联合培养博士研究生试点工作的通知》(教发〔2010〕4 号)。从 2012 年起,经国家批准,学校与中国纺织科学院联合招收培养博士研究生。

东华大学和中纺院紧密配合,协同推进,制订《中国纺织科学研究院与东华大学联合培养博士研究生合作协议》,明确双方招生、培养、学位授予以及知识产权等相关工作的权责、义务。2018 年获批工程博士学位授权点,为满足国家重大工程技术和重要科技攻关项目需求,引领纺织行业科技创新与转型升级,招生向专业学位倾斜。至 2021 年先后在纺织学院、材料学院累计招收 69 名博士研究生,参与联合培养导师共计 138 人次,覆盖包括纺织、材料等一级学科,以及机械、先进制造以及能源动力等领域。见图 2-3。

在培养过程中依托双方科研合作项目,博士生在专利申请、授权或 SCI 论文录用、发表等方面均取得可观成果。2018 年与中纺院拓展签订了专业学位研究生培养和科技创新的合作协议,推动纺织化纤产业的科技创新,提升纺织化纤行业从业人员的培养质量。通过与中纺院的合作培养,有效促进研究生教育优势互补、合作互赢、共同发展。

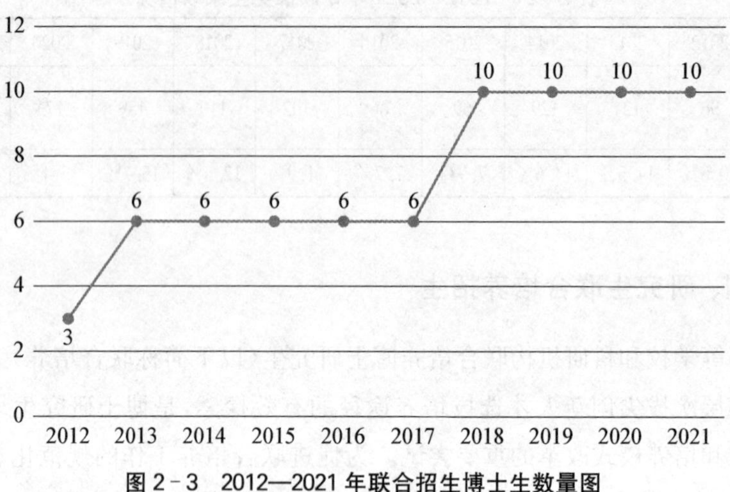

图 2-3　2012—2021 年联合招生博士生数量图

（执笔：查琳、匡思颖、单丹）

第三节　研究生班招生

授权具有研究生毕业同等学力人员硕士、博士学位，是学位制度在历史发展阶段的一个重要组成部分，体现了我国学位制度发展过程中通过多渠道培养高层次人才的有效性。

1983 年 8 月，教育部在召开 1984 年全国攻读硕士学位研究生招生工作会议上，首次提出试办研究生班的决定。

1984 年 9 月，教育部在召开 1985 年全国攻读硕士学位研究生招生工作会议上，确定 1985 年全国计划招收研究生班 5000 人。

1985 年，学校在 3 个专业招收 37 名研究生班学生，系首次招收研究生班学生。

1986 年根据国家教委相关文件精神，学校试办管理专业和应用数学专业研究生班，管理招收 20 名学生，应用数学招收 15 名学生。同年，国家教育委员会发布《关于发给研究生班毕业生毕业证书的通知》《关于做好硕士生和研究生班研究生录取工作的通知》《关于研究生班毕业生申请做论文等问题的通知》，对研究生班录取、颁发毕业证书和申请硕士学位的相关问题作出要求。

1988年国务院学位委员会办公室发出《关于研究生班毕业生申请学位等问题的通知》。《通知》规定：研究生班毕业生申请学位均按在职人员以同等学力申请学位办理，并对研究生班毕业生申请学位的毕业年限、课程成绩的实效、申请学位的程序等做了明确的规定。

1991年开始，这项措施正式在全国范围实施。

根据国务院学位委员会下达《关于进一步做好在职人员以研究生毕业同等学力申请硕士学位若干问题的通知》(学位〔1995〕8号)、《国务院学位委员会关于授予具有研究生毕业同等学力人员硕士、博士学位的规定》(学位〔1998〕54号文件)，学校制定了《东华大学关于授予具有研究生毕业同等学力在职人员硕士学位工作的实施细则》，并于2006年11月进行修订。

学校已具有硕士学位授予权且已有三届毕业生的学科、专业均可接受在职人员以同等学力申请硕士学位。具有大学本科毕业且获学士学位的在职人员可申请以旁听的办法进修硕士研究生课程，申请人通过所申请学位的学科专业培养方案所规定的全部课程考试，且成绩合格，通过同等学力人员申请硕士学位外国语水平全国统一考试及学科综合水平全国统一考试，完成硕士学位论文并通过答辩后，通过研究生毕业同等学力认定申请硕士学位。

根据国务院学位委员会办公室《关于委托省级学位与研究生教育主管部门对举办研究生课程进修班进行登记备案工作的通知》(学位办〔1997〕2号)对办班单位资质、办班专业和跨地区办班的合作单位等的要求，上海市学位委员会办公室对学位授予单位举办研究生课程进修班进行登记备案管理。学校主要在经济管理、公共管理等相关专业开展研究生课程进修班的招生、课程教学，以及通过国家考核获得资格后的学位授予相关工作。

2013年10月，教育部、发改委、财政部三部门下发了《关于进一步加强在职人员攻读硕士专业学位和授予同等学力人员硕士、博士学位管理工作意见》，提出要进一步加强在职硕士研究生招生、考试、培养工作的规范、健康发展，《意见》明确指出："高校不得以'研究生'和'硕士、博士学位'等名义办课程进修班，省级学位与研究生教育主管部门已经备案登记过的课程进修班不得再行招收新学员，待已招收学员完成全部课程学习后即行终止。"

2014 年 9 月 9 日，上海市人民政府印发《关于取消和调整一批行政审批事项的决定》，决定取消和调整 87 项行政审批事项，上海市教育委员会办理的“研究生课程进修班登记备案”制度自此取消。

（执笔：丁明利、查琳）

第四节　研究生招生宣传

学校积极采取各种措施，扩大招生宣传力度。近年来，报名人数持续大幅增长，生源质量稳步提升。全日制（统考）硕士研究生录取一志愿率于 2017 年起保持 100％。2019 年学校硕士研究生报名数首次破万，近年来报名人数居高不下。

一、宣传渠道变化

生源质量是研究生教育质量的基本保障，多年来学校持续开展研究生招生宣传，结合时代发展和技术革新，积极探索研究生招生宣传新模式，研究生生源的数量和质量得到明显提升，在同层次的研究生招生单位中，是少数实现全日制研究生一志愿招生的高校之一。

1. 传承东华，全民“代言人”。研究生招生宣传工作坚持有效、多元、精准化。广泛宣传，提升学校知名度；重点宣传，保障学校生源质量；深度宣传，切实了解考生需求。招生宣传工作采取线上线下同时开展，参与者从招办工作人员发展到学生志愿者、学院院长、学科带头人、辅导员、教务工作者、知名校友、合作企业等，人人都可做东华大学研究生招生宣传代言人。

2. “请进来”&“走出去”。除每年定期举办校园开放日、暑期夏令营等活动吸引大量考生入校近距离感受东华学术氛围及校园文化外，学校通过组建稳定的队伍到校外通过学术交流及宣讲活动主动吸引更多的优质生源。鼓励学院带队定期到优质生源高校开展宣讲工作，学术近距离，师生面对面，定向瞄准优秀生源；招募一批有活力的学生志愿队伍，以“传承”为理念，到母校、对点高校为有意向报考东华大学的学生举办招生咨询会，以亲身经历传递东华风采、考研经验；研究生院组织参加由中国教育在线组织的现场招生咨询会；组织各学院，联合学生处、就业办、团委分别在松江校区和延安路校区举办了研究生招生现场咨询活动，为考生提供了有效的政策解读和报考咨询的平台，针对招生新政、入学考试、推荐免试、学科专业设置、科研力量、奖助体系、就业前景、硕博连读等问题耐心解答。

3. 融合新媒体，加强招生宣传"代入感"。把握网站建设及自媒体运营为主的线上宣传手段，充分发挥网络系统信息传播范围广、信息关注量大的优势，开展招生咨询。在网站建设方面，通过前期调研及试运营，在中国研究生招生网、考研网精准投放宣传广告，并与360教育、中国教育在线保持长期合作，同时对东华大学研究生招生网的信息发布、更新做到及时、公开，考生可以第一时间了解最权威的招生简章、专业目录、报考政策，查询往年报录比、分数线及学院信息，公布复试办法、录取名单等等，信息公开及时、透明，广受考生好评。依托中国研究生招生信息网和上海市东方网，通过学校研究生招生网上的在线回答，对考生开展网上交流咨询，对考生提出的学校招生政策、专业设置、报考录取比例、初试、复试流程、奖助体系等问题一一作答。2015年，"东华研招"微信公众号上线。通过微信公众号、微博等及时发布报考通知及相关信息，针对不同时段发布公告信息、参考数据、报考指南。以优秀统考生源、推免生生源为专题，推送系列主题推文。至今已发表图文207条，关注人数超4.1万人，35岁以下用户占比91.2%，单篇推文点击量超29550，单月阅读量达到7.9万次。从后台数据统计来看，人群关注度高，转发量大，是考生信息来源的重要途径之一。见图2-4。

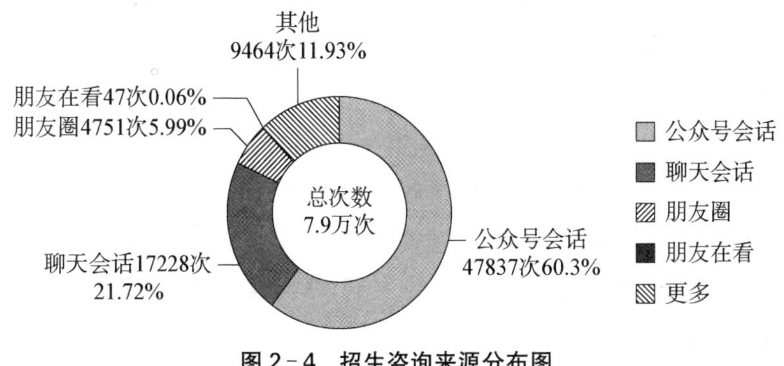

图2-4　招生咨询来源分布图

探索"直播带货"新方式。随着研究生招生社会关注度越来越高，数字化新媒体形态多样化发展迅猛，受众群体越来越年轻化，学校紧跟时代发展，追求多元紧跟时事。2022年的研究生招生宣传开始探索以线上直播的方式拉近与考生的距离，研究生院牵头各学院院长亲临现场，共举办7场直播，解读考研形势与政策，考生实时参与问答互动，直播观看累计六万一千三百余人。

二、暑期夏令营的举办

学校自2013年起持续举办“全国优秀大学生夏令营”活动，丰富精彩的活动吸引了全国数以万计的大学生积极申请。夏令营的举办为优秀学子们打造了学习交流的平台，为品学兼优的人才进入学校继续深造创造了宝贵的机会，增进全国高校优秀大学生对学校的了解，为考生提前洞悉学科前沿动态，增强科研兴趣，拓展研究视野，提高科学素养起到了积极的作用。

2013年5月，东华大学材料科学与工程学院率先发布了《关于举办2013年优秀大学生夏令营的通知》，面向全国重点高校材料学科相关的优秀大学三年级学生开展暑期夏令营活动，旨在通过学术交流、开放日活动，扩大影响力，加深优秀大学生对学校相关学科的认识和了解，加强他们通过推免或统考方式报考学校的意向，当年共计45名参与。2014年，东华大学纺织学院通过选拔优秀本科生参加2014年上海“国际纺织”研究生暑期学校，也组织举办了暑期夏令营活动。2015年起，夏令营在全校范围大面积火热开展。

2020年突如其来的疫情为研究生招生工作带来了新的挑战，也开拓了融合新媒体手段举办线上夏令营的形势，线上夏令营因低成本、形式新颖等原因，报名人数累计达到2735人。2015年学校全日制一志愿率为97.5%，2017年开始一志愿率持续保持100%。

夏令营至2021年已连续举办至第9届，共计报名5758名。其意义已经从最开始为一志愿录取服务转向接收更多的优秀推免生生源。其形式在各学院师生的大力支持下丰富为专题宣讲会、学术报告会、研讨会等学术交流活动以及科技馆、校史馆、重点实验室参观，学院文化展览，优秀营员导师见面会等内容。

2021年，为深化新时代研究生教育改革，完善分类考试、综合评价、多元录取的研究生考试招生制度体系，进一步提高研究生生源质量，发展高质量研究生教育，学校推出“优才计划”政策，在夏令营阶段选拔优秀推免生源及统考生源，拟进一步提高研究生生源质量，发展高质量研究生教育。

在夏令营期间，部分学院将针对优秀营员开展“优才计划”专项研究生选拔活动。通过综合能力考核，择优确定“优才计划”专项研究生入围名单。“优才计划”入围学员获得本科院校推荐免试资格后，在教育部“全国推荐优秀应届本科毕业生免试攻读研究生信息公开暨管理服务系统”（简称“推免服务系统”）中按规定时间填报与综合考核一致的学科/专业/类别，可直接获得拟录取资格，夏令营考核成绩可认定为推免生复试成绩。研究生就读期间，可优先申请硕博连读或长学制转博，优享科研创新基金。硕博连读或长学制转为博士学籍后，可获得 2 万元博士新生奖学金。同等条件下可优先参选“TRP”精英科学家计划、“GTP”国际化创新型人才计划、“TEP”领军工程师计划。

“优才计划”入围学员如未获得推荐免试资格，亦可按学院规定享受“优才计划”专项研究生优惠政策。研究生就读期间，同等条件下可优先申请硕博连读或长学制转博，优享科研创新基金。同等条件下可优先参选“TRP”精英科学家计划、“GTP”国际化创新型人才计划、“TEP”领军工程师计划。

（执笔：单丹、查琳、匡思颖、徐效丽）

第五节　未来研究生招生工作规划

研究生教育承担着培养高级专门人才、发展科学技术文化、促进社会主义现代化建设的重大任务，也承担着国家科技创新的重要使命，是建设创新型国家，推进“双一流”建设的重要基石。作为国民教育顶端和高等教育重要组成部分的研究生教育是高层次专门人才培养的主要途径，研究生作为高校培养的高层次人才，国家科技创新的主力军，是推动地方经济社会发展的重要力量。研究探索新形势下高校研究生生源质量提升的有效途径，核心在于探索招收什么人，怎样招收人的重大问题，从源头上提高生源质量是研究生教育体系中最为基础、最为关键的环节，这在一定程度上决定着研究生未来培养的潜力与后劲，对整个研究生教育起着决定性作用。我校深化招生动态调节机制改革，实施“优才计划”，对接国家重大项目，试点科研经费博士生培养计划，探索提升研究生生源质量新方法。

坚持立德树人，德育为先，把习近平新时代中国特色社会主义思想融入招生全过程。以习近平新时代中国特色社会主义思想为指导，坚定实施科教兴国战略、人才强国战略。加大思想品德考核力度，着力完善思想政治工作体系，全面考核考生的政治态度、思想表现、道德品质、遵纪守法、诚实守信等方面，深入挖掘考试招生中的思政元素，全面提升研究生思想政治工作质量和水平。从生源入口把好思政关，树立招生工作也是重要的育人环节观念，健全"三全育人"机制。促进学生形成精准感知、深刻体悟、深入理解和强烈认同的思想品德考核方式，切实增强广大考生的使命感、责任感，以及面向未来、探索创新的自觉性。

以招收拔尖创新人才和高水平应用人才为目标。《中华人民共和国国民经济和社会发展第十四个五年规划和 2035 年远景目标纲要》提出要"加强创新性、应用型、技能型人才培养，实施知识更新工程、技能提升行动，壮大高水平工程师和高技能人才队伍"。《中国教育现代 2035》指出要"加强创新人才特别是拔尖创新人才的培养，加大应用型、复合型、技术技能型人才培养比重"、"加强应用基础研究，全面提升高等学校原始创新能力"。以招收拔尖创新人才和高水平应用人才为目标，稳步推进学术学位与专业学位研究生共同发展，以期为加快建成世界一流大学和一流学科输送人才，提升我国高等教育综合实力和国际竞争力，为实现"两个一百年"奋斗目标和中华民族伟大复兴的中国梦提供有力支撑。

坚持以国家重大需求为导向的招生计划动态调整机制。继续实施招生计划动态调整，并向国家重大专项、重大平台、哲学社会科学、关键领域核心技术、前沿交叉学科等民生领域急需的学科领域倾斜，向国家相关重大人才工程确定的高层次人才倾斜。紧扣国家经济社会发展脉搏，服务国家区域发展战略，加强对各类需求的针对性研究、科学性预测和系统性把握，主动对接国家和区域重大战略，加强各类专项计划统筹管理，优化学科专业结构，突出学科建设重点，完善以社会需求和学术贡献为导向的学科专业招生名额动态调整机制。

调整研究生教育结构，积极发展硕士专业学位研究生教育。《关于做好全日制硕士专业学位研究生培养工作的若干意见》指出"开展全日制硕士专业学位研究生教育是学位与研究生教育积极主动适应经济社会发展对高层次应用型专门人才的需要”。《专业学位研究生教育发展方案(2020—2025)》提出“到2025年,以国家重大战略、关键领域和社会重大需求为重点,将硕士专业学位研究生招生规模扩大到硕士研究生招生总规模的三分之二左右”,专业学位研究生规模的扩大已然成为趋势,在招生过程中应当基本稳定学术学位研究生规模,积极发展硕士专业学位研究生教育,探索分类考试、差异化复试,切实引入企业导师聚焦应用研究与社会难题,全面考察申请者解决实际问题的能力及职业胜任力的潜质。

革新招生宣传方式,增强科学精准宣传水平。研究生招生已逐步从以注重规模增长为特征的扩充式发展向以质量优先为核心的内涵式发展转变。招生信息化时代早已到来,革新招生宣传方式,充分利用“云”宣传等线上招生,借助“互联网+”模式,及时、快速、准确传达招生信息。充分调动学院及导师积极性,形成“招生共同体”,深入挖掘研究生生源质量与各类潜在因素之间的内在联系,找出关键影响因素,明确招生定位和方式,为提前锁定优质生源打好基础。

高质量研究生教育是一个复杂而又系统的工程,生源质量的好坏直接影响到学校的水平和发展。生源质量直接关系到学校人才的培养质量,进而影响学校的发展潜力,同时还决定了高校教学工作的起点,但这不是一蹴而就,也不是一时片刻就能迅速提升的,生源质量的好坏受多方因素影响,而这需要全校师生的共同努力方能提升质量,形成良性循环。

(执笔:匡思颖、徐效丽)

第三章

研究生培养方案和课程建设的完善

第一节 研究生培养的探索

1959 年，学校开始招收研究生。第一次招生选了纺织工程(棉纺)、纺织材料、纺织机械、化学纤维四个专业的 5 名应届大学毕业生，明确了研究生培养采用导师负责制，主要参照 1955 年 8 月《中国科学院研究生暂行条例》的相关规定。

1959 年 7 月，教育部发文明确指出“高等学校培养研究生的任务，主要是培养又红又专的、在本门学科方面具有系统而坚实的理论基础、能够独立进行教学和科学研究工作的高等学校师资”。为此学校在学术上具体提出培养的研究生应大致相当于苏联副博士或美国博士的水平，使他们能更好地为纺织工业作出贡献。

1963 年 1 月，教育部召开高等学校研究生工作会议，通过《高等学校培养研究生工作暂行条例(草案)》及有关研究生工作的五个规定、对培养云案、马列主义理论课、外国语学习、助学金及相关保障、学籍管理等做出明确规定。《草案》指出“高等学校培养研究生是为国家培养攀登科学高峰的优秀后备军”，明确研究生的培养目标是：(1)具有爱国主义和国际主义精神，具有共产主义道德品质，拥护共产党领导，拥护社会主义，愿为社会主义事业服务；通过马列著作、毛泽东著作的学习和一定的生产劳动、实际工作的锻炼，逐步树立无产阶级的阶级观点、劳动观点、群众观点、辩证唯物主义观点。(2)在大学本科毕业的基础上更巩固深入地掌握本专业的基本理论、专门知识和基本技能，熟悉本专业的科学发展趋向；掌握两门外国语；具有独立进行科学研究工作和相应的教学工作的能力。(3)具有健全的体魄。这使学校对研究生培养工作有了明确的方向，并在这段时间内逐步走上正轨。学校根据《关于制订研究生专业培养方案的通知》及《关于高等学校制订理工农医各专业研究生培养方案的几项原则规定(草案)》的原则要求，制订了纺织工程(棉纺)、针织工程、纺织材料、纺织机械、机械制造、染整工程、化学纤维等七个专业的培养方案，并于1963年11月分别上报纺织工业部和高教部。

1968年，学校将在校研究生全部分配完毕，暂时终止了研究生教育。1978年恢复招生研究生制度，当年招生纺织工程(包括棉纺、毛纺、机织、针织专业)、纺织材料、纺织机械、机械制造、工业自动化(包括电气自动化和化工自动化)、化学纤维、染整工程及三废治理，合计7个专业。

1981年，学校成为首批获得学士、硕士、博士三级学位授予权的高校之一，开始了博士研究生和硕士研究生的招生与培养，逐步分层次制定培养方案，明确培养目标。

(执笔：丁明利)

第二节　博士研究生培养目标、培养方案

一、博士生培养目标

对于培养博士研究生，学校首先是从加深对博士生培养目标的认识着手，然后再制订具体的研究生培养计划。在培养目标制定的过程中，首先考虑围绕国家建设需要，充分体现“为国育人”的初衷。

1. 1989年之前，学校没有明确制定博士研究生培养目标。

学校博士生的培养，主要参照的是1980年2月10日第五届全国人民代表大会常务委员会第十三次会议通过的《中华人民共和国学位条例》。其中规定博士生业务上的培养目标有三条：在课程学习方面对基础理论和专门知识不仅要求“坚实”和“系统”，更要求“宽广”和“深入”；对能力的培养不仅

是培养科研工作的能力，更应注意到培养与训练独立工作的能力；在科学和专门技术上强调“创造性”。

当时，由于博士生的课程是根据需要而设立的，因而即使同一专业博士生，其相互间差异也很大，而专业的培养方案难以反映个人的特色，所以学校博士生的培养计划，只提原则和要求，未制定培养方案。根据博士生培养目标的要求，每一名攻读博士学位的研究生都要求根据自己的特点制订出本专业的培养计划，由于博士生在校期间主要从事科学研究，且研究课题较大，往往一个人就是一个研究方向或一个研究领域，所以他们的课程学习主要从两个方面来提高，即①有利于进一步拓宽专业知识面，特别是有利于发展边缘学科与交叉学科知识；②有利于论文课题的突破，为此可以根据课题需要缺啥补啥，或补本学科最前沿的文献资料、专题综述，针对研究方向和课题的一些课程。

2. 1989年，学校开始制定博士生培养目标。培养目标一般分为综合素质和专业能力两方面，对于博士的创新能力，做了明确的要求。

1989年博士生的培养目标为：必须贯彻德、智、体全面发展的方针，特别是要加强研究生综合素质和创新能力的培养。具体要求是：必须认真学习掌握马列主义、毛泽东思想和邓小平建设有中国特色社会主义理论，热爱祖国，具有集体主义精神以及追求和献身于科学教育事业的敬业精神和科学道德。应掌握坚实宽广的基础理论和系统深入的专门知识；熟练掌握本学科的现代实验方法和技能；了解本专业范围内学科发展的现状和趋势；掌握科学研究的基本技能和方法，至少熟练掌握一门外国语；具有独立从事高水平科学研究的能力，并能够作出具有创新性的成果。

1998年发布国家教育委员会《关于修订研究生培养方案的指导意见》(教研办〔1998〕1号)明确规定博士研究生的培养目标是：坚持德、智、体全面发展，树立正确的世界观、人生观和价值观，坚持四项基本原则，热爱祖国，遵纪守法，具有良好的道德和科研作风，有献身于科学的事业心、合作精神和创新精神，能积极为社会主义现代化建设事业服务。在本门学科领域内，掌握坚实宽广的基础理论和系统深入的专门知识，并熟悉了解所在学科的发展现状和研究前沿，具有独立从事科学研究工作的能力，良好的科学道德和作为科学研究项目负责人的素质。熟练掌握一门外国语，具有一定的写作能力和进行国际学术交流的能力。具有健康的体格。

2000 年，教育部《关于加强和改进研究生培养工作的几点意见》（教研〔2000〕1 号）指出：博士生教育应以培养教学、科研方面的高层次创造性人才为主。博士生不仅要掌握坚实宽广的基础理论和系统深入的专门知识，能够独立地、创造性地从事科学研究工作，而且要具有主持较大型科研、技术开发项目，或解决和探索我国经济、社会发展问题的能力。

2004 年学校明确规定博士生的培养目标是：(1)热爱祖国，拥护中国共产党的领导，学习马列主义、毛泽东思想和邓小平理论，逐步树立无产阶级世界观，遵纪守法，具有良好的道德和科研作风，有献身于科学的事业心、合作精神和创新精神，能积极为社会主义现代化建设事业服务。(2)在本门学科上掌握坚实宽广的基础理论和系统深入的专门知识，熟练掌握一门外国语；具有独立从事科学研究工作和组织科学研究工作的能力，能在科学或专门技术上做出创造性的成果。(3)具有健康的体格。

3. 2011 年，随着提高质量成为研究生最核心、最紧迫的任务，国务院学位委员会第 28 次会议决定，制定《一级学科博士、硕士学位基本要求》。2013 年国务院学位办第六届学科评议组组织专家从学科前沿、社会需求、知识结构、综合素养与能力、基本规范等方面制定完成《一级学科博士、硕士学位基本要求》。学校在做统一要求的同时，各学科综合考虑学科特色和培养实际，分别制定自己的培养目标。

2013 年以来，明确规定博士生的培养目标是：(1)掌握马克思列宁主义、毛泽东思想、邓小平理论、“三个代表”重要思想、科学发展观、习近平新时代中国特色社会主义思想基本原理；热爱祖国，拥护中国共产党的领导，遵纪守法；具有良好的学术道德和科研作风、与时俱进的创新意识和服务国家服务人民的社会责任感。(2)掌握所在学科领域坚实宽广的基础理论和系统深入的专门知识，具有独立从事科学研究工作的能力和国际视野，在所在学科领域做出创造性成果。(3)身心健康。

二、博士生培养方案

博士生培养方案是培养单位和学科专业点根据学位条例和国家教委有关规定，社会发展和学科发展的需要，以及自身的条件，就如何实施对博士生进行培养而制订的依据、措施、方法、目标和标准。

1. 1985年起学校着手制订博士生培养方案，1989年成册，为学校第一本博士生专业培养方案。

为了贯彻实施国务院学位委员会、国家教育委员会1997年颁布的《授予博士、硕士学位和培养研究生的学科、专业目录》，以适应现代化建设对各类高层次专门人才培养的需要。1998年4月28日，教育部颁布的《关于修订研究生培养方案的指导性意见》（教研办〔1998〕1号），根据文件精神，学校在原培养方案的基础上，1998年修订了博士生培养方案。

遵循学校博士研究生教育的自身规律，发挥学校学科的优势，体现高层次人才培养的特点以及现代科学技术发展的新特点，适应社会主义现代化建设对高层次人才的基本要求。

为有利于较宽口径培养研究生、有利于学科建设及发展，继续坚持按二级学科制定培养方案、按一级学科设置学位课程的原则。要求各学科在广泛了解国内外著名院校研究生课程设置情况前提下，作横向、纵向的比较，结合学校的实际情况，制订出高标准、适应当前本学科发展、适应新世纪对人才要求的培养方案。

2. 2004年，学校修订博士生培养方案，该版结构清晰，内容完善，明确对博士生培养环节和学位论文过程的要求。

2004年博士生培养方案规定：

（1）博士生的学制为三年，最长不超过六年。硕博连读研究生的培养年限一般为四年半到六年。（2）博士生培养以科学研究工作为主，重点是培养独立从事科学研究和进行创造性研究工作的能力。博士生培养采取导师负责制。指导方式采取导师个别指导和指导小组培养相结合的办法。鼓励博士生积极参加学术交流活动，开阔科学视野，活跃学术思想。（3）博士生的培养计划是导师指导博士生学习、博士资格候选考核和对博士生毕业与授予学位进行审查的重要依据。博士生在入学后的3－6个月内，由导师或指导小组和博士生共同制订个人培养计划。培养计划应包含课程学习、文献阅读、科学研究、选题报告、学位论文、实践环节等项的要求和进度。充分注意因材施教，发挥博士生的特长及积极性和创造性。培养计划必须经导师网上确认，导师确认后一般不予修改。（4）博士生课程学习实行学分制。课程学习一般不少于半年，至少修满15学分。可采取自学、课堂讨论等多种形式，必须注意实效，健全考核制度。学分的基本组成：现代科技革命与马克思主义（2学分），第一外国语（4学分），专业基础课与专业课（6学分），Seminar（博士生研讨班）（2学分），专题系列讲座（1学分）。（5）实行博士候选资格考核制度。考核内容包括思想政治、课程学习、基础知识、综合能力。考核成绩由考核小组以无记名方式，对考生逐个按百分制进行成绩评定，平均成绩即为本次考核成绩。资格考核不通过者，可在半年内申请再次考核，资格考核二次不通过者，终止其博士生阶段学习。导师对于博士生的资格考核，具有一票否决权。（6）博士生开题后应保证至少有一年半以上的时间进行研究论文工作。博士学位论文应做出创造性的成果，在学术上具有较大的理论意义或在专门技术上有创造性，具有重要的应用价值。博士研究生在申请学位论文答辩前，须提交发表论文的期刊封面、目录、论文的首页和ISTP检索证明或录用通知书的复印件。博士学位论文的评审、答辩、学位申请和授予等工作按国家和学校的规定进行。

3. 2007年开始，学校重新修订硕、博士培养方案，按硕博课程一体化、顶层设计原则，以一级学科要求设计硕博课程体系。教学大纲实现电子化、网络化。

2013年起，学校要求各学科在培养方案制定过程中应对国内外本学科或相近学科的研究生培养方案进行广泛调研，调研具有可比性的国内外培养机构各不少于三个，认真分析各培养方案的特点，为本学科研究生培养方案的修（制）订提供借鉴。

2013年，学校在纺织学院和材料学院试点硕博一体化长学制研究生培养模式改革。纺织学院和材料学院在学院内经教授委员会多轮讨论，多方征求意见，最终形成并公布了各自的改革方案。外语学院和人文学院也对英语、政治课程配合进行了研讨和改革，对公共课的教学内容、教学课时安排、教师配备等内容进行了调整。两学院各形成了整体34学分，主要包含选拔与分流机制、师生互选机制、培养方案及其课程体系、奖助体系、培养与学位质量监控等模块，以博士为培养目标的独立的长学制培养方案。2013年9月，启动了2014级硕博一体化长学制班研究生的选拔工作，学术学位本科推免生整体进入长学制班学习。当年度纺织学院招收55名博士预备生，材料学院招收70名博士预备生。

3. 2016—2017年，学校对博士生培养方案开展专家论证。培养方案专家论证主要是检查学位授权点研究生培养方案的完备性、必要性和合理性，包括特色与定位（学科特色，培养水平，研究方向等）、课程设置（课程体系结构、教学内容、课程难度、考核方式等）、学位要求（发表论文要求等）和素质培养（实习实践、学风建设）等。学校遴选了包括国务院学科评议组成员、全国教指委委员、行业或教育管理专家、上海市学科评议组成员和外单位专家等知名学者百余人，组成按照学科组建培养方案评估专家组，对35个学科培养方案开展论证工作，收取意见百余条。另外，学校还依托纺织学院，开展"纺织科学与工程"一级学科培养方案国际评估，邀请海外相关领域知名学者对现有课程体系进行评价，并给出意见和建议。

2021年学校修订博士研究生培养方案规定：博士研究生普通招考生基本修业年限为4年，硕博连读生和长学制研究生基本修业年限为5.5年（含硕士生阶段）。博士生最长学习年限为6年。博士生课程学习实行学分制。课程学习一般不少于6个月，要求普通招考生和硕博连读生（博士生阶段）至少修满16学分，直接攻博生和长学制研究生至少修满33学分。各学科可根据上述基本要求，结合本学科特点对课程设置和学分要求作更严格的规定。

（执笔：张慧芬）

第三节　硕士研究生培养目标、培养方案

一、硕士生培养目标

1978年7月22日—8月3日，教育部在北京召开了研究生培养工作会议，修订了《高等学校研究生培养工作暂行条例（草案）》，提出硕士生的培养目标是：具有社会主义觉悟，比较熟悉马克思主义，具有坚实而系统的基础理论、专业知识和教学实验的技能，懂得两门外语，至少熟练掌握一门外国语，能独立进行科学研究工作和高等学校的教学工作。学校根据具体情况，要求在体现上述培养目标时，还要体现对本专业研究生的基本要求，坚持又

红又专，德、智、体全面发展。

1983 年 6 月《中华人民共和国研究生工作条例（征求意见稿）》将研究生培养目标修订为：研究生必须坚持社会主义方向，坚持又红又专，成为社会主义精神文明和物质文明的建设者。具体要求是：第一，进一步学习和掌握马列主义、毛泽东思想的基本原理，逐步树立无产阶级世界观；坚持四项基本原则，热爱祖国；遵纪守法，品德良好；服从国家分配，积极为社会主义现代化建设服务。第二，硕士生必须在本门学科上掌握坚实的基础理论和系统的专门知识；掌握一门外国语；具有从事科学研究、教学工作或独立担负专门技术工作的能力。第三，具有健康的体格。

1998 年国家教育委员会《关于修订研究生培养方案的指导意见》（教研办〔1998〕1 号）下文简称《指导意见》要求学校应根据国家对学位获得者的基本要求，结合不同学科专业、不同类型和不同层次的研究生培养以及本单位的特点，阐明对本学科专业博士或硕士学位获得者在基础理论和专门知识方面应达到的广度和深度，科学研究能力或独立承担专门技术工作能力，以及政治思想、道德品质、身心健康等方面的具体要求。

根据《指导意见》，1998 年起，学校对硕士生培养目标明确规定：坚持德、智、体全面发展，较好地掌握马列主义、毛泽东思想的基本原理和邓小平建设有中国特色社会主义的理论，树立正确的世界观、人生观和价值观，坚持四项基本原则，热爱祖国，遵纪守法，具有良好的道德和科研作风，有献身于科学的事业心、合作精神和创新精神，能积极为社会主义现代化建设事业服务。在本学科领域内，掌握坚实的基础理论和系统的专门知识，并熟悉相关学科基础理论和知识，具有从事研究开发和解决工程技术实际问题的能力。熟练地掌握一门外国语，身体健康，并具有较好的心理素质。

2000 年《关于加强和改进研究生培养工作的几点意见》（教研〔2000〕1 号）指出：硕士生教育承担着既为博士生教育输送合格生源，又为社会培养各类高层次专门人才的任务。硕士研究生的培养应在强调专业基础理论和专业知识的学习，重视综合素质、创新和创业精神，提高分析与解决问题能力的同时，根据实际需要和不同面向确定培养目标、培养类型和培养模式。

二、硕士生培养方案

（一）硕士研究生教育初期

1963 年 7 月，高教部下达《关于制订研究生专业培养方案的通知》，并颁发了《关于高等学校制订理工农医各专业研究生培养方案的几项原则规定（草案）》。根据《通知》和《规定》的原则要求，学校制订了纺织工程（棉纺）、针织工程、纺织材料、纺织机械、机械制造、染整工程、化学纤维等七个专业的培养方案，并于 1963 年 11 月分别上报纺织工业部和高教部。

培养方案对本专业研究生的培养目标、研究方向、学习年限和时间分配、学习课程、毕业论文工作、实习性教学工作和生产劳动等做出了具体规定，使研究生工作可以按照正常的轨道进行，保证了研究生的培养质量。

1978 年 7 月 22 日－8 月 3 日，教育部在北京召开了研究生培养工作会议，修订了《高等学校研究生培养工作暂行条例（草案）》。学校根据《条例》精神及学校具体情况，对培养方案作了如下规定：（1）研究生培养计划要体现对本专业研究生的基本要求，坚持又红又专，德、智、体全面发展。（2）研究生学制暂定为三年制，大体用一年半时间完成课程学习任务，一年半时间完成毕业论文工作。（3）课程设置分必修和选修两种，周学时一般控制在 14 学时。对各类课程的教学时数也作了统一规定。（4）毕业论文要尽可能地结合本专业的科研课题进行选题，先在教研组内进行预答辩，合格后再报请学校组成答辩委员会进行答辩。（5）安排教学实践，时间约两个月左右，可做辅导教师，带实验课，下厂带生产实习或批改学生作业等。

按照以上规定，学校各个招生专业分别制订了 1978、1979、1980 三年的研究生培养方案（计划）。

1981 年起入学的研究生大部分是应届本科毕业生，由于大学本科教育已走上正轨，因而他们有较好的理论知识基础，但他们的实践经验则不及 1978 年到 1980 年入学的研究生。根据研究生的实际情况，1981 年起学校重新制订了各专业的研究生培养方案。在学制上，硕士生由原来的三年缩短为两年半，在课程设置上也作了较大幅度的调整和补充；培养方案对各专业的基本要求、研究方向、必修和选修课以及学习时间和学位论文的安排等都作了具体规定;对每门必修课都制订了教学大纲,规定了教学内容;对选修课也规定了各门课程的内容提要。经过一段时间的实践,于 1984 年 7 月,校学位评定委员会讨论通过了培养方案,并开始正式试行。

1986 年起,各专业的培养方案在原有基础上进行了一次修订,要求研究方向的面不宜过窄,本学科的分支应该较长一段时间内相对稳定;减少课程设置的总科目,学生课程控制在 5 - 6 门内;拓宽专业面,加强基础和实践性环节;一个专业的学位课程必须统一,专业选修课也要尽量统一,均按二级学科设课;对各专业课程设置都做到"明确体系,理顺课程,层次清楚,内容分明"。

按照《中华人民共和国学位条例》、《中华人民共和国学位条例暂行实施办法》和国家教委 1986 年《关于改进和加强研究生工作的通知》,在总结以往经验的基础上,结合纺织部高等院校各专业办学的具体情况,为保证硕士研究生的培养质量,使研究生培养工作制度化、规范化,纺织工业部教育司于 1987 年元月下发了《关于制订各专业攻读硕士学位研究生培养方案的意见》。学校在制订培养方案的基础上写出各科目的教育大纲,并出版了《中国纺织大学研究生课程一览》。

为了适应改革开放的需要,使培养的硕士研究生提高实践工作能力,增加工程型教学的内容,提高硕士研究生的培养质量,学校于 1990、1994、1998 和 2002 年对各专业的硕士学位研究生培养方案进行了四次修订。

根据教育部《关于修订研究生培养方案的指导意见》(教研办〔1998〕1 号),为实施国务院学位委员会、国家教育委员会 1997 年颁布的《授予博士、硕士学位和培养研究生的学科、专业目录》,进一步提高硕士研究生的培养质量和效益,1998 年,学校重新修订的硕士研究生培养方案,本着"科学性、前沿性、稳定性"的原则,一般以二级学科为基础规划培养方案,鼓励按一级学科(或跨一级学科)拓展研究生的知识领域和专业面,以建设硕士研究生课程体系为目标,调整设置了硕士研究生课程(详见本章第三节)。加强对学位论文的管理和考核,规定从学位论文选题报告通过之日起至论文送审评阅止,博士生论文工作时间不少于二年,硕士生论文工作时间不少于一年;研究生在撰写学位论文之前,必须经过认真的调查研究,写出不少于四千字的书面报告,并按有关规定和程序作论文开题报告。

（二）2009 年，随着研究生结构变化，学校组织制定全日制专业学位硕士研究生培养方案。

2009 年，根据国家调整优化研究生教育类型结构的形势要求，学校在进行首次全日制专业学位硕士研究生招生工作的同时，积极开展后续培养的相关准备工作。学校制订《全日制专业学位研究生培养方案制定总体要求》，并于 4 月 1 日启动方案制订工作。6 月 12 日，学校召开培养方案制订工作会议。副校长朱世根主持，研究生部、各学院等相关负责人参加会议。学校研究生产学研基地代表——上海纺织控股（集团）公司副总裁封亚培等应邀出席。会上，各学院就培养方案中的培养目标、培养方式、课程设置和学分要求、实践教学环节以及学位论文选题和评价等进行交流，并就发挥学校与企业的“双导师”作用，以及企业研究生实践教学指导教师队伍建设等问题进行讨论。

之后十余年里，各个专业学位教指委陆续发布指导性培养方案，在学校指导性培养方案的基础上，制定本学位点培养方案。整体要求课程设置要以实际应用为导向，以职业需求为目标，以综合素质和应用能力的提高为核心；注重应用性课程，鼓励课程与职业资格认证紧密衔接；教学过程要重视运用团队学习、案例分析、现场研究、模拟训练等方法；明确必须保证不少于 6 个月的专业实践。

（三）2016—2017 年，学校对硕士研究生培养方案同时开展专家论证。具体情况参见博士培养方案专家论证。

（四）2021 年学校对硕士研究生培养方案的规定

2021 年，学校修订的硕士研究生培养方案规定：（1）学术学位研究生：理学、工学学术学位硕士生基本修业年限为 3 年，其他门类为 2.5 年；最长学习年限为 4 年。学术学位硕士生的课程学习实行学分制，课程设置与教学内容，应与同学科的本科生及博士生课程分清层次，并注意衔接。课程学习一般不少于 1 年，至少修满 32 学分，其中公共必修课 8 学分，专业必修课不少于 10 学分，专业选修课不少于 12 学分，必修环节（社会实践）2 学分。为了保证培养质量，跨专业入学的学术学位硕士生需按培养方案的要求补修与本学科相关的课程。补修课程所得的学分不计入总学分之内。（2）专业学位研究生：全日制专业学位硕士生的基本修业年限为 2 年或 2.5 年；最长培养年限不超过 4 年。非全日制专业学位硕士生的基本修业年限为 2 年、2. 5 年或 3 年。最长培养年限不超过 5 年。专业学位硕士生的课程学习和实践教学实行学分制。对课程学习时长和学分的规定，应不低于国家相关专业学位教育指导委员会指导性培养方案中有关要求。课程设置要以实际应用为导向，以职业需求为目标，以综合素质和应用能力的提高为核心。要充分反映本专业实践领域对专门人才的知识与素质要求，注重分析能力和创造性解决实际问题能力的培养。注重开设与政府、企事业单位合作，开设应用性课程，鼓励课程与职业资格认证紧密衔接。教学过程要重视运用团队学习、案例分析、现场研究、模拟训练等方法。专业实践是重要的教学实践环节。全日制专业学位硕士生在学期间必须保证不少于 6 个月的专业实践。

（执笔：张慧芬）

第四节　研究生学制改革

国家对研究生的学制始终有明确规定，随着国家的发展，也呈现出一定的变化。我校的研究生学制也在不断改革。

（一）研究生教育初始阶段执行三年学制

1955 年 8 月国务院发布的《中国科学院研究生暂行条例》中规定：研究生的修业期限，一般暂定为四年，如有特殊情况，经中国科学院批准，可适当延长或缩短，但延长期限不得超过一年。

1963 年 1 月，中共中央批准试行《教育部直属高等学校暂行工作条例（草案）》，规定脱产研究生的学习年限一般为 3 年，在职研究生一般为 4 年。

1977 年《教育部关于一九七七年高等学校招生工作的意见》规定“研究生学制一般为三年”。

1978 年 7 月 22 日—8 月 3 日，教育部在北京召开了研究生培养工作会议，修订了《高等学校研究生培养工作暂行条例（草案）》。学校根据《条例》精神及学校具体情况，确定研究生学制暂定为三年制，大体用一年半时间完成课程学习任务，一年半时间完成毕业论文工作。

(二)国家建立学位制度后,硕士研究生学制调整为二年半

1981年起入学的研究生大部分是应届本科毕业生,由于大学本科教育已走上正轨,因而他们有较好的理论知识基础,但他们的实践经验则不及1978年到1980年入学的研究生。根据研究生的实际情况,1981年起学校重新制订了各专业的研究生培养方案。在学制上,硕士生由原来的三年调整为二年半,博士生规定为二至三年。

1986年《关于改进和加强研究生教育的通知》规定:"硕士生的学习年限,现阶段为二至三年……积极创造条件,逐步缩短为二年至二年半。"1998年颁布的《中华人民共和国高等教育法》规定:硕士研究生教育的基本修业年限为二至三年。

1998年《国家教育委员会关于修订研究生培养方案的指导意见》(教研办〔1998〕1号)指出,研究生的学习年限在达到培养目标所要求的前提下由培养单位自行确定。全日制攻读硕士学位的学习年限一般为2至3年;全日制攻读博士学位的学习年限一般为3至4年;硕-博连读的学习年限一般为5至6年。并且可根据实际情况允许研究生提前或延期毕业。非全日制攻读硕士学位的学习年限一般不超过4年;非全日制攻读博士学位的学习年限一般不超过6年。

(三)专业学位教育发展,专业学位研究生学制变化

2009年,根据国家调整优化研究生教育类型结构的形势要求,学校首届全日制专业学位硕士研究生开始招生,其中艺术硕士学制定为2.5年,其他类别专业学位硕士学制均为2年。

(四)深化研究生教育改革,博士硕士研究生学制相继改革。

近年来,为培养高水平创新型与应用型人才,继续深化研究生教育改革,进一步提升研究生培养质量,学校分别对博士与硕士不同培养层次,分步骤、分类别开展学制改革。

2018年工程专业学位博士学制改为4年;2019年,学术学位博士研究生学制改为4年。

2020年理学硕士(除人文学院)学制改为3年;2021年工学硕士学制改为3年;2022年工程类专业学位硕士学制改为3年。

(执笔:张慧芬、刘晓艳)

第五节　研究生课程建设

一、研究生课程体系要求

（一）硕士研究生教育初期课程体系概况

准确定位培养目标，优化研究生课程体系。课程体系模块也在不断变化，对于课程类别的定位更加清晰。

1978 年，学校在研究生培养方案中规定：课程设置分必修和选修两种，周学时一般控制在 14 学时。在这期间，学校共为研究生开设了 108 门课程，其中自然辩证法、外语、工程数学为公共必修课。对各类课程的教学时数也作了统一规定。

1981 年，学校重新制订的研究生培养方案，对课程设置作了较大幅度的调整和补充，对必修和选修课以及学习时间等都作了具体规定；对每门必修课都制订了教学大纲，规定了教学内容；对选修课也规定了各门课程的内容提要。

1986 年，学校修订的研究生培养方案，要求减少课程设置的总科目，学生课程控制在 5～6 门内；课程的设置应是本专业所必需的，而不应按研究的方向来设置，拓宽专业面，加强基础和实践性环节；一个专业的学位课程必须统一，专业选修课也要尽量统一，均按二级学科设课；开设选修课要根据本专业的需要，要拓宽知识面和介绍学科的新发展，要避免重复设课。对各专业课程设置都做到“明确体系，理顺课程，层次清楚，内容分明”。首先是抓好学位课程，内容要有一定的深度，要有较大的覆盖面，反映本专业国内外的新发展，新动向。翌年出版了《中国纺织大学研究生课程一览》。

1989 年 9 月，从八九级新生入学开始，对单独考硕士研究生实行与统考硕士研究生分班开课，相应增加英语及数理统计、计算方法的课时数（学分不变），使其最后能达到统考生的水平，以保证教学质量。

根据上海市高教局科研处《关于一九八九年非英语专业研究生英语测试的通知》（沪高科〔1989〕158 号），1989 年 6 月学校 88 级硕士研究生参加上海市硕士研究生英语统测，及格率 72.34%。从 90 级开始英语考试实行等级制，单独考研究生需达到研究生一级水平，统考研究生需达到研究生二级水平。学校研究生参加历年上海市英语统测成绩都名列前茅。1996 年起上海市学位办不再进行英语统测。自此学校进行了英语教学改革，强化英语听说能力。

（二）1998 年，调整设置硕士研究生课程

1998 年，国家教育委员会《关于修订研究生培养方案的指导意见》（教研办〔1998〕1 号）关于课程设置的要求如下：

（1）政治理论课程和外国语课程的设置按国家有关规定执行。政治理论课程要重视邓小平理论和党的基本路线教育，要结合我国国情进行爱国主义教育，加强职业道德、团结合作精神和坚持真理的科学品质的培养。外国语课程应重点培养研究生的综合运用语言的能力。硕士生应较为熟练地掌握一门外国语，能阅读本专业的外文资料；博士生至少掌握一门外国语，能熟练地阅读本专业的外文资料，具有一定的写作能力和进行国际学术交流的能力。

（2）基础理论课的设置应根据各学科专业、各层次、各类型的研究生培养的具体要求，注意课程体系的优化、课程内容的合理性和整体功能。课程设置可按一级学科范围内相关的二级学科进行拓宽，要体现二级学科本身的特征和学科应有的知识结构。

（3）专业课的设置要体现学科发展的前沿，适应高层次专门人才培养的高、精、深的要求以及经济建设和社会发展的需要，要反映交叉学科、边缘学科和新兴学科的新发展，并应根据学科发展和社会需求的变化及时进行相应的调整。

（4）硕士生阶段的课程要注重基础性、宽广性和实用性，博士生阶段的课程要注重综合性、前沿性和交叉性。面向硕士生阶段的课程内容要与本科生阶段的课程内容拉开档次，面向博士生阶段的课程内容也要与硕士生阶段的拉开档次。具备条件的单位，可以实行博士生、硕士生课程贯通设置，整体优化研究生课程结构和教学过程。

（5）对于培养方案内确定的课程，应编写课程教学大纲。课程教学大纲应包括课程教学目标、课程内容、教学要求、预修课程、考核方式、参考书目等。

(6) 研究生课程的考核方式可采用不同的形式,但一般应有一定量的笔试。

根据以上指导意见,1998 年学校再次修订的硕士研究生培养方案,鼓励按一级学科(或跨一级学科)拓展研究生的知识域和专业面,以建设硕士研究生课程体系为目标,调整设置硕士研究生课程。

课程的总体设计原则:(1)课程设置首先考虑本学科硕士生和博士生应具有的基础理论和专门知识结构的要求;调整和更新有关课程的内容;研究生的课程设置和教学要求,注意与本科生课程之间的区分与衔接。(2)课程设置对本学科的基本领域应有一定的覆盖,要着眼于一级学科(或学科群)的范围,建设适应面较宽的研究生课程体系。同时也重视设置一些与本学科相关的相邻学科和交叉学科的课程。工科类各专业的基础理论课程一般以数学为主,根据需要也设置了一些物理、化学、生物等学科的基础课程,其他学科门类的基础理论课程尽可能按学科门类设置。专业基础课程一般按一级学科规划。专业选修课程注重结构的模块化,鼓励专题式教学内容的组合。(3)把课程建设与有关的师资培养与管理的改革结合起来,充分发挥学科的综合优势和学术群体的作用,避免课程内容过专过窄。

硕士研究生的课程设置:

(1) 必修课程。公共学位课:①马克思主义理论课:《自然辩证法概论》《科学社会主义的理论和实践》;②第一外国语(阅读、听说、写作)。专业学位课:应按一级学科(或学科群)设置,并且需设置六门以上(其中工科类必须含两门数学课),使本一级学科或学科群中不同专业及层次的研究生,既可统一安排共同课程,又能有所侧重进行选择。社会实践:按研究生守则的要求,每位硕士研究生必须完成。

(2) 选修课程。选修课:可按二级学科设置,鼓励按一级学科设置。公共选修课:以人文、社科、经济、管理及二外为主的课程。补修课:对于跨学科考入的研究生,以及在招生考试时已被认为基础理论或专业知识有着某些缺陷的研究生,都有必要补修有关的基础课或其他课。

(三) 近年来研究生课程设置的要求

2014 年,教育部下发《关于改进和加强研究生课程建设的意见》(教研〔2014〕5 号),文件共分十个部分、20 条。在意见中指出,各研究生培养应进一步明确加强研究生课程建设的重要意义和总体要求，强化研究生培养单位的课程建设责任，构建符合培养需要的课程体系，建立规范、严格的课程审查机制，加强研究生选课管理，改进研究生课程教学，完善课程考核制度，提高教师教学能力和水平，加强课程教学管理与监督，强化政策和条件保障。

1. 专业课程设置要求

对于研究生专业课程设置的要求规定如下：

(1) 紧紧围绕研究生培养目标，根据本学科培养的特色和要求，借鉴国内外研究生课程设置的先进经验，参照《研究生核心课程指南》(2020 年出版)，注重建立本学科课程与跨学科课程相结合、必修课与选修课相结合的研究生课程体系，避免因人设课。注重培养研究生进行国际学术交流和学术论文的外语写作能力。鼓励开设双语研究生课程，在条件成熟时，一些课程可以用英语授课。

(2) 课程设置应该首先考虑本学科研究生应具有的基础理论和专门知识结构的要求，对各门课程的教学内容、适用对象及教学要求(包括课内外学习的质和量两方面要求，尤其是对加大课外的阅读量、工作量和训练量等)、前置课程(预备知识)等做出明确规定。各门课程在加深和拓宽研究生基础理论和学科知识面及相关的能力培养等方面，相互补充、相互协调(如硕士课程与博士课程、本学科与其他学科之间)，注意与本科生课程之间的区分和衔接，可以通过前置课程补充学生在本科阶段未学习的专业知识。

(3) 课程设置对本学科的基本领域有一定的覆盖面，要着眼于一级学科(或学科群)的范围，建设适应面较宽的研究生课程体系，并与师资培养结合起来，充分发挥学科的综合优势和学术群体的作用。同时也要重视设置一些与本学科相关的相邻学科和交叉学科的课程。

(4) 研究生课程设置及教学应该加强对研究生文献阅读与检索能力的培养，培养方案可列出本学科研究生在学期间必读(也可以部分作为选读)的主要经典著作的书目、主要的专业学术期刊名称等，同时须对考核的具体办法做出规定。既可以将学位课程指定的文献阅读纳入考试范围进行考核；也可以根据不同的特点或通过讨论班，或读书报告的形式，或结合学位论文选题的开题论证报告进行考核。

2. 重构研究生课程库，试行统一编码

2014 年，学校认真贯彻落实《关于改进和加强研究生课程建设的意见》文件精神，强调课程设置与研究生培养目标的适合原则。重构研究生课程库，试行本硕博课程统一编码，满足学生平台选课需求。

二、外语公共课本研贯通改革

2003 年以来，学校针对研究生英语公共课程建设立项 27 项（见表 3 - 1），不断推进外语公共课程改革。2014 年起，开展本硕博贯通设置，出台《东华大学研究生公共英语课程学习要求及选课说明》，打通全日制研究生的英语课程，相应调整课程模块划分、教学内容、学时安排、师资配备等，根据学生的能力水平和未来发展需要，因材施教，提高学生英语应用能力和科技文化素养；明确不同类别和级别的英语课程成绩计算方法，为研究生奖学金评定提供依据。

为配合长学制改革，特别针对长学制学生开设长学制外语公共课程。

根据社会发展和学生需求，优化外语公共课程学分设置，从提高课程质量，有效提升研究生外语应用能力入手，开展课程改革，强化专业外语教学。外语公共课原要求 7 学分，2014 年降低为 5 学分，2021 年进一步降低为 3 学分。

表 3 - 1　2003 年以来外语公共课教改立项汇总表

序号	项目名称	负责人	立项年度
1	英语听说公共学位课课程改革	林美玟	2003
2	突出交流能力培养，创建有特色的研究生公共英语课程体系	赵晓临	2007
3	公外博士研究生英语视听说课程研究	杨永平	2007
4	博士英语视听说	杨永平	2008
5	公共英语研究生课程体系及内容的优化研究	赵晓临	2009
6	全日制专业学位研究生公共英语课程设置及课程教学方法与手段优化探索	颜帼英	2010
7	英语应用文写作	戴培兴	2010

续 表

序号	项目名称	负责人	立项年度
8	英语语言交际能力教学研究	杨永平	2010
9	硕士A套六级强化训练	王新华	2010
10	英语国家文化(公英研究生拓展类课程)	张海蒙	2010
11	英语报刊阅读的交互模式和课程建设	朱曼华	2010
12	美国文化课程建设	唐 毅	2010
13	研究生英语高级写作	杨唐峰	2010
14	研究生英文影视欣赏	程 娜	2010
15	研究生英语听力实践	俞 琋	2010
16	跨文化商务交际	赵彦萍	2010
17	全日制硕士专业学位研究生英语教学课堂活动设计的研究	张 琦	2010
18	公外博士研究生核心课程建设(英语视听说译教学研究)	杨永平	2011
19	"以应用为中心"的研究生英语教学探索	俞 琋	2011
20	博士研究生英语学位课程——英语写作课程优化与实践	张海蒙	2011
21	多语言跨文化的《语言与文化》课程建设	张厚泉	2011
22	公外硕士研究生核心课程建设(实践与创新导向类课程)	沈炜艳	2011
23	长学制英语系列课程建设专业学位硕士公共英语读写课程教材建设	王新华	2014
24	长学制英语读写课程建设	杨唐峰	2014
25	长学制公共课程建设-英语听力英语口语教程	杨永平	2014
26	长学制研究生公共英语翻译课程建设	张海蒙	2014
27	高级英语写作课程思政的教学模式研究	周红莉	2021

三、思政课程建设

政治理论课始终是硕士研究生的必修课程,国家重视政治理论课程建设。1963年，教育部发布《关于高等学校研究生政治理论课的规定（草案）》明确思政课的相关要求。1982年，国家发布《关于发展国民经济的第六个五年计划的报告》指出："要认真加强对大学生、研究生的系统的马克思主义基本理论教育，加强经常的有针对性的切实有效的思想政治工作。"

1. 思政公共课结构演进

(1) 1987年，国家教育委员会下发《关于高等学校研究生马克思主义理论课（公共课）教学的若干规定》，在全国高校开设研究生思想政治理论课，课程设置要求如下：

对所有的硕士研究生都要开设"科学社会主义的理论与实践"课（课内安排36学时）。学生自学规定的科学社会主义理论文献，特别是党的十一届三中全会以来的重要文献，教师进行专题辅导讲授。

对文科各专业的硕士研究生还要开设"马克思主义经典著作选读"课（课内安排70学时）。学生自学规定的马克思主义原著，教师进行专题辅导讲授。

对理工农医科各专业的硕士研究生还要开设"自然辩证法概论"课（课内安排54学时）。

对文科各专业的博士研究生开设"马克思主义与当代社会思潮"课程。在学生自己学习马克思主义有关原著和选读当代社会科学名著的基础上，进行专题研讨，并由教师进行专题讲授。经过学习和研讨，在教师指导下由学生根据马克思主义基本观点，结合本专业的特点撰写一篇评述当代社会思潮的论文。

对理工农医科各专业的博士研究生开设"现代科学技术革命与马克思主义"课程。在学生自己学习马克思主义哲学有关原著和选读现代科学技术革命有关代表著作的基础上，进行专题研讨，并由教师进行专题讲授。经过学习和研讨，在教师指导下由学生根据马克思主义基本观点，结合本专业的特点撰写一篇论文。

(2) 1993年中组部、中宣部和国家教委联合下发《关于新形势下加强和改进高等学校党的建设和思想政治工作的若干意见》，确立了高校政治理论课由"马克思主义理论"课和"思想政治教育"课两类课程构成，高校思政课进入"两课"时代，赋予"两课"高校思想政治教育主渠道和主阵地的责任和使命。

(3) 1998年6月,中宣部、教育部印发了《关于普通高等学校'两课'课程设置的规定及其实施工作的意见》的通知,对高校"两课"(马克思主义理论课与思想品德课)的课程设置作了统一要求和规范,形成了"98"方案。

硕士生马克思主义理论课:"科学社会主义理论与实践"(36学时),"自然辩证法概论"(理工类开设,54学时),"马克思主义经典著作选读"(文科类开设,72学时)。

博士生马克思主义理论课:"现代科学技术革命与马克思主义"(理工类开设,54学时),"马克思主义与当代社会思潮"(文科类开设,54学时)。

各层次各科类学生都要开设"形势与政策"课。"形势与政策"课要列入教学计划,平均每周1学时,一般按专题进行。

2005年,根据《中共中央宣传部、教育部关于进一步加强和改进高等学校思想政治理论课的意见》(教社政〔2005〕5号)精神,指出:研究生(包括硕士生、博士生)的课程设置在没有作出新安排前,仍按照"98方案"开设相关课程。

(4) 2010年,根据《中共中央宣传部、教育部关于高等学校研究生思想政治理论课课程设置调整的意见》(教社科〔2010〕2号),思政公共课调整结构如下:

硕士必修课:"中国特色社会主义理论与实践研究"(占2学分,32个学时)。主要是在当代世界和当代中国背景下,分专题研究和介绍当前中国特色社会主义实践中的重大问题,深化和拓展本科阶段思想政治理论课的学习,进一步掌握中国特色社会主义理论体系,坚定中国特色社会主义信念。硕士选修课程:占1学分,16个学时。"自然辩证法概论",面向理工类研究生,主要进行马克思主义自然辩证法理论的教育,帮助硕士生掌握辩证唯物主义的自然观、科学观、技术观,了解自然界发展和科学技术发展的一般规律,认识科学技术在社会发展中的作用,培养硕士生的创新精神和创新能力。"马克思主义与社会科学方法论",面向文管类研究生,主要进行马克思主义社会科学方法论教育,通过深入学习马克思主义观察和分析社会历史的立场、观点和方法,培养硕士生的理论思维能力,帮助硕士生掌握学习和研究哲学社会科学的科学方法。

博士研究生开设 1 门必修课程(占 2 学分,32 个学时),1 门选修课程(占 1 学分,16 个学时)。必修课程:"中国马克思主义与当代",主要运用当代中国马克思主义的基本观点,深入分析当代世界重大社会问题和国际经济政治热点问题、当代科学技术前沿问题和科技社会问题、当代重大社会思潮和理论热点等,帮助博士生进一步提高运用马克思主义立场观点方法分析和解决问题的能力。选修课程:"马克思主义经典著作选读",主要选取马克思主义经典作家代表性的原著,通过对经典著作的研读和教师讲授,帮助博士生学习马克思主义基本原理,深化对当代中国马克思主义的理解和掌握。

2012 年,教育部发布《关于全面提高高等教育质量的若干意见》指出:"全面实施思想政治理论课课程方案,推动中国特色社会主义理论体系进教材、进课堂、进头脑。"

(5) 2021 年,教育部印发《新时代学校思想政治理论课改革创新实施方案》的通知(教材〔2020〕6 号)。学校自此,新开"中国特色社会主义理论与实践研究"替换"新时代中国特色社会主义理论与实践";新开"马克思恩格斯列宁经典著作选读"替换"马克思主义经典著作选读"。

形成思政公共课课程结构如下:

博士生:"中国马克思主义与当代"(2 学分,必修)、"马克思恩格斯列宁经典著作选读"(1 学分,选修)。

长学制研究生:"自然辩证法概论"(1 学分,理工科必修)、"中国马克思主义与当代"(博士必修,2 学分)。

硕士生:"新时代中国特色社会主义理论与实践"(2 学分,必修)、"自然辩证法概论"(1 学分,理工科必修)或"马克思主义与社会科学方法论"(1 学分,文科必修)

2. 思政课程的建设

2004 年,国务院批转教育部《2003—2007 年教育振兴行动计划的通知》提出:"实施高等学校马克思主义理论课和思想品德课建设计划。"多年来学校立项 8 次支持思政理论课课程建设。见表 3 - 2。

表 3－2　2003 年以来思政公共课教改立项汇总表

学院	项目名称	负责人	立项年度
人文学院	博士政治理论课公共学位课课程改革	陈敬铨	2003
人文学院	专业硕士思想政治理论课教学研究	袁　媛	2010
人文学院	长学制思政课教育质量监控体系构建研究	廖大伟/杨晶静	2014
人文学院	长学制思政课程建设	杨晓民	2014
马院	问题导向的课程教研：围绕“中国特色社会主义理论与实践研究”课程建设开展	王治东	2019
马院	“中国马克思主义与当代”课程建设	陈向义	2019
马院	《中国近现代文化史》参考资料选辑	陆益军	2019
马院	新时代研究生思政课改革创新研究	曾瑞明	2021

(1) 加强思政课教师队伍建设，提升任课教师授业水平。坚持以项目资助、短期培训、国内外学术交流为平台，加强思政课教师队伍培训培养，促进思政课教师综合素质提升。建立教研室集体备课机制、同城平台交流机制、老教师带教机制，围绕教学中的难点热点问题，共同研讨、集思广益，力求教师讲准、讲深、讲透。举办教学观摩交流会，通过教学展示等形式汇报教学成果。

(2) 外请专家把脉，提升思政课教学内涵。邀请校外思政课资深专家深入学校思政课课堂，全覆盖听取思政课教师教学，为全体思政课教学教师把脉，并一对一指导教师提升思政课教学质量。定期邀请全国知名教学能手来校开展教学展示活动，邀请全国高校教学能手来校开展教学展示，推广先进教学方法，同时积极组织思政课教师参加各级各类教学比赛，实现“以赛促教”，以教学比赛为契机促进教学能力提升。

(3) 改革教育教学方法，提升思政课教学时效。思政课建设在深入把握学情基础上，紧跟时代发展步伐，借“互联网＋”活化思政课，综合采用易班、慕课、雨课堂等平台，深化思政课与网络技术融合，增强教师与学生互动。“中国特色社会主义理论与实践研究”和“自然辩证法概论”2 门课程作为重点建设课程，王治东教授领衔组建教师团队建设优质在线课程。

四、其他公共必修课程改革

1. “科学素养概论”公共必修课程

2017 年起学校全面开设“科学素养概论”作为公共必修课程。分学科按照科学道德与学术规范、科学与工程伦理、安全教育三个模块开展课程建设，并提供网络平台辅助教学和考核，提升教学效果。特邀前国务院学位委员会学科评议组成员王依民教授、原东华大学纺织学院院长邱夷平教授以“自觉遵守学术规范积极捍卫学术尊严”为主题举办宣讲会。两位教授结合当前社会、学界有关热点事件以及个人科研经验，通过生动鲜明的例子，阐明科学精神与科学规范在学术活动中的重要性，同时呼吁青年学生自觉遵守学术规范，培养优良学风，勤奋学习，勇攀高峰，坚定“四个自信”，承担服务国家、造福人民的光荣使命，为实现中华民族伟大复兴的中国梦而奋斗。报告会采用线上直播、线下宣讲相结合的形式行进，全校将近三千余名研究生新生分别聆听了报告，视频点播量达到 2. 54 万，反响热烈。

2. “论文写作指导”必修课程

2019 年起，根据《教育部办公厅关于进一步规范和加强研究生培养管理的通知》(教研厅〔2019〕1 号)文件的要求为加强学术规范和学术道德教育，把论文写作指导课程作为必修课纳入研究生课程体系。各学院通过案例、研讨等方式开展课程建设。

3. “体育”必修课程

2021 年起，为了助力“健康中国”建设，推动思想政治工作体系贯通于育人体系之中，加快形成“五育并举”的高水平人才培养体系，公共必修课新增“体育”课程，课程设置为 1 学分 16 学时。以体育项目俱乐部为载体，采用“体育活动参与 + 体育素养提高 + 体质水平测试”三个模块开展教学活动，推动研究生走进体育场馆，强健身心。2021 年，体育部设置足球、羽毛球、网球、软式曲棍球、乒乓球、排球、篮球、健身操、瑜伽九个教学俱乐部开展研究生教学。

五、课程思政建设

学校重视研究生思想政治教育工作，根据《教育部关于进一步加强和改进研究生思想政治教育的若干意见》(教思政〔2010〕11 号)的要求,积极发掘各类课程尤其是专业课的思想政治教育资源,将思想政治教育融入研究生课程学习、导师指导的各个环节,加强形势与政策教育,加强廉洁教育,引导研究生树立正确的世界观、人生观、价值观和荣辱观。

2016 年以来,随着全国高校思想政治工作会议的召开,根据习近平总书记关于研究生教育的重要批示和全国研究生教育会议精神,深入落实《高等学校课程思政建设指导纲要》(教高〔2020〕3 号)的部署要求,按照《专业学位研究生教育发展方案(2020—2025)》(学位〔2020〕20 号)和《关于深入推进上海高校课程思政建设的实施意见》(沪教卫党〔2020〕186 号),落实立德树人根本任务,加快推进研究生教育改革创新,推进研究生教育内涵式创新发展,学校大力开展研究生课程思政建设工作。

1. 推进所有学科课程思政建设

2017 年,学校全面落实思政工作会议精神,在全校开展"课程思政"的工作布置,要求各课程教学过程尝试融入思想政治教育。

2018 年,在研究生培养方案修订工作中,明确全面落实课程思政的要求,与思政课程一起,构建全面覆盖、类型丰富、层次递进、相互支撑的课程体系,实现知识传授与价值引领有机结合,将思政教育贯穿研究生教育教学过程。

2021 年,《东华大学关于修(制)订研究生培养方案的指导意见(2021 年)》中要求深挖各个课程和教学环节蕴含的思想政治教育资源,立足学科的学术内涵和传承脉络,发挥学科课程本身的特色,围绕政治认同、家国情怀、文化素养、宪法法治意识、道德修养等重点优化课程思政内容供给,使课程转化成核心价值观教育最具体、最生动的有效载体,系统进行中国特色社会主义和中国梦教育、社会主义核心价值观教育、法治教育、劳动教育、心理健康教育、中华优秀传统文化教育。同时开展研究生课程大纲全面修订工作,发布研究生课程大纲新模板,要求任课教师分知识、能力、价值观三个层面明确课程学习的目标与要求。

2. 开展课程思政示范课程建设

2019 年学校开展课程思政试点建设项目,通过学院申请、专家评审,分别在人文和外语学院开展了两个项目的试点。2021 年重点开展专业学位课程思政建设，强调专业课程，应注重科学思维方法的训练和科技伦理的教育，培养学生探索未知、追求真理、勇攀科学高峰的责任感和使命感，培养学生精益求精的大国工匠精神。共计立项 27 门课程开展示范课程建设。见表 3－3。

表 3－3　研究生课程思政试点建设项目汇总表

序号	项目名称	专业学位类别/课程类别	项目负责人	学院	立项年度
1	从《尚书》到《历代名臣奏议》：中国官文书选读	公共管理	朱红霞	人文学院	2019
2	“课程思政”理念下的研究生英语词汇学课程建设	外国语言文学	马　静	外语学院	2019
3	金融数据挖掘	金融	程业斌	管理学院	2021
4	《数据挖掘与机器学习》课程思政建设	应用统计	胡良剑	理学院	2021
5	基于“T 型”人才培养框架的设计思维思政课程建设	艺术	袁　姝	服艺学院	2021
6	《现代环境仪器分析》课程思政建设	资源与环境	许　贺	环境学院	2021
7	《纺织物理》课程思政建设	材料与化工	刘洪玲	纺织学院	2021
8	国际金融理论与实务课程思政建设	国际商务	王千红	管理学院	2021
9	增强文化自信，推动中国文化繁荣传播——《翻译与文体》课程研究	翻译	张淑琴	外语学院	2021
10	“新闻传播政策、法规与伦理”课程思政建设	新闻与传播	杨桃莲	人文学院	2021
11	基于云平台的远程先进控制系统	电子信息	任正云	信息学院	2021
12	基于学思结合与知行合一理念的《高性能制造工艺》课程思政模式探索	机械	李康妹	机械学院	2021
13	纺织生物材料与技术	材料与化工	高　晶	纺织学院	2021

续 表

序号	项目名称	专业学位类别/课程类别	项目负责人	学院	立项年度
14	智能纺织品课程思政建设	材料与化工	赵 涛	化生学院	2021
15	国家“双碳”政策对“环境净化与新能源无机材料”发展的深远影响	材料与化工	张青红	材料学院	2021
16	固体废弃物处理处置与资源化工程	资源与环境	李登新	环境学院	2021
17	《先进能源与环境材料》课程思政建设与实践	能源动力	廖耀祖	材料学院	2021
18	研究生课程《太阳能利用技术》思政教育探索与实践	能源动力	李 勇	环境学院	2021
19	饮用水安全保障	土木水利	朱延平	环境学院	2021
20	《组织工程》课程思政教学探索	生物与医药	何创龙	化生学院	2021
21	敬畏准则规范、掌握专业知识、服务决策需求	工商管理	曾月明	管理学院	2021
22	公共政策分析	公共管理	邓志锋	人文学院	2021
23	审计理论与实务	会计	卢宁文	管理学院	2021
24	回到原典：马克思理论观照下的《工程经济学》	工程管理	刘峰涛	管理学院	2021
25	守正纳新、柔性创造-城市环境关怀设计研究	艺术	刘晨澍	服艺学院	2021
26	知识产权课程思政试点建设	工程硕士公共必修课程	章礼强	人文学院	2021
27	高级英语写作课程思政的教学模式研究	专业学位硕士公共必修课程	周红莉	公研英语	2021

六、研究生专业课程建设

1981 年，学校重新制订的研究生培养方案，对课程设置作了较大幅度的调整和补充,对必修和选修课以及学习时间等都作了具体规定;对每门必修课都制订了教学大纲,规定了教学内容;对选修课也规定了各门课程的内容提要。

1986年,学校修订的研究生培养方案,要求减少课程设置的总科目,学生课程控制在5-6门内;课程的设置应是本专业所必需的,而不应按研究的方向来设置,拓宽专业面,加强基础和实践性环节;一个专业的学位课程必须统一,专业选修课也要尽量统一,均按二级学科设课;开设选修课要根据本专业的需要,要拓宽知识面和介绍学科的新发展,要避免重复设课。对各专业课程设置都做到"明确体系,理顺课程,层次清楚,内容分明"。首先是抓好学位课程,内容要有一定的深度,要有较大的覆盖面,反映本专业国内外的新发展,新动向。翌年出版了《中国纺织大学研究生课程一览》。

1989年9月,从八九级新生入学开始,对单独考硕士研究生实行与统考硕士研究生分班开课,相应增加英语及数理统计、计算方法的课时数(学分不变),使其最后能达到统考生的水平,以保证教学质量。

根据上海市高教局科研处《关于一九八九年非英语专业研究生英语测试的通知》(沪高科〔1989〕158号),1989年6月学校88级硕士研究生参加上海市硕士研究生英语统测,及格率72.34%。从90级开始英语考试实行等级制,单独考研究生需达到研究生一级水平,统考研究生需达到研究生二级水平。学校研究生参加历年上海市英语统测成绩都名列前茅。1996年起上海市学位办不再进行英语统测。自此学校进行了英语教学改革,强化英语听说能力。

1998年,学校再次修订的硕士研究生培养方案,鼓励按一级学科(或跨一级学科)拓展研究生的知识域和专业面,以建设硕士研究生课程体系为目标,调整设置硕士研究生课程。

课程的总体设计原则:(1)课程设置首先考虑本学科硕士生和博士生应具有的基础理论和专门知识结构的要求;调整和更新有关课程的内容;研究生的课程设置和教学要求,注意与本科生课程之间的区分与衔接。(2)课程设置对本学科的基本领域应有一定的覆盖,要着眼于一级学科(或学科群)的范围,建设适应面较宽的研究生课程体系。同时也重视设置一些与本学科相关的相邻学科和交叉学科的课程。工科类各专业的基础理论课程一般以数学为主,根据需要也设置了一些物理、化学、生物等学科的基础课程,其他学科门类的基础理论课程尽可能按学科门类设置。专业基础课程一般按一级学科规划。专业选修课程注重结构的模块化,鼓励专题式教学内容的组合。(3)把课程建设与有关的师资培养与管理的改革结合起来,充分发挥学科的综合优势和学术群体的作用,避免课程内容过专过窄。

硕士研究生的课程设置:

(1) 必修课程。公共学位课:①马克思主义理论课:《自然辩证法概论》《科学社会主义的理论和实践》;②第一外国语(阅读、听说、写作)。专业学位课:应按一级学科(或学科群)设置,并且需设置六门以上(其中工科类必须含二门数学课),使本一级学科或学科群中不同专业及层次的研究生,既可统一安排共同课程,又能有所侧重进行选择。社会实践:按研究生守则的要求,每位硕士研究生必须完成。

(2) 选修课程。选修课:可按二级学科设置,鼓励按一级学科设置。公共选修课:以人文、社科、经济、管理及二外为主的课程。补修课:对于跨学科考入的研究生,以及在招生考试时已被认为基础理论或专业知识有着某些缺陷的研究生,都有必要补修有关的基础课或其他课。

2003 年,学校为深化研究生教育改革,进一步提高研究生课程的教学水平和教学质量,制定了《东华大学研究生主干课程建设项目实施办法》。

凡获得国家级、省部级教改、教研项目支持的研究生课程,可作为研究生主干课程来建设,学校在建设经费方面将给予大力支持。主干课程建设的目标是:课程内容新颖,课程资料充足,教学方法灵活,教学手段先进,教学文件完备,实验训练到位,考试方式多样,师资队伍整齐,争取成为精品课程。

同时,学校启动研究生教育创新工程,研究生精品课程建设是重要内容之一,目的是树立研究生课程教学的榜样。课程建设项目 12 项,研究生英语及应用统计两门精品课程开始建设。同年投入 790 万启动研究生教学实验平台的建设,部分学院的研究生教学实验条件得到改善。

2005 年,学校对硕士生培养的课程体系进行了改革,纺织科学与工程、材料科学与工程、环境科学与工程、机械工程和控制理论与控制工程五个学科均按一级学科设置课程,并从 2006 级硕士生开始实行。

2014 年，基于校院两级管理思路，学校重点资助长学制试点、专业学位改革等研究生培养模式改革的课程和教材建设，共计资助 29 项。

2015 年，随着专业学位教育的发展，学校越来越重视案例课程的建设，为鼓励任课教师开展案例编写和案例应用工作，启动案例库建设专项，首批 14 个项目获得立项，2017 年，25 个案例项目（包括两个案例库）获批立项。2019 年和 2021 年先后立项 8 门课程开展案例建设。

2016 年 1 月，学校 12 项课程建设项目获批"全国工程硕士专业学位研究生教育在线课程重点自建项目"（见表 3－4），为研究生培养与信息技术的深度融合，提高教学效果，创新人才培养模式打下基础。

表 3－4　2016 年全国工程硕士专业学位研究生教育在线课程重点自建项目

序号	学院	项目名称	负责人
1	纺织学院	纺织品开发（系列）	徐广标
2	纺织学院	高等纺织材料学	于伟东
3	纺织学院	现代纺织检测技术	刘若华
4	纺织学院	专业学位研究生论文写作方法	晏　雄
5	服艺学院	服装功能结构设计	杨子田
6	机械学院	新型纺织机械	陈　革
7	机械学院	展示设计研究	陆金生
8	机械学院	数控技术及其应用	王庆霞
9	机械学院	产品改良设计	唐　智
10	计算机学院	IT 项目管理	李　锋
11	信息学院	嵌入式系统技术	廖小飞
12	管理学院	库存管理	周建亨

2017—2018 年，学校重点打造核心课程建设。研究生核心课程关系到研究生能力培养和创新能力培养，是支撑学科专业课程体系的基础性、框架性、关键性课程，是学科专业建设的关键和特色所在。根据《教育部关于改进和加强研究生课程建设的意见》（教研〔2014〕5 号），为提高研究生培养质

量，深化课程体系改革，落实三年内研究生核心课程更新50%的东华大学“十三五”规划建设目标，2017年9月和2018年4月，学校分两批启动研究生核心课程体系优化和更新工作，共立项78门课程开展核心课程建设。

2018年，为了强化哲学社会科学育人作用，加强马克思主义理论学科建设，学校实施马克思主义理论学科研究生核心课程建设，重点建设《马克思主义发展史专题》《马克思主义与执政党专题》和《马克思主义经典著作》等三个校级教学改革项目。同年，试点高水平模块化课程建设——新型高分子学科人才培养体系课程建设，CALM课程由先进低维材料中心及材料科学与工程学院联合承办，程正迪教授亲自牵头，杨曙光教授、材料学院副院长张清华作为共同负责人，对材料物理与化学相关系列课程开展建设改革，并邀请国内外在高分子、聚合物物理、化学方面有深入研究的知名教授承担各系列课程的专题内容。围绕材料科学涉及到的物理、化学以及工程三方面的相关内容，邀请国内外高校著名学者和工业界资深研发人员讲授课程内容，配备青年教师作为课程协助教师，吸引来自企业、兄弟院校研究生及青年学者165人参加。课程基本实现了对现有研究生培养体系优化探索初期目标，对现有课程体系实现了初步的有益补充和有效优化。课程总体安排紧密，模块化教学安排系统性较强，注重基础知识、抓住前沿领域、结合行业特色和需求，邀请授课专家均为国际和国内相关领域知名教授、精英，中英文授课和课后作业、分组研讨结合的教学交流方式，浓厚了整个学科的学术文化，营造了一定的学术影响力，为已有的人才培养体系做有益探索。

2019年，学校试点在线课程建设，立项《纺织产品开发（系列）》等4门课程；支持新增学位点课程建设，重点建设新闻与传播专业学位硕士及新闻传播学一级硕士点课程体系建设；立项四个高水平模块化课程建设与两个全英文课程建设。

2019年，信息学院教师吴贇的《信号估值与检测教辅资源建设》和信息学院教师张光林的《基于USRP软件无线电平台的无线通信协议实现》两个项目经过全国专家的初审、复审等评选后获得了全国工程专业学位研究生教育指导委员会举办的电子信息类在线教辅资源的立项建设，是沪上高校仅有的两个立项项目。

2020年，新冠肺炎疫情发生后，学校高度重视研究生教学安排，根据《教育部应对新型冠状病毒感染肺炎疫情工作领导小组办公室关于在疫情防控期间做好普通高等学校在线教学组织与管理工作的指导意见》(教高厅〔2020〕2号)要求,结合上海市委、市教委、学校会议精神,转变教学方式,精心组织在线教学,认真落实疫情期间研究生教育,努力做到“要求不降低、教学不停顿,研究不中断”总要求,有力减轻了疫情对研究生教学的影响。2020年春季学期12个学院、277位任课教师共开设424门次课程,10880人次研究生选课。开展了东华大学研究生在线教学优秀课程评选活动,10门课程获得了“东华大学研究生在线教学优秀课程”(见表3-5),管理学院、服艺学院、外语学院、人文学院4个学院获得“东华大学研究生在线教学优秀课程评选优秀组织奖”。

表3-5　东华大学2020年研究生在线教学优秀课程

序号	学院	课程名称	课程负责人
1	服艺学院	设计思维	袁　姝
2	服艺学院	科技服装概论	于晓坤
3	管理学院	数据模型与决策	张科静
4	管理学院	决策理论与决策支持	董平军
5	管理学院	营销管理专题	刘东胜
6	计算机学院	大数据理论与实践	丁祥武
7	人文学院	公共关系与企业社会责任	叶长海
8	外语学院	高级英语写作	杨唐峰
9	外语学院	英语5	张　琦
10	信息学院	工业控制网络技术	王　彤

七、研究生教材建设

1.“研究生教学用书”遴选

自1998年起,为促进全国研究生教育整体水平的提高,教育部研究生工作办公室决定在全国研究生培养单位内开展“研究生教学用书”的遴选、审定和推荐工作。将适用面广、教学效果显著、质量上乘的教材,作为“研究生教学用书”，在全国范围内推荐使用，共推荐500本研究生教学用书。

截至2004年，学校共有3本研究生教学用书入选：2001年，王善元主编的研究生教材《纤维增强复合材料》；2003年，于伟东、储才元主编的研究生教材《纺织物理》；2004年，王府梅主编的研究生教材《服装面料的性能设计》。

2. “研究生教育创新工程”的启动

学校2003年启动研究生教育创新工程，其中一个重要内容是建立研究生教育资源，即高水平、有特色的研究生教材建设，资助项目5项，已出版教材4本。

为了改进和加强研究生的培养工作，改革教学内容和教学方法，充实高层次人才培养的基本条件和手段，学校鼓励教师多出教材、出好教材，研究生部决定设立学校优秀研究生教材建设基金，并制定了《东华大学研究生教材建设基金的实施办法》。

建设对象：以一级学科为基础，并为该学科专业培养方案所确定的通用性强、能够跨二级学科开设的专业基础理论课程教材。

教材要求：(1)适应社会主义现代化建设对高层次人才的需求，符合研究生培养目标，适合硕士研究生教与学方式的多样性要求；(2)根据不同学科、类型和规格的研究生培养的需要，遵循培养方案和教学大纲的基本要求，取得良好的教学效果；(3)跟踪世界最新科学研究成果，反映学科新知识、新成就，采用有益和有效的新经验、新方法和新体系；(4)理论严谨、结构合理、体例统一、文字精练，具有较大程度上的适用性；(5)主干内容包括本学科的基本理论、最新发展情况、有待解决的前沿性问题及参考文献目录等。

3. 研究生教育选用

2018年起，梳理教材选用机制，实施资助研究生教材出版项目。

(1) 梳理教材选用工作机制

研究生教材选用工作机制严谨。《东华大学关于研究生课程教学管理的规定(修订)》中要求，教学大纲中需明确课程教材和参考书籍，研究生教材的选用，由任课教师(教学组)提交学院审定，教学大纲定期更新，并与培养方案一起在学院存档。研究生部组织督学组老专家连续六年每年秋季学期抽查研究生培养方案和教学大纲，发现问题及时反馈学院进行整改。

（2）建立研究生教材专项排查工作协调机制

在研究生院领导带领和指导下，建立工作协调机制，由研究生院培养办牵头，协调各教学单位；联合分管院长成立研究生教材专项排查工作组。按照上级要求分类分批排查教材选用情况。

（3）建立教材出版资助管理制度

2018年起，实施资助研究生教材出版项目。2020年起根据《教育部国家发展改革委财政部关于加快新时代研究生教育改革发展的意见》（教研〔2020〕9号）和《普通高等学校教材管理办法》（教材〔2019〕3号）要求，为更好地发挥课程学习在研究生培养中的作用，提高研究生培养质量，鼓励教师编写出版一批体现学校研究生培养特色和国内一流水平的研究生教材，2021年5月，发布《东华大学关于资助研究生教材出版项目工作办法》（东华研函〔2021〕11号）。明确教材编写要坚持正确政治方向和价值导向，全面落实立德树人根本任务，推进课程思政；要把培养目标和学位要求作为课程体系设计的根本依据，内容应突出教学内容的前沿性、启发性、前瞻性、实践性。文件对于编写人员的政治表现、师德师风和学术功底提出明确的意见和审查程序。

2018—2021年，借助研究生教材出版资助项目，推动一批优秀研究生教材出版。见表3-6。

表3-6　2018—2020年研究生教材资助出版汇总表

序号	教材名称	作者	出版社	学院
1	金融风险管理	朱淑珍	北京大学出版社	管理学院
2	纺织服装行业国际优秀案例集	孙明贵	中国纺织出版社	管理学院
3	NOx催化氧化吸收技术与系统	李登新	中国环境出版社	环境学院
4	水彩表现与技法	冯信群	辽宁美术出版社	服艺学院
5	公共管理案例分析（双语）	刘　奕	上海人民出版社	人文学院
6	染色原理与过程控制	陈　英	中国纺织出版社	化生学院
7	服饰品设计	傅　婷	东华大学出版社	服艺学院
8	品牌策略与视觉设计	赵　蔚	东华大学出版社	服艺学院

续 表

序号	教材名称	作者	出版社	学院
9	纺织试验设计及最优化	郁崇文、汪军、王新厚	东华大学出版社	纺织学院
10	纺织复合材料设计	顾伯洪	东华大学出版社	纺织学院
11	场地环境调查、风险评估与土壤污染修复案例详解	李登新	科学出版社	环境学院
12	世界古代纺织品研究	王　华	东华大学出版社	纺织学院
13	英汉汉英散文翻译与评析	唐毅、顾韶阳	东南出版社	外语学院
14	版画制作设计教程	李海峰	东华大学出版社	服艺学院
15	国际服装品牌案例精选	蒋智威等	东华大学出版社	服艺学院
16	纺织工业大气污染控制	马承愚	东华大学出版社	环境学院

（执笔：张慧芬、刘晓艳）

第六节　研究生奖助体系变化

一、国家奖助政策的变化

1963年1月，高教部召开了高等学校研究生工作会议，讨论通过了《高等学校培养研究生工作暂行条例（草案）》及有关研究生工作附件的五个规定，对培养方案、马列主义理论课、外国语学习、助学金及相关保障、学籍管理等做出明确规定。同年10月，教育部、财政部联合发出《关于高等学校培养研究生的经费、人员编制和研究生的助学金及其他生活待遇问题的规定》，为研究生教育的开展提供了经费支持和保障。

1977年12月，教育部、财政部联合发出《关于普通高等学校、重点专业学校和技工学校学生实行人民助学金制度的办法》。规定国家职工被录取为研究生，在学习期间，工资由原单位照发，其他研究生，一律实行人民助学金，享受比例100％。

2014年2月，教育部、财政部印发了《普通高等学校研究生国家奖学金评审办法》，以确保研究生国家奖学金的评审工作公开、公平、公正地开展。

该评审办法共21条，对研究生国家奖学金评审组织机构建立、评审委员会成员构成、评审委员会成员应遵循的原则等方面内容都进行了说明。

二、东华大学奖助政策的变化

学校从1959年开展研究生教育以来，就严格按照国家相关奖助政策执行。

2009年1月，学校印发《东华大学研究生培养机制改革试行方案(东华研〔2009〕1号)》(以下简称《方案》)。相关配套管理办法包括《东华大学研究生学业奖学金管理办法》《东华大学博士研究生助研津贴管理办法》和《东华大学博士生助研津贴补助金管理办法》。《方案》从入学的研究生开始实行。

2010年4月，学校制定《关于调整东华大学硕士研究生学业奖学金评定办法》。

2014年3月，学校颁布了《关于印发〈东华大学研究生奖助体系系列管理办法〉的通知》(东华学〔2014〕3号)，系列管理办法包括：《东华大学博士研究生助研津贴管理办法》《东华大学研究生国家助学金管理办法》《东华大学研究生学业奖学金评审办法》《东华大学优秀研究生奖学金评审和荣誉称号授予办法》《东华大学研究生国家奖学金评审办法》。

2015年，学校增设2015级推免生奖学金，2016年10月，印发《东华大学推荐免试研究生奖学金评审办法》(东华学〔2016〕7号)，录取的推免生均可获得1万元/人的推免生奖学金，推荐阶段综合评分前10%的本校毕业推免生可获得2万元/人的国家奖学金。该政策执行至2021年，现已废止。

(执笔：林琳)

第四章

专业学位研究生教育发展历程

1984 年 11 月 12—14 日，西安交通大学邀请清华大学等 11 所高等工科院校在西安召开工程类硕士学位研究生研讨会。会后向教育部提出了《关于培养工程类硕士生的建议》，教育部研究生司转发这个文件并同意 11 所院校进行培养工程类硕士生的试点工作。1988 年，又开展了金融等应用类人才培养的试点。这些试点探索为我国专业学位研究生教育的发展做好了准备。

1990 年国务院学位委员会批准设置工商管理硕士专业学位，1991 年遴选 9 所高校开展工商管理硕士专业学位培养试点，正式开启了我国专业学位研究生教育的大幕。至今，国家共批准 47 种专业学位类别，其中 13 种为博士授权层次。全国获批各类博士专业学位授权点 380 余个，硕士专业学位授权点 7200 余个。

学校于 1996 年获批工商管理硕士专业学位授权（第三批），1997 年获批工程硕士专业学位授权（第一批），2005 年获批艺术硕士专业学位授权（第一批）。尤其是 2009 年，我国作出发展全日制专业学位研究生教育的决定，掀开了我国专业学位研究生教育的新篇章。当年学校招收了 200 余名全日制专业学位研究生，2011 年首批获得硕士专业学位。2018 年，经过学校的努力，获得工程博士专业学位授权，打通了学校专业学位教育的硕博贯通通道，为学校在新时期的发展提供了新的动力和平台。现在，学校拥有 3 个博士专业学位授权类别，17 个硕士专业学位授权类别。

为进一步推进研究生教育改革与发展，鼓励专业学位研究生培养学院积极探索和创新符合专业学位教育特点、具有鲜明特色的研究生专业学位教育培养模式和管理体制，促进研究生专业学位教育更好地适应经济社会发展和满足人民群众的多样化需要，根据《教育部关于开展研究生专业学位教育综合改革试点工作的通知》（教研函〔2010〕1号）和《教育部关于批准有关高等学校开展专业学位研究生教育综合改革试点工作的通知》（教研函〔2010〕2号）的精神，学校决定投入400万元开展东华大学研究生专业学位教育改革试点工作。2011年9月19日经过专家评审，批准9个学院的15个项目开展改革试点工作。通过试点工作的开展，学校上下、各学院和全体导师增强了对专业学位研究生教育的认识，加强了实习实践环节的教育工作，大力开展了专业学位实习实践基地的建设，聘请了1400余位校外导师协助指导专业学位研究生，创新了122“三全程”的人才培养新模式，极大地改进和提升了学校的专业学位研究生教育。

（执笔：丁明利）

第一节　博士专业学位研究生教育新开展

学校积极对接国家发展战略，继承和发展学校产学研用结合的办学传统和优势，积极发展专业学位研究生教育，尤其是按照培养高层次应用型创新人才的办学定位，经过数年努力在博士专业学位授权上取得了重大突破，推进了学校博士专业学位研究生教育的发展。2017年3月27日，国务院学位委员会发布《关于下达2017年审核增列的博士、硕士学位授权点名单的通知》（学位〔2018〕9号），正式公布了2017年学位授权审核结果，学校获批先进制造工程博士专业学位授权点，成为全国仅有的40家具有工程博士专业学位授权的培养单位之一。

2019年5月24日，国务院学位委员会发布《国务院学位委员会关于下达工程硕士、博士专业学位授权点对应调整名单的通知》，正式公布了工程硕士专业学位类别对应调整结果，学校获批机械、能源动力两个博士专业学位授权点。

2020年，10月26日，根据国务院学位委员会《关于开展2020年博士硕士学位授权审核工作的通知》（学位〔2020〕20号），学校申报了电子信息、材料与化工、土木水利 3 个博士专业学位授权点。博士专业学位授权点的建设为学校构建一流的专业学位培养体系，培养最高层次应用型专业人才起到了积极的促进推动作用，也为学校加快学科建设和师资队伍建设步伐提供了坚实的基础。下一步，学校将以现有的专业学位博士授权点为基础，立足国家重大战略需求，坚持“创新、交叉、协同”的理念，结合国家重大科研技术攻关和科研项目，大力培养工程博士专业学位研究生，同时根据国家要求，积极申报和发展其他领域工程博士专业学位授权点以及艺术等其他类别博士专业学位授权。

一、先进制造博士专业学位研究生培养

先进制造博士专业学位研究生培养立足国家重大战略需求和纺织先进制造产业发展制高点，以先进纤维制造工程、智能纺织加工工程、纺织清洁化加工工程为特色的学科方向，培养满足国家重大工程技术和重要科技攻关项目需求的工程技术领军人才，引领纺织行业科技创新与转型升级，助力纺织强国战略目标。学校现有先进制造专业学位博士研究生导师 23 人，2018—2019 年，共招收先进制造博士专业学位研究生 53 名。

二、机械、能源动力和材料与化工博士专业学位研究生培养

机械博士专业学位研究生培养立足国家重大战略需求、上海重点产业和纺织先进制造业发展制高点，坚持“创新、交叉、协同”的理念，建设以高端纺织装备与系统、先进制造工艺与装备、智能制造与机器人为主的学科方向，培养满足国家重大工程技术和纺织行业发展需求的工程技术领军人才，引领纺织行业在高端装备与智能制造等领域的科技创新与转型升级，助力纺织强国战略目标。学校现有机械专业学位博士研究生导师 67 人，2020—2021 年，共招收机械博士专业学位研究生 70 名。

能源与动力工程是国民经济发展的核心基础产业领域。能源动力博士专业学位研究生培养针对新时代国家对能源动力领域高级工程人才在创新性、工程性、综合性等方面的新要求，以高效新能源技术、极端环境用节能复合材料、能源存储与热管理工程为特色的学科方向，培养具有高效新能源技术、极端环境用节能复合材料、能源存储与热管理工程等方向坚实宽广的理

论基础和系统深入的专门知识，具备解决复杂工程技术问题、进行工程技术创新以及组织实施高水平工程技术项目等能力的高层次专门人才，为培养和造就工程技术领军人才奠定基础。学校现有能源动力专业学位博士研究生导师 68 人，2020—2021 年，共招收能源动力博士专业学位研究生 84 名。

材料与化工博士专业学位研究生的培养立足现代纺织强国要求纺织材料与化工产业向高科技、高附加值、低能耗、低污染方向发展要求，设置面向纺织行业中的先进低维材料设计与制造、高性能纤维与复合技术、现代纺织加工技术、绿色纺织化学等行业急需的学科方向，培养具备材料与化工工程领域深厚的理论基础，具有精湛技艺、掌握核心技术和具有原始创新能力，能创造性解决复杂工程技术问题的高层次专门人才和领军人才，对于推动纺织行业的科技创新，加快我国纺织强国建设，服务区域经济建设具有重要的战略意义。材料与化工博士专业学位研究生 2022 年开始招生。

（执笔：孙增耀、丁明利）

第二节　硕士专业学位研究生教育的发展历程

截至 2021 年 9 月，学校共计获批硕士专业学位类型 11 种[①]。

一、工商管理硕士(MBA 和 EMBA)

工商管理硕士的英文翻译为 Master of Business Administration (MBA)，Executive Master of Business Administration(EMBA)。国家获批年份为 1990 年，也是全国首个专业学位类别。培养目标为培养企业或经济管理部门的高级经营管理专门人才。

截至 2021 年 9 月，全国共计 426 所高校获批 MBA 领域学位授权，上海市共计 15 所高校获批 MBA 领域学位授权；全国共 61 所高校获批 EMBA 领域学位授权。学校 1996 年 10 月全国第 3 批次获工商管理硕士领域学位授权；2009 年 6 月全国第 2 批次获高级工商管理硕士领域学位授权。

---

① 本节数据来源为“全国学位与研究生教育质量信息平台”-专业学位授权点名单及相应的专业学位类别研究生教育指导委员会官方网站。这里把以前属于工程专业学位的相关类别归并为一种：工程类专业学位。

二、工程硕士与工程类硕士专业学位(电子信息、材料与化工、机械、资源与环境、能源动力、土木水利、生物与医药)

工程硕士的英文翻译为 Master of Engineering(ME),国家获批年份为1997年,培养目标为培养应用型、复合式高层次工程技术和工程管理人才。

截至2021年9月,全国统计493所高校获批工程类硕士专业学位授权。学校于1997年10月获批成为首批开展工程硕士培养工作的高校,首批获批工程硕士领域为机械工程与纺织工程,至2010年共获批17个工程硕士领域,2019年3月各工程硕士领域对应调整为电子信息等7个专业学位类别。

三、艺术硕士

艺术硕士的英文翻译为 Master of Fine Arts(MFA),国家获批年份为2005年,培养目标为培养高层次、应用型艺术专门人才。

截至2021年9月,全国共计328所高校获批艺术学位类别授权,上海市共计14所高校获批。学校2005年6月艺术设计领域获学位授权,2012年美术领域获学位授权。

四、国际商务硕士

国际商务硕士的英文翻译为 Master of International Business(MIB),国家获批年份为2010年,培养目标为适应经济全球化需要,培养胜任在涉外企事业单位、政府部门和社会团体从事国际商务经营运作与管理工作,具备良好的政治思想素质和职业道德素养,通晓现代商务基础理论,具备完善的国际商务知识、国际商务分析与决策能力,熟练掌握现代国际商务实践技能,具有较高的外语水平和较强的跨文化交流能力的高层次、应用型、复合型人才。

截至2021年9月,全国共计167所高校获批国际商务学位类别授权,上海市共计13所高校获批。学校2010年9月获得授权。

五、翻译硕士

翻译硕士的英文翻译为 Master of Translation and Interpreting(MTI),

国家获批年份为 2007 年，培养目标为培养高层次、应用型、专业性口笔译人才。

截至 2021 年 9 月，全国共计 11 批、312 家高校获批艺术领域学位授权，上海市共计 20 所高校获批。学校为 2010 年 9 月全国第 3 批次获得授权。

六、工程管理硕士

工程管理硕士的英文翻译为 Master of Engineering Management (MEM)。国家获批年份为 2010 年，培养目标为培养具备良好的政治思想素质和职业道德素养，掌握系统的管理理论、现代管理方法，以及相关工程领域的专门知识，能独立担负工程管理工作，具有计划、组织、协调和决策能力的高层次、应用型工程管理专门人才。

截至 2021 年 9 月，全国共计 1982 家高校获批工程管理学位类别授权，上海市共计 11 所高校获批。学校 2010 年 9 月获工程管理硕士专业学位授权，2018 年 3 月项目管理、物流工程经对应调整并入工程管理。

七、公共管理硕士

公共管理硕士的英文翻译为 Master of Public Administration(MPA)，国家获批年份为 1999 年，培养目标为培养政府部门及非政府公共机构的高层次、应用型专门人才。

截至 2021 年 9 月，全国共计 8 批（含动态调整）、282 家高校获批公共管理领域学位授权，上海市共计 163 所高校获批。学校为 2014 年 5 月全国第 6 批次获得授权。

八、会计硕士

会计硕士的英文翻译为 Master of Professional Accounting(MPAcc)，国家获批年份为 2004 年，培养目标为培养高层次、应用型的会计专门人才。

截至 2021 年 9 月，全国共计 10 批、297 家高校获批会计领域学位授权，上海市共计 14 所高校获批。学校为 2014 年 5 月全国第 5 批获得授权。

九、金融硕士

金融硕士的英文翻译为 Master of Finance(MF),国家获批年份为2010年,培养目标为培养具备良好的政治思想素质和职业道德素养,充分了解金融理论与实务,系统掌握投融资管理技能、金融交易技术与操作、金融产品设计与定价、财务分析、金融风险管理以及相关领域的知识和技能,具有很强的解决金融实际问题能力的高层次、应用型金融专门人才。

截至2021年9月,全国共计228所高校获批金融硕士学位类别授权,上海市共计15所高校获批。学校2016年10月获得授权。

十、应用统计硕士

应用统计硕士的英文翻译为 Master of Applied Statistics(M. A. S.),国家获批年份为2010年,培养目标为培养具备良好的政治思想素质和职业道德素养,具有良好的统计学背景,系统掌握数据采集、处理、分析和开发的知识与技能,具备熟练应用计算机处理和分析数据的能力,能够在国家机关、党群团体、企事业单位、社会组织及科研教学部门从事统计调查咨询、数据分析、决策支持和信息管理的高层次、应用型应用统计专门人才。

截至2021年9月,全国共180所高校获批应用统计硕士学位类别授权,上海市共计9所高校获批。学校为2018年3月全国第3批次获得授权。

十一、新闻与传播硕士

新闻与传播硕士的英文翻译为 Master of Journalism and Communication (MJC),国家获批年份为2010年,培养目标为培养具备良好的政治思想素质和职业道德素养,具有现代新闻传播理念与国际化视野,深入了解中国基本国情,熟练掌握新闻传播技能与方法的高层次、应用型新闻传播专门人才。

截至2021年9月,全国共217所高校获批应用统计硕士学位类别授权,上海市共计14所高校获批。学校2018年3月获得授权。

(执笔:陈晓双)

第三节　专业学位研究生实习实践情况与成效

一、专业学位研究生实习实践制度

《教育部关于做好全日制硕士专业学位研究生培养工作的若干意见》(教研〔2009〕1号)指出,专业实践是重要的教学环节,充分的、高质量的专业实践是专业学位教育质量的重要保证,专业学位研究生在学期间,必须保证不少于半年的实践教学,可采用集中实践与分段实践相结合的方式。学校根据教育部的要求,制定了《东华大学关于攻读专业学位硕士研究生培养工作的规定》,对全日制专业学位硕士生的专业实践环节做了具体的规定。学校专业学位硕士研究生的培养实行"双导师"制,校内导师对研究生的培养负主要责任,校外导师参与课程教学、专业实践与学位论文等多个环节的指导工作。专业学位硕士生的培养采取课程学习和专业实践相结合的方式。通过课程学习和专业实践,增强专业学位硕士生的创新能力和实践能力。课程学习主要在校内进行;全日制专业学位硕士生的专业实践应在专业实践基地完成,学位论文与专业实践应有机结合。全日制专业学位硕士生在学期间必须保证不少于6个月的专业实践。专业实践必须是面向本专业类别或领域的实际工作,遵循"集中实践与分段实践"相结合、"校外实践和校内实践"相结合、"专业实践与论文工作"相结合的原则,注重实践能力、综合能力、职业素养以及创业精神的培养。同时还要求,专业实践包括专业学位实践登记、专业实践承诺和专业实践考核三大部分。校外导师需经过学院审批、聘任后才能指导培养专业学位硕士研究生。专业学位硕士研究生的研究方向须与校外导师的研究方向或工作特长一致。专业实践原则上在校外导师所在单位进行,专业实践内容须与专业学位硕士研究生的研究方向、学位论文一致。学校、学院两级严格按照要求把控专业实践过程和结果,保障了专业实践高质量全部完成。

其中,工程硕士占据了专业学位硕士一半以上的数量,为表彰在专业实践中表现突出的工程硕士专业学位研究生,自2020年起,学校开展了"工程硕士实习实践优秀成果获得者"评选活动。从是否运用所学理论与方法完成实习实践任务，解决了企业行业哪些实际问题；成果是否突出，获得了哪些省部级及以上奖励和发明专利，发表什么高水平论文，攻克企业哪些技术难题，填补哪些行业空白，经济和社会效益是否显著；在校内校外导师的指导和作用下，实习实践任务由本人为主完成；职业素养在实习实践过程中得到哪些良好的表现和显著提高等四个大维度全方位考量。评选了一批解决了企业实际问题，取得了突出的成效，同时科研能力、应用能力、职业能力得到了有效提升的工程硕士。

表 4-1　东华大学"工程硕士实习实践优秀成果获得者"一览表(2020—2021 年)

序号	姓名	学院	实习实践项目名称	届别
1	赵　凯	化生学院	基于巯基-烯点击化学的涤纶织物吸湿排汗导热整理研究	第一届
2	甘　宇	材料学院	钛系催化聚酯与纤维的结构性能分析及稳定性机理研究	第一届
3	宋　鎏	纺织学院	废旧滤袋的回收	第一届
4	娄坚婷	纺织学院	罗布麻/黄麻混杂增强聚丙烯复合材料的开发和性能	第一届
5	赵亚茹	纺织学院	轻质柔性弹性电磁屏蔽织物开发及性能研究	第一届
6	杨　刚	纺织学院	国家创新产品复合疝修补补片的前瞻性队列研究	第二届
7	王英杰	化生学院	纺织品中驱蚊剂艾草油和氯菊酯以及石墨烯材料检测方法研究	第二届
8	肖　尧	化生学院	智能调温纺织品检测技术研究	第二届
9	尚　楠	材料学院	纳米导电材料在太阳能电池导电铝浆中的应用研究	第二届
10	陈苗苗	材料学院	废旧棉纺织品回收制备溶解浆及 Lyocell 纤维的研究	第二届
11	蒋君莹	纺织学院	纺织基吻合口加固修补组件	第二届
12	黄艺伟	环境学院	火箭平流层气象观测系统研制	第二届

续　表

序号	姓名	学院	实习实践项目名称	届别
13	吴得全	信息学院	MXAutomation 测试项目 AGV 小车项目开发	第二届
14	张　淞	机械学院	智能垃圾桶分类系统设计	第二届
15	胡　敏	纺织学院	高效低阻静电纺丝复合过滤材料	第二届

二、专业学位研究生教育取得成效

（一）全国工程硕士研究生教育创新院校和特色领域

2011 年 1 月，接全国工程硕士专业学位教育指导委员会《关于公布获得“全国工程硕士研究生教育创新院校”、“全国工程硕士研究生教育特色工程领域”荣誉称号名单的通知》（教指委〔2011〕1 号），全国共有 50 个工程硕士培养单位获得“全国工程硕士研究生教育创新院校”荣誉称号，170 个工程领域获得“全国工程硕士研究生教育特色工程领域”荣誉称号。上海有 7 所高校获 14 个“全国工程硕士研究生教育特色工程领域”。学校获得“全国工程硕士研究生教育创新院校”，纺织工程和材料工程获得“全国工程硕士研究生教育特色工程领域”荣誉称号。

（二）全国工程硕士研究生教育工作先进个人奖

2004 年 6 月，国务院学位委员会办公室发布《关于对在工程硕士研究生教育工作中做出贡献的个人给予表彰的通知》（学位办〔2004〕71 号），全国工程硕士专业学位教育指导委员会发布《关于对在工程硕士研究生教育工作中做出优异成绩的个人给予表彰的通知》（指导委〔2004〕第 2 号），全国 40 家培养单位的 61 名教育工作者获奖，上海有 8 人获奖，学校郁崇文老师荣获“全国工程硕士研究生教育工作先进个人奖”。

（三）做出突出贡献的工程硕士学位获得者

学校工程专业学位研究生教育以“高层次应用型创新人才”为培养目标，探索改革之路，为社会培养了一大批“留得住、用得上”的高层次工程技术和工程管理人才，为经济发展和社会进步作出突出贡献。目前该奖项举办了三届，全国共有 460 人获奖，上海总计有 6 所高校的 38 人获奖。学校是上海市除同济大学、华东理工大学外连续三届获奖的高校。

2000 级纺织工程硕士蒋惠和 2009 级纺织工程硕士丁彩玲分别入选第一届和第二届“做出突出贡献的工程硕士学位获得者”荣誉称号获奖名单，2001 级纺织工程硕士龚杜弟和 2009 级材料工程硕士李文强获第三届“做出突出贡献的工程硕士学位获得者”荣誉称号。见表 4－2。

表 4－2 “做出突出贡献的工程硕士学位获得者”名单

届别	培养单位	工程领域	学　院	年份
首　届	纺织工程	纺织学院	蒋　惠	2007
第二届	纺织工程	纺织学院	丁彩玲	2014
第三届	材料工程	材料学院	李文强	2018
	纺织工程	纺织学院	龚杜第	2018

（四）全国工程类专业学位研究生实习实践优秀成果获得者

2014 年全国工程专业学位研究生教育指导委员会开展“工程硕士实习实践优秀成果获得者”评选，至 2018 年共完成五届评选，全国累计 439 人获奖，上海共有来自 8 所高校的 40 人获奖。

自 2014 年公布 2009 级纺织工程硕士研究生获得首届“工程硕士实习实践优秀成果获得者”以来，学校连续五届共 7 人获得该奖项，是上海市唯一连续五届获得此殊荣的高校。见表 4－3。

表 4－3 “全国工程类专业学位研究生实习实践优秀成果获得者”名单

届别	工程领域	所属学院	姓名	指导教师	年份
第一届	纺织工程	纺织学院	孙　昊	李　炜	2014
第二届	材料工程	材料学院	周　颖	孙　宾	2015
	纺织工程	化生学院	黄　旺	赵　涛	2015
第三届	材料工程	材料学院	刘亚涛	张耀鹏	2016
第四届	纺织工程	纺织学院	宫海飞	杜卫平	2018
	环境工程	环境学院	徐能能	马承愚	2018
第五届	纺织工程	化生学院	樊　吉	王　炜	2018

（五）其他专业学位获奖情况

除工程硕士研究生外，学校其他专业学位类别硕士研究生也获奖颇丰。

1. 工商管理硕士

2009年，为了表彰长期从事MBA教育管理，并做出突出成绩的MBA项目管理人员，工商管理硕士教育指导委员会设立"MBA教育管理突出贡献奖"。经前四批MBA培养院校推荐，第四届全国MBA教育指导委员会第五次会议审议通过，决定对安东梅等51位老师进行表彰，授予其"MBA教育管理突出贡献奖"，其中上海有7人获奖。学校顾晓敏老师荣获"MBA教育管理突出贡献奖"。

由全国工商管理专业学位研究生教育指导委员会主办，中国管理案例共享中心承办的"全国百篇优秀管理案例"自2010年开展以来，已经连续开展了11届。2015年，开展了第六届"全国百篇优秀管理案例"评选，学校吴炯、符谢红的《亲苑养老公司的识人之"惑"与"获"》入选。

2. 艺术硕士

2008年11月，全国首次艺术硕士美术与艺术设计优秀作品评选在东华大学举行，14位知名专家学者对全国各艺术硕士试点培养院校推荐的562件作品进行了集中评选，并于7日公布了评选结果：287件作品（196件美术作品、91件艺术设计作品）被评为优秀作品。优秀作品于11月28日至12月5日在中国美术馆展出。

上海有10件作品入围，作者单位均为东华大学，见表4-4。

表4-4　全国首次艺术硕士美术与艺术设计优秀作品清单

序号	作者	作品名称	作品类型
1	赵玉龙	《游——早春图》	油画作品
2	诸葛阳	《山水》	陶艺作品
3	何跃如	《禅椅》	家具设计作品
4	冯信群	《秀色》	陶艺作品
5	陶文明	《震恸》	油画作品
6	张义芳	《印象亭榭》	服装设计作品

续 表

序号	作者	作品名称	作品类型
7	杨隽颖	《墨叠》	服装设计作品
8	徐增英	《游太极》	黑白木刻作品
9	姚月霞	《衣.事》	服装设计作品
10	陈　波	《唐三彩》	书籍装帧作品

2020 年是艺术硕士专业学位设置 15 周年，学校 5 名艺术硕士入选全国艺术硕士研究生优秀毕业成果暨“以美育人，以艺育才—全国艺术硕士培养院校教学成果云展演活动”名单。见表 4－5。

表 4－5　全国艺术硕士研究生优秀毕业成果

序号	奖项名称	获奖等级	主办单位	获奖人员	所属学院	类别	年份
1	全国艺术硕士研究生优秀毕业成果	优秀毕业成果并网络展播	全国艺术专业学位研究生教育指导委员会	徐增英	服艺学院	艺术	2020
2	全国艺术硕士研究生优秀毕业成果	优秀毕业成果并网络展播	全国艺术专业学位研究生教育指导委员会	刘文良	服艺学院	艺术	2020
3	全国艺术硕士研究生优秀毕业成果	优秀毕业成果并网络展播	全国艺术专业学位研究生教育指导委员会	包懿乐	服艺学院	艺术	2020
4	全国艺术硕士研究生优秀毕业成果	优秀毕业成果并网络展播	全国艺术专业学位研究生教育指导委员会	魏三峡	服艺学院	艺术	2020
5	全国艺术硕士研究生优秀毕业成果	优秀毕业成果并网络展播	全国艺术专业学位研究生教育指导委员会	刘　蕾	服艺学院	艺术	2020

3. 其他专业学位获奖情况

2016年，第二届国际商务专业硕士优秀学位论文评选，最终有11篇论文获奖，其中优秀论文6篇，优秀论文提名奖5篇。上海市有2篇论文获奖，学校孙明贵老师指导的赵天水获奖。2018年，第三届国际商务专业硕士优秀学位论文评选，最终有19篇论文获奖，评出一等奖2名，二等奖4名，三等奖5名，提名奖8名。上海市有2篇论文获奖，学校王雷老师指导王婧获奖。见表4-6。

表4-6　国际商务优秀论文获奖名录

序号	学校	作者	指导教师	题目	获奖类别
1	东华大学	赵天水	孙明贵	基于感知风险的跨境电商平台消费者信任对购买意愿的影响	优秀论文（2016）
2	东华大学	王　婧	王　雷	FDI对我国高技术产业创新产出影响的门槛效应研究	提名奖（2018）

2020年学校应用统计硕士研究生在全国应用统计专业学位研究生教育指导委员会、全国工业统计教学研究会、中国统计教育学会高等教育分会主办的第四届全国应用统计案例大赛中从全国100多所高校500多个团队中脱颖而出，获二等奖2项、三等奖3项。见表4-7。

第四节　专业学位研究生实习实践基地建设与成效

一、专业学位研究生实习实践基地的总体情况

专业学位研究生实习实践基地是为加强专业学位研究生实践能力培养，与行业、企业、社会组织等共同建立的人才培养平台，是专业学位研究生进行专业实践的主要场所，是产教融合的重要载体和途径。加强基地建设，是专业学位研究生实践能力培养的基本要求，是推动教育理念转变、深化培养模式改革、提高培养质量的重要保证。学校不断探索专业学位研究生教育规律，加强顶层设计和组织协调，建立制度保证机制，合理配置资源，重点

表 4-7 其他专业学位研究生获奖情况一览表

序号	奖项名称	获奖等级	主办单位	获奖人员	所属学院	类别	年份
1	"华为杯"第十二届全国研究生数学建模竞赛	全国三等	教育部学位与研究生教育发展中心	吴多英	管理学院	物流工程	2016
2	第二届全国国际商务硕士优秀学位论文奖	全国优秀论文奖	全国国际商务专业学位研究生教育指导委员会	赵天水	管理学院	国际商务	2016
3	全国大学生英语竞赛	全国三等	教育部高等学校大学外语教学指导委员会	陈心迪	管理学院	国际商务	2017
4	第二届中国纺织类高校大学生创意创新创业大赛	全国特等	教育部高等学校纺织类专业教学指导委员会,中国纺织类服装教育学会,上海管理教育学会	罗　捷	管理学院	国际商务	2017
5	第二届中国纺织类高校大学生创意创新创业大赛	一等	教育部高等学校纺织类专业教学指导委员会,中国纺织类服装教育学会,上海管理教育学会	王梦竹	管理学院	国际商务	2017
6	2018 年"创青春"全国大学生创业大赛创业计划类	全国三等	共青团中央	罗　捷	管理学院	国际商务	2017
7	2018 年"创青春"全国大学生创业大赛创业计划类	全国三等	共青团中央	王梦竹	管理学院	国际商务	2017
8	"华为杯"第十五届中国研究生数学建模竞赛	全国三等	教育部学位与研究生教育发展中心	李阳阳	管理学院	物流工程	2018
9	"华为杯"第十五届中国研究生数学建模竞赛	全国一等	教育部学位与研究生教育发展中心	曾嘉炜	管理学院	国际商务	2018

续 表

序号	奖项名称	获奖等级	主办单位	获奖人员	所属学院	类别	年份
10	第八届“泰迪杯”数据挖掘挑战赛	全国二等奖	中国优选法统筹法与经济数学研究会	席志超	理学院	应用统计	2020
11	2020 年第十届 MathorCup 高校数学建模挑战赛	研究生组二等奖	中国高校大数据教育创新联盟	李　璇	理学院	应用统计	2020
12	第四届全国应用统计专业学位研究生案例大赛	全国二等奖	全国应用统计专业学位研究生教育指导委员会	周一洋，张晨岳，李璇	理学院	应用统计	2020
13	第四届全国应用统计专业学位研究生案例大赛	全国二等奖	全国应用统计专业学位研究生教育指导委员会	王怡宁，李硕，李寅	理学院	应用统计	2020
14	第四届全国应用统计专业学位研究生案例大赛	全国三等奖	全国应用统计专业学位研究生教育指导委员会	王子铭，邢聪，郑贻纹	理学院	应用统计	2020
15	第四届全国应用统计专业学位研究生案例大赛	全国三等奖	全国应用统计专业学位研究生教育指导委员会	席志超，向子航，张磊	理学院	应用统计	2020
16	第四届全国应用统计专业学位研究生案例大赛	全国三等奖	全国应用统计专业学位研究生教育指导委员会	程冉，吴旭辉	理学院	应用统计	2020
17	第四届中国研究生公共管理案例大赛	全国优秀奖	全国公共管理专业学位研究生教育指导委员会	刘加阳，陈千羽，朱骁亮，潘彤彤，蒋诗侨	人文学院	公共管理	2020
18	2016 年“笹川杯”全国高校日本知识大赛	国家级团体优胜奖	武汉大学、日本科学协会	毕传康	外语学院	翻译	2016

续　表

序号	奖项名称	获奖等级	主办单位	获奖人员	所属学院	类别	年份
19	2018 年全国大学生英语竞赛（NECCS）A 类	国家级三等	教育部高等学校大学外语教学指导委员会、高等学校大学外语教学研究会	陈天诗	外语学院	翻译	2018
20	2018 年全国大学生英语竞赛（NECCS）A 类	国家级三等	教育部高等学校大学外语教学指导委员会、高等学校大学外语教学研究会	费素琴	外语学院	翻译	2018
21	2018 年全国大学生英语竞赛（NECCS）A 类	国家级三等	教育部高等学校大学外语教学指导委员会、高等学校大学外语教学研究会	高天阳	外语学院	翻译	2018
22	2018 年全国大学生英语竞赛（NECCS）A 类	国家级三等	教育部高等学校大学外语教学指导委员会、高等学校大学外语教学研究会	周广庆	外语学院	翻译	2018
23	2019 年全国大学生英语竞赛（NECCS）A 类	国家级三等	教育部高等学校大学外语教学指导委员会、高等学校大学外语教学研究会	陈　晨	外语学院	翻译	2019
24	2019 年全国大学生英语竞赛（NECCS）A 类	国家级三等	教育部高等学校大学外语教学指导委员会、高等学校大学外语教学研究会	严怡临	外语学院	翻译	2019
25	2019 年全国大学生英语竞赛（NECCS）A 类	国家级二等	教育部高等学校大学外语教学指导委员会、高等学校大学外语教学研究会	俞　佳	外语学院	翻译	2019
26	第一届樱花杯江浙沪大学生日语口译邀请赛	省部级特等	日语教学研究会上海分会、上海中日校企联盟会	陈　涛	外语学院	翻译	2019
27	第十二届“挑战杯”上海市大学生创业计划竞赛	省部铜奖	共青团中央、中国科协、教育部和全国学联	冯　璐	外语学院	翻译	2020

（执笔：田顺利、丁明利）

加强实习实践基地建设。多年来，学校在专业学位研究生实习实践基地的发展上做出了不懈的努力，成绩较为显著。共构建国家级、上海市级、校级、院级四级产学研联合培养实习实践基地 415 个，其中包括 2 个“全国示范性工程专业学位研究生联合培养基地”、4 个上海市级示范级实习实践基地、9 个上海市级实习实践基地。与上海科学院、上海纺织(集团)有限公司、中国化学纤维工业协会等单位签订合作协议。

(一) 专业学位研究生实习实践基地制度与管理

为推进新时代专业学位研究生教育高质量发展，加强和规范专业学位研究生产教融合研究生基地建设与管理，学校制定了《东华大学专业学位产教融合研究生联合培养基地建设与管理办法》。基地由学校学院与合作单位共同建设与管理，遵循“创新模式、讲求实效、规范管理、互惠共赢”的原则。基地根据不同专业和学科性质特点，有目的、有计划、有步骤地设立，采取了“学校指导、学院建设”的管理模式。学院和合作单位共同负责基地的日常管理和安全工作，研究生院对基地进行指导和监督。学院与合作单位共同制定培养目标、建设相关课程、参与培养过程、评价培养质量，建立产教有机融合的协同育人模式。双方以基地建设为纽带，充分发挥了各自优势，构建人才培养、科学研究、成果转化、社会服务、文化传播等多元一体、互惠共赢的资源共享机制和合作平台。学院高度重视专业学位研究生的专业实践环节，整体规划，统筹协调，主动与合作单位建立多种形式的合作，并按需设立、规范管理、稳定有序、注重示范。不断规范了基地设立要求及设立程序。

基地设立要求方面，基地必须是具有独立法人资格的合作单位，同时应具备以下条件：基地依托的合作单位的业务能满足相关类别或领域专业学位研究生完成专业实践和学位论文研究要求，在区域内具有行业代表性；基地应具有一定的承载规模，相关设施与场所能满足实践教学需要，并具备研究生工作、生活、学习所需的基本条件；具有一定数量且符合研究生指导教师基本条件的相关专业技术及管理人员作为专业实践研究生的校外导师，同时配备必要的专职管理人员，以保证基地日常运行；具有劳动保护和卫生保障条件，建立安全管理机制，为研究生购买人身保险，保证研究生专业实践过程中的人身安全；能够长期稳定、规范、有效运作，保障专业实践培养质量；基地依托的合作单位重视并安排人力、物力支持基地的建设与管理，能安排专人负责对参加专业实践的研究生进行管理和教育，并提供研究生完成项目必需的条件、资料及人员协助和指导。

基地按以下程序设立：

1. 规划论证。学院根据实际需要制定基地建设规划。规划内容包括基地依托单位基本情况、适用专业学位类别或领域、合作基础、合作方式、运行机制、建设进度、预期成果等，对拟建设基地进行实地考察。

2. 初步协商。学院与拟设基地单位进行初步协商，双方达成初步合作意向，学院党政联席会进行讨论。

3. 签订协议。经学院党政联席会讨论通过后，学院与拟设基地单位正式签订协议。协议书主要包括合作内容、合作方式、责任和义务、安全保障、联合培养工作方案、相关知识产权归属、合作年限等。

4. 基地挂牌。合作协议签订后举行挂牌和校外导师聘任仪式，仪式筹备等工作由学院与合作单位协商确定。

基地的日常管理：学院与合作单位共同成立基地工作小组，成员包括学院负责人、合作单位负责人、基地运行管理专员等。学院及合作单位负责人总体负责基地建设与管理；基地运行管理专员具体负责基地日常运行、专业实践教学计划制定与实施、研究生在基地期间的管理与教育、学院与合作单位之间的日常沟通联系、基地的信息管理工作等。要求每年不少于2名研究生赴基地进行至少6个月的专业实践。基地工作小组向学院推荐符合条件的合作单位专业技术及管理人员担任基地的研究生校外导师，经学院讨论、签字盖章确认后报备研究生院。研究生院为校外导师颁发聘书，聘期原则上为3年。校内导师和校外导师共同负责对研究生进行培养指导。

（二）专业学位研究生实习实践基地建设

1. 上海产学研研究生联合培养基地

上海是全国较早开展研究生基地建设的省级单位之一。2005年，上海开始产学研研究生联合培养基地建设，在上海市挂牌成立的5个"上海市研究生联合培养基地"单位（宝钢、上汽、电器集团、纺织控股和张江高科）中，学校和电器集团、上海纺织控股（集团）公司为签约单位。2006年，学校与上海纺织控股（集团）公司研究生联合培养基地正式揭牌，并研究制订了校企联合培养研究生过程的指导性原则。学校在纺织科学与工程（一级学科）学科第一批聘请了9名兼职硕士生指导教师。2007年，启动东华大学—中国纺织科学研究院联合培养基地建设；与上海纺织控股（集团）公司、上海电气（集团）公司等企业建立研究生联合培养基地，这既是上海市产学研联合培养基地，也是国务院学位办研究生创新项目。2008年，推动产学研联合研究生培养基地建设工作。与上海纺织控股集团、上海电气（集团）有限公司、中国纺织科学研究院、万达集团、上海计算机研究所和上海环境科学研究院等企业或科研院所建立研究生联合培养基地（或单位），与浙江恒胜科技有限公司签订共建研究生实习基地协议。东华大学—中国纺织科学研究院研究生联合培养基地入选上海市6个市级产学研联合培养研究生基地之一。东华大学—上海纺织控股集团联合培养基地运作良好，在全市总结大会上作交流发言。

2. 学校专业学位研究生实习实践基地

2009年起，国家开始招收全日制专业学位硕士研究生，学校以此为契机，大力构建专业学位研究生实习实践基地，逐步形成了“国家-上海市-学校-学院”四级制度的专业学位研究生实习实践基地。

2009年，学校与浙江省象山县人民政府共建研究生培养及科技创新基地、与浙江象山恒大印染有限公司共建研究生培养及科技创新研发中心；与中国电子科技集团公司第五十研究所联合培养研究生，进一步加大高校与科研院所的合作力度，深化研究生培养模式和机制改革，提升人才培养质量。

2010年，学校与解放军四一一医院、浙江现代纺织工业研究院、浙江金鹏化工有限公司签约联合培养研究生。

2011年，学校与福建省纤维检验局签约共建全日制专业学位研究生联合培养基地；与盛泽镇签约共建校企研究生工作站，此次签约是学校和盛泽镇开展“政产学研”合作的内容之一。

2013年，东华大学工程硕士上海众恒信息产业股份有限公司研究生联合培养实践基地、东华大学工程硕士研究生象山恒大印染有限公司实践创新基地东华大学工程硕士上海纺织（集团）联合培养实践基地、东华大学工程硕士太仓荣文合成纤维有限公司纤维材料研究生实践教学基地、东华大学工商管理类专业学位嘉定国资委实践基地、东华大学工程硕士研究生太平洋机电（集团）有限公司实践创新基地和东华大学翻译硕士研究生宁波杭州湾新区科技翻译实践基地等获批成为上海市市级基地。

2014年，东华大学艺术硕士上海城凯建筑设计有限公司联合培养实践基地、与上海市环境科学研究院（国家环境保护城市土壤污染控制与修复工程技术中心联合建设东华大学环境工程专业学位研究生实践基地和东华大学设计艺术学专业学位研究生实践基地等成为上海市市级基地；东华大学工程硕士上海纺织（集团）联合培养实践基地获得全国工程专业学位教育指导委员会评选的“第一届全国工程专业学位研究生联合培养示范基地”。

2015年，东华大学会计硕士专业学位致同会计师事务所实践基地和东华大学MPA专业学位研究生松江区行政服务中心实践基地成为上海市市级基地；东华大学工程硕士上海纺织（集团）联合培养实践基地、东华大学工程硕士上海众恒信息产业股份有限公司研究生联合培养实践基地和东华大学工程硕士研究生象山恒大印染有限公司实践创新基地成为上海市示范级实践基地。

2017年，东华大学中国化学纤维工业协会联合培养实践基地获批成为全国工程专业学位教育指导委员会评选的“第三届全国工程专业学位研究生联合培养示范基地”。

2018年，东华大学化学工程专业学位研究生广东德美精细化工有限公司实践基地获批成为上海市市级基地。

2019年，学校首次举办东华大学全日制专业学位研究生专业实践培育基地立项工作，东华大学工程硕士江苏丹毛纺织股份有限公司联合培养实践基地、东方时尚语境下的海派家具创新设计研发霈泽实践基地和东华大学-浙江帅锋精密机械制造有限公司研究生实习实践培育基地3个项目获得立项资助。

2021年，学校再次举办东华大学全日制专业学位研究生专业实践培育基地立项工作，长三角G60科创走廊“产学研人才联合培养基地”、东华大学-微创医疗全日制专业学位研究生联合培养基地、数字化物流技术与装备专业学位研究生联合培养基地、东华大学信息科学与技术学院-上海航天电子通讯设备研究所专业学位研究生联合培养基地、东华大学-际华集团股份有限公司专业学位研究生联合培养基地和东华大学-江苏悦达纺织集团有限公司专业学位研究生联合培养基地6个项目获得立项资助。

此外，各学院也积极拓展实习实践基地建设，至今建立415个各类基地，分布在全国20余个省份。见表4-8。

表4-8 东华大学各学院专业学位实习实践基地

学院	基地数量	学院	基地数量
化生学院	184	环境学院	15
纺织学院	86	信息学院	6
服艺学院	28	人文学院	4
机械学院	28	理学院	2
管理学院	23	外语学院	2
材料学院	20	总计	415
计算机学院	17		

二、专业学位研究生实习实践基地建设成效

（一）全国示范性工程专业学位研究生联合培养基地

2014年，全国工程教指委开展第一届“全国示范性工程专业学位研究生联合培养基地”评选，至2017年共开展了三届，全国获批108个，上海共有4所高校的6个基地获批。我校获批情况见表4-9。

表4-9 全国示范性工程专业学位研究生联合培养基地一览表

序号	联合培养实践基地名称	联合培养单位名称
1	上海纺织（集团）有限公司联合培养实践基地	上海纺织（集团）有限公司
2	中国化学纤维工业协会联合培养实践基地	中国化学纤维工业协会

（二）上海市级示范基地和实践基地

2013年，为更好地推动全日制专业学位实习实践工作，上海决定开展实习示范基地建设，后来还开展示范基地建设评选。至2018年，上海市累计投入2亿余元，建设了300余个市级基地。学校累计获批4个示范基地、9个市级基地。见表4-10。

表 4－10　东华大学专业学位实习实践基地(市级及以上)

序号	实践基地名称	合作单位	获批年度	学院	专业学位类别/领域	所在地	备注
1	东华大学工程硕士上海纺织(集团)联合培养实践基地	上海纺织(集团)有限公司	2013	纺织学院	纺织工程	上海市	上海市示范级
2	东华大学工程硕士上海众恒信息产业股份有限公司研究生联合培养实践基地	上海众恒信息产业股份有限公司	2013	计算机学院	计算机技术、软件工程	上海市	上海市示范级
3	东华大学工程硕士研究生象山恒大印染有限公司实践创新基地	象山恒大印染有限公司	2013	化生学院	化学工程	浙江省象山县	上海市示范级
4	东华大学设计艺术学专业学位研究生实践基地	上海市杨浦区政府－“杨浦区商贸集团－上海国际设计与贸易促进中心”	2014	服艺学院	艺术硕士	上海市	上海市示范级
5	东华大学工程硕士太仓荣文合成纤维有限公司纤维材料研究生实践教学基地	江苏省太仓市荣文合成纤维有限公司	2013	材料学院	材料工程	江苏省太仓市	上海市级
6	东华大学工商管理类专业学位嘉定国资委实践基地	上海市嘉定区国有资产监督管理委员会	2013	管理学院	工商管理、高级管理人员工商管理	上海市	上海市级
7	东华大学工程硕士研究生太平洋机电(集团)有限公司实践创新基地	太平洋机电(集团)有限公司	2013	机械学院	机械工程、工业设计工程	上海市	上海市级

续　表

序号	实践基地名称	合作单位	获批年度	学院	专业学位类别/领域	所在地	备注
8	东华大学翻译硕士研究生宁波杭州湾新区科技翻译实践基地	宁波市杭州湾新区管委会	2013	外语学院	翻译硕士（英、日语）	浙江省宁波市	上海市级
9	东华大学艺术硕士上海城凯建筑设计有限公司联合培养实践基地	上海城凯建筑设计有限公司	2014	服艺学院	艺术硕士	上海市	上海市级
10	东华大学环境工程专业学位研究生实践基地	上海市环境科学研究院（国家环境保护城市土壤污染控制与修复工程技术中心）	2014	环境学院	环境工程	上海市	上海市级
11	东华大学会计硕士专业学位致同会计师事务所实践基地	上海致同会计师事务所	2015	管理学院	会计	上海市	上海市级
12	东华大学 MPA 专业学位研究生松江区行政服务中心实践基地	上海市松江区行政服务中心	2015	人文学院	公共管理	上海市	上海市级
13	东华大学化学工程专业学位研究生广东德美精细化工有限公司实践基地	广东德美精细化工有限公司	2018	化生学院	化学工程	广东省	上海市级

（执笔：田顺利、孙增耀、丁明利）

第五节　未来专业学位研究生教育发展规划

以服务需求为导向，合理调整人才培养规模与结构。聚焦国家和上海重大战略、关键领域，深化科教与产教融合，积极优化研究生培养规模和结构。坚持供给与需求相匹配、数量与质量相统一，稳步扩大研究生招生规模，优化研究生规模结构，在“十四五”末实现专业学位占比约三分之二。实行“一专业学位类别一示范”方案，在每一个专业学位类别遴选建成至少一门课程思政示范课。

破除“五唯”不良导向，制定更加科学合理的研究生导师评价考核标准。明确导师学科专业归属，建立学术学位和专业学位研究生导师分类评聘和分类考核评价制度，将政治表现、师德师风、学术水平、指导精力投入、育人实效等纳入评价考核体系，每年开展1次覆盖全体导师的研究生调研，综合评价研究生导师落实立德树人的履职情况。

对接国家重大项目，探索科研经费博士生培养计划。探索实施以国家重大科学研究、工程研发等科研经费承担培养成本的科研项目博士研究生专项招生计划。本专项招生计划向科研经费充足的导师倾斜，招生过程给予导师更多自主权。至“十四五”末占全部博士招生计划的5%以上。

围绕行业产业科技攻关项目，实施“TEP”领军工程师计划（Top Engineer Project）。依托重点行业、大型企业培育建设一批“国家和上海产教融合博士研究生联合培养基地”，围绕解决“卡脖子”技术和重大复杂工程问题，设立“TEP”专项计划，遴选高水平校内外团队和优秀博士专业学位研究生，通过产教融合、校内外协同，培养具有国际视野的工程技术领军人才，满足制造强国建设需要。

深化“三全程”培养模式，加强专业学位研究生导师队伍建设。在专业学位研究生培养过程中落实“行业专家全程参与专业学位研究生教育的改革设计，企业项目全程融入专业学位研究生知识体系建构，校内外导师全程参与专业学位研究生人才培养”的“三全程”培养模式。对标“优秀实习实践获得者”，加强研究生在企业实习实践期间的考察、评价和管理。加强校内外导师的交流，强化校外导师的管理和培训，提升实践育人能力与水平，"十四五"末实现优秀校外导师队伍"1000 人"计划。完善"国家-省部级-校级-院级"专业学位硕士研究生实习实践基地的管理机制，到"十四五"末新增各类专业学位硕士研究生实习实践基地 300 个。

（执笔：丁明利、刘晓艳）

第五章

研究生教育对外交流与合作

第一节　研究生对外交流总体概况

一、概况

教育的对外开放交流是提升研究生教育水平和质量的重要渠道和手段,国家一直重视对外开放交流工作。尤其是恢复招收研究生后,一开始专门招收出国留学研究生,后来制度不断改进。自2007年实行新的国家公派留学项目,为双一流建设提供助力。学校也积极用好国家和上海的对外交流政策,积极走出去与请进来,全方位、多渠道提升研究生教育的水平。

为不断提高学校研究生教育国际化水平,学校以"国家公派留学研究生项目"和"东华大学优秀博士生国际访学项目"两个公派研究生项目为抓手,以"选拔一流的学生,到国外一流的院校、科研机构或学科专业,师从一流的导师"为标准,不断完善研究生公派留学质量保障体系,支持和资助更多的研究生去国外交流和深造,提高学校研究生培养质量。

国家于2007年开始公派留学项目,实施15年来,学校累计录取和派出公派留学研究生达到750人,其中联合培养博士生565人,攻读博士学位134人,联合培养硕士生34人,攻读硕士学位17人。分赴美国、加拿大、英国、法国、德国、意大利、奥地利、爱尔兰、瑞典、澳大利亚、日本、新加坡、丹麦、瑞士、西班牙、新西兰等近20个国家的大学或研究院所交流学习，留学单位包括哈佛大学、耶鲁大学、牛津大学、斯坦福大学、普林斯顿大学、加州大学伯克利分校、康奈尔大学、哈佛大学-麻省理工学院博德研究所和加拿大国家研究院等50余所世界一流名校和研究机构。

（一）国家建设高水平大学公派研究生项目

为深入贯彻落实习近平新时代中国特色社会主义思想和党的十九大精神，聚焦加快建设人才强国目标，紧密结合并推进“双一流”建设，实施国家建设高水平大学公派研究生项目。遵循“公开、公平、公正”的原则，按照选拔一流的学生，到国外一流的院校、科研机构或学科专业，师从一流导师的要求，着眼于培养一批具有国际视野、通晓国际规则，能够参与国际事务和竞争的拔尖创新人才。国家自2007年起设立国家建设高水平大学公派研究生项目，该项目每年将选派5000—10000名左右的一流的学生，2021年计划选派10000名一流的研究生，到国外一流的院校、专业，师从一流的导师留学交流。见表5-1。

（二）艺术类人才培养特别项目

艺术类人才培养特别项目旨在利用国外优质资源，培养具有国际视野、国际竞争力和创新能力的优秀艺术人才及学贯中西的文化艺术大师，提高我国艺术教育整体水平及培养质量。2021年计划从全国选派200人，主要选派高校从事艺术教育的教师、国内外艺术类专业优秀在校学生。

（三）创新型人才国际合作培养项目

“创新型人才国际合作培养项目”由国家留学基金委设立，旨在服务国家战略以及“双一流”建设，重点支持中外双方“强校合作”和共同优势学科领域的“强项合作”项目，以培养创新型、紧缺型、复合型国际化人才。获批项目执行期为三年。截至目前，学校共有八项“创新型人才国际合作培养项目”获国家留学基金委立项资助，项目选派专业涵盖全校大部分专业。

（四）东华大学优秀博士生国际访学项目

为推动研究生教育的国际化，完善研究生培养模式，加快研究生教育国际化，促进学校与国外著名高校与科研机构的学术交流，提高学校博士生的科研创新能力，保证博士生培养质量，以建设国内一流、国际有影响、有特色的高水平大学为目标，推进“122”培养模式，扩大研究生海外访学和国内访学规模，提升研究生国际交流与合作能力。按照“211 工程”创新人才建设计划，学校自 2009 年起决定设立优秀博士生国际访学项目，每年选拔一批优秀博士生赴国外著名高校和研究机构，开展博士生联合培养。

（五）东华大学国际学术会议专项基金

为促进学校博士生学术水平交流能力，实现每位博士生在读期间能够赴国外开展一次学术交流、开阔视野的目标，学校自 2003 年起资助全日制博士生赴海外参加学术会议或开展短期访学。

表 5-1　2006—2021 年研究生国际交流概况

年度	国家公派留学					学校优博访学	国际学术会议资助	来华留学生
	攻博生	攻硕生	联培博士生	联培硕士生	小计			
2006 年	—	—	—	—	—	—	52	5
2007 年	0	0	11	0	11	—	40	20
2008 年	1	0	29	0	30	—	52	25
2009 年	13	0	28	0	41	—	36	23
2010 年	11	0	31	0	42	10	9	58
2011 年	12	0	29	0	41	13	21	65
2012 年	13	0	25	0	38	5	31	52
2013 年	9	1	21	1	32	9	28	78
2014 年	11	2	36	0	49	14	14	64
2015 年	15	1	51	4	71	22	—	83
2016 年	16	4	43	2	65	18	—	73
2017 年	19	3	69	3	94	23	—	97
2018 年	7	5	55	5	72	20	—	87
2019 年	5	0	44	3	52	23	—	88
2020 年	11	1	57	7	76	6	—	88
2021 年	5	1	53	6	65	—	—	61
合计	148	18	582	31	779	163	283	967

二、国际大师课程

学校以服务需求、提高质量为主线，突出对外开放，注重与国际一流学科接轨为原则，大力实施研究生国际大师课程建设项目，提出将国际大师课程建设项目纳入学科建设整体规划，鼓励与国外高水平大学或机构合作，探索国际化课程建设的有效途径，逐步形成国际化课程群的建设效应。

2011 年，学校在纺织科学与工程和材料学等国家重点学科试点研究生国际化课程《纺织复合材料》和《高分子凝聚态结构》，取得了良好的效果。2014 年，正式设置"东华大学国际大师研究生课程建设项目"，旨在与国际一流学科接轨，力邀国际学科领域知名专家走进学校研究生课堂，整合优质教学资源，集中建设一批高水平的研究生全英文或双语授课的课程群。具体清单见附录六。

2014 年以来，学校共立项国际大师课程 33 项。其中服艺学院立项数最多，共计立项 8 项，占总课程立项数的 24.2%。见表 5－2。

表 5－2　国际大师课程立项学院分布

立项学院	立项数
服艺学院	8
管理学院	5
化生学院	4
纺织学院	3
环境学院	3
机械学院	3
理学院	2
计算机学院	2
信息学院	2
材料学院	1
合计	33

2019 年服艺学院字体设计课程邀请了(荷兰)/著名平面设计师;国际著名字体设计师 Petrvan Blokland 教授。Petr 教授用别样的教学方式,为学生带来了全新的教学体检,通过设置手写字体训练、观察生活中的字体、了解可变字体、可变字体编码生成等环节,向学生详细讲解了字体设计的前世今生,规范了字体设计原则,并带来了可变字体最新的研究成果介绍。结课后还开展了“心诉于字,敢于设计”——国际大师课程汇报展览,汇报展览再现了大师班课程的教学过程,主要分为课堂教学展示、学生作品展示、讲座回顾、编程字体动画展示四个部分。

另外国际大师课程建设项目还重点支持上海“国际纺织”研究生暑期学校建设,2014 年和 2015 年分别设立专项支持纺织暑期学校做大做强,吸引海内外学者和学生参加。暑期学校聚焦纺织软物质科学与技术、先进纺织加工技术、纺织新材料技术等领域,集聚一批国际知名学者,以“邀请海外名师,紧追学术前沿,培养创新能力,提高专项技能”为指导思想,秉承“精品化、国际化、创新型、开放式”的工作理念,以加强人才培养和强化国际化办学理念为重点,旨在培养和造就一批具有国际视野的纺织科技创新人才。多年来暑期学校建立一支 40 余名来自美国康奈尔大学、北卡罗来纳州立大学、加利福尼亚大学、德克萨斯州立大学、加州大学戴维斯分校、美国南达科他州立大学、费城大学、澳大利亚迪肯大学、英属哥伦比亚大学、法国鲁贝国立高等纺织工艺学校、德国斯图加特大学邓肯多夫纺织研究所、新加坡国立大学、香港理工大学、肯尼亚基里尼亚加大学等国际师资队伍。据不完全统计,2012—2020 年暑期学校共邀请海外教授 100 余人次,来华授课讲学,受益学生两千余人。

(执笔:吴连超、孙增耀、丁明利)

第二节　研究生教育对外交流项目(校际合作)

一、国内外联合培养研究生

国际合作培养研究生有一定发展,各学院不断拓展国际合作,与许多国(境)外高校签约开展联合培养,知识交流等各种合作。见表 5 - 3。

表 5 - 3　2003—2020 年东华大学国际合作研究生联合培养项目一览表

学院名称	国家	项目名称
所有学院	全球各国	国家建设高水平大学公派研究生项目
		艺术类人才培养特别项目(博士、硕士)
		创新人才国际合作培养项目(博士、硕士、博士后)
		东华大学优秀博士生国际访学项目(面向博士生)
		国际学术会议专项基金(面向博士生)
纺织学院	法国	国立高等纺织学院的双学位研究生培养项目
	加拿大	拉瓦尔大学交换生项目
	美国	费城大学的硕士学位交流计划
		北德克萨斯大学联合培养
		加州大学戴维斯分校联合培养
		康奈尔大学联合培养
		北卡罗来纳州立大学联合培养
	新加坡	新加坡国立大学联合培养
	英国	曼切斯特大学联合培养
材料学院	英国	布里斯托大学学习交流
	德国	莱布尼茨聚合物研究所联合培养
	以色列	巴伊兰大学联合培养
	新加坡	新加坡国立大学联合培养
	澳大利亚	伍伦贡大学联合培养
	美国	石溪大学联合培养
化生学院	德国	雅各布大学交换生项目
	荷兰	特温特大学联合培养项目
	葡萄牙	马德拉大学学生交换项目
	瑞典	于默奥大学学生交换项目
	美国	路易斯维尔大学联合培养项目
管理学院	德国	劳特林根应用技术大学欧洲商学院交换生项目
	法国	斯特拉斯堡大学经济管理学院交换生项目

续 表

学院名称	国家	项目名称
管理学院	德国	雷恩高等商学院研究生双学位项目
	法国	于韦斯屈莱应用技术大学交换项目
	芬兰	拉夫堡大学研究生双学位项目
	英国	玛格丽特女王大学研究生双学位项目
	比利时	安特卫普管理学院研究生双学位项目
	美国	西敏大学 MBA 交换生项目
	加拿大	卡尔顿大学研究生双学位项目(MBA)
服艺学院	意大利	欧洲设计学院(IED)联合培养项目
	美国	爱荷华州立大学联合培养项目
	法国	上阿尔萨斯的合作交流
	德国	汉堡国际传媒艺术与新媒体学院学习交流
	英国	爱丁堡大学合作办学
		伦敦艺术大学合作办学
		伦敦艺术大学交换生项目
	韩国	延世大学交换生项目
环境学院	英国	德蒙福特大学联合培养
	日本	宇都宫大学工学部合作交流项目
信息学院	美国	加州大学圣地亚哥分校合作交流项目
外语学院	日本	杏林大学交换生项目
		明治大学交换生项目
		东京农工大学交换生项目
	美国	新墨西哥州立大学交换生项目
	瑞典	达拉那大学交换生项目
计算机学院	美国	普渡西北大学交换生项目
	德国	劳特林根大学交换生项目
	瑞典	中瑞典大学交换生项目

二、东华大学优秀博士生国际访学项目

各学院积极利用学校的优秀博士生国际访学项目，积极选派优秀博士生出国开展联合培养，以进一步推动研究生教育国际化进程，提升博士生的国际视野和国际水平，取得积极成效。见表 5－4。

表 5－4　2010—2020 年东华大学优秀博士生国际访学项目

学院	派出学生数											合计
	2010	2011	2012	2013	2014	2015	2016	2017	2018	2019	2020	
纺织学院	6	5	0	3	3	6	6	6	2	9	4	50
材料学院	0	1	1	2	4	5	7	6	5	4	2	37
化生学院	2	1	1	0	3	4	1	2	2	1	0	17
服艺学院	1	1	1	1	1	1	0	0	1	3	0	10
管理学院	0	2	0	1	1	3	1	4	4	1	0	17
信息学院	2	1	0	1	0	2	2	2	2	5	0	17
环境学院	0	1	2	1	0	0	0	2	3	0	0	9
机械学院	1	0	0	0	1	1	1	1	1	0	0	6
合计	10	13	5	9	14	22	18	23	20	23	6	163

（执笔：吴连超、孙增耀、丁明利）

第三节　国家公派留学发展状况

一、国家公派留学的政策变迁

我国的公派留学政策，始于 20 世纪 50 年代初期。当时由于冷战状态下的国际环境，为迅速培养工业化建设急需的各种专门人才，政府采取一边倒的政策，向前苏联及东欧国家大量派遣留学人员。从 1950 年到 1965 年，派出的人数总计达 10698 人。1966—1971 年的 5 年，国家停止了公派留学的工作。1972 年开始陆续恢复，到 1978 年，共向 57 个国家和地区派出留学生

1416人,平均每年大约200人。1978年之后改革开放的新时期,公派留学政策也发生了重大变化,20年来共经历了五个阶段。

第一阶段,1978—1982年,公派留学的总方针是“在确保质量的前提下,根据国家的需要和可能,广开渠道,力争多派”。1981年7月,国务院批准“允许省、市、自治区政府和有条件的单位可以自行对外联系,广开渠道,加快派出速度”,从而第一次开启了单位公派留学生的大门。

第二阶段,1982—1985年,基本方针是强调“解放思想”,“改革出国留学人员管理体制,增派留学人员,改进分配工作,开创留学工作的新局面”。在国家公派留学人员的类型上,由1979年规定的“以派出进修生和研究生为主”改为逐步以“派出国攻读学位的研究生为主”[①]。

第三阶段,1986—1989年,1986年12月,国务院转发了国家教育委员会“关于出国留学人员工作的若干暂行规定”。这是国家第一个公派出国留学教育政策的法规性文件。文件明确了新的留学方针,即“按需派遣,保证质量,学用一致”,并相应地将国家公派留学人员由以研究生为主转向着重派出进修人员、访问学者;决定建立公派出国留学人员与派出单位签订协议书的制度。

第四阶段,1989—1991年,国家在政策上做了若干调整,在原来的“按需派遣,保证质量,学用一致”的方针中,增加了“德才兼备”的要求;在国家公派留学生的选拔方面,取消了将名额分配到具体单位的做法,实行“限额申报,专家评审,择优录取”,后来又实行了“按照项目确定人员,定向派出”的方法;在留学生的类型方面,规定“今后除少数学科外,原则上不派出国攻读学位的人员”。[②]

第五阶段,1992—2002年,国家公派留学的总方针“支持留学、鼓励回国、来去自由”,1996年6月成立了国家留学基金管理委员会。同年,对国家公派出国留学人员实行了新的选拔办法,即根据国家经济建设和社会发展的需要,在政府宏观指导下,实行个人申请,专家评审,平等竞争,择优录取,签约派出,违约赔偿的办法。新办法提出了公开、平等、竞争、择优的原则。

---

① 教育部《关于1982年试行选拔出国攻读博士学位研究生的通知》。

② 1989年11月国家教育委员会“关于出国留学若干方针政策问题的请示”。

21 世纪以来是国家公派政策的优化期，顶层设计着眼于创新和完善公派出国留学机制。2016 年《关于做好新时期教育对外开放工作的若干意见》提出通过完善“选、派、管、回、用”工作机制，完善全链条留学人员管理服务体系。

2002 年 12 月，教育部制定了扩大规模、提高层次、保证重点、增强效率的国家公派思路，进一步优化选派工作，改革开放以来，我国公派出国留学人员的计划规模不断扩大。2003 年度国家计划资助 3025 名各类出国留学人员，已达到了 1978 年的 58 倍之多。到 2018 年，这一数字增长至 32300 人，是 1978 年的 621 倍，超过 2003 年的 10 倍。为提高留学层次，2005 年，教育部提出了“三个一流”的选派办法，即“选派国内一流的学生、派到（海外）一流的大学和学科专业、师从一流的导师”。为提高效率，留学政策加强了对学科和专业领域规划的针对性。2003 年留学计划规划了国家重点支持的七大领域；2010 年起，中共中央、国务院印发了《国家中长期人才发展规划纲要（2010—2020 年）》和《国家中长期科技人才发展规划（2010—2020 年）》，成为公派政策优先资助学科和专业领域的主要依据，确保留学人员之所学准确对接国家之所需，从而提升人才培养和使用效率。资助情况见图 5-1。

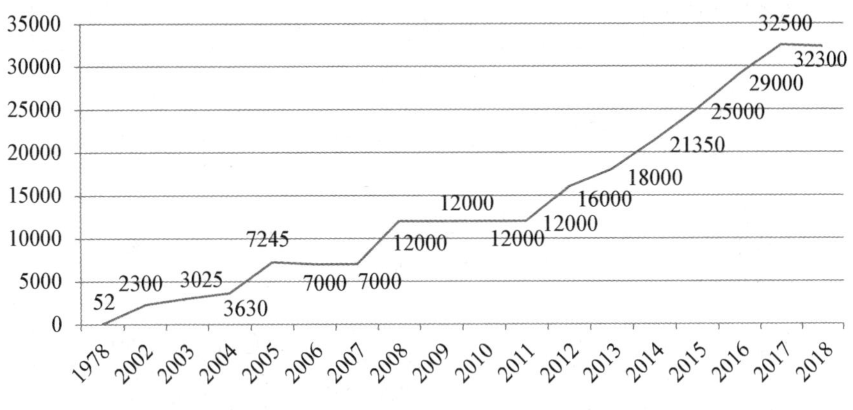

图 5-1　国家资助各类出国留学人员数量图

二、学校参加公派留学情况

2007 年起，国家留学基金委实施“国际公派研究生项目”，旨在加速高水平大学和重点学科建设。当年，学校 11 名博士生获国家留学基金委的批准，以联合培养方式赴国外进行联合培养，至 2021 年获国家留学基金委资助 779 人，分赴美国、英国、法国、德国、澳大利亚、加拿大、日本、新加坡等国家攻读博士、硕士学位或开展博士、硕士的联合培养。见表 5－1。

三、国家留学基金委创新型人才国际合作培养项目

国家留学基金委于 2014 年启动实施创新型人才国际合作培养项目，旨在进一步推动国内外合作，加大对一流大学和一流学科建设的支持，培养更多创新型、紧缺型和复合型国际化人才。学校自 2014 年首个项目获批以来，累计获批 8 个。见表 5－5。

表 5－5　国家留学基金委创新型人才国际合作培养项目立项项目一览表(2014—2021)

序号	项目名称	所属学院	合作院校	国别	留学身份	年度规模	总数
1	纺织生物材料交叉学科前沿人才培养计划	纺织学院	拉瓦尔大学 北卡罗来纳州立大学 康奈尔大学	加拿大 美国	联培博士 访问学者	3 1	4
2	纺织新材料国际化研究创新人才培养项目	纺织学院	京都纤维工艺大学 加州大学戴维斯分校	日本 美国	博士 联培博士 联培硕士	1 6 2	9
3	纺织品智能化新技术创新人才培养项目	化生学院	特温特大学 路易斯维尔大学	荷兰 美国	联培博士	4	4
4	先进纤维与低维材料创新人才培养项目	纤维材料改性国家重点实验室	巴伊兰大学 石溪大学 莱布尼茨聚合物研究所	以色列 美国 德国	联培博士 访问学者 博士后	1 1 1	3
5	服装科技及设计创新人才培养项目	服艺学院	爱荷华州立大学	美国	博士 联培博士 联培硕士 访问学者	2 2 2 1	7

续　表

序号	项目名称	所属学院	合作院校	国别	留学身份	年度规模	总数
6	时尚供应链与营销管理国际化人才培养项目	管理学院	斯特拉斯堡大学 劳特林根应用技术大学	法国 德国	联培博士 访问学者	2 2	4
7	先进纺织品制造人才培养计划	纺织学院	法国国立高等纺织工程师学院	法国	硕士 联培博士 联培硕士	1 1 1	3
8	健康诊疗新技术创新人才培养项目	化生学院	法国巴黎第五大学 法国国家科学研究中心配位化学实验室 德国亚琛工业大学-莱布尼茨交互材料研究所 荷兰埃因霍芬理工大学	法国 德国 荷兰	博士 联培博士 访问学者 博士后	3 4 2 2	11

2014 年 9 月获批“纺织生物材料交叉学科前沿人才培养计划”项目是学校获批的首个此类项目。2015—2020 年每年选拔派出 2 名博士研究生，共计派出 12 名学生。该项目联合开展了生物医用材料，尤其是人工血管方面的国际合作，国外合作高校为加拿大拉瓦尔大学、美国康奈尔大学、美国北卡大学，近些年依托项目共举办了多次国际生物医用材料国际会议，在学术上取得了较大的进展。

“纺织新材料国际合作培养项目”最初是和京都工艺纤维大学在复合材料方面开展合作，2020 年继续执行时新增美国加州戴维新分校，拓展到了软物质新材料等合作领域。

“先进纤维与低维材料创新人才培养项目”是 2019 年获批的，是在“一带一路”联合实验室的基础上开展合作，与以色列巴伊兰大学、美国石溪大学、德国莱布尼茨聚合物研究所开展多方面合作交流。2021 年项目继续申报，新增“一带一路”沿线的新加坡国立大学等高校，打造“一带一路”材料创新领域新高地。

学校的项目申报主要是围绕着“一体两翼”建设开展，近几年的申报逐步拓展到管理学科、信息学科等，以带动和推进其他学科注重国际化人才的培养。

（执笔：吴连超、孙增耀、丁明利）

第四节 留学生招生和培养状况

一、东华大学硕士与博士留学生招生政策变化

习近平总书记在2014年全国留学工作会议上作出重要指示，强调留学工作要适应国家发展大势与党和国家工作大局，统筹谋划出国留学和来华留学，综合运用国际国内两种资源，培养造就更多优秀人才。时任教育部副部长郝平在主旨报告中提出要“进一步加强顶层设计和统筹协调”，“高校要将来华留学纳入学校‘双一流’建设和教育国际化战略等整体规划中”。随着《留学中国计划》《学校招收和培养国际学生管理办法》《来华留学高等教育质量规范（试行）》等一系列文件的颁布，来华留学教育工作指导思想从“扩大规模、优化结构、规范管理、保证质量”进入“规范管理、提质增效”阶段。

东华大学国际文化交流学院以上述统领性文件为指导，规范并制定了《来华留学学历生招生工作指南》，其中涉及来华留学生研究生的招生工作，具体如下：

第一阶段：准备与宣传

根据学校研招办公布的招生简章、留学生招生相关的最新政策法规要求等，确定下一学年度相关专业信息、申请指南，制作和发布招生简章，并及时更新官网、官微、招生网站，中国政府奖学金网站，上海市政府奖学金网站等各信息平台，设置网上申请开放时间段。

多渠道发布招生信息，多角度、全方位挖掘资源，进行广泛宣传，包括但不限于合作机构、教育展、网络媒体、在校生、校友等，如，作为国际上规模较大的纺织领域留学生培养单位，积极发动本校相关领域教授、海外校友会及在校生关系网，通过他们对学校整体印象、校园学习生活及相应学科的介绍，让生源学生加深对学校及相应学科的认知，吸引优质生源；充分调动包括世界纺织大学联盟高校在内的海外合作院校，进行协同招生宣传，对口推

选优质候选人。

第二阶段：接受咨询与申请

招生信息发布之后，国际文化交流学院国际学生招生办公室即开始通过 email、电话或入校咨询（疫情前）等各渠道，接受咨询和申请。申请以网上申请为主，考虑到语言障碍或部分国家地区的信息技术不完备，同步开放线上申请和线下寄送纸质版申请材料等。

根据教育部相关文件精神的要求，结合学校在审核录取过程中需评估的入学标准，网上申请采集申请人的身份证件、个人信息、学历背景、语言能力、家庭情况、联系方式、学习意愿等信息。另外，针对不同学习项目，以及申请自费还是奖学金，需提交的申请材料清单略有不同（详见下表）。若学生所提交的材料不是中文或英文，需提供经过公证的中英文翻译件。申请材料提交后，申请人应根据学校的要求，在规定时间内完成所申请项目的报名费缴付。见表 5－6。

表 5－6　留学生申请材料一览表

序号	材料清单	说明	备注
1	证件照片	必要材料	
2	有效护照信息页	必要材料	基本申请资格：申请人应为非中国籍公民，持普通护照，身心健康； 攻读硕士学位，申请者不超过 40 岁（奖学金申请者不超过 35 岁）；攻读博士学位，申请者不超过 45 岁（奖学金申请者不超过 40 岁）； 持特殊护照者应换持普通护照。
3	护照签证页	非必要材料	在华申请人必须提交。
4	最高学历证书	必要材料	攻读硕士学位者，须具有学士学位或同等学历；攻读博士学位者，须具有硕士学位或同等学历，提供本科和硕士毕业证书； 应届毕业生可提供在读学校官方出具的预毕业证明。
5	最高学历阶段期间的完整成绩单	必要材料	最好同时提供成绩说明； 攻读博士学位者，同时提供本科和硕士阶段完整成绩单。
6	学习计划	必要材料	—

续 表

序号	材料清单	说明	备注
7	导师同意接收函		一般情况下,攻读博士学位者,必须提供;攻读硕士学位者,根据各学院要求提供。
8	推荐信 1	必要材料	—
9	推荐信 2	必要材料	—
10	语言能力证明	必要材料	申请中文授课者,提供 HSK 五级 180 分以上证书;申请英文授课者,提供雅思 6.0、托福 IBT 80 或以上证书; 对于申请人母语即为教学语言者,或以所申请的教学语言取得前置学历学位者,可以提交相应的官方说明文件替代语言能力证书; 以上成绩或证书必须为提交申请时两年内获得。
11	经济担保证明	非必要材料	奖学金申请必要材料
12	无犯罪记录证明	非必要材料	奖学金申请必要材料
13	外国人体格检查记录表	非必要材料	奖学金申请必要材料
14	其他材料(如小视频、荣誉证书、简历、发表论文、艺术作品等)	非必要材料	—

第三阶段:审核与录取

1. 审核流程:

表 5-7 留学生申请审核流程

审核流程	主要内容	审核方式	执行部门
第一步:入学资格审核	申请信息和材料的完整性、规范性、真实性;是否符合学校要求的申请资格和录取标准。	材料审核	国际文化交流学院
第二步:学习能力审核	是否具备专业培养所需要的基础知识和学习能力,予以录取或淘汰。	材料审核期间可自定面试或笔试等	专业院系、导师等

续　表

审核流程	主要内容	审核方式	执行部门
第三步： 前置系统审核	拟录取名单导入教育部前置系统进行审核。http://cisis.emis.edu.cn/	数据上传	国际学生 招生办公室
第四步： 校级机构审批 （仅限奖学金）	如有自主招生奖学金项目，学校根据奖学金项目要求和名额等，确定新生奖学金候选者名单，并于官网公示。之后，CGS 新生奖学金候选者名单报国家留学基金委审批。	综合会评	校级机构

为了高效严谨、公平客观地处理大量申请，学校在审核过程中，秉持“两面三审”流程，全方位审核申请者的综合素质，择优推选。

“两面”，即学校大部分研究生项目要求申请时提供导师同意接收函，申请者须先自行联系导师，导师可通过网络面试等方式详细了解申请者的语言能力及学术能力后，决定是否出具导师同意接收函；个别申请者的语言能力未达到直接进入专业学习的水平，可由国际文化交流学院专业汉语教师对申请者进行汉语能力面试，以确保申请者汉语能力可以入读研究生专业，或可在入读研究生专业前进行汉语补习一年。

“三审”，即“初审”，国际文化交流学院初查一遍、复核一遍，审查申请资质和材料的完整性、真实性，存疑时向申请者索要补充材料，或向相应专业机构求证。集中整理通过初审的材料及信息，制作申请材料配套信息表，注明申请者毕业院校排名、成绩、相关语言及学术能力等，以便专业院系集中比对，综合评估。“复审”，专业院系进行复审，聚焦申请者学术背景和专业研究能力，根据学生材料的综合情况进行推优、录取或淘汰的遴选，并对符合推优资格的申请者进行综合排序。“终审”，此步骤仅针对政府奖学金的申请，即召开“东华大学外国留学生政府奖学金评审会”，由分管校领导担任评审会主任，来自教务处、研究生部、各专业院系的领导和专家担任委员，针对专业院系复审推优名单，综合排序情况、平衡奖学金名额、来源国等，决定最终奖学金候选者推选名单。评审会确定奖学金候选者推选名单后，由国际文化交流学院整理相关材料，上报基金委等待最终批复，或上报上海市教委。

2. 录取流程：

表 5－8　留学生录取流程

录取流程	主要内容
第一步： 公布录取结果	通过官方渠道告知申请人结果(奖学金录取名单需先在官网上公示无异议,CGS需等待国家留学基金委的最终结果后再予以公布),要求被录取学生在规定时段内确认是否接受录取结果。对确定不予录取的申请人,书面(如邮件)告知被淘汰的结果。
第二步： 制作录取文件	录取文件包含入学通知书、外国留学人员来华签证申请表、新生入学指南等。
第三步： 发放录取文件	确认学生收取录取文件的方式和联系信息。发放录取材料后,做好信息跟踪工作,确保学生收到录取文件。
第四步： 行前跟踪指导	保证行前跟踪渠道通畅,及时指导新生的签证办理、住宿预定、接机接站申请,以及开学报到相关信息和注意事项,直至新生顺利报到入学。疫情以来,我校主动通过邮件与学生保持较高的粘连度,让学生充分感受到来自学校的重视与关怀,特别是疫情期间,还需缓解学生因各种不确定因素带来的焦虑情绪。因疫情导致海外学生无法入境中国来校报到,我校秉承以学生为中心的理念,加速推进了流程互联网+模式,增设了线上报到功能,将原本现场查验申请材料原件等重要报到流程电子信息化,严格地规范了核查申请材料的要求,确保申请材料的真实有效性。

二、东华大学硕士与博士留学生培养举措与成效

学校自 1954 年开始招收外国留学生以来,一贯秉承“扩大学历生规模、提高教育质量、打造中国高等教育品牌”的宗旨,严格按照国家的有关规定和要求,招收和培养了一大批优秀的外国留学生,积累了丰富的留学生培养和管理经验,也是首批 27 所通过全国高等院校来华留学质量认证的高校之一。学校在硕士和博士留学生培养方面的主要举措与成效有：

(一) 将留学生教育纳入全校教育质量保障体系。学校不断完善内外结合、第三方参与的人才培养质量评价机制,以学位点评估为抓手,通过加强课程学习、实习实践、学位论文开题、中期考核、论文评阅和答辩、学位评定等培养关键环节质量监控,落实全过程管理责任,健全研究生培养质量保障与监督体系。留学生教育纳入全校教育质量保障体系。面对当前全球疫情

下境内学生返校恢复正常教学，而大量境外留学生仍无法返华的局面，我校多管齐下保障境外学生的学习和研究，精心组织线上教学和管理工作，确保入学教育、选退课、课程教学、考试、论文开题、盲审、答辩等培养环节有序开展，做好学情与教情全过程监控，尽力减轻疫情影响，保障培养质量。对于无法返华返校参加实习实验而影响毕业的境外学生，跟踪学习研究进展，做好情绪安抚工作。

（二）建立了“指导-培养-督促”三位一体的全过程培养体系。新生入学时充分做好做足指导环节的工作，留学生管理部门老师对留学生的整体学习安排予以综合指导，院系教务老师和导师对留学生的专业学习予以具体建议和安排，老生担任学生互助学习志愿者给新生介绍学习经验，帮助新生进行自我学习管理。在培养环节，建立留学生管理部门、专业学院和导师三方充分沟通的平台，及时处理学生在学习过程中遇到的问题，定期召开留学生导师沙龙活动，相互交流，集中反映留学生学习和培养中的经验和问题。同时开展学习和研究强化辅导系列活动，聘请项目依托专业的青年教师担任专职辅导老师，对留学生课程学习进行一对一跟踪和辅导；成立学术研究互助小组，每学期邀请校内知名教授进行学术生涯指导讲座一次，学术论文研究和撰写辅导讲座一次，学习进度总结和汇报交流一次。在督促环节，组建国际学生辅导员队伍，由专职辅导员和兼职辅导员共同协调配合，从学生的日常生活和学习安排、学习生活习惯培养、心理问题疏导、学习成果监督、学习经验交流等方面对留学生的学习进行有效督促。

（三）调整优化培养方案。按照中外学生趋同培养的原则，对留学生采取与中国学生基本相同的培养目标与要求、培养计划与方案，并根据留学生特点微调，增加汉语和中国概况课等。课程学习采用学分制，由导师指导学生选择专业学习所需的课程，并根据专业的发展和需求提供新的课程；充分考虑留学生基础较弱的特点，增加专业基础类课程；为提高学生动手能力，依托国家重点实验室，开展系列实验操作培训课程；同时增设文献阅读和论文写作类课程等，着重培养博士留学生科研写作能力，从理论、实验、写作能力的全面锻炼，培养合格的专业人才。

（四）加强第二课堂国情教育。继续开展搭载我校优势学科，涵盖中国社会与政治、文化与科学发展等主题的“锦绣中国”英文版讲座；继续举办

“腾龙杯”体育节、“凤鸣杯”才艺大赛、“中国通”知识竞赛、国际文化节、中国文化节、定向越野比赛、“新使者”校友讲坛等品牌学生活动，以及开展突出中国文化体验特色的线上线下兴趣社团等，加强第二课堂国情教育，培养“知华、友华”的国际人才。

（五）针对研究型人才培养开展教学实践活动。博士研究生以学术科研为主，学校精心设计和组织实验室培训、中外学生互帮互助等活动，鼓励学生积极参加导师团队的实验和研究工作，并加大资助力度，鼓励学生参加校内外讲座、研讨会和学术会议等，激发学生从事科学研究和实践创新的积极性和主动性。每年组织10余次“访知中国”企业参观活动，由专业教授带领留学生赴有代表性的企业参观学习，深入了解产业发展现状。学校还建立了40个留学生实习基地以及百多个实习合作单位，提供留学生实习机会。

（六）按照趋同原则，严把留学生毕业关。学校不断健全完善研究生教育各类规章制度，制定了包括“博士硕士学位论文双盲评审”等系列规定；积极开展学术道德教育，纳入课程体系，“教育”结合“技术”，杜绝学术不端行为；加强学位论文和学位授予管理，严格执行全方位全流程管理，狠抓开题、中期考核、评阅、答辩、学位评定等关键环节；提升导师指导能力，强化导师是研究生培养的第一责任人；引入外部第三方监督，与权威机构展开合作，对研究生学位论文进行抽检，建立健全以学位论文检测为抓手的质量监督机制等。

（七）关注留学生职业发展，提供就业指导与支持。学校于2017年成立了国际学生职业发展中心，积极与第三方合作，收集相关政策法规，为留学生创业就业和职业发展提供支持，包括发布企业招聘信息、组织就业指导讲座和训练营、开设“职享荟”交流平台、举办校园招聘会、组织留学生参加校外招聘会等。

三、东华大学硕士与博士留学生学位授予情况

学校自1995年首次有留学生博士研究生授予学位以来，迄今为止累积授予留学生硕士学位382人、博士学位115人，合计497人。各年度授予留学生学位情况见表5-9。

表 5-9　各年度留学生学位授予人数统计

年份	学术博士	学术硕士	全日制专业学位硕士	总计
1995	1	0	0	1
1997	1	0	0	1
2000	1	0	0	1
2001	1	0	0	1
2003	1	0	0	1
2004	2	0	0	2
2006	3	0	0	3
2007	2	5	0	7
2008	1	5	0	6
2009	1	3	0	4
2010	2	6	0	8
2011	4	12	0	16
2012	0	17	0	17
2013	8	42	0	50
2014	9	39	0	48
2015	9	20	0	29
2016	6	30	0	36
2017	11	31	0	42
2018	11	36	0	47
2019	20	41	7	68
2020	15	46	7	68
2021	6	34	1	41
总计	115	367	15	497

授予留学生博士学位中，一级学科人数最多的 3 个学科分别是纺织科学与工程、工商管理、材料科学与工程，授予留学生博士学位人数最少的 3 个一级学科分别是管理科学与工程、控制科学与工程、机械工程。具体学位授予人数见表 5-10。

表5-10 各一级学科授予留学生博士学位人数统计

一级学科代码	一级学科名称	授予博士学位数
0821	纺织科学与工程	42
1202	工商管理	25
0805	材料科学与工程	22
0703	化学	8
0830	环境科学与工程	7
1201	管理科学与工程	7
0811	控制科学与工程	3
0802	机械工程	1
合计		115

授予留学生学术硕士学位中，一级学科人数最多的3个学科分别是纺织科学与工程、工商管理、应用经济学，授予留学生博士学位人数最少的5个一级学科分别是理论经济学、马克思主义理论、软件工程、艺术学理论、美术学。具体学位授予人数见表5-11。

表5-11 各一级学科授予留学生学术硕士学位人数统计

一级学科代码	一级学科名称	授予硕士学位数
0821	纺织科学与工程	83
1202	工商管理	55
0202	应用经济学	46
0805	材料科学与工程	37
0812	计算机科学与技术	32
1305	设计学	25
0504	艺术设计	18
0817	化学工程与技术	17
0810	信息与通信工程	15

续　表

一级学科代码	一级学科名称	授予硕士学位数
0830	环境科学与工程	11
0808	电气工程	10
0802	机械工程	4
0811	控制科学与工程	3
1201	管理科学与工程	3
1204	公共管理	3
0201	理论经济学	1
0305	马克思主义理论	1
0835	软件工程	1
1301	艺术学理论	1
1304	美术学	1
合计		367

截至 2021 年，学校仅在专业学位类别国际商务硕士中招收留学生，累积授予学位人数 15 人。

（执笔：何倩、李丽、孙增耀）

第六章

研究生学籍与学位管理

第一节　研究生学籍管理政策变迁

一、国家层面研究生学籍管理政策的变化

研究生学籍管理是高校学生管理的重要组成部分，我国研究生学籍管理政策变化主要体现在高校学生管理制度变化上。新中国成立以来，我国高校学生管理制度不断完善，管理理念、指导思想与时俱进，反映了立法理念与规制重心的时过境迁，历经了从"着重维护高等学校秩序"向"极力保障学生合法权益"的转变，实现了从"主要管理学生行为"到"重点规范管理行为"的跨越。

新中国成立后，政府十分重视研究生教育，积极做好研究生学籍管理等工作。1953 年 11 月，高等教育部发出《高等学校培养研究生暂行办法（草案）》，明确招收研究生的目的是培养高等学校师资和科学研究人才。1961 年 9 月，中共中央印发了《中华人民共和国教育部直属高等学校暂行工作条例（草案）》，对研究生的培养目标、招生对象、录取方式、学习年限和培养方法等都作了明确规定，这说明新中国的研究生教育已开始走向规范化和制度化的轨道。1962 年，我国开始正规培养 3 年制研究生。尤其是 1963 年 1 月，教育部组织召开了新中国成立后第一次全国性研究生教育工作会议，讨论通过了《高等学校培养研究生工作暂行条例（草案）》以及 5 个附件：《关于高等学校制定理工农医各专业研究生培养方案的几项原则规定（草案）》《关

于高等学校研究生马列主义理论课的规定（草案）》《高等学校研究生外国语学习和考试的暂行规定（草案）》《关于高等学校培养研究生的经费、人员编制和研究生的助学金及其他生活待遇问题的几点规定》《关于高等学校研究生学籍处理问题的几项暂行规定》，这些文件对招生工作、培养工作、领导与管理、待遇与分配工作以及建立研究生院等问题都作了明确规定。尤其是《关于高等学校研究生学籍处理问题的几项规定》，对研究生转专业、转学校、改换导师、休学、延长学习期限、取消学籍和退学等问题作了明确的规定，奠定了新中国研究生教育管理尤其是学籍管理等的基础，提出了管理雏形和机制。

1980 年，五届人大常委会十三次会议审议通过了《中华人民共和国学位条例》，这是新中国第一部教育法律，标志着我国从此建立起了自己的学位制度，我国教育事业开始走上依法治教的轨道。1981 年，国务院批准了《中华人民共和国学位条例暂行实施办法》，国务院学位委员会制定了《关于审定学位授予单位的原则和办法》，我国开始实施学位制度。1998 年颁布了我国高等教育的根本大法《高等教育法》。至此，一套比较完善的学位与研究生教育法规体系已经基本形成。其中关于学籍管理，也在逐步完善。1990 年 1 月 20 日，国家教育委员会发布《普通高等学校学生管理规定》（国家教育委员会令第 7 号），自发布之日起施行。此规定系统化构建了具有社会主义发展特色的高校学生管理制度体系，为高等教育改革开辟了道路，为现代化高校学生管理工作提供依据，更促进了大学生包括研究生学籍管理工作的完善。1995 年 2 月 23 日，国家教育委员会发布《研究生学籍管理规定》（教学〔1995〕4 号），自发布之日起施行，该规定共分总则、入学与注册、纪律与考勤、休学与复学、转学与转专业、退学、奖励与处分、毕业与就业、附则共九章 42 条，对研究生学籍管理做出详尽的规定。2005 年 3 月 25 日，教育部发布《普通高等学校学生管理规定》（教育部令第 21 号），自 2005 年 9 月 1 日起施行。此规定着重抓学生全面发展，更有针对性地指导高校学生包括研究生的管理工作。

进入新时代，随着研究生教育由快速发展向高质量发展的转型，教育部在大量调研和广泛征求意见基础上修订《普通高等学校学生管理规定》，修订后的《普通高等学校学生管理规定》（教育部令第 41 号）自 2017 年 9 月 1 日起施行。此次修订突出了立德树人根本任务，更加体现学生为本的思想和理念。

二、学校层面研究生学籍管理政策的变化

学校 1959 年招收研究生就严格按照国家和上海市的规定开展学籍管理工作,尤其是 1963 年公布的相关管理文件。1978 年恢复研究生招生后,学校的研究生学籍学历管理继续参照执行。

1996 年,学校根据 1995 年国家教委颁发的《研究生学籍管理规定》,结合学校实际,制定和实施《中国纺织大学研究生学籍管理规定》。之后,学校根据教育部《普通高等学校学生管理规定》(国家教育委员会令第 7 号)及上海市《研究生学籍管理办法》,分别于 2000 年、2003 年对研究生学籍管理办法进行修订,制定并实施《东华大学研究生学籍管理规定》。2014 年,根据教育部《普通高等学校学生管理规定》(教育部令第 21 号)和学校研究生教育的新变化,学校修订和实施《东华大学研究生学籍管理规定(修订)》(东华研 2014〔21〕号)。2017 年,根据教育部《普通高等学校学生管理规定》(教育部令第 41 号),学校再次修订和完善学籍管理规定,发布《东华大学研究生学籍管理规定》(东华研〔2017〕20 号)年。2021 年,根据全国研究生教育会议的精神和学校研究生学籍管理实际,再次启动研究生学籍管理的修订和完善工作,该项工作正在进行中。

2012 年,为弥补既有的学籍管理漏洞,提高研究生培养质量,提升研究生毕业率,学校制定和实施《东华大学关于在读博士研究生试行“6 + 1”管理办法的规定》(东华研函〔2012〕3 号),主要内容为:博士生结业后 1 年内可向学校申请学位论文答辩 1 次,答辩通过后准予毕业,换发毕业证书,符合学位授予条件的,授予学位。2018 年,学校根据最新的精神和实际,修订研究生结业转毕业规定,制定和实施《东华大学研究生结业及结业转毕业管理办法》(东华研函〔2018〕21 号),将 2012 年起实施的博士“6 + 1”延长为博士“6 + 2”,新增全日制硕士“4 + 1”和非全日制硕士“5 + 1”,即博士生结业 2 年内、硕士生结业 1 年内、可向学校申请学位论文答辩 1 次。答辩通过后准予毕业,换发毕业证书,符合学位授予条件的,授予学位。2021 年,为进一步规范学籍学历管理,学校着眼于长效机制建设,根据教育部和上海市相关规定,正在研制可操作性强的面向管理人员的《东华大学研究生学籍学历管理工作实施细则》(东华研函〔2021〕23 号)。

(执笔:唐维、丁明利)

第二节　研究生培养规模发展

2021 年，东华大学研究生在校生总人数达到 8659 人，比 2012 年增长了 36.9%。特别是近 6 年，东华大学研究生在校生人数呈现平稳增长的趋势，2021 年增速最快，达到 9.7%。在校研究生情况见表 6-1 和图 6-1。

表 6-1　近 10 年在校研究生情况

年份	博士研究生	硕士研究生	总计
2012 年	957	5367	6324
2013 年	974	5404	6378
2014 年	973	5350	6323
2015 年	970	5308	6278
2016 年	1002	5337	6339
2017 年	1022	5537	6559
2018 年	1045	5777	6822
2019 年	1151	6036	7187
2020 年	1265	6627	7892
2021 年	1404	7255	8659
总计	10763	57998	68761

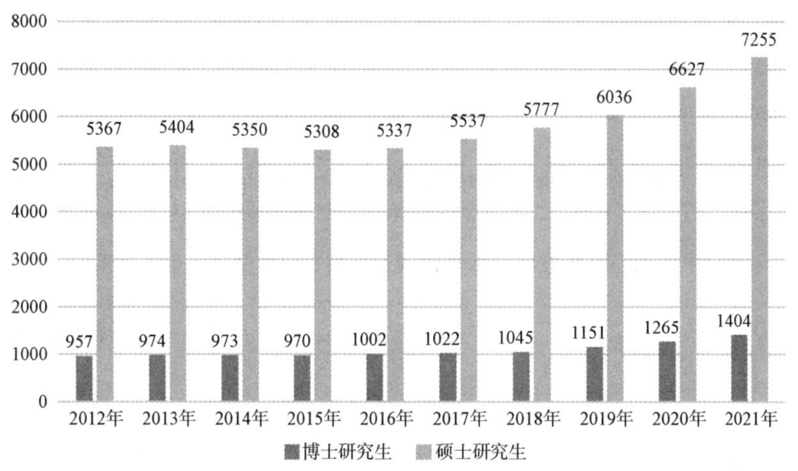

图 6-1　近 10 年在校研究生情况

2021 年，博士在校生总人数达到 1404 人，比 2012 年增长 46.7%。学校从 2018 年开始招收专业学位博士生，在校人数逐年增长，2021 年在校生 201 人。

2021 年，硕士在校生人数达到 7255 人，比 2012 年增长 35.2%。学校从 2017 年开始招收非全日制专业学位硕士生，2021 年在校生 803 人，是 2017 年的 4 倍。

2012 年至 2016 年，在校学术学位与专业学位硕士生发展平稳，波动不大。2017 年至 2021 年，学校不断优化调整学生类型结构，在保持学术学位在校硕士生规模相对稳定的情况下，专业学位在校硕士生实现大幅增长。2012 年，在校学术学位硕士生 3392 人，在校专业学位硕士生 1975 人，在校学术学位硕士生与专业学位硕士生比例为 1.7∶1，到 2021 年，在校学术学位硕士生与专业学位硕士生分别为 3601 人和 3654 人，相应比例为 0.99∶1。硕士生类型结构经过不断调整，学术学位与专业学位实现均衡发展。见图 6-2。

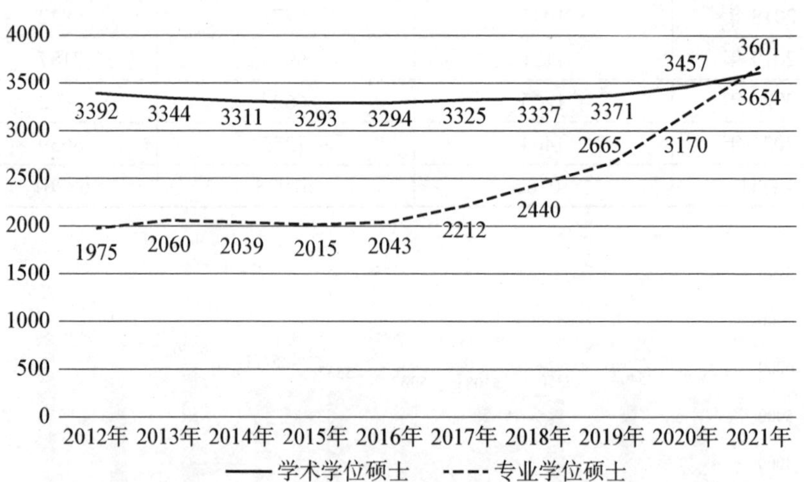

图 6-2　近 10 年在校学术学位硕士生和专业学位硕士生对比情况

（执笔：唐维）

第三节　研究生毕业与就业情况

一、毕业研究生情况

（一）历年毕业情况

我校从 1959 年开始招收研究生，截止 2021 年 8 月 31 日，毕业生人数为 32689 人，其中博士生 2945 人，硕士研究生 29744 人。[①]

2021 年，东华大学研究生毕业人数为 2247 人，相较于 2012 年增长 16%。2012 年至 2014 年呈现平稳增长，2015 年至 2016 年出现负增长，2017 年起开始回升，2017 年增速最快，达到 6.6%。研究生毕业总体情况见表 6-2 和图 6-3。

表 6-2　近 10 年研究生毕业情况

毕业年份	博士研究生	硕士研究生	总计
2012 年	144	1793	1937
2013 年	123	1850	1973
2014 年	150	1895	2045
2015 年	158	1770	1928
2016 年	160	1742	1902
2017 年	174	1853	2027
2018 年	208	1832	2040
2019 年	158	1990	2148
2020 年	187	2036	2223
2021 年	149	2098	2247
总计	1611	18859	20470

① 不含 1987－1989 年研究生班毕业生 79 人。

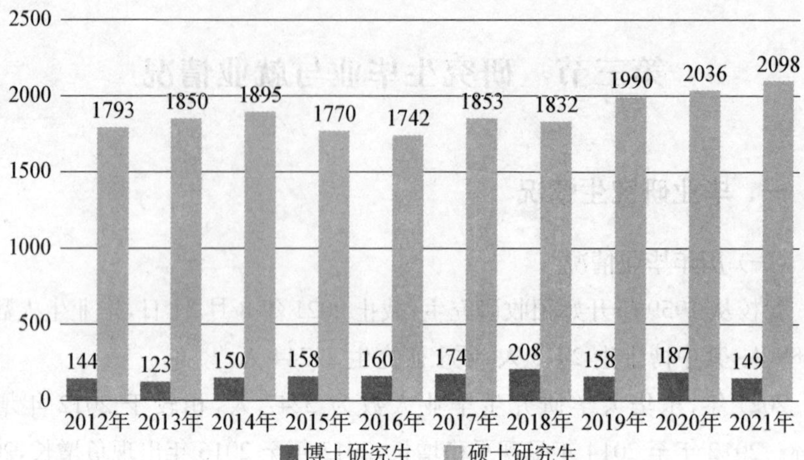

图 6-3　近 10 年研究生毕业情况①

近 10 年博士毕业生总人数为 1611 人，且全部为学术学位博士生，毕业人数波动较大。2018 年，学校实行新的结业转毕业政策，由原来的学历博士生“6+1”延长为“6+2”，即学历博士生结业 2 年内可向学校申请学位论文答辩 1 次，答辩通过后准予毕业，换发毕业证书。新政策的实施保障了博士生的权益，激发了延期博士生的积极性，2018 年毕业人数达到 208 人。

近 10 年硕士毕业生总人数为 18859 人。2021 年硕士毕业生共 2098 人，相较于 2012 年增长 17%。2021 年，学术学位硕士毕业生人数为 1002 人，近年来，学术学位硕士毕业生人数基本维持在 1000 人左右的规模。专业学位硕士毕业生人数则呈现波动式整体增长，从 2012 年的 636 人增长到 2021 年的 1096 人，并于 2021 年首次超过学术学位硕士毕业生。见图 6-4。

（二）毕业证书变化情况

毕业证书是毕业生所取得的一种学历凭证，它表明持证者在某一级学校系统地学习过一定的科学文化知识。高等学校的毕业证书由国家教育委员会统一制发。证书内容主要包含姓名、性别、年龄、学习起止年月、学制、专业、层次、毕业、本人免冠照片并加盖学校骑缝钢印、学校名称及印章、校（院）长签名、发证日期及证书编号等。

1993 年，国家教委颁发《普通高等教育学历证书管理暂行规定》（教学

① 数据截止到 2021 年 8 月 31 日。

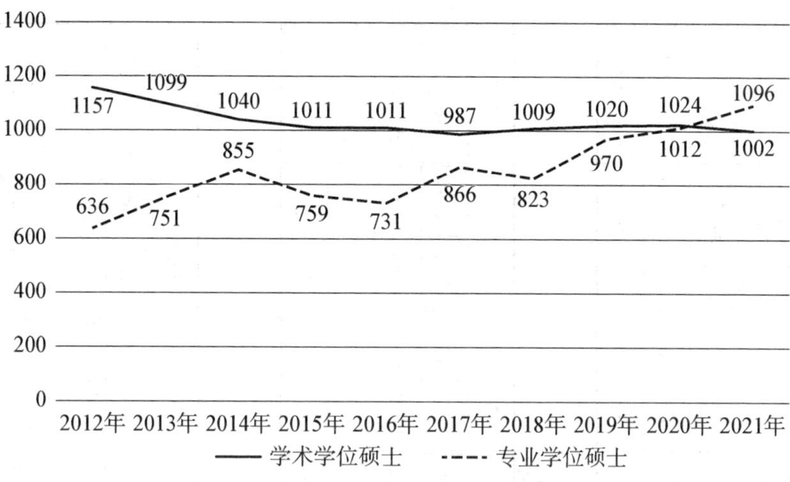

图 6－4　近 10 年学术学位硕士和专业学位硕士毕业生对比情况

〔1993〕12 号)，文件规定自 1994 年起，普通高等学校的毕业证书，使用国家教育委员会统一制作的毕业证书封皮及内芯，学校填写内芯内容后颁发。证书内芯规格为(长)23.5 厘米×(宽)16.5 厘米。毕业证书内芯印有“普通高等学校毕业证书”“中华人民共和国国家教育委员会印制”及防伪标记。

2001 年 2 月 5 日，教育部印发《高等教育学历证书电子注册管理暂行规定》，建立和实施毕(结)业证书电子注册制度。从 2001 年起颁发的毕(结)业证书未经注册的，国家不予承认。

二、研究生就业情况

研究生就业是反映教育质量的重要因素，就业质量是对学校人才培养质量的重要检验。尤其是 1999 年我国研究生就业由“包分配”改为完全“双向选择”以后，就业率一直是社会各界关注研究生教育的焦点之一。1999—2006 年，学校的研究生就业率一直保持在 100%，这也充分反映了当时社会对研究生的迫切需要程度。为加强高校教育质量信息公开力度，客观反映毕业生就业情况，学校自 2013 年建毕业生就业质量报告制度，面向社会公布年度就业质量报告。根据 2013 年到 2020 年学校就业白皮书中的研究生就业数据，学校 2013 年—2020 年总共毕业硕士 14321 人，博士 1137 人，硕士平均就业率为 98.6%，博士平均就业率为 97.2%，学校研究生整体保持了较高的就业率。相关数据见表 6－4、表 6－5、表 6－6。

表 6-4　2013 年—2020 年毕业人数和不同学位层次就业率

学位层次	2013 年		2014 年		2015 年		2016 年		2017 年		2018 年		2019 年		2020 年		总计	
	毕业人数	就业率	毕业人数	就业率	毕业人数	就业率	毕业人数	就业率	毕业人数	就业率	毕业人数	就业率	毕业人数	就业率	毕业人数	就业率	毕业人数	就业率
硕士	1724	98.0%	1763	98.5%	1673	99.2%	1681	99.4%	1787	98.4%	1766	99.3%	1930	98.7%	1997	97.5%	14321	98.6%
博士	54	100.0%	139	95.7%	141	97.2%	128	98.4%	145	97.9%	202	95.5%	159	97.5%	169	95.3%	1137	97.2%

表 6-5　2013—2020 年硕士毕业生毕业去向分布

毕业去向分布	2013 年		2014 年		2015 年		2016 年		2017 年		2018 年		2019 年		2020 年		合计	
	人数	比例	人数	比例	人数	比例	人数	比例	人数	比例	人数	比例	人数	比例	人数	比例	人数	比例
签约	1561	90.6%	1623	92.1%	1542	92.2%	1566	93.2%	1529	85.6%	1592	90.2%	1764	91.4%	1758	88.0%	12923	90.4%
升学	46	2.7%	31	1.8%	36	2.2%	28	1.7%	45	2.5%	26	1.5%	41	2.1%	40	2.0%	293	2.1%
出国	20	1.2%	24	1.4%	6	1.0%	23	1.4%	24	1.3%	15	0.9%	14	0.7%	22	1.1%	148	1.0%

表 6-6　2014—2020 年博士毕业生毕业去向分布

毕业去向分布	2014 年		2015 年		2016 年		2017 年		2018 年		2019 年		2020 年		总计	
	人数	比例	人数	比例	人数	比例	人数	比例	人数	比例	人数	比例	人数	比例	人数	比例
签约	80	57.6%	78	55.3%	87	68.0%	89	61.4%	140	69.3%	116	73.0%	143	84.6%	733	67.7%
升学	8	5.8%	11	7.8%	5	3.9%	12	8.3%	16	7.9%	0	0.0%	0	0.0%	52	4.8%
出国	8	5.8%	3	2.1%	7	5.5%	2	1.4%	7	3.5%	10	6.3%	6	3.6%	43	4.0%

在整体就业率方面，硕士平均就业率为 98.6%，博士平均就业率为 97.2%。从硕士不同年份就业率来看，2016 年的就业率最高，达到 99.4%，2020 年的就业率最低，为 97.5%；从博士不同年份就业率来看，2013 年博士研究生的就业率最高，达到 100.0%，2020 年的就业率最低，为 95.3%。从硕士和博士不同年份的就业率可以看出，2020 年的新冠疫情对研究生就业率产生了一定的影响，但学校整体就业率仍较高。

从硕士毕业去向分布来看，“签约”为毕业去向最多的类型，总共 12923 人，占比达 90.4%。从不同年份看，去向为“签约”比例最高的年份是 2016 年，比例为 93.2%；最低的是 2020 年，比例为 88.0%；去向为升学比例最高的年份是 2013 年，比例为 2.7%；最低的是 2018 年，比例为 1.5%；去向为出国比例最高的年份是 2016 年，比例为 1.4%；最低是 2019 年，比例为 0.7%。绝大多数硕士毕业后直接签约进入了工作岗位。

从博士毕业去向分布来看，签约为毕业去向最多的，总共人数为 733，占比达 67.7%。从不同年份看，去向为签约比例最高的年份是 2020 年，比例为 84.6%；最低的是 2015 年，比例为 55.3%；去向为升学比例最高的年份是 2017 年，比例为 8.3%；最低的是 2019、2020 年，比例为 0.0%；去向为出国比例最高的年份是 2019 年，比例为 6.3%；最低的是 2017 年，比例为 1.4%。大多数博士毕业后直接签约进入了工作岗位。

从硕士毕业签约单位行业类别来看，制造业、信息传输、软件和信息技术服务业是硕士毕业签约人数最多的三个行业。其中制造业为毕业签约行业类型最多的，总共人数为 4393，占比达 38.6%，体现了我校工科为主的学科特色。见表 6－7。

从博士毕业签约单位行业类别来看，制造业、教育、卫生和社会工作为博士毕业签约人数最多的 3 个行业。其中教育为毕业签约行业类型最多的，总共人数为 349，占比达 47.6%，我校相当一部分博士毕业后选择了从事教育事业。见表 6－8。

从硕士就业单位性质来看，中小企业就业人数最多，总共 3778 人，占比 29.2%；党政机关就业人数最少，总共人数为 95 人，占比 0.7%，反映出规模较小，但人才需求量大，能充分发挥个人才能的中小企业成为了硕士就业的主要单位。见表 6－9。

从博士就业单位性质来看，事业单位就业人数最多，总共 467 人，占比 59.3%；党政机关就业人数最少，总共 9 人，占比 1.2%，反映多数博士毕业后进入了比较稳定的事业单位工作。见表 6－10。

表 6-7　2014 年—2020 年硕士签约单位行业类别

签约单位行业类别	2014 年		2015 年		2016 年		2017 年		2018 年		2019 年		2020 年		总计	
	人数	比例	人数	比例	人数	比例	人数	比例	人数	比例	人数	比例	人数	比例	人数	比例
制造业	678	41.8%	712	46.2%	588	37.6%	417	27.3%	636	40.0%	697	39.5%	665	37.8%	4393	38.6%
信息传输、软件和信息技术服务业	161	9.9%	140	9.1%	170	10.9%	186	12.2%	183	11.5%	263	14.9%	214	12.2%	1317	11.6%
金融业	138	8.5%	146	9.5%	203	13.0%	204	13.3%	182	11.4%	222	12.6%	224	12.7%	1319	11.6%
教育	72	4.4%	75	4.9%	89	5.7%	82	5.4%	109	6.9%	97	5.5%	55	3.1%	579	5.1%
科学研究和技术服务业	98	6.0%	111	7.2%	90	5.8%	84	5.5%	82	5.2%	88	5.0%	131	7.5%	684	6.0%

表 6-8　2014 年—2020 年博士签约单位行业类别

签约单位行业类别	2014 年		2015 年		2016 年		2017 年		2018 年		2019 年		2020 年		总计	
	人数	比例	人数	比例	人数	比例	人数	比例	人数	比例	人数	比例	人数	比例	人数	比例
制造业	18	22.5%	19	24.4%	27	31.0%	17	19.1%	26	18.6%	35	30.2%	27	18.9%	169	23.1%
信息传输、软件和信息技术服务业	1	1.3%	2	2.6%	2	2.3%	1	1.1%	4	2.9%	1	0.9%	4	2.8%	15	2.1%
教育	40	50.0%	35	44.9%	41	47.1%	49	55.1%	96	68.6%	58	50.0%	30	21.0 %	349	47.6%
科学研究和技术服务业	4	5.0%	4	5.1%	5	5.8%	6	6.7%	5	3.6%	9	7.8%	11	7.7%	44	6.0%
卫生和社会工作	1	1.3%	2	2.6%	1	1.2%	2	2.3%	0	0.0%	3	2.6%	65	45.5%	74	10.1%

表 6－9　2014 年—2020 年硕士就业单位性质

就业单位性质	2013 年		2014 年		2015 年		2016 年		2017 年		2018 年		2019 年		2020 年		总计	
	人数	比例	人数	比例	人数	比例	人数	比例	人数	比例	人数	比例	人数	比例	人数	比例	人数	比例
党政机关	9	0.6%	14	0.9%	8	0.5%	9	0.6%	17	1.1%	16	1.0%	12	0.7%	10	0.6%	95	0.7%
国有企业	481	30.8%	374	23.0%	337	21.9%	312	19.9%	374	24.5%	424	26.6%	585	33.1%	494	28.1%	3381	26.2%
三资企业	377	24.1%	443	27.3%	464	30.1%	353	22.5%	296	19.4%	472	29.7%	280	15.9%	289	16.4%	2974	23.0%
事业单位	148	9.5%	153	9.4%	96	6.2%	87	5.6%	94	6.1%	15	0.9%	100	5.7%	125	7.1%	818	6.3%
中小企业	490	31.4%	574	35.4%	552	35.8%	672	42.9%	490	32.0%	522	32.8%	222	12.6%	256	14.6%	3778	29.2%
其他企业	56	3.6%	65	4.0%	85	5.5%	133	8.5%	258	16.9%	143	9.0%	565	32.0%	584	33.2%	1889	14.6%

表 6－10　2013 年—2020 年博士就业单位性质

就业单位性质	2013		2014 年		2015 年		2017 年		2018 年		2019 年		2020 年		总计			
	人数	比例	人数	比例	人数	比例	人数	比例	人数	比例	人数	比例	人数	比例	人数	比例	人数	比例
党政机关	2	3.7%	1	1.2%	0	0.0%	2	2.3%	1	1.1%	1	0.7%	1	0.8%	1	0.7%	9	1.2%
国有企业	2	3.7%	10	12.5%	7	9.0%	10	11.5%	3	3.4%	8	5.7%	7	6.0%	11	7.7%	58	7.4%
三资企业	5	9.3%	10	12.5%	11	14.1%	8	9.2%	4	4.5%	10	7.2%	12	10.4%	7	4.9%	67	8.5%
事业单位	33	61.1%	37	46.3%	42	53.8%	38	43.7%	58	65.2%	93	66.4%	71	61.2%	95	66.4%	467	59.3%
中小企业	12	22.2%	22	27.5%	17	21.8%	27	31.0%	13	14.6%	23	16.4%	12	10.4%	3	2.1%	129	16.4%
其他企业	0	0.0%	0	0.0%	1	1.3%	2	2.3%	10	11.2%	5	3.6%	13	11.2%	26	18.2%	57	7.2%

表 6－11　2014—2020 年毕业生自主创业人数

学院	2014 年		2015 年		2016 年		2017 年		2018 年		2019 年		2020 年		总人数
	硕士		博士		硕士		博士		硕士		博士		硕士		
纺织学院	0	0	1	0	1	0	0	1	4	0	0	0	0	0	7
服艺学院	2	0	8	1	9	0	6	0	3	0	14	1	14	1	59
管理学院	135	0	33	0	35	0	19	0	6	0	2	0	5	0	235
机械学院	2	0	1	0	0	0	0	0	0	0	0	0	0	0	3
信息学院	2	0	0	0	1	0	0	0	1	0	0	0	0	0	4
计算机学院	0	0	2	0	2	0	0	0	0	0	1	0	0	0	5
材料学院	0	0	0	1	2	1	0	1	0	0	0	4	1	2	12
化生学院	0	0	0	0	1	0	0	0	1	0	0	1	1	1	5
环境学院	0	0	1	0	1	0	1	0	0	0	0	0	2	0	5
人文学院	7	0	3	0	2	0	1	0	0	0	1	0	1	0	15
理学院	0	0	0	0	0	0	0	0	0	0	0	0	1	0	1

从 2014 年到 2020 年，毕业生自主创业总人数为 351 人，其中管理学院研究生毕业自主创业人数最多，总共人数为 235 人。见表 6－11。

三、部分优秀毕业生

从 1959 年开启研究生教育以来，学校聚焦国家需求，着眼立德树人，累计培养了 4 万名研究生。其中有院士为代表的战略科学家，一批服务国家科技发展的一流科技领军人才和创新团队，数量众多活跃在科技和育人前沿的青年科技人才队伍，遍布全国的大批卓越工程师和各行各业的工作者。所有的优秀毕业生在纺织、材料、服装、设计等学术和行业领域做出了重要贡献。根据近两次学科评估的信息，我们搜集并整理了部分优秀毕业生的情况。见表 6－12。

表 6-12 部分优秀毕业研究生一览表

学院	姓名	毕业年度	学位类别	学习方式	简介
纺织学院	陈国强	2005	学术学位博士	全日制	原国务院纺织学科评议组成员，中国纺织服装教学协会常务理事，苏州大学纺织科学与工程学科负责人，现代丝绸国家工程实验室执行主任，纺织与服装设计国家级实验教学示范中心主任，获国家科技进步二等奖等科技奖 4 项。
材料学院	孙元荣	2005	学术学位硕士	全日制	中国复合材料学会风电工程复合材料专业委员会委员、上海市浦东新区风能专业委员会秘书长。申请 12 项发明专利，授权 3 项；申请 11 项实用新型专利，授权 11 项；研究成果极大推进了我国风机叶片生产制造。
化生学院	陈峰	2005	学术学位硕士	全日制	目前担任同济大学附属第十人民医院 PI，是同济大学医学院和转化医学研究院研究员和博士生导师。在仿生结构生物材料及医学转化研究领域做出了一定的研究成果。
服艺学院	袁惠芬	2005	学术学位硕士	全日制	安徽工程大学纺织服艺学院副院长、教授，教育部纺织类专业教学指导委员会服装分会委员。出版国家“十二五”规划教材 1 部，各类教材 8 部。获安徽省教学成果奖 2 项；省级精品课程 1 项，发表论文 30 余篇。
材料学院	徐红	2006	学术学位博士	全日制	国家重点研发计划首席科学家、中国纺织工程学会纺织学术带头人、山东省泰山产业领军人才。在 Chem. Eng. J.、纺织学报等期刊发表论文 150 余篇；授权发明专利 40 余项；获国家科技进步二等奖及省部级科技进步奖 4 项。

续 表

学院	姓名	毕业年度	学位类别	学习方式	简介
纺织学院	DavidR. Tuigong	2006	学术学位博士	全日制	肯尼亚莫伊大学教授，曾任莫伊大学副校长，现任肯尼亚国家工业研究院副院长，为学校的中非合作作出重要贡献，他积极联络母校，在莫伊大学创办孔子学院，成为全球唯一的纺织特色孔子学院。
纺织学院	ELARABISA LAHELDIN	2006	学术学位博士	全日制	苏丹杰济拉大学教授，曾任苏丹杰济拉大学纺织学院院长、工程学院院长，Sudanese Standards for Meteorology Organization (SSMO)特聘专家，苏丹纺织工程学会创建人之一。现任该校苏丹中国合作顾问。
材料学院	罗明华	2006	学术学位硕士	全日制	上海工匠、全国塑料标准化委员会工程塑料分会委员。累计获授权专利 210 余项，论文 10 余篇。获上海市科技进步奖二等奖一项。
纺织学院	邵明	2006	学术学位硕士	全日制	复旦大学电子商务研究中心副主任，研究生导师，兼任江苏省现代商务数据研究院院长、教育部数字资源专家组秘书长，商务部电子商务项目专家，科技部互联网信息组评审专家，人社部万名专家服务基层成员，发改委大数据专家库成员，中央财政专项资金回头看专家组成。

续　表

学院	姓名	毕业年度	学位类别	学习方式	简介
纺织学院	覃小红	2006	学术博士	全日制	东华大学纺织学院纺织材料系主任、教授，博士生导师，教育部长江学者奖励计划。博士学位论文被评为全国优秀博士学位论文，发表文章60余篇，其中SCI/EI文章近40篇，包括多篇纺织类权威SCI文章，申请专利20余项，授权12项。主持完成国家级、省部级项目10余项，其中包括国家自然科学基金4项。主持的项目曾获得国家技术发明二等奖(排名第一)、纺织工业联合会科技进步一等奖，教育部“霍英东”基金奖励，教育部新世纪优秀人才计划等奖励。
纺织学院	孙宝忠	2007	学术博士	全日制	东华大学纺织学院高技术纺织品系教授，博士生导师，2009年获得全国优秀博士学位论文。现任民用航空复合材料东华大学协同创新中心副主任、轻质结构复合材料研究所副所长、纺织学院纺织复合材料学科负责人。
材料学院	曹煜彤	2007	学术学位博士	全日制	重点央企技术总监，从事对位芳纶产业化研究，突破了对位芳纶聚合、溶解、纺丝及溶剂回收等关键技术，打破美日垄断，实现国产对位芳纶稳定化、规模化和清洁化生产。授权国家发明专利多项，获评中纺联科技进步一等奖。
材料学院	王新威	2007	学术学位博士	全日制	上海市五一劳动奖章和上海青年科技杰出贡献奖荣誉获得者，从事超高分子量聚乙烯纤维、隔膜产品开发及产业化工作。获上海市技术发明一等奖(第一完成人)、上海市技术发明二等奖和上海市海洋技术发明一等奖等。

续 表

学院	姓名	毕业年度	学位类别	学习方式	简介
纺织学院	杨红英	2007	学术学位博士	全日制	中原工学院纺织学院院长，省级人才计划入选者。
纺织学院	郑来久	2007	学术学位博士	全日制	大连工业大学纺织材料学院原院长，教授、博导，享受国务院特殊津贴，中国纺织工程学会常务理事，辽宁省纺织专业教指委主任，获辽宁省科技进步一等奖2项、二等奖2项，教育部科技进步二等奖和技术发明二等奖各1项。
纺织学院	许新建	2007	学术学位博士	全日制	国家质量监督检验检疫总局法规司副司长，曾任国家技术监督局质量司处长，国家质量技术监督局办公厅政研室副主任，国家质量监督检验检疫总局党组秘书等。
化生学院	张　艳	2007	学术学位硕士	全日制	现任中国纺织科学研究院有限公司科技管理部副主任，高级工程师。主要从事科研项目管理、科技成果管理工作。获得中国纺织工业联合会科技进步奖二等奖1项，三等奖2项，国家科技合作计划项目1项，国家科技支撑计划项目1项，国家重点研发计划项目1项。
纺织学院	赵　谦	2008	学术学位博士	全日制	中材科技股份有限公司副总裁，中材科技膜材料公司董事长，享受国务院特殊津贴专家，江苏省复合材料学会第四届理事会副理事长；承担国防新材料、863计划等20余项课题，获国家科技进步三等奖1项，省部级二等奖4项。

续 表

学院	姓名	毕业年度	学位类别	学习方式	简介
纺织学院	杨占平	2008	学术学位博士	全日制	南通醋酸纤维有限公司副总经理，研究员，享受国务院特殊津贴专家；江苏省人大代表，南通市青联副主席，科协副主席；南通333高层次人才培养工程中青年科技领军人才，226高层次人才培养工程中青年首席专家。
化生学院	沈　华	2008	学术学位硕士	全日制	2005年进入东华大学，2008硕士毕业。2008—2015年任职于广东德美精细化工集团股份有限公司，主要从事产品研发工作。2016年—至今，现担任义乌市渊泰新材料有限公司总经理一职，主营纺织助剂。
服艺学院	黄　晶	2008	学术学位硕士	全日制	中国纺织信息中心-法国PromoStyl事业部项目总监；带来中国服装品牌和时尚产业的专业方法论，对国际趋势在中国语境中的落地有独到见解，在趋势研究、品牌战略、创意研发等方面积累了丰富的经验和案例。
材料学院	李卫东	2009	学术学位博士	全日制	国际标准组织ISO/TC38/SC23/WG2召集人、CNAS认可技术评审员、CNAS委员会委员、上海市市场监管局专业技术带头人。主持修订3项ISO国际标准、多项国内标准，提高了我国在纺织品领域的国际话语权。

续表

学院	姓名	毕业年度	学位类别	学习方式	简介
材料学院	石帅科	2009	学术学位博士	全日制	世界500强企业巴斯夫、赢创公司高管，从事聚氨酯特种助剂与特种催化剂的开发与推广，主导产品研发获得精益六西格玛黑带认证，成功用于特斯拉、福特、大众等汽车行业巨头。
管理学院	王　滨	2009	学术学位博士	非全日制	现任大亚湾区委副书记，区管委会主任、党组书记。曾任深圳市特区建设发展集团有限公司，党委副书记；深圳市纺织(集团)股份有限公司总经理、董事长、党委书记。
管理学院	李陵申	2009	学术学位博士	非全日制	中国纺织工业联合会副会长，中国产业用纺织品行业协会会长，全国纺织品标准化产业用纺织品分会主任委员，国家发改委轻纺行业专家等。获中央国家机关优秀青年、国家纺织工业局十佳青年、全国百佳出版工作者、全国新闻出版领军人物等荣誉称号。
材料学院	金　亮	2009	学术学位硕士	全日制	国家科技进步一等奖及4项省部级科技奖获得者，主持实施国家发改委、工信部、科技部及江苏省科技厅等科技研发项目10余项，为高性能PAN基碳纤维国产化、工程化技术攻关与智能化生产管理工作做出突出贡献。
纺织学院	李　刚	2009	学术学位硕士	全日制	教授，博士，院长助理，总实验室主任，苏州市人才科技工作顾问，苏州市“最美侨界之星”，江苏省侨青会委员，江苏省高企认定专家库技术专家，曾获“香港首届创新大赛”冠军等荣誉。

续　表

学院	姓名	毕业年度	学位类别	学习方式	简介
纺织学院	吴双全	2009	学术学位硕士	全日制	旷达科技集团股份有限公司工业设计中心总监，中国流行色协会第九届理事会理事，全国针织信息中心、《针织工业》专家委员会专家。
化生学院	杨　洋	2009	学术学位硕士	全日制	创建了上海世米化工科技有限公司，现任总经理一职，从事高分子涂料、涂层行业的原材料业务，创建了 Soleil 索莱叶等知名文具画材品牌，公司的“初阳”产品参加了 2020 年第三届中国国际进口博览会的展出。
化生学院	李　娴	2009	学术学位硕士	全日制	负责东华大学纺织检测中心化学检测室的管理与运行。2011—2016 年任德国德司达印染科技(上海)有限公司产品开发部主管，2009—2010 年在香港理工大学担任研究员，参与了多个项目的研究开发。
材料学院	穆　萨	2010	学术学位博士	全日制	苏丹共和国最顶尖高校杰济拉大学教务成员(senate)、教授委员会委员、本科与研究生教学委员会主任以及研究生事物协调专员，出版教材 2 本。
材料学院	刘庆生	2010	学术学位博士	全日制	江南大学纺织科学与工程学院副院长，主持中央军委、国家自然科学基金、纺织工业联合会研究项目 10 余项。获中国纺织工业联合会科技进步一等奖和三等奖、浙江省科技进步二等奖、江苏省“纺织之光”科技贡献奖各 1 项。

续 表

学院	姓名	毕业年度	学位类别	学习方式	简介
纺织学院	陈维国	2010	学术学位博士	全日制	浙江理工大学教授，省级人才计划入选者，荣获2007年、2008年浙江省科技进步奖二等奖、2008年中国纺织工程学会科技进步奖二等奖。
管理学院	刘海涛	2010	学术学位博士	非全日制	中国恒天集团有限公司董事、总裁、党委副书记，中国纺织机械(集团)有限公司副董事长、总经理、党委副书记。
化生学院	朱园勤	2010	学术学位博士	全日制	任职于广西大学化学化工学院应用化学系，教授，院国际交流合作中心主任。主要从事功能高分子膜材料和天然高分子改性的研究，主持国家自然科学基金、广西自然科学基金和教育部留学回国人员启动基金等多个项目。
化生学院	李树白	2010	学术学位硕士	全日制	现任常州工程职业技术学院化工学院院长，常州市人大代表，是江苏省环境应急专家。长期从事绿色化工技术、纳米材料和金属表面化学等方面的研究工作。新冠肺炎疫情爆发初期，其团队自制70余吨消毒液赠送防疫一线，受到人民网等多家媒体报道。
化生学院	彭 琛	2010	学术学位硕士	全日制	现为同济大学附属第十人民医院副研究员，主要从事AIE聚集诱导发光材料在生物医学领域的研究与应用。

续　表

学院	姓名	毕业年度	学位类别	学习方式	简介
化生学院	单苗苗	2010	学术学位硕士	全日制	上海荷源环保科技有限公司创始人、副总经理、高级工程师。从事工业废水处理技术的开发应用，参与负责省部级项目16项，授权专利15项，发表核心论文6篇，获得中国纺织工业联合会科技进步奖二等奖和针织内衣创新贡献奖各三次，获得石化公司科技进步奖二等奖。
服艺学院	孙琰	2010	学术学位硕士	全日制	上海工程技术大学服装学院专业讲师，从事服装品牌策划与产品设计研究，获得上海青年教师资助项目，以及企业委托研发项目。身兼多家服装纺织企业产品开发总监及顾问。其指导的学生多次在国内大赛中获奖。
信息学院	唐漾	2010	学术博士	全日制	华东理工大学信息科学与工程学院教授，博士研究生指导教师，2009年获批东华大学博士创新基金资助。德国洪堡基金入选者，先后入选国家海外青年高层次人才，国家科技部中青年科技创新领军人才，上海市优秀学术带头人等计划入选者。在Nature子刊、Cell子刊等国际期刊上发表论文80余篇，其中包括IEEE汇刊和IFAC会刊论文60余篇。主持国家科技部重点研发计划课题、国家自然科学基金人工智能基础研究应急管理项目、国家自然科学基金中德科学中心合作交流项目和面上项目等多个项目。2018年获得上海市“青年五四奖章”和2017—2019年入选ESI高被引学者（科睿唯安）榜单。研究成果以第一完成人获得2019年度上海市自然科学奖一等奖。

续 表

学院	姓名	毕业年度	学位类别	学习方式	简介
信息学院	沈波	2011	学术博士	全日制	东华大学信息科学与技术学院教授，博士生导师，博士论文被评为上海市优秀博士论文、并获全国优秀博士学位论文提名奖。连续入选上海高校特聘教授(东方学者)岗位计划、上海市青年拔尖人才计划、上海市曙光计划和上海市青年科技启明星计划等多项人才计划，并获全球2015高被引科学家称号，国家自然科学奖二等奖1项等。
材料学院	武永涛	2011	学术学位博士	全日制	世界香料香精行业领导者企业首席研究员，致力于香精控制释放技术在日化产品及化妆品中的开发与应用。发表SCI论文10余篇，获授权专利10余项，PCT专利4项；开发4项产品被列入芬美意全球新技术开发目录。
材料学院	李昱昊	2011	学术学位博士	全日制	中国产业用纺织品行业协会副秘书长，发表论文10余篇，参加制定国家标准2项，主持行业标准1项；2020年以技术成员身份加入国务院国资委医疗物资专项工作组，是“全国抗击新冠肺炎疫情先进集体”主要成员。
纺织学院	高卫东	2011	学术学位博士	全日制	江南大学原副校长，教授、博导；国务院学科评议组成员，享受国务院特殊津贴专家，全国纺织服装教育学会常务理事，江苏省纺织工程学会副理事长，《江南大学学报》主编；获国家及省部级奖多项。
化生学院	林乃波	2011	学术学位博士	全日制	现任职厦门大学材料学院，硕士生导师。从事光学及生物材料研究。获得福建省杰出青年基金资助，主持国家自然科学基金项目和省级项目多项。以第一作者发表文章10余篇，授权发明专利5项，参与撰写著作两本。

续　表

学院	姓名	毕业年度	学位类别	学习方式	简介
材料学院	崔德刚	2011	学术学位硕士	全日制	上海市国资委青年技术能手、上海市嘉定区首批青年英才、上海电缆所青年标兵，从事电线电缆用高分子材料技术研发，获授权发明专利6篇。2019年获上海市青年五四奖章。
纺织学院	陈璐怡	2011	学术学位硕士	全日制	清华大学公共管理学院硕士生导师，清华大学中国工程科技发展战略研究院办公室副主任。
纺织学院	阚道远	2011	学术学位硕士	全日制	中核华纬工程设计研究有限公司化纤工程设计师，主持参与国内外数十个大中型聚酯(PET、PBT、PBAT/PBS)、短纤长丝、薄膜工厂的工程设计，2019年被授予“首批纺织行业勘察设计杰出工程师”。
纺织学院	田明伟	2012	学术学位博士	全日制	青岛大学纺织服装学院副院长，青岛大学特聘教授，发表学术论文112篇。
纺织学院	马丕波	2012	学术学位博士	全日制	江南大学纺织服装学院教授、博导，中国纺织工程学会高级会员、美国纤维学会会员，担任国际学术期刊 Textile Research Journal 编委等，荣获中国纺织工业联合会科技进步一等奖、二等奖等。
化生学院	巨安奇	2012	学术学位博士	全日制	任东华大学材料学院副院长，主要从事功能纺织纤维和高性能纤维材料等的研究工作。主持科技部“863”子课题、国家自然科学基金青年基金、中国博士后基金以及江苏省多项科研项目。
纺织学院	赵强	2012	学术学位硕士	全日制	中国纺织科学研究院院长，研究员、博导，享受国务院特殊津贴专家，长期从事纤维制品加工、工程与技术纤维制品及纺织过程智能检测与控制的研究工作，多次获国家级、省部级科技进步奖。

续 表

学院	姓名	毕业年度	学位类别	学习方式	简介
服艺学院	杨汝林	2012	学术学位硕士	全日制	中国丝绸博物馆技术部助理馆员；在纺织品文物保护国家重点科研基地，获得了更大的平台去接触纺织品文物保护行业最新最先进的知识，有机会和各国文物保护工作者交流学习，更好地服务于中国古代纺织品的保护项目。
管理学院	吴旭东	2012	专业学位硕士	非全日制	带领企业走出困境，扭亏为盈，被山西省人民政府评选为“山西省劳动模范”，并获“山西省五一劳动奖章”和“全国纺织思想文化建设功勋人物”称号。
管理学院	瞿静	2012	专业学位硕士	非全日制	曾任职纺织工业部生产司等部直属公司，现任中国针织工业协会副会长、中国纺织工业联合会市场部副主任。在十多年的时间里，引导行业依照国家政策法规，有序发展、不断创新，并在社会组织规范等方面做出了突出的贡献。
材料学院	胡伟立	2013	学术学位博士	全日制	世界 500 强企业 3M 公司品牌首席工程师，申请 10 项世界专利及 7 项中国专利，发表 20 余篇 3MInTek 技术报告。2015 年获 3M 员工个人技术水平最高荣誉奖，全球“技术卓越及创新奖”，2016、2017 年人选 3M 中国实验室技术精英成员。
纺织学院	张海霞	2013	学术学位博士	全日制	河南工程学院纺织学院院长，教授，省级人才计划入选者。
化生学院	王兴平	2013	学术学位硕士	全日制	2013 年硕士毕业于东华大学应用化学专业，毕业后考取东华大学材料学博士，于 2018 年获得东华大学材料学博士学位。目前就职于安集微电子有限公司，任研究员一职，从事半导体化学机械抛光液的研究与开发。

续 表

学院	姓名	毕业年度	学位类别	学习方式	简介
材料学院	侯成义	2014	学术学位博士	全日制	国家级人才计划入选者,从事智能服装材料研究,成果被 Nature、Science 专题报道。主持中央军委科技委、装备发展部、国家自然科学基金面上等项目。
材料学院	宋国胜	2014	学术学位博士	全日制	国家级人才计划入选者,湖南省“芙蓉学者奖励计划”特聘教授。从事生命分析化学和活体分子影像,癌症早期诊断、治疗及疗效检测研究,在 Nat. Biomed. Eng. 、Angew. Chem. Int. Ed. 等国际知名期刊发表论文 30 余篇。
纺织学院	FURAT JAMAL HASSA NALATTABI	2014	学术学位博士	全日制	伊拉克巴格达大学教授,荣获伊拉克国家 2018 年度创新奖。
纺织学院	丁若垚	2014	学术学位博士	全日制	上海纺织集团检测标准有限公司技术研发部部长,高级工程师,美国加州大学戴维斯分校博士访问学者,中国纺织工业联合会《民用卫生口罩》起草专家组成员。小平科技团队负责人。
机械学院	侯　曦	2014	学术学位博士	全日制	现任中国纺织机械协会高级工程师、副会长,兼任国家纺织机械质量监督检测中心副主任。博士毕业后,由学院推荐至中国纺织机械协会工作,历任高级业务主管、副主任、会长助理、副会长。
纺织学院	马飞飞	2014	学术学位硕士	全日制	上海圣甲安全防护科技有限公司技术总监;毕业后通过自主创业创立公司,并率先在国内研制出新型柔性防砍防刺服,获“2015 上海教育年度新闻人物”提名奖。

续 表

学院	姓名	毕业年度	学位类别	学习方式	简介
材料学院	斯　阳	2015	学术学位博士	全日制	国家级人才计划入选者，从事低维能源材料研究，在 Nat. Commun.、Sci. Adv. 等期刊发表 SCI 论文 70 余篇，获授权发明专利 21 项，获教育部霍英东基金、上海市启明星计划等荣誉，编著中英文书籍 2 部。
材料学院	刘丰维	2015	学术学位博士	全日制	全球唯一零能耗辐射制冷超材料技术拥有者宁波瑞凌公司副总经理，推动 2017 年度“全球十大物理突破——辐射制冷超材料”的成果转化与产业化，获得时任浙江省委书记车俊同志的亲切接见。
纺织学院	严金江	2015	学术学位博士	全日制	联合国工业发展组织农业、工业和技能发展司工业发展官员；先后担任英威达纤维(上海)有限公司技术开发工程师、中国区应用研发经理、先进纺织创新中心经理；2020 年 3 月起至今担任联合国工业发展组织官员，目前在协助商务部和中纺联负责非洲的项目。
管理学院	杨　峻	2015	学术学位博士	非全日制	中国纺织工业联合会副秘书长、中国纺织工业联合会产业转移工作办公室常务副主任。用所学理论指导实践，对中国纺织企业创新发展、纺织服装产业升级作出了突出贡献。
材料学院	王　刚	2016	学术学位博士	全日制	国家级人才计划入选者，从事半导体纤维及人机界面交互研究，在 Nat. Mater. 等期刊发表论文 40 余篇，授权发明专利 6 项，承担国家自然科学基金、华为公司等项目，成果入选美国阿贡国家实验室年度科学进展。

续　表

学院	姓名	毕业年度	学位类别	学习方式	简介
材料学院	邵元龙	2016	学术学位博士	全日制	苏州大学特聘教授，曾任剑桥大学工程系剑桥石墨烯中心研究员，从事石墨烯纤维及柔性可穿戴器件研究，在 Nat. Rev. Mater.、Chem. Rev. 等国际知名期刊发表学术论文 50 余篇，主持国家自然科学基金 2 项。
材料学院	李海增	2016	学术学位博士	全日制	山东大学齐鲁青年学者第一层次获得者，从事能源光电子器件研究，发表 Joule、Adv. Mater. 等高水平论文 10 余篇，申请美国与加拿大专利多项。成果获得美国科学促进会、中国光学、Laser Focus World 等媒体报道。
材料学院	洪贵山	2016	学术学位博士	全日制	“创青春”全国创业大赛金奖获得者，致力于环保型、功能型新材料的研发与开发。主要产品为水性防水透湿纺织涂层材料和水性无卤阻燃材料，成功应用于知名品牌户外运动服饰、汽车、高铁等领域，累计上缴利税 500 多万元。
材料学院	王士华	2016	学术学位博士	非全日制	国务院特殊津贴获得者、中国纺织技术带头人、江苏省突出贡献中青年专家。创办企业实现国家战略性新材料聚酰亚胺纤维的产业化。负责完成的“干法纺聚酰亚胺纤维制备关键技术及产业化”项目获国家科技进步二等奖。
纺织学院	丁彩玲	2016	学术学位博士	全日制	山东如意集团执行总裁，全国先进科技工作者，国家级人才计划入选者，享受国务院特殊津贴专家，中国纺织技术带头人，全国工程教指委第二届“做出突出贡献的工程硕士”等。

续 表

学院	姓名	毕业年度	学位类别	学习方式	简介
纺织学院	李健男	2016	学术学位硕士	全日制	上海帝亚实业有限公司、上海曙雀贸易有限公司创始人，在校期间开始创业，同时进行科技纺织品的相关开发与销售。2018 年获得“中国纺织工业联合会科学技术奖”二等奖，“中国互联网大学生创新创业大赛”金奖。
材料学院	白雪君	2016	专业学位博士	全日制	上海航天电源技术公司电池研发经理兼团委书记，带领团队攻关多项锂离子电池行业共性技术，广泛应用于轨道交通、新能源汽车领域，为公司每年实现 1 亿元以上销售收入。获上海市浦江人才称号，拥有专利 11 项，发表论文 12 篇。
机械学院	冯　培	2017	学术学位博士	全日制	毕业留校后被引进恒逸集团从事联合培养博士后研究工作，参与了国家重点研发计划项目，主持全自动喷丝板智能化检测及管理系统的开发企业项目，2019 年获中国纺织工业联合会科技进步一等奖。
材料学院	李兆敏	2019	学术学位博士	全日制	中国高端医疗器械生产领航者微创公司高管，带领研发团队率先实现 80％微创伤介植入医疗中空纤维管国产化，为我国高端医疗器械跨越式发展做出重要贡献。发表论文 15 篇，授权发明专利 6 件，获得上海市科技进步一等奖 1 项。
服艺学院	苏　淼	2019	学术学位博士	全日制	浙江理工大学纺织科学与工程学院（国际丝绸学院）副院长、副教授、硕士生导师。从事纺织品设计、丝绸艺术史方面教学与研究工作，曾获浙江省五星级青年教师称号、浙江理工大学教坛新秀、浙江理工大学五四青年奖章等。

（执笔：孙增耀、唐维、陈晓双）

第四节　研究生学位论文质量管理

学位论文是培养研究生科研能力的重要环节，也是衡量研究生学术水平的重要依据，学校开始培养研究生以来，指导教师对学位论文工作普遍重视。

研究生既是培养的对象，又是一支科研的重要力量，通过学位论文工作能使研究生出成果，成长成才，既促进了科研，又转化为教育，取得显著的成绩。

一、博士学位论文

博士学位论文是博士生培养的重要组成部分，是对博士生进行科学研究或承担专门技术工作的全面训练，是培养博士生创新能力，综合运用所学知识发现问题、分析问题和解决问题的主要环节。博士学位论文应当表明作者具有独立从事科学研究工作的能力，并在科学或专门技术上做出创造性的成果。博士生应选择学科前沿领域或对国家经济和社会发展有重要意义的课题，突出学位论文的创新性和先进性。为确保学位论文的进度和质量，要求做到：

(1) 博士学位论文必须在科学或专门技术上作出创造性的研究成果，对我国科技进步和社会主义现代化建设作出贡献，能够表明作者具有独立从事科学研究工作的能力，反映作者在本门学科上掌握了坚实宽广的基础理论和系统深入的专门知识。

(2) 博士生入学后在导师的指导下确定研究方向，通过查阅文献、收集资料和调查研究确定研究课题，并在规定时间内完成开题报告(参照《东华大学关于研究生选题工作的要求》执行)。开题报告须在本学科和相关学科专家参加的论证会上进行可行性论证，经过认可后才能进行课题研究。

(3) 博士生应按阶段在本学科的学术会议上报告科研和论文工作进展情况，以取得本学科的集体指导和帮助。

(4) 博士学位论文应在导师或指导小组的指导下，由博士生独立完成。硕士学位论文的成果可在博士学位论文中应用，但不能作为博士阶段的科研成果。

(5) 博士学位论文必须是一篇系统而完整的学术论文。学位论文要求概念清楚、立论正确、分析严谨、数据可靠、计算正确、图表清晰、层次分明、文字简练。

二、硕士学位论文

硕士学位论文对所研究的课题应当有新的见解，表明作者具有从事科学研究工作或独立担负专门技术工作的能力。硕士学位论文是对硕士生进行科学研究的全面训练，培养综合运用所学知识、分析问题和解决问题能力的重要环节，也是衡量硕士生能否获得学位的重要依据之一，硕士生在学期间，一般至少要用一年的时间完成学位论文，要求做到：

(1) 硕士学位论文应对所研究的课题在基本理论、计算方法、测试技术、工艺制造等某一方面有新的见解，或用已有理论及最新科技成就解决工程技术的实际问题，在学术上有一定的理论意义，或在应用方面有一定的实际价值。

(2) 硕士生应在导师指导下确定研究方向，通过查阅文献、收集资料和调查研究确定研究课题。研究课题应当对国民经济具有一定的实用价值或理论意义，鼓励选择工程类型的研究课题，直接为四化建设服务，取得经济效益。开题报告应在本学科和相关学科专家参加的论证会上进行可行性论证，经认可后才能进行课题研究。

(3) 学位论文必须在导师指导下由硕士生本人独立完成。

(4) 积极引导和组织硕士生参加各种学术交流活动和学术会议。硕士生除完成学位论文外，在答辩前必须公开发表论文一篇或在学术会议上宣读论文一篇，或在研究生科技论文报告会及竞赛中宣读论文一篇(以上均需第一作者)，或获得某项专利。完成上述要求者方可申请论文答辩。

1985 年，上海市举行一次青年优秀科技论文评奖活动，在一百二十篇获奖论文中学校三位研究生报送的论文全部人选。他们论文的获选，主要是课题有一定的先进性，有新见解。其中化纤专业博士研究生黄建华的论文《动态力学温度谱及其在化纤上的应用》获得二等奖，化纤专业博士研究生秦建的论文《共混聚丙烯腈纤维成形工艺及理论的研究》和纺织专业硕士研究生周坚的论文《交络变形加工基本原理和交络喷嘴结构的研讨》均获得三等奖。

三、研究生学位论文“双盲”评审

为了进一步加强和提高硕士、博士学位论文质量，上海市学位委员会办公室于1998年启动了学位论文“双盲”抽检工作，这是学校监控和评估学位论文质量的重要措施之一，其中硕士学位论文由上海市统一组织，博士学位论文全部由学校组织“双盲”评审。

为了把好研究生教育和培养质量关，2006年11月学校修订了有关规定。

根据新的规定，每位博士研究生申请答辩前其学位论文都必须通过“双盲”评审。在应届毕业硕士研究生中随机抽取部分学位论文进行“双盲”评审。硕士点首届毕业的研究生，其学位论文必须全部进行“双盲”抽检。上届“双盲”评审有异议学生的导师，其所指导学生的学位论文必须全部进行“双盲”抽检。“双盲”评审中专家有异议的硕士学位论文，必须进行修改，直至无异议后方可答辩。博士学位论文的“双盲”评审成绩全部达到良好或以上，方可答辩。

学校公布“双盲”评审结果，对于论文质量把关不严的学院及导师予以通报批评。累计有两篇及以上论文被“双盲”异议的指导教师暂停招生。

2011年，校院根据实际情况，采取相应措施，保证硕士论文质量相对稳定。对博士学位论文继续全部实行双盲送审。同时在博士生双盲前采用学术不端检测系统，对所有博士论文进行文字重合率的检测。为博士生提供检测服务，这既是防止学术不端的一种辅助手段，也是保护学生和导师学术声誉的一种有效途径。

2014年起，我校博士学位论文双育评审使用教育部学位中心送审平台在线送审，博士学位论文的双盲评审合格率始终保持在97%以上。具体见表6-13。

表6-13　博士学位论文双盲评审情况(2014年—2021年)

年份	送审篇次	合格篇次	平均成绩	合格率
2014	322	315	83.9	97.8%
2015	364	353	82.9	97.0%

续 表

年份	送审篇次	合格篇次	平均成绩	合格率
2016	379	371	84.6	98.0%
2017	454	441	82.7	97.1%
2018	557	551	83.8	98.9%
2019	457	454	83.4	99.3%
2020	472	465	84.6	98.5%
2021	462	455	83.6	98.5%

2012年起，我校学术硕士学位论文双盲评审合格率保持在97%以上，专业学位硕士学位论文双盲评审合格率始终保持在91%以上，具体见表6-14。

表6-14　硕士学位论文双盲评审情况(2012年—2021年)

年份	学术硕士		专业学位硕士	
	抽检篇次	合格率	抽检篇次	合格率
2012	108	99.1%	47	91.5%
2013	110	100.0%	131	93.9%
2014	57	100.0%	139	95.0%
2015	293	98.0%	137	95.6%
2016	285	96.8%	218	98.2%
2017	412	97.6%	418	94.7%
2018	410	99.0%	394	97.0%
2019	381	97.6%	361	96.1%
2020	321	97.5%	253	97.6%
2021	205	97.6%	236	97.9%

四、研究生学位论文抽检

研究生学位论文抽查是指对已经获得研究生学位作者的学位论文进行

随机抽样，并进行合格性质量评价的过程。研究生学位论文是研究生申请学位的重要依据，研究生学位论文质量是衡量学位授予单位研究生培养质量的重要指标，科学、合理地通过抽查，加强过程监督，能够促进学位授予单位研究生教育内部质量保障体系建设，强化质量观念，保证和提高研究生学位授予质量。

教育部学位管理与研究生教育司自2000年开展博士学位论文质量抽查工作，主要从学位论文的选题与综述、论文成果的创新性、论文体现的理论基础、专门知识及科学研究能力等方面进行评价。2014年，国务院学位委员会、教育部联合印发《博士硕士学位论文抽检办法》，将硕士学位论文纳入抽检范围并规范化。2020年全国研究生教育会议后，教育部、国家发展改革委、财政部三部委共同发布的《关于加快新时代研究生教育改革发展的意见》中明确提出要"扩大学位论文抽检比例，提升抽检科学化、精细化水平"。

（一）国家抽检

2000年，教育部学位管理与研究生教育司开展博士学位论文质量抽查工作，东华大学博士生刘森林（化学纤维96春）的博士学位论文《PET工程塑料的结晶改性与表征》、博士生陈跃华（纺织材料95春）的博士学位论文《图象法羊毛细度与卷曲测试研究》和博士生樊增禄（染整工程94秋）的博士学位论文《羊毛的蛋白酶处理防毡缩研究》全部通过抽检。

2012年以来，我校被抽检博士学位论文累积140篇次，其中经抽检无异议136篇，合格率97.1%，优于全国平均水平。自2016年以来，连续5年在国家博士学位论文抽检中均无存在问题的学位论文。从抽检学科来看，化学、机械工程、控制科学与工程、土木工程、工商管理等5个学科的合格率为100%，未出现异议情况。2012年—2021年国家抽检情况如表6-15所示。

表6-15　2012年—2021年国家抽检情况

抽检年度	总抽检篇次	合格篇次	合格率
2012	8	8	100%
2013	15	14	93.3%
2014	16	15	93.8%
2015	17	15	88.2%

续 表

抽检年度	总抽检篇次	合格篇次	合格率
2016	17	17	100%
2017	15	15	100%
2018	16	16	100%
2019	12	12	100%
2020	14	14	100%
2021	11	11	100%
总计	140	136	97.1%

（二）上海抽检

自 2015 年上海市启动硕士学位论文抽检工作以来，学校累积被抽检硕士学位论文 546 篇，其中存在问题的论文 12 篇，整体抽检合格率 97.8%，高于上海市平均水平。见表 6－16。

表 6－16　历年硕士学位论文上海抽检情况

年度	合格	存在问题	总计	存在问题论文比例	全市存在问题论文比例
2015	102	6	108	5.6%	4.0%
2016	99	3	102	2.9%	3.3%
2017	100	0	100	0.0%	1.5%
2018	90	1	91	1.1%	1.7%
2019	92	1	93	1.1%	1.3%
2020	63	1	64	1.6%	—
2021	92	0	92	0.0%	—
总计	638	12	650	1.8%	2.3%

注：2020、2021 年上海市未公布全市存在问题论文比例数据。

从学院分布来看，材料学院、纺织学院等 9 个学院的硕士学位论文抽检结果均为 100%全部通过，机械学院、管理学院的抽检合格率为 97%以上，服艺学院、计算机学院的抽检合格率均高于 92%。从学生类别来看，学术学位硕士的抽检合格率较高，平均通过率为 98.6%，有 10 个学院的抽检合格率为 100%。专业硕士的平均通过率为 97.2%。见表 6－17。

表 6－17　各学院硕士学位论文抽检统计

学院	学术学位硕士			专业学位硕士			整体合格率
	合格篇次	存在问题篇次	合格率	合格篇次	存在问题篇次	合格率	
材料学院	23	0	100.0%	19	0	100.0%	100.0%
纺织学院	28	0	100.0%	21	0	100.0%	100.0%
化生学院	28	0	100.0%	10	0	100.0%	100.0%
环境学院	29	0	100.0%	17	0	100.0%	100.0%
人文学院	28	0	100.0%	11	0	100.0%	100.0%
外语学院	5	0	100.0%	7	0	100.0%	100.0%
信息学院	18	0	100.0%	12	0	100.0%	100.0%
理学院	12	0	100.0%	—	—	—	100.0%
马院	2	0	100.0%	—	—	—	100.0%
机械学院	19	0	100.0%	24	1	96.0%	97.7%
管理学院	73	3	96.1%	155	2	98.7%	97.9%
服艺学院	22	1	95.7%	47	3	94.0%	94.5%
计算机学院	13	0	100.0%	15	2	88.2%	93.3%
总计	300	4	98.7%	338	8	97.7%	98.2%

（执笔：杨超、郭琪、张翔、丁明利）

第五节　研究生学位授予情况

1980 年 2 月 12 日，第五届全国人大常委会第十三次会议审议通过了《中华人民共和国学位条例》，于 1981 年 1 月 1 日起施行。1981 年 5 月 20 日，国务院批准了《中华人民共和国学位条例暂行实施办法》，制定了学士、硕士、博士三级学位的学术要求，中国的学位制度从此完全建立起来。学校的学位申请和授予工作一直按《中华人民共和国学位条例》《中华人民共和国学位条例暂行实施办法》和学校的相关规定执行。40年来，根据时代变迁对于相关条款或要求进行修订或完善。①

一、学位授予人数

（一）整体情况

学校于1982年首次授予硕士学位，截至2021年8月，累计授予研究生学位35282人次。其中授予博士学位2765人次，学术硕士学位19403人次，专业硕士学位13114人次。见表6-18。

表6-18　1981—2021年硕博学位授予情况一览表

学位授予年份	博士	学术学位硕士		专业学位硕士		合计
		全日制	非全日制	全日制	非全日制	
1982年	—	38	—	—	—	38
1983年	—	49	—	—	—	49
1984年	—	62	—	—	—	62
1985年	1	52	—	—	—	53
1986年	0	81	—	—	—	81
1987年	6	92	—	—	—	98
1988年	4	128	—	—	—	132
1989年	9	123	—	—	—	132
1990年	5	96	—	—	—	101
1991年	9	112	—	—	—	121
1992年	3	48	—	—	—	51
1993年	4	57	—	—	—	61
1994年	5	61	—	—	—	66
1995年	2	63	—	—	—	65
1996年	2	113	—	—	—	115
1997年	37	103	—	—	—	140

① 本书仅介绍硕士和博士学位授予情况，学士学位的不涉及，特此说明。

续　表

学位授予年份	博士	学术学位硕士		专业学位硕士		合计
		全日制	非全日制	全日制	非全日制	
1998 年	19	133	—	—	—	152
1999 年	18	159	—	—	—	177
2000 年	27	133	—	—	—	160
2001 年	12	193	—	53	28	286
2002 年	34	190	—	71	68	363
2003 年	60	328	—	67	102	557
2004 年	32	470	—	120	103	725
2005 年	61	514	—	108	150	833
2006 年	110	707	—	135	95	1047
2007 年	107	841	1	244	77	1270
2008 年	122	885	8	226	71	1312
2009 年	116	949	7	245	134	1451
2010 年	157	1010	34	249	168	1618
2011 年	202	1068	57	451	146	1924
2012 年	133	1155	10	636	151	2085
2013 年	139	1101	21	751	177	2189
2014 年	147	1040	6	855	193	2241
2015 年	163	1012	8	759	153	2095
2016 年	157	1006	6	731	185	2085
2017 年	172	988	23	865	196	2244
2018 年	208	1008	6	824	180	2226
2019 年	160	1017	6	924	211	2318
2020 年	188	1020	2	888	196	2294
2021 年	134	1001	2	964	164	2265
总计	2765	19206	197	10166	2948	35282

说明：1981—1992 年，国家存在跨校申请硕士学位情况，从 1982—1992 年，学校累计授予 52 人硕士学位，未列入上述统计表。

学校自1982年开展研究生学位授予以来，除个别年份外，学位授予人数整体呈持续上升的良好态势。1988年学位授予人数首次超过100人，2003年超过500人，2006年超过1000人，2012年超过2000人，从2013年起学位授予人数趋于稳定，每年约为2200人。见图6-5。

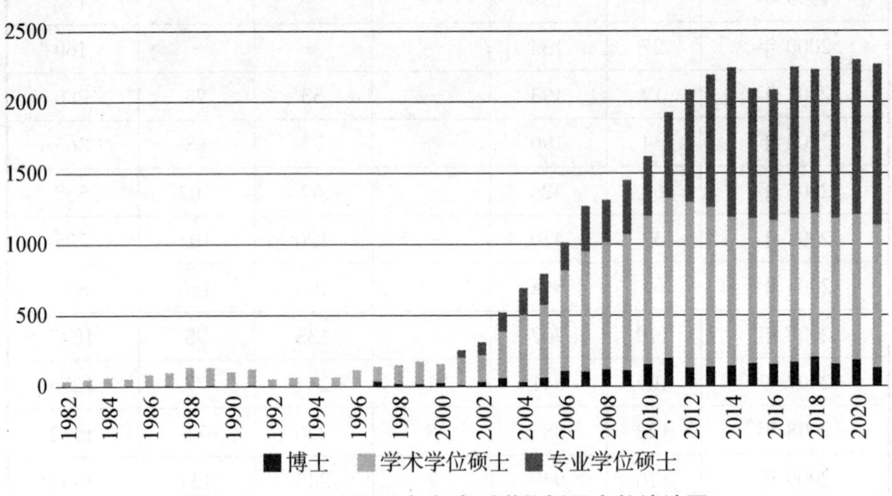

图6-5　1982—2021年各类别学位授予人数统计图

（二）博士学位

学校于1985年授予的首个博士学位为纺织材料与纺织品设计的潘宁博士，此后除1986年外每年均授予博士学位。1997年学校博士学位授予人数首次超过10人；2006年年度博士学位授予人数首次超过100人；2011年年度博士学位授予人数首次超过200人，同时累积学位授予人数超过了1000人；2017年累计博士学位授予人数达到了2000人；截至2021年8月，累计博士学位授予人数为2765人。

从学科门类上看，学校博士学位授予集中在工学、管理学、理学3个学科门类。其中工学博士学位授予人数最多，为2327人，占全部博士学位授予人数的84.2%；管理学博士学位授予人数次之，为346人，占比12.5%；理学博士学位授予人数最少，为92人，占比3.3%。随着数学一级学位博士点的获批，以及设计学一级学位博士点和先进制造、机械、能源动力、材料与化工等专业学位博士点的博士生陆续毕业，学校博士学位授予的类型会更加丰富，各门类的学位授予人数也会日渐平衡。

博士学位授予分布在纺织科学与工程等 9 个一级学科，设计学、数学为新增博士学位授权点，目前尚无学位授予情况。授予博士学位人数最多的 3 个一级学科依次为：纺织科学与工程、材料科学与工程、控制科学与工程；授予博士学位人数最少的 3 个一级学科依次为机械工程、化学、土木工程。见图 6－6。

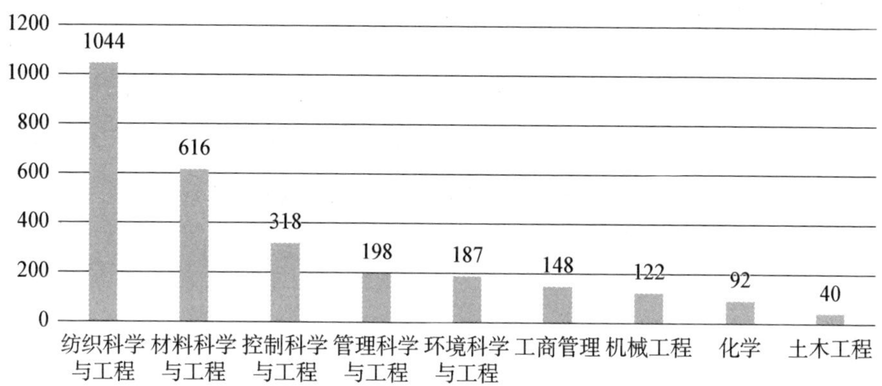

图 6－6　1985—2021 年各一级学科博士学位授予人数

为促进学科交流，培育跨学科研究成果，学校在现有博士学位点的基础上于 2012 年自主设置了企业信息化系统与工程、生物材料学、纺织科技史、信息与通信智能系统、时尚设计与创新工程、新能源材料与器件等 6 个交叉学科，并于 2014 年开始招生。自 2018 年 3 月，首个交叉学科专业生物材料学授予学位以来，目前交叉学科专业已累积授予博士学位 37 人。其中生物材料学博士学位授予人数最多，为 20 人，占比 54.1%；新能源材料与器件博士学位授予人数最少，为 2 人，占比 5.4%。时尚设计与创新工程的在读研究生在学校获得设计学一级学科博士点后，已全部转为设计学专业，故该专业无学位授予。见图 6－7。

（三）学术学位硕士

学校学术学位硕士学位首次于 1982 年授予，首批共授予 38 人工学硕士学位。1995 年累计学术硕士学位授予人数超过 1000 人，2012 年累计学术硕士学位授予人数超过 10000 人，截至 2021 年 9 月累计授予学术学位硕士学位 19403 人，其中全日制学术硕士 19206 人，非全日制学术硕士 197 人。见图 6－8。

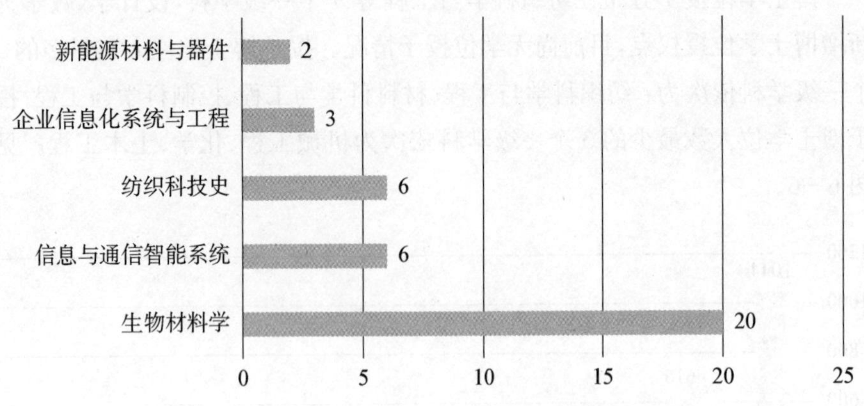

图 6-7　2018—2021 年交叉学科博士学位授予人数

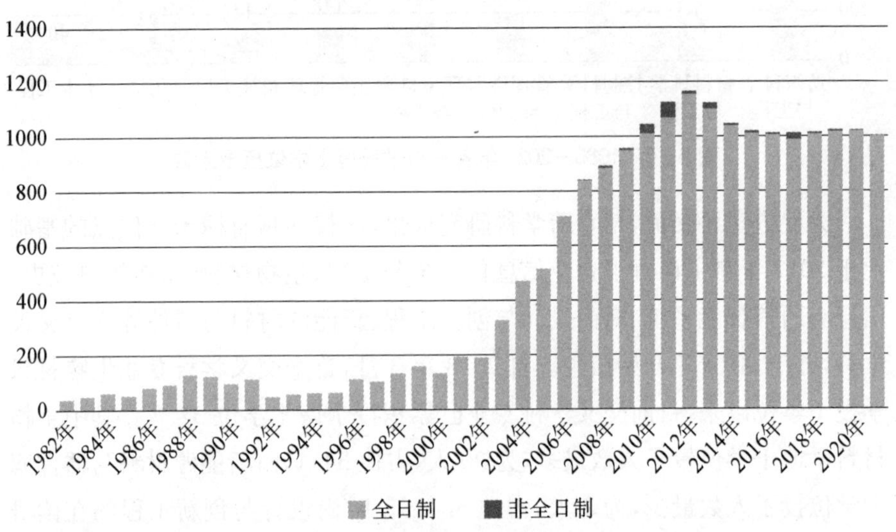

图 6-8　1981—2021 年学术学位硕士学位授予人数

学校学术学位硕士学位授予人数自 1982 年起呈现逐年上升的态势，在 2012 年达到了最大值为 1165 人，此后人数逐渐稳定在 1020 人左右。造成这种现象的主要原因是 2009 年开展大规模专业学位硕士研究生培养，随着国家对专业学位研究生培养力度的逐步加大，学术学位研究生招生名额自 2009 年起便不再增长。由于学术学位硕士的培养时间为 3 年，故学校学术学位硕士学位授予人数在 2009 级学术硕士的首次学位授予时间的 2012 年达到了最大。

按授予学科门类统计，全日制学术学位硕士分布在工学、管理学、理学、文学、经济学、艺术学、哲学、法学、历史学等9个门类。其中授予人数最多的学术门类为工学，为13217人，占全部学位授予人数的68.8%。授予学位人数最多的3个门类依次为工学、管理学、理学，授予学位人数最少的3个门类分别为哲学、法学、历史学。其中哲学门类涉及的科学技术哲学、马克思主义哲学2个二级学科，于2018年通过动态调整申请撤销，最后一届学生于2019年3月毕业。由于2011年学科门类调整，原艺术设计学专业由文学门类调整为艺术学门类。生物医学工程可授工学、理学、医学学位，学校生物医学工程专业在2014级之前授工学学位，2014级起授理学学位。见图6-9。

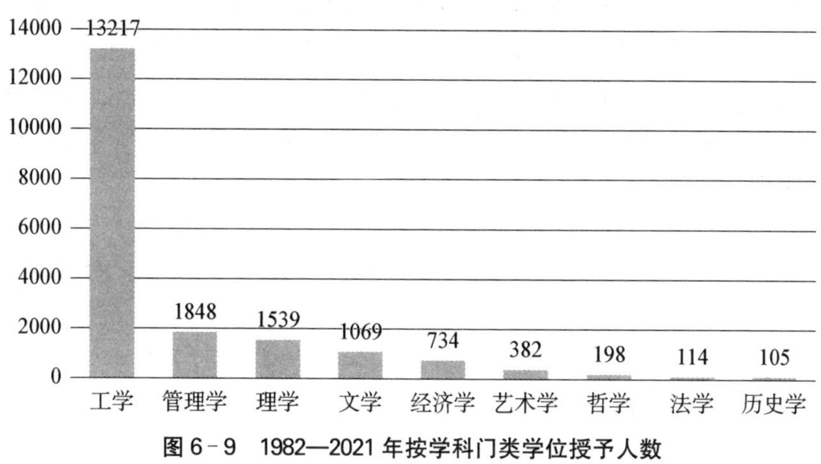

图6-9 1982—2021年按学科门类学位授予人数

学校历年授予非全日制学术学位硕士累计197人，分为同等学力申请硕士学位和高校教师2种类型。其中同等学力申请硕士学位85人，高校教师112人。

2003年，为了提升我国高校教师的学术水平，国家开展了高校教师在职攻读硕士学位工作。从2003年6月，学校首批招收高校教师在职攻读硕士学位，至2013年最后一批高校教师授予学位，累计授予学位人数112人。全部高校教师申请硕士学位分布在管理学、文学、工学3个学科门类。见图6-10。

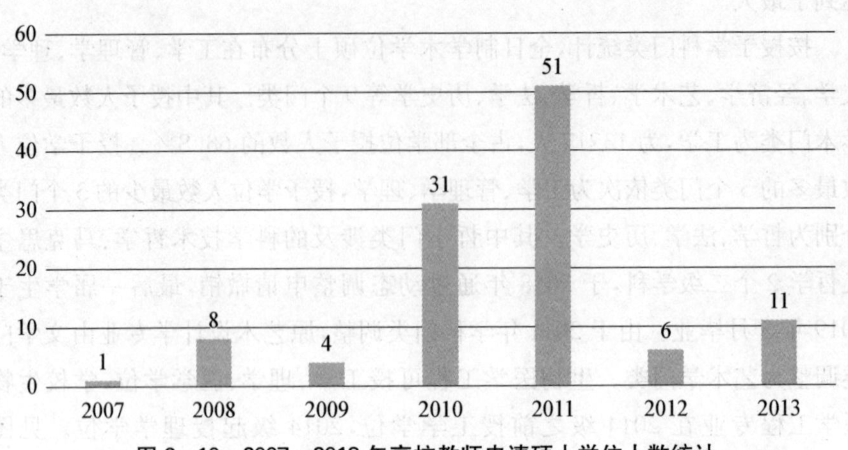

图 6-10　2007—2013 年高校教师申请硕士学位人数统计

1980 年代中期，为了多渠道培养高层次人才，国家开展了授予研究生毕业同等学力人员申请硕士、博士学位工作。由于之前的数据暂未查询，目前系统统计自 2009 年有授予同等学力申请硕士学位记录，截至 2021 年累计授予同等学力申请硕士学位 85 人次，分布在管理学、艺术学、工学 3 个学科门类。见图 6-11。

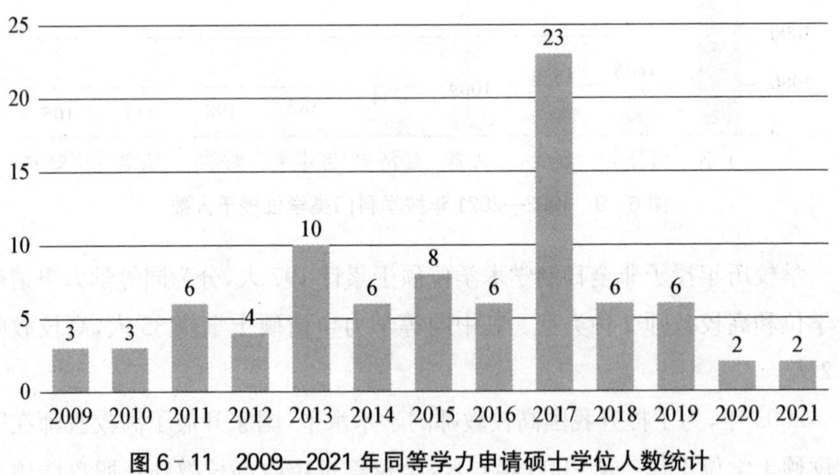

图 6-11　2009—2021 年同等学力申请硕士学位人数统计

从 2016 年，教育发出通知，明确指出非全日制研究生与全日制研究生学历类型同为普通高等教育（统招学历），均必须通过全国硕士研究生统一招生考试入学，同属于统招统分计划，毕业同样获得普通高等教育研究生毕业证及学位证双证。原在职研究生停止招生。

（四）专业学位硕士

学校自2001年起开始授予专业学位硕士学位。第一批授予专业学位硕士学位的为53名工商管理硕士。20年来，学校累计授予专业学位硕士学位13114人，其中全日制专业学位硕士10166人，非全日制专业学位硕士2948人。总体而言，非全日制专业学位硕士的年度授予规模整体保持在200人左右，全日制专业学位硕士的年度授予规模于2011年迎来了高速发展时期，2011年相对2010年增长了81.1%，2012年相对2011年增长了41.1%，2013年相对2012年增长了18.1%，2014年相对2013年增长了13.8%，4年累计增长243.4%。造成这一现象的主要原因是2009年国家大力发展全日制专业学位教育，学校于2009年首次招收全日制工程硕士，并于2011年首次毕业。目前学校每年授予专业学位硕士学位约1100人，略高于学术学位硕士学位授予人数，两者比例接近1∶1。见图6-12。

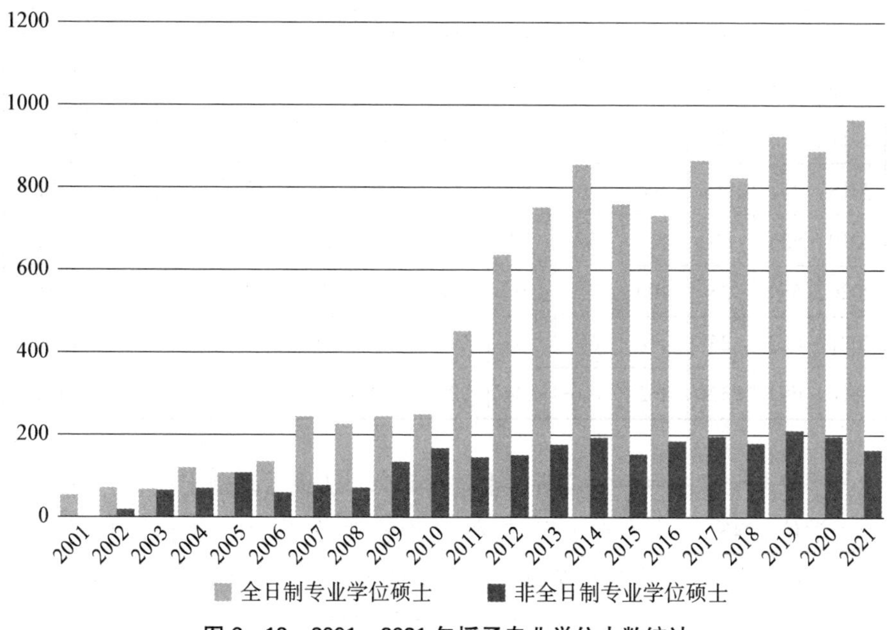

图6-12　2001—2021年授予专业学位人数统计

学校近20年来累计授予全日制专业学位硕士10166人，由于学校2011年之前全日制专业学位硕士只有工商管理硕士授予学位，因此下文主要讨论2011年以来的全日制专业学位硕士学位授予情况。近10年来，学校授予的专业学位分布在11个专业学位类别，其中授予全日制学位人数最多的3个专业学位类别分别为工程硕士、工商管理硕士、会计硕士。授予人数最少的3个专业学位类别分别为公共管理硕士、应用统计硕士、新闻与传播硕士，其中应用统计硕士、新闻与传播硕士均为2019年首次招生，2021年首次有毕业生。见表6-19。

表6-19　2011—2021年全日制专业学位硕士学位授予情况

年度	工程	工商管理	会计	艺术	工程管理	翻译	国际商务	金融	公共管理	应用统计	新闻与传播	总计
2011	191	260	—	—	—	—	—	—	—	—	—	451
2012	331	286	—	19	—	—	—	—	—	—	—	636
2013	339	379	—	27	—	6	—	—	—	—	—	751
2014	405	428	—	2	—	20	—	—	—	—	—	855
2015	407	266	—	29	16	22	19	—	—	—	—	759
2016	398	241	—	28	16	27	21	—	—	—	—	731
2017	383	222	71	23	88	28	20	—	30	—	—	865
2018	427	119	85	36	80	28	34	—	15	—	—	824
2019	525	69	117	57	22	32	35	30	37	—	—	924
2020	550	33	100	77	9	30	36	39	14	—	—	888
2021	612	25	89	68	3	36	37	39	4	32	19	964
总计	4568	2328	462	366	234	229	202	108	100	32	19	10166

学校非全日制专业学位研究生教育起源自工商管理硕士①，20年来累计授予学位2948人，分布在工程、艺术、工商管理、公共管理、工程管理、会计等6个专业学位类别，其中工程硕士授予学位人数最多，达1621人，占全部的59.6%。2002年首批18人获得非全日制工程硕士学位，分布在材料工程、环境工程2个专业学位领域；2007年首批4人获非全日制工商管理硕士学

① 本书把在职攻读专业学位研究生纳入非全日制一并叙述和统计，特此说明。

位；2008 年首批 4 人获非全日制艺术硕士学位；2019 年首批 10 人和 14 人分获非全日制工程管理硕士学位和非全日制会计硕士学位；2020 年首批 37 人获非全日制公共管理硕士学位。见表 6－20。

表 6－20　2002－2021 年非全日制专业学位硕士学位授予情况

年度	工程	艺术	工商管理	公共管理	工程管理	会计	总计
2001	—	—	28	—	—	—	28
2002	18	—	50	—	—	—	—
2003	65	—	37	—	—	—	—
2004	69	—	34	—	—	—	—
2005	108	—	42	—	—	—	—
2006	59	—	36	—	—	—	95
2007	73	—	4	—	—	—	77
2008	44	4	23	—	—	—	71
2009	67	23	44	—	—	—	134
2010	93	26	49	—	—	—	168
2011	67	32	47	—	—	—	146
2012	83	25	43	—	—	—	151
2013	116	31	30	—	—	—	177
2014	145	30	18	—	—	—	193
2015	112	31	10	—	—	—	153
2016	112	60	13	—	—	—	185
2017	115	69	12	—	—	—	196
2018	82	98	—	—	—	—	180
2019	97	58	32	—	10	14	211
2020	64	9	23	37	35	28	196
2021	32	4	23	58	35	12	164
总计	1621	500	598	95	80	54	2948

二、研究生学位证书的变化

学位证书是表明学位获得者学术达到相应水平的证明。根据《中华人民共和国学位条例暂行实施办法》规定，“学士学位的证书格式，由教育部制定。硕士学位和博士学位的证书格式，由国务院学位委员会制定。学位获得者的学位证书，由学位授予单位发给。”学位证书为“开本”形式印刷，证书内容主要包括姓名、籍贯、出生日期、专业、学习年限、学科门类、校长姓名、学位评定委员会主任姓名、证书编号和学位授予日期。

1998 年，国务院学位委员会、国家教育委员会联合印发《关于调整学位证书格式的通知》(学位〔1998〕4 号)，对学位证书样式进行了调整，增加了学位获得者照片一栏，同时对学位证书采取全国统一编号。证书编号为十二位数，前五位为学位授予单位代码；第六位为授予学位的级别，如：博士为 2，硕士为 3，学士为 4；第七、八位数为授予学位的学年度；后四位为各校按授予人员排序的顺序号码。

2007 年 7 月，国务院学位委员会、教育部联合印发《关于调整学位证书版式及格式内容的通知》(学位〔2007〕25 号)，于 2008 年 1 月 1 日启动新版学位证书。新版学位证书的版式由“开本式”调整为“单页式”，学位证书内容不再包含学位获得者的“籍贯”和“学习年限”等信息，同时新版学位证书加强了防伪措施，其材质采用无荧光水印纸，纸内夹有防伪图案水印，和防伪油墨暗印的“国务院学位委员会办公室监制”字样。为便于实施电子注册和网上查询，新版学位证书采取全国统一编号。证书编号为十六位数，前五位为学位授予单位代码；第六位为授予学位的级别，博士为 2，硕士为 3，学士为 4；第七至第十位数为授予学位的年份，后六位数为各单位学位获得者的顺序号码。具有研究生毕业同等学力人员所获学位证书的编号，需在编号起始位置加大写英文字母“T”；专业学位证书的编号，其编号起始位置加大写英文字母“Z”。

2015 年，国务院学位委员会、教育部关于印发《学位证书和学位授予信息管理办法》(学位〔2015〕18 号)，从 2016 年 1 月 1 日起，学位证书由学位授予单位自主设计、印制，不再由国家统一印制。新版证书统一采取十六位阿拉伯数字的编号方法。十六位数字编号的前五位为学位授予单位代码；第六位为学位授予的级别，博士为2，硕士为3，学士为4；第七至第十位为授予学位的年份；后六位数为各学位授予单位自行编排的号码。新版证书编号不再要求对同等学力人员、专业学位的证书编号做特殊规定。此次调整进一步突出了高校及科研机构在学位授予中的主体地位。《学位证书和学位授予信息管理办法》既明确了学位证书填写的基本内容、学位授予信息报送的程序和各方职责，也指明了由学位授予单位自主决定的部分，如证书样式、其他必要信息和外文副本制作等。

三、学位授予信息管理

学位授予信息年报工作自1991年开始实施，随着技术的发展，经历了纸质材料报送、磁盘报送、网络报送等阶段。

1999年前，学位授予信息以纸质材料进行报送。1999年起，信息采集方式转为报送磁盘。全国共设立22个信息处理工作站，通过国务院学位办全国研究生学位授予系统，报盘统计每年全国硕士、博士学位授予点授予学位的信息。

2007年国务院学位委员会办公室印发《关于加强学位与研究生教育信息管理工作的通知》，提出建立由国务院学位委员会办公室、省级和军队学位委员会办公室以及学位授予单位组成的分级管理、各负其责的三级学位与研究生教育信息管理体系。同时，原承担学位授予信息年报工作的22个信息处理工作站不再承担此项工作，相关工作移交给有关地区省级和军队学位委员会办公室组织开展。

根据《国务院学位委员会、教育部关于调整学位证书版式及格式内容的通知》(学位〔2007〕25号)对学位证书样式的调整，国务院学位办发布《关于调整学位授予信息年报数据结构的通知》(学位办〔2008〕50号)，对学位授予信息上报的数据结果也进行了对应调整。调整后的数据结构，兼顾目前及未来一段时间学位与研究生教育信息变化的状况，删掉了大部分应由学位授予单位保存的数据项，增加了一部分具有重要统计意义的数据项。同时文件规定，自2008年9月1日起，对学位授予信息年报工作进行调整，将原来的按学年度上报改为按学期上报。

2015年，国务院学位委员会、教育部关于印发《学位证书和学位授予信息管理办法》(学位〔2015〕18号),明确了学位授予单位、省级学位主管部门、国务院学位委员会办公室的工作职责与要求,并首次提出学位授予信息上报期限由每学期一次调整为学位授予后一个月内报送。

2020年国务院学位委员会印发《学位授予信息管理工作规程》,再次明确和强调了学位授予单位和管理机构的职责、学位授予信息的数据结构和标准、信息报送流程与要求、学位授予信息更改与删除流程、信息安全与责任等方面的内容。

(执笔:郭琪、杨超、张翔、丁明利)

第六节　研究生管理信息系统

一、基于数据采集与管理的第一代信息管理系统

学校研究生的管理信息化工作始于20世纪80年代后期,首先应用到研究生招生工作中。

20世纪90年代末期为了对在职人员以研究生毕业同等学力申请硕士学位工作加强管理,在唐俊峰老师带领下,研究生部自主研制开发了通用型试题库管理系统。

2003年在进行事务型管理信息系统建设的同时,学校还注意其他类型管理信息系统的开发与应用。如"硕士点评估指标体系与信息管理系统"、"同等学力申请硕士学位试题库系统"、"研究生党建系统"、研究生"三助"系统等。同时对基于URP的研究生管理信息系统进行深入开发,从信息管理逐步向知识管理层次过渡,建立起有可信度,具有实际价值的决策支持系统。另外加强人工智能在研究生教学信息管理中的应用,对于保证研究生培养质量等有着指导性作用。

2007年完成基于URP的研究生管理系统建设,基本实现研究生教育信息化管理。健全研究生培养质量监控体系,新修订的研究生评教系统在"东华大学数字化校园信息门户"正式运行。

2010年在系统中完成研究生教学状态的展示,其中课程教学状态的展示充分利用现有研究生系统中的开课、教学班设置、排课、教师成绩输入及

教学质量分析以及学生评教这些模块所产生与积累的数据，建立研究生课程教学状态分析模型，通过模型能够实时、全面地展示学校研究生课程教学的状况。

2006年自主开发硕士招生系统（调剂系统），学院可通过系统完成调剂学生信息的查看、审核和筛选。通过信息化服务提升对学院、学生的服务质量。

2009年建设东华大学研究生招生网，包含走进东华、部门职能、招生简章、报考专栏、信息服务、在线咨询、友情链接、快速通道等模块，通过招生网的建设，及时发布学校博士、硕士、专业学位、港澳台研究生的招生信息，成为招生信息发布和招生宣传的重要窗口。

2009年委托专业信息技术公司建设研究生招生平台，涵盖从招生目录的采集到报名、推免、初试、复试、调剂、录取、数据统计等整个硕（博）士、在职工程硕士研究生招生工作流程，实现研究生招生工作的信息化、自动化管理。通过系统加强和学院的二级管理，进一步提升了对考生的服务水平。

同年，为了便于学院做好研究生迎新工作，研招管理平台增加迎新子系统，整合新生数据，面向招生学院和业务部门开放，实时录入、查询和统计报到情况。

二、以流程管理为核心的第二代管理信息系统

第二代研究生信息管理系统的开发工作于2012年启动招标工作，委托江苏金智科技股份有限公司进行开发，2013年，基于URP的研究生管理信息系统，学校对研究生培养管理系统进行升级。该系统是集培养方案和培养计划管理、课程和开课管理、专业学位实践管理、出国（境）管理、学业管理和预警、综合改革项目管理于一体的综合性管理系统，依托于“东华大学数字化校园”积累的信息资源，以实现研究生教育信息资源的综合利用。本系统的建立在研究生管理工作方面发挥着重要的作用。

首个学位管理模块于2013年部署上线。为适应浏览器发展和新技术的需要，2015年研究生系统的教师端和学生端底层架构进行了重构，采用了兼容性更好的框架底层。经过几年的不断更新迭代，形成包括学籍信息管理、培养管理、学位管理、研工管理、公共管理等多个模块在内的第二代研究生

信息管理系统。该系统利用信息化手段加强对研究生招生、培养和学位授予等关键环节监测，对研究生培养从新生入学、休退学日常学籍管理、开题报告、中期检查、预答辩、学位论文双盲评审、学位论文文字重复率检测、答辩、学位证书管理、学位论文终稿归档、学位信息采集上报全流程实行全过程、全方位的精细化管理，建立培养环节可追溯机制，全面提升研究生管理质量与效率。

三、面向大数据和移动时代的第三代管理信息系统

随着大数据时代的到来，如何加强各部门之间的沟通与合作，打通校内各系统的数据共享整合，利用大数据做好研究生教育质量监控，成为新一代研究生信息管理系统的主要目标。通过建立数据分析模型，提高数据处理能力，建立学生培养和学位点监测与预警体系，为研究生培养提供科学合理的决策参考。同时，加强移动端建设，将管理思想从"个人查询"向"主动推送"转变。从人本管理理念出发，重新设计导师与研究生的界面，做好移动端访问功能与信息推送服务，提升研究生管理系统服务功能。加强与自助终端服务的联动，全面提高研究生信息管理系统的服务质量与效率。

（执笔：张翔、张慧芬）

第七章

研究生教育创新和培养模式探索

第一节　科教融合培养研究生的创新实践

一、研究生创新基金项目

2003 年 4 月，学校启动研究生教育创新工程，设立了研究生创新基金。

设立研究生创新基金旨在加强研究生科研创新意识和创新能力的培养，支持博士生从事对学科发展有重要影响的原创性学术研究或极具应用前景的重大工程或技术创新研究，激励博士生做出重大创新成果。2013 年开始，面向硕士研究生开展资助。

研究生创新基金资助项目的组织管理工作是在学校和研究生部的领导下，由研究生部培养和学位办公室组织实施，包括项目的申报、评审、跟踪检查和结题等问题。基金资助项目的评选工作遵循“科学公正、注重创新、严格筛选、宁缺毋滥”的原则。

研究生创新基金资助项目内容包括：(1)博士学位论文创新工作资助；(2)研究生课外创新创业活动项目资助；(3)优秀博士学位论文奖；(4)研究生发表学术成果奖励。

(1) 博士学位论文创新工作资助

申请对象为博士学位论文已开题的在校博士生；资助金额为 5000 – 20000 元不等。评审标准为：有望取得突破性成果或有望成为市级以上优秀博士学位论文;市级或市级以上的博士生科研基金的配套。资助人数不超过可申报博士生人数的30%。

(2) 研究生课外创新创业项目资助

申请对象为在校研究生,资助的金额为2000-10000元不等。评审标准为:选题为高新科技;在理论或方法上有创新,具有很好的市场前景;最终成果基本具备产业化生产条件;全国性的各类研究生科技活动大赛。

(3) 优秀博士学位论文奖

奖励在校、市和全国各级"优秀博士学位论文评选"活动中获奖的指导教师和论文作者。评选工作与国家教育部一年一度的"全国优秀博士学位论文"评选工作同步进行,评选标准和办法与"全国优秀博士学位论文"相同。每年校级优秀博士学位论文的获奖总数不超过6篇。校级优秀博士论文将优先考虑推荐参加上海市和全国优秀博士学位论文的评选。

(4) 研究生发表学术成果奖及参加国际学术会议专项基金

奖励对象是在校研究生和完成学业离校不超过一年的毕业研究生。2003年按期启动"资助博士生参加国际会议"项目。2004年有11名在读博士生参加了在国外召开的国际学术会议。经教育部学位管理与研究生教育司批准,2006年11月3—6日学校成功举办了"国际纺织科学与工程博士生学术论坛"。本次论坛为来自10个国家和地区、36所高校和科研院所的300余名中外专家、学者和博士生提供了一个高起点、深层次、最前沿的国际学术交流平台。此次论坛是列入教育部研究生教育创新计划的首个国际博士生学术论坛。

近二十年,学校累计资助研究生创新基金1524项,累计资助经费2135.9万元,具体情况见表7-1。

表7-1 研究生创新项目立项情况一览表(经费单位:万元)

年度	资助博士人数	资助博士经费	资助硕士人数	资助硕士经费
2003年	37	60	—	—
2004年	42	60	—	—
2005年	26	60	—	—

续　表

年度	资助博士人数	资助博士经费	资助硕士人数	资助硕士经费
2006年	30	60	—	—
2007年	26	60	—	—
2008年	31	60	—	—
2009年	87	120	—	—
2010年	77	120	—	
2011年	38	76	—	—
2012年	56	81	—	—
2013年	68	100	24	26.4
2014年	69	101.1	36	33.6
2015年	100	130	76	53.8
2016年	69	100	38	35.4
2017年	103	150	40	37.2
2018年	103	150.3	39	36.8
2019年	105	150	16	11.9
2020年	94	120	10	7.7
2021年	74	127	10	7.7
合计	1235	1885.4	289	250.5

通过设立研究生创新基金项目，主要解决以下几个问题。一是缓解研究生科研经费的不足；二是支持有志于科学研究、并具备创新能力的优秀博士生，激励研究生的创新意识。其根本目的和任务旨在选拔优秀的研究生，从经费上、政策上给予重点支持，支持他们从事对学科发展有重要影响的原创性研究，撰写高质量学位论文，发表高水平成果。同时，为各类优秀论文评选提供人才储备和支持。

实施研究生创新基金以来，人才培养成效显著，涌现出了一批优秀的博士研究生，杰出代表如下：

覃小红教授，东华大学纺织学院纺织材料系主任、教授，博士生导师，教育部长江学者奖励计划青年学者2004年获批博士学位论文创新资助项目，其博士学位论文被评为全国优秀博士学位论文。潜心治学、科研成果卓著，发表文章60余篇，其中SCI/EI文章近40篇，包括多篇纺织类权威SCI文章，申请专利20余项，授权12项。主持完成国家级、省部级项目10余项，其中包括国家自然科学基金4项。以第一完成人获国家技术发明奖二等奖，主持的项目曾获得纺织工业联合会科技进步一等奖，教育部"霍英东"基金奖励，教育部新世纪优秀人才计划等奖励。目前承担纺织学院研究生分管院长工作，继续为学校培养优秀的研究生做贡献。

孙宝忠教授，东华大学纺织学院高技术纺织品系教授，博士生导师，2005年获批博士学位论文创新资助项目，读博期间成果优异，2009年获得全国优秀博士学位论文。在德育育人方面，成绩斐然，作为支部书记带领支部获得教育部"全国高校党建工作样板支部"、"高校'双带头人'教师党支部书记工作室"称号，受邀先后前往上海市9家高校进行主题研讨和经验分享，并将支部工作经验和"双带头人"教师党支部书记工作室建设成效凝练总结为可推广、可辐射、可示范的典型案例，"标杆"建设成效显著。现任民用航空复合材料东华大学协同创新中心副主任、轻质结构复合材料研究所副所长、纺织学院纺织复合材料学科负责人。

沈波教授，国家级人才计划入选者、东华大学信息科学与技术学院教授，博士生导师，2009年获批东华大学博士学位论文创新资助项目，博士论文被评为上海市优秀博士论文，并获全国优秀博士学位论文提名奖。曾在香港大学电机与电子工程系担任研究助理，英国布鲁奈尔大学访问博士生，获得洪堡基金资助担任德国杜伊斯堡埃森大学DFG项目研究员。连续入选上海高校特聘教授(东方学者)岗位计划、上海市青年拔尖人才计划、上海市曙光计划和上海市青年科技启明星计划等多项人才计划，并获全球2015高被引科学家称号，国家自然科学奖二等奖1项等。担任8个国际刊物与会议的编辑或编委。

唐漾教授，国家级人才计划入选者、华东理工大学信息科学与工程学院教授，博士研究生指导教师，2009年获批东华大学博士创新基金资助。德国洪堡基金入选者，先后入选国家海外青年高层次人才，国家科技部中青年科技创新领军人才,上海市优秀学术带头人等计划入选者。担任 Nature 出版集团 Scientific Reports 资深编辑、IEEE Transactionson Neural Networksand-Learning Systems 等 9 个 SCI 期刊的副主编/编委和 6 个专刊客座编辑,包括中国工程院院刊 Engineering 常设专刊执行编辑。在 Nature 子刊、Cell 子刊、Automatica、IEEE 汇刊和美国物理学会会刊等国际期刊上发表论文 80 余篇,其中包括 IEEE 汇刊和 IFAC 会刊论文 60 余篇。主持国家科技部重点研发计划课题、国家自然科学基金人工智能基础研究应急管理项目、国家自然科学基金中德科学中心合作交流项目和面上项目等多个项目。2018 年获得上海市"青年五四奖章"和 2017—2019 年入选 ESI 高被引学者(科睿唯安)榜单。研究成果以第一完成人获得 2019 年度上海市自然科学奖一等奖。

王刚研究员,国家级人才计划入选者、东华大学博士生导师,2013 年获批东华大学博士学位论文创新资助项目。上海市"东方学者"特聘教授,中国科协青年托举人才,纤维材料改性国家重点实验室主任助理。目前主要研究方向为半导体纤维及柔性信息功能器件、基于人工智能的柔性传感体系开发、集成织物电子及智能服装体系设计等。先后在美国佐治亚理工学院、美国西北大学、美国阿贡国家实验室等开展合作交流和科学研究工作,在 Nature Materials、PNAS、Nature Communications 等期刊发表高水平学术论文 50 余篇,获授权中国发明专利 6 项,受邀主编"柔性电子与智能服装"主题英文专著 1 部(Willy 出版社)。

邵元龙教授,国家级人才计划入选者、苏州大学能源学院特聘教授,2013 年获批东华大学博士学位论文创新资助项目,2015 年获得东华大学博士学位。在国际交流和科研合作方面,成效显著。先后在加州大学洛杉矶分校、剑桥大学工程系剑桥石墨烯中心、沙特阿卜杜拉国王科技大学(KAUST)开展科学研究。2019 年 9 月加盟苏州大学能源学院,研究领域主要为石墨烯生物质纤维以及柔性可穿戴智能器件。2020 年 3 月担任北京石墨烯研究院兼职研究员,石墨烯生物质纤维课题组组长。在 Nature Reviews Materials, Chemical Reviews, Nature Communications 等国际知名期刊发表学术论文 50 余篇,总引用 3700 余次。主持国家自然科学基金,江苏省自然科学基金 2 项。

二、研究生在校期间发表论文

1996年，学校就制定了《关于研究生在学期间发表学术论文要求的规定》，为提高研究生的培养质量，检验研究生的科研成果和学术论文的写作能力，要求研究生在学期间发表的论文必须列入SCI、EI、ISTP索引的学术刊物或《学位与研究生教育——中文重要期刊目录》所列刊物或国家科委1217种统计源期刊以及国内外学术会议论文集。博士研究生至少要求发表28篇，由导师确定，其中一篇必须是外文，且均需第一作者。硕士研究生至少发表或完成投寄一篇或学校组织的各种论文竞赛和专业会议。

1997年9月，学校制定《关于深化博士研究生教学改革的实施方案》，要求工业自动化专业的博士研究生在学期间必须以第一作者在SCI或EI检索的国外学术刊物上发表或录用与博士学位论文相关的学术论文一篇。此项规定从2003年起全校各专业都按此执行。

2003年，学校就“科技论文的构思、撰写和发表”专题，邀请校内外专家作多次讲座，增强学生发表高水平学术论文的信心和热情。

学校自2003年开始实施研究生发表学术成果奖励工作，每学期进行一次学术成果奖励的申请、审核和发放工作。

2008年，研究生部编辑《东华大学研究生教育中文核心期刊目录》，制订《东华大学研究生发表学术成果奖励办法》，引导并激励博士生发表高水平学术成果。

2012年，研究生部对研究生发表学术成果奖励办法进行修订，鼓励研究生积极参加科学研究，撰写高质量科学论文，取得创新成果，形成有利于研究生科研创新激励机制。

2016年，本着“质量第一”的原则，学校优化调整提升了研究生发表学术成果的奖励标准，注重成果质量，实施分层次奖励，极大地激发了研究生参与科研和学术活动的热情和积极性。新修订的办法坚持质量导向，鼓励研究生积极参与科研，取得高质量创新成果。

据统计，研究生发表高水平成果数量逐年上升，累计发表高水平论文8281篇，授权国家发明专利1267项。并且高水平成果呈现量质齐升的局面，发表论文的层次、结构逐渐趋向优化。SCI 一区和二区论文从 20%左右增长到 60%以上，研究生尤其是博士研究生，持续成为学校科研力量的生力军，助力学科发展，全面助推学校 ESI 排名等稳步提升。见表 7－2。

表 7－2　2003—2020 年研究生发表高水平成果一览表

年份	SCI 收录论文	EI 收录论文	授权发明专利	小计
2003 年	35	9	/	44
2004 年	88	11	4	103
2005 年	110	11	11	132
2006 年	166	13	15	194
2007 年	195	25	6	226
2008 年	202	92	13	307
2009 年	255	102	10	367
2010 年	214	108	26	348
2011 年	303	216	69	588
2012 年	340	231	108	679
2013 年	344	135	160	639
2014 年	416	106	79	601
2015 年	419	46	94	559
2016 年	625	48	127	800
2017 年	598	65	138	801
2018 年	784	70	161	1015
2019 年	737	62	97	896
2020 年	1011	89	149	1249
合计	6842	1439	1267	9548

三、优秀研究生学位论文评选

(一) 整体概况

2003年以来,学校累计获得全国优秀博士学位论文8篇次,提名6篇次,囊括了纺织学科领域全部的"全国优秀博士学位论文"。获上海市优秀博士学位论文55篇次,优秀硕士学位论文(成果)59篇次。见表7-3。

表7-3 获全国优博和上海市优秀成果一览表

年度	全国优秀博士学位论文	上海市优秀成果(学位论文)			学校优秀学位论文		
		博士	硕士	小计	博士	硕士	小计
2003年之前	0	4	0	4	12	84	96
2003年	1(1)	3	0	3	—	—	—
2004年	1	4	4	8	5	7	12
2005年	(1)	1	3	4	6	7	13
2006年	1(1)	1	1	2	—	18	18
2007年	1	3	1	4	12	20	32
2008年	1(1)	2	3	5	8	27	35
2009年	1	3	1	4	7	20	27
2010年	1(1)	3	3	6	8	20	28
2011年	1	4	6	10	14	20	34
2012年	0	7	5	12	16	—	16
2013年	(1)	6	12	18	19	—	19
2014年	—	7	13	20	21	42	63
2015年	—	7	7	14	23	41	67
2016年	—	—	—	—	35	60	95
2017年	—	—	—	—	32	69	101

续 表

年度	全国优秀博士学位论文	上海市优秀成果(学位论文)			学校优秀学位论文		
		博士	硕士	小计	博士	硕士	小计
2018年	—	—	—	—	21	54	75
2019年	—	—	—	—	24	72	96
2020年	—	—	—	—	17	38	55
合计	8(6)	55	59	114	280	599	882

注：全国优博栏目中，括弧内数字为优博提名数。全国优博论文评选至2013年以后不再进行评选，上海市优秀学位论文于2016年起不再进行评选。

（二）全国优秀博士学位论文

从1999年起教育部和国务院学位委员会开始开展评选全国优秀博士学位论文。评选全国优秀博士学位论文，旨在贯彻落实《面向21世纪教育振兴行动计划》，加强高层次创造性人才的培养工作，鼓励创新精神，提高研究生教育特别是博士生教育的质量。学校同全国其他高等院校一样，以优秀博士论文的评选为契机，在研究生中大力倡导科学严谨的作风和勇攀高峰的精神，鼓励研究生刻苦学习，勇于创新；同时采取切实可行的措施，加强学科建设，完善质量保证和监督机制，为实施科教兴国战略作出新的贡献。全国优秀博士学位论文评选是对博士培养质量进行监督和激励的一项重要举措，对培养和激励在学博士生的创新精神，促进我国博士生培养质量的提高具有积极的作用。根据《全国优秀博士学位论文评选办法》，全国优秀博士学位论文入选名单经过推荐、初选和复评后产生。2003—2013年学校获全国优秀博士学位论文(含提名论文)见附录七。

（三）上海市研究生优秀成果(学位论文)

从2000年起上海市教育委员会和上海市学位委员会开始开展评选上海市研究生优秀成果(学位论文)。此项评选实施科教兴国和科教兴市战略，建立有效的质量监督和激励机制，提高研究生培养和学位授予质量的重要措施。2000—2015年学校获上海市优秀成果(博士学位论文)和上海市优秀成果(硕士学位论文)见附录八。分学院统计数据见表7-4、表7-5。

表 7-4　上海市优秀博士学位论文分学院情况

年度	纺织学院	材料学院	信息学院	环境学院	化生学院	服艺学院	合计
2000 年	1	0	0	0	0	0	1
2001 年	1	0	0	0	0	0	1
2002 年	1	0	0	0	0	1	2
2003 年	3	0	0	0	0	0	3
2004 年	3	1	0	0	0	0	4
2005 年	1	0	0	0	0	0	1
2006 年	1	0	0	0	0	0	1
2007 年	3	0	0	0	0	0	3
2008 年	2	0	0	0	0	0	2
2009 年	3	0	0	0	0	0	3
2010 年	2	0	1	0	0	0	3
2011 年	2	0	0	0	2	0	4
2012 年	4	1	2	0	0	0	7
2013 年	3	2	1	0	0	0	6
2014 年	3	1	1	2	0	0	7
2015 年	3	3	0	1	0	0	7
合计	36	8	5	3	2	1	55

注：上海市优秀博士学位论文于 2016 年起不再进行评选。

表 7-5　上海市优秀硕士学位论文分学院情况

年度	纺织学院	化生学院	环境学院	材料学院	服艺学院	信息学院	理学院	管理学院	人文学院	合计
2004 年	2	0	1	0	0	1	0	0	0	4
2005 年	2	1	0	0	0	0	0	0	0	3
2006 年	1	0	0	0	0	0	0	0	0	1
2007 年	0	0	0	0	1	0	0	0	0	1
2008 年	1	0	0	0	2	0	0	0	0	3
2009 年	0	0	0	0	0	0	1	0	0	1

续 表

年度	纺织学院	化生学院	环境学院	材料学院	服艺学院	信息学院	理学院	管理学院	人文学院	合计
2010 年	2	0	0	1	0	0	0	0	0	3
2011 年	3	0	1	1	0	0	0	1	0	6
2012 年	2	2	0	1	0	0	0	0	0	5
2013 年	3	2	2	2	1	1	1	0	0	12
2014 年	3	5	3	0	1	0	0	0	1	13
2015 年	2	2	0	1	0	1	1	0	0	7
合计	21	12	7	6	5	3	3	1	1	59

注：上海市优秀硕士学位论文于 2016 年起不再进行评选。

为进一步推动本市马克思主义理论学科发展，提升人才培养质量，加强和改进高校思想政治理论课建设，切实将学科优势转化为教学优势和人才培养优势，市教卫工作党委、市教委、上海市学位委员会办公室决定自 2013 年起，启动实施上海市马克思主义理论学科研究生人才培养登峰计划。

2013 年 9 月，三部门联合发布《上海市马克思主义理论学科研究生人才培养登峰计划实施方案（试行）》，该方案从总则、组织、遴选评审、奖励示范共四章十六条详尽阐述了开展此一工作的初心与步骤。其宗旨是通过评选上海市马克思主义学科优秀博士、硕士论文，有效促进相关学科研究生培养质量的提高，着力培养具有一定影响力、高水平的马克思主义学科优秀人才。为开展好此项工作，成立由有关部门负责同志和马克思主义学科领域知名专家学者（上海市学位委员会学科评议组专家）组成的“登峰计划”优秀学位论文评选指导委员会，负责项目实施的指导、咨询和协调。同时把秘书处设在上海市学生德育发展中心，负责具体管理统筹、协调和日常事务工作。

为激励入选“登峰计划”的研究生和指导教师，一方面，颁发证书、给予一定奖励；另一方面，推荐入选“登峰计划”的研究生参加“上海市马克思主义理论学科博士生论坛”，其论文可列入“上海市马克思主义理论学科择优出版计划”。

截至2022年1月，累计评选70篇论文入选登峰计划。学校有2篇入选。沙国华教师指导的黄寅跃撰写的《马克思主义法哲学视域下的婚姻自由研究》和王治东老师指导的谭勇撰写的《异化与物化理论四重维度研究——基于〈1844年经济学哲学手稿〉与〈资本论〉的解读》，分别入选2014年与2020年上海市马克思主义理论学科研究生人才培养登峰计划入选名单。

（执笔：郭琪、丁明利）

第二节　研究生人才培养模式的探索

一、"122""三全程"人才培养模式成效

推进"122"人才培养模式，主要是基于高层次、复合型人才设置。针对博士研究生，强调有校内外或国内外的两个导师、两种经历，以拓展学术视野，提升学术交流能力和综合素质。针对专业学位研究生，强调一个学生由两位导师指导，其中一位导师来自行业企业，学生在培养期间，到企业实习实践半年以上，具有学校学习的经历和在企业实习实践的经历。

学校专业学位教育以高水平应用型人才培养为目标，加强与企业合作，创新和实践"行业专家全程参与专业学位硕士教育的改革设计，企业项目全程融入专业学位硕士知识体系的建构，校内外导师共同参与专业学位硕士培养各环节的"三全程"人才培养新模式，以科研项目为纽带，以技术创新为驱动力，对接企业提高核心竞争力的需求，在校企合作中实现人才培养、科技创新、文化认同，构建专业学位研究生校企合作长效机制。

学校基于协同育人的"122""三全程"人才培养模式，汇集高校和社会力量，积极调动整合社会各方面优质教育资源，搭建集产学研于一体的实践教学共享平台和研究生联合培养基地，构建教学与科研、生产相衔接的实践教学体系，建立双师型队伍建设的长效机制，形成实践育人合力、高校与行业、企业协同育人的新模式。

二、长学制研究生培养模式探索

学校作为以"实践"为主的工科类高校，博士生在实验室长期深入地进

行科研活动是取得创新成果的重要保障。该学科博士生的招生方式是以硕博连读生为主、公开招考为辅。长期以来，这种招考和培养博士生的模式，存在和面临三方面问题。首先，博士生科研阶段相对较短，往往无法让博士生能够在一个较长时期潜心于某一科学问题或实践问题，进而导致博士生科研潜力不足，创新成果也无法实现最大化；其次，博士生课程学习成效较低，大量的课程授课，使得博士生进入科研活动相对滞后，且并不能实现因材施教，"对症授课"；最后，配套保障体系不完善，国际交流时间与机会的不足，在一定程度上造成学生的学术视野相对受限，从而直接导致学生创新能力培养的缺失。针对既往选拔方式招收的博士生培养所面临的诸多难题，为进一步提高博士研究生生源质量，吸引优秀生源进入博士研究生阶段学习，不断提升博士研究生培养质量。学校着手试行博士研究生"长学制"连贯式培养，逐步完善硕博一体化培养方案，构建选拔与分流机制、师生互选机制、奖助体系、培养与学位质量监控等。

2011 年，学校针对纺织学院与材料学院开展了"硕博一体化"长学制研究生培养模式的改革试点。所谓长学制研究生，即学生获学士学位后，以攻读博士学位为目标的研究生连贯式培养；期间进行优选分流，即学生以硕士生入学，经一年长学制班课程学习后，参加考核，通过者按博士生进行培养，未通过者按硕士生要求培养。在试点实践的过程中，配套采取了一系列有效措施，确保改革目标的达成。主要举措包括明确选拔分流机制，确保合适的学生进入博士学习；改革课程体系与授课方式，提高课程教学效能；新建规章制度，保障资源投入与国际交流的到位。

经过多年的试点，学校纺织学院与材料学院长学制博士生的培养已经成为学校学科创新的排头兵，是优秀高水平人才培养的重要途径。通过顶层设计，将教学团队建设、课程体系制定、教学改革立项、学生选拔方式和优秀成果产出五个环节有机结合、统筹联建，并通过科研项目带动人才培养，发挥最大综合效益。在广大教师的辛勤付出和广大博士生的努力拼搏下，博士生培养模式改革实践取得了优异的成绩和成果，显示了其在培养创新性高端人才方面的优势，学科学术氛围日益浓郁，科研成果层出不穷，促进学科的整体发展。为学科队伍建设与科研成果方面提供了重要保障的同时，也为其他相关学科提供有益的借鉴意义。

“长学制”的改革模式在把握教学改革需求的基础上，结合学科实际，在理论与实践的结合上总结、提炼，又指导教学改革。既有科学依据和理论意义，又有实践检验，具有可复制性，具有一定的指导性和推广价值，为我国科研院所博士生培养模式改革提供科学参考。2016 年至今共选拔“长学制”博士研究生 440 名。

三、联合培养研究生情况

联合培养研究生是指培养主体充分运用合作单位的培养资源，强强联合，发挥双方优势共同培养研究生的一种培养模式。在东华大学研究生教育发展过程中，秉承服务需求的优秀传统，东华大学一直保持与科研院所甚至高校联合培养研究生的传统。包括校校联合、校院联合和校企联合等多种形式。

（一）校校联合培养

对于校校联合，既包括国际间的校校联合，又包括国内的校校联合。对于国际间的联合，学校历来重视。改革开放以来，钱宝钧校长积极联合国外高校，拓展学校对外合作资源。如朱美芳院士就是学校与德国德累斯顿大学联合培养，并获得博士学位。从 2007 年开始，国家留学基金委开启新一轮的研究生国际交流，其中的重要一环就是博士生联合培养，后来又拓展到硕士生联合培养等。

2002 年，我国开始研究生教育创新工程，以提升研究生教育支撑国家发展的作用。为此，特别支持国内联合培养，校校联合培养博士生。学校也积极参与相关项目，如参加与北京大学等高校在材料科学与工程等学科的国内联合培养，取得明显成效。如朱美芳教授团队成艳华就曾赴北京大学进行国内联合培养，在周其凤院士团队开展联合科研工作。沈恒根团队也有数名博士生赴中国水科院王浩院士团队开展联合培养工作。

（二）校院联合培养研究生

2012 年起，经国家批准，东华大学与中国纺织科学研究院签订联合培养博士研究生合作协议，创新研究生培养机制体制，探索具有中国特色的高层次创新型工程科技人才培养模式，实现双方教育、科研、工程技术开发和人力资源的优势互补，促进双方人才培养和科研视野全面、协调、可持续发展。

至今,双方联合招收69名博士研究生、10名硕士研究生,取得积极成效。见表7-6。

表7-6 2012—2021年与中国纺织科学研究院联合培养博士研究生概况

年度	博士			硕士	
	招生人数	授予学位人数	参与导师数	招生人数	授予学位人数
2012年	3	—	6	—	—
2013年	6	—	12	—	—
2014年	6	—	12	—	—
2015年	6	—	12	—	—
2016年	6	2	12	—	—
2017年	6	1	12	—	—
2018年	6	6	12	—	—
2019年	10	2	20	5	—
2020年	10	5	20	4	—
2021年	10	4	20	1	5
合计	69	20	—	10	5

2022年起,教育部将联合培养博士计划均转为科研经费博士计划。(教发厅〔2021〕2号)

(三)校企联合培养研究生

为增强服务地方经济社会发展的水平和能力,促进产教融合,学校一方面采用“请进来”的方式,按照国家相关要求,学校与部分大型企业集体开展联合培养硕士专业学位研究生,尤其是工程硕士专业学位研究生的培养。如纺织学院先后与上海、福建、广东、山东、河南等地的纺织事业单位或龙头企业联合培养纺织工程硕士,取得积极成效。材料学院先后与上海石化、广东美达、仪征化纤等联合培养材料工程硕士,促进校企合作。机械学院与恒天集团等合作培养机械工程硕士,助力我国纺织机械人才培养。

另一方面,尤其是2009年开始全日制专业学位研究生培养之后,学校建立了深度合作的实习实践基地,采用“走出去”的形式,把全日制专业学位研究生送到企业,同时遴选企业导师和校内导师联合培养学生,效果显著。如纺织工程、材料工程等领域专业学位研究生赴上海纺织控股集团下属相关企业开展实习实践与联合培养；材料工程等领域专业学位研究生赴中国化学纤维协会下属相关企业开展实习实践与联合培养等。把人才培养、企业合作和科学研究与技术开发充分融合，取得多赢的成效，先后有7名工程硕士专业学位研究生连续五届获得全国工程教指委评选的“工程硕士实习实践优秀成果获得者”荣誉称号。

（执笔：丁明利、陈晓双、张慧芬）

第三节　国家和上海研究生教育创新计划情况

一、国家研究生教育创新计划

“2006纺织科学与工程博士生国际学术论坛”是我国首个列入教育部研究生教育创新计划的国际博士生学术论坛。由国务院学位委员会办公室、教育部学位管理与研究生教育司主办、学校承办。作为一个多学科、多方面的国际性学术交流，有来自10个国家和地区、36所高校和科研院所的202名中外专家、学者和博士生参加。论坛举办专家专场报告22场，博士生宣读论文103篇，博士生poster论文163篇，大会评出优秀论文48篇，为国内外博士生提供了国际化的学术交流平台；同时，大家在论坛中释疑解惑，听取不同的观点，使博士生和来访的专家学者们受益匪浅。此次论坛的举办有助于学科、学校以至国家走向世界，并处于领先地位。

2009年，全国纺织学科博士生学术会议在学校隆重举行。会议以“绿色纺织，智能纺织”为主题，吸引了学校、香港理工大学、天津工业大学等国内十余所高校的50名优秀博士生参加。本次会议共收到74篇论文，涉及功能纤维与绿色纤维、纺织加工技术与产品性能、生态染整技术、全球纺织经济与贸易等7大议题。会议最终评出优秀论文奖23位，最佳学术报告奖7位，学校13位博士生获奖。会议开展了专家主题报告、论文宣讲、百篇优博交流会、参观考察等形式多样、内容丰富的系列活动。会议的成功举办，充分说明了学校对学术科研、人才培养的重视，将进一步提升学校学子在纺织学科领域的学术研究水平。见表7-7。

表 7-7　获批全国研究生教育创新计划一览表

立项时间	项目来源	项目来源	项目名称
2006 年	教育部	学术论坛	2006 纺织科学与工程博士生国际学术论坛
2009 年	教育部	学术论坛	全国博士生学术会议(纺织)
2012 年	教育部	暑期学校	2012 国际纺织研究生暑期学校
2013 年	教育部	暑期学校	2013 国际纺织研究生暑期学校

二、上海研究生教育创新计划

上海研究生教育计划始于 2006 年,至 2020 年该计划结束。前后共计 15 年,全市先后获批 4000 余个项目。东华大学总计获批 12 类 56 个项目(未统计实习实践基地项目),累计获得资金近 3000 万元,对促进学校研究生教育水平提升起到极大的促进作用。见表 7-8。

表 7-8　获批上海各类研究生教育创新计划一览表

立项时间	项目来源	项目来源	项目名称
2019 年	上海市	上海一流研究生教育引领计划	聚焦一流拔尖创新人才培养构建一流研究生教育培养体系
2020 年	上海市	上海一流研究生教育引领计划	聚焦一流拔尖创新人才培养构建一流研究生教育培养体系
2020 年	上海市	上海一流研究生教育平台建设	东华大学研究生创新教育改革与交流平台建构
2015 年	上海市	暑期学校	2015 上海"国际纺织"研究生暑期学校
2011 年	上海市	暑期学校	上海市智能系统与网络智能研究生暑期学校
2012 年	上海市	暑期学校	纺织化学与染整工程学科研究生暑期学校
2013 年	上海市	暑期学校	管理科学与工程学科研究生暑期学校
2014 年	上海市	暑期学校	上海"国际纺织"研究生暑期学校
2015 年	上海市	暑期学校	2015 年上海"纤维新材料"研究生暑期学校
2016 年	上海市	暑期学校	2016 上海"纺织"研究生国际暑期学校

续 表

立项时间	项目来源	项目来源	项目名称
2017 年	上海市	暑期学校	2017 上海“纺织”研究生国际暑期学校
2018 年	上海市	暑期学校	2018 上海“纺织”研究生国际暑期学校
2019 年	上海市	暑期学校	2019 上海“纺织”研究生国际暑期学校
2020 年	上海市	暑期学校	2020 上海“纺织”研究生国际暑期学校
2011 年	上海市	学术论坛	上海市“随机分析与金融工程”研究生学术论坛
2012 年	上海市	学术论坛	设计学研究生学术论坛(长三角)
2013 年	上海市	学术论坛	日语翻译学研究生学术论坛
2013 年	上海市	学术论坛	物联网与智能系统学术论坛
2014 年	上海市	学术论坛	上海市艺术符号学研究生学术论坛
2014 年	上海市	学术论坛	上海市生物材料与组织工程研究生学术论坛
2015 年	上海市	学术论坛	2015 年上海“公共管理前沿”研究生学术论坛
2016 年	上海市	学术论坛	2016 年上海市新能源新材料研究生学术论坛
2016 年	上海市	学术论坛	2016 年上海市“一带一路”战略与产业升级研究生学术论坛
2016 年	上海市	学术论坛	2016 年上海市“智能优化制造与工业大数据”研究生学术论坛
2017 年	上海市	学术论坛	2017 年上海云计算与大数据研究生学术论坛
2017 年	上海市	学术论坛	全面育人：构建马克思主义理论人才培养新途径——上海市第五届马克思主义理论学科研究生学术论坛
2017 年	上海市	学术论坛	2017 上海市先进低维材料研究生学术论坛
2018 年	上海市	学术论坛	2018 年上海马克思主义理论前沿研究生学术论坛

续　表

立项时间	项目来源	项目来源	项目名称
2019年	上海市	学术论坛	2019年上海市智能制造学术论坛
2019年	上海市	学术论坛	2019年上海市智慧医疗研究生学术论坛
2012年	上海市	学位点建设培养	以时尚创意产业为引领的设计学建设
2012年	上海市	专业学位综合改革	东华大学专业学位研究生教育综合改革
2018年	上海市	专业学位综合改革	上海艺术专业学位研究生教育质量提升之道
2018年	上海市	专业学位综合改革	会计硕士专业学位人才培养改革试点
2019年	上海市	专业学位综合改革	上海艺术专业学位研究生教育作品展暨质量报告研制
2012年	上海市	培养模式探索	大纺织学科人才培养现状调研与前瞻分析报告
2013年	上海市	培养模式探索	上海艺术硕士人才培养模式及现状调研及前瞻分析
2014年	上海市	培养模式探索	立足上海经济发展需求，探讨完善纺织科学与工程学科多元化人才培养模式
2012年	上海市	交叉学科人才培养	等离子体能源材料与工程
2013年	上海市	交叉学科人才培养	生物材料学科研究生拔尖创新人才培养
2012年	上海市	优质课程	智能科学相关课程的网络交互教学研究
2015年	上海市	研究生国家级课程建设	纺织科学与工程一级学科研究生课程建设
2017年	上海市	课程建设	计算机科学与技术一级科学课程体系建设
2017年	上海市	课程建设	基于研究生知识获取路径的工商管理课程模态化改革与创新
2018年	上海市	课程建设	东华大学艺术硕士课程体系建设
2011年	上海市	公共服务平台	上海市研究生教育创新网站建设和维护

续 表

立项时间	项目来源	项目来源	项目名称
2012 年	上海市	公共服务平台	上海市专业学位研究生教育发展调研公共服务平台建设
2015 年	上海市	公共服务平台	上海学位授予工作服务平台
2016 年	上海市	教育项目	东华大学研究生创意大赛暨创业培育
2015 年	上海市	公共服务平台	上海艺指委
2016 年	上海市	公共服务平台	上海艺指委
2017 年	上海市	公共服务平台	上海艺指委
2018 年	上海市	公共服务平台	上海艺指委
2019 年	上海市	公共服务平台	上海艺指委
2020 年	上海市	公共服务平台	上海艺指委
2021 年	上海市	公共服务平台	上海艺指委

（执笔：陈晓双、丁明利、张翔）

第四节　研究生质量保障体系完善和发展

质量是研究生教育的生命线，也是社会各界对研究生教育关注的焦点。中央政府制定一系列具有中国特色的研究生教育质量保障制度和政策，从宏观上把握研究生教育质量。首先，中央政府建立了严格的研究生教育资格准入制度，只有经过国家审批的教育机构或学科专业才能培养研究生，申请单位及其学科专业要经过国务院学位委员会统一组织或委托组织的学位授权审核，审核合格后才能获得学位授予权和培养研究生资格。其次，政府对具有学位授权资格的学科、专业点进行定期评估，定期检查研究生培养条件和指导教师情况；各级政府还通过抽查学位论文等方法来监督研究生培养质量，经检查不能保证基本水平的，将取消其授权资格或暂停招生。政府还开展全国优秀博士学位论文评选，省级政府也普遍开展省级优秀博士、硕士学位论文的评选，鼓励研究生创新精神，提高研究生教育质量。同时，政府还通过加强国家重点学科建设，形成以国家重点学科为骨干的学科体系，引领全国高等学校进行学科建设，提升人才培养质量。

研究生培养单位是质量保障的主体，是研究生教育质量保障的根本，培养单位内部质量控制活动是研究生质量保障体系的核心，贯穿于从招生、培养到学位授予的整个过程。东华大学研究生培养教育历来坚持质量第一，一方面构建质量保证体系，加强制定内部质量管理制度，认真履行研究生培养每个环节的管理责任，逐步建立了研究生教育自我发展、自我约束机制；另一方面，社会对研究生教育的认可和评价也是衡量研究生教育质量的重要方面。学校研究生教育通过建立研究生督学组，参加从第三方的角度开展的各种社会评价，公布研究生教育质量报告等形式，构建了质量保障体系。见图 7－1。

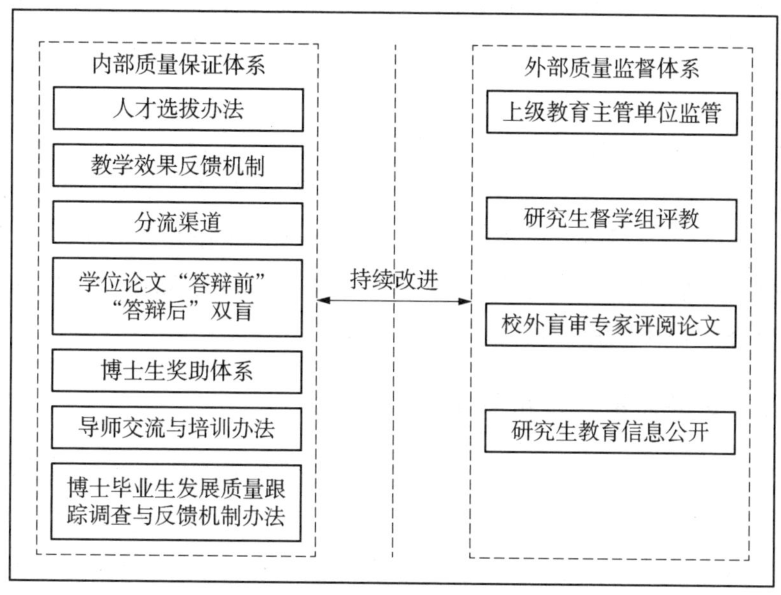

图 7－1　博士生质量保证与监督体系图

校学位评定委员会建立了博士学位授予质量要求的检查标准；学院教授委员会根据学科特点，形成各具特色的学科检查标准。

学校加强自我约束机制，坚持全程、全员、全面的原则，构建内外结合的质量监督体系。内部质量保证体系包括人才选拔办法，教学效果反馈机制，畅通分流渠道，学位论文“事前”“事后”双盲，制定博士生奖助体系，导师交流与培训办法,博士毕业生发展质量跟踪调查与反馈机制等。外部监督体系包括上级教育主管单位监管,研究生督学组评教,校外盲审专家评阅论文,研究生教育信息公开等。

一、招生质量保障体系建设

招生环节,坚持“择优录取、保证质量、宁缺毋滥”的选拔原则,健全校院两级博士招生工作机构,明确管理和监督职责。2005 年 3 月 25 日,依据教育部《关于实行高等学校招生工作责任制及责任追究暂行办法》(教监〔2005〕4 号)及其他管理文件,学校发布《关于成立东华大学研究生招生工作领导小组的通知》(东华校〔2005〕23 号),成立了东华大学研究生招生工作领导小组,负责对本校研究生招生工作的领导和统筹管理,承担领导、协调、监管责任,审核确定研究生招生录取过程中的所有重要事项及招生重大改革和决定。

2007 年,依据《教育部关于加强硕士研究生招生复试工作的指导意见(教学〔2006〕4 号)》,学校成立研究生复试巡视组,在研究生复试阶段,选派经验丰富、公道正派的巡视专家到各学院巡视复试工作开展情况,重点监督学院招生工作纪律和工作程序,监督导师招生工作行为规范,并形成书面意见提交研究生招生办公室。

二、培养质量保障机制建设

2003 年学校实施教师课程教学质量学生评价,通过网上评教,对硕士生的所有课程进行了全面学生评估。全校课程评价平均成绩为 88.036。

2003 年,学校制订了《博士资格考核制度》《研究生发表论文要求》和《研究生发表论文奖励办法》,加强引导、严格考核和适当激励。

针对“博士资格考核”的内容和实施办法,学校专门组织了一次博导研讨会。在此基础上初步拟订“博士资格考试”的实施办法。2004 年首次对 2003 年(秋)入学的 49 名博士生进行“博士候选资格考核”。考核内容分为“文献阅读报告”“专业基础理论——三选一模块笔试”和“口试”三个部分。各个学院对考核都做了相当充分的准备,基本得到了专家的认可。首次博士资格考核有 1 名博士生未获通过。此后博士资格考核成为一项制度,每届博士生均需通过资格考核方可正式进入论文阶段。

培养环节，严格博士资格考核制度，实现分流淘汰机制；不断完善学生网评、教师自评、专家督导三位一体的教学质量评价体系，建立反馈机制；建立博士生国际访学评价指标，通过专家评审，严格把关，2014 年公派留学研究生录取人数创历史新高，留学单位水平大幅提高，进入世界排名前 50 名校的学生人数占比为 41%，进入世界排名前 100 名校的学生人数占比达到 59%。

研究生督学组成立 9 年多来，形成了先评估后整改的闭环督学机制，建立了第三方质量保障监控体系，学校研究生教育质量得到了全面提升。督学组专家们活跃在研究生整个培养过程，课堂督查 3500 余次，教学档案检查 1000 余次，教学大纲档案检查近 1000 次，研究生课程考试、考查巡视 700 余次，评阅答辩后再盲审论文 600 余次，研究生开题、预答辩、答辩巡视 500 余次，部分专家受邀参加复试巡视组参与硕士生、博士生招生复试巡视 500 余次。研究生督学组已成为了学校研究生教育第三方质量保障体系的实践者，2015 年被评为上海教育系统关心下一代工作“示范特殊项目”，取得了积极的成效。

1. 形成了先评估后整改的闭环督学机制。评估方面，制定了专门的评估文件、表格等对研究生教学各环节进行督查和评估。如《东华大学研究生培养方案评价细则》《教学大纲质量评价细则》《试卷质量评价细则》《东华大学教学事件改进反馈表》和《研究生听课记录表》。整改方面，每月召开研究生督学组工作交流会，反馈评估情况，在肯定研究生教学各项工作取得成绩的同时，也指出了不足之处，提出教学改进建议，研究生院反馈给相关学院并进行整改。

2. 建立了第三方质量保障监控体系，创新了其工作模式和工作定位。督学组成员全部都担任过博士生导师或硕士生导师，有的是学科带头人或学院原院领导，学校创新其工作模式，聘请为研究生教育督学组成员，弘扬“传帮带”精神，言传身教，培养年轻教师成长，不仅推荐教学方面的好做法好经验，而且及时解决教师在研究生教学能力、职业发展等方面存在的问题和遇到的困惑。督学组遵循“围绕中心，配合补充”的工作定位，贯彻落实“一切为了学生，为了提高研究生教学质量”的工作宗旨。对优化研究生复试内容、优化研究生课程设置、改进课堂教学方式方法、规范课堂教学秩序、提升研究生学位论文质量、加强青年教师教学能力培养等方面起到了积极推进作用。2020 年遭遇疫情的情况下，督学组老教授们主动改变工作方式，在线参与国际大师课程的督学及博士生答辩。督学组对学校研究生教育发现问题、提出建议、弘扬先进、传授经验，开展了大量卓有成效的工作，已经成为学校研究生教育质量监控和保障体系的重要力量。

3. 学校研究生教育质量得到了全面提升。研究生督学目前在全校 13 个学院应用，督学范围广，督学程度深，在各方面起到了良好的效果。目前培养方案学科特色鲜明，人才培养目标和定位明确，学位层次设置明显、衔接合理；学制、学分合理；教师讲课条理清晰，教学手段多样化；课堂气氛活跃，学生学习的主观能动性高，学生课堂教学的参与度高；档案材料内容规范，教师对试卷的评分依据明显；研究生课程考试、考查符合要求；研究生开题、预答辩、答辩和研究生复试流程规范，严格做到了公平公正公开。由于这些工作的扎实落实，学校研究生教育质量有了很大幅度的全面提升。

4. 督学效果引发了“火车头”作用。9 年多来，督学组专家们活跃在研究生整个培养过程，积极开展研究生教育督导工作，形成了完善的工作模式和督导机制。在上海高校中，学校研究生督学工作开展得较早，经验丰富，成果显著，起到了带头示范作用，兄弟院校多次前来专题调研。全校 13 个学院也成立了自己的督学队伍。督学组教授多人被授予上海市和学校“关心下一代工作优秀个人”，2015 年东华大学研究生教育督学组被评为上海教育系统关心下一代工作“示范特殊项目”。

作为研究生教育第三方质量保障体系的实践者，督学组 9 年来，硕果累累，今后也将继续为学校研究生教育事业增砖添瓦。

三、学位授予质量管理机制建设

东华大学以习近平新时代中国特色社会主义思想为指导，紧扣“立德树人、服务需求、提高质量、追求卓越”的要求，以落实培养主体责任、营造优良学术环境、抓紧培养过程关键环节、构建精细化论文评审体系、打造外部质量监督体系为五大着力点，提出十五项建设任务，通过不断健全和完善研究生学位论文质量保障制度，加强学校研究生学位论文质量体系建设，实现学校研究生教育内涵发展。

（一）着力各级培养主体严格落实培养指导职责与能力培养

1. 全面落实导师立德树人职责。学校制定《东华大学全面落实研究生导师立德树人职责实施细则》，将立德树人和研究生成长成才作为导师考核的重要因素。严把导师资格关，将师德规范要求列入导师遴选、评聘和考核环节，实施师德"一票否决"。明确导师是研究生培养第一责任人，推动形成崇尚诚信、讲求责任、严谨治学的学术品格。学校开展导师指导能力提升行动，建立"选送优秀教师参加上海市培训""组织开展校级常态化培训""鼓励二级培养单位组织特色培训"的三级导师培训体系，切实提高导师指导研究生和严格学术管理的能力，确保政策、制度和措施及时在指导环节中落地见效。

2. 大力推动研究生科研能力培养。研究生是科研活动的主要参与者和学位论文的撰写者，对学位论文质量起到决定性的作用。学校通过"研究生创新基金项目""发表优秀学术成果奖励""优秀学位论文评选"等措施鼓励研究生积极参与创造性的学术活动和实践活动，引导学生发表本学科高水平学术论文，营造积极进取、踏实创新的学术研究氛围。近 5 年学校共资助培育研究生 617 人次，发放学术成果奖励 974 万元，评选优秀学位论文 406 篇，有力地推动了研究生创新能力和科研素质的培养。

3. 落细落实各级培养组织职责。学校不断加强各级学位评定委员会、研究生培养指导委员会等学术组织建设，制定《东华大学学位评定委员会章程》《工程专业学位类别学位评定委员会章程》等规章制度，强化制度建设与落实，确定各级学位评定委员会的职责，提高其尽责担当的权威性和执行力，充分发挥学位评定分委员会对学位申请人培养计划执行情况、论文评阅情况、答辩组织及其结果等进行审议的重要作用。设立各级研究生培养指导委员会，负责落实研究生培养方案、监督培养计划执行、指导课程教学、评价教学质量等工作。细化强化学位论文答辩委员会权责，充分发挥学位论文答辩委员会客观学术评价的作用，建立答辩委员追责制度，切实承担学术评价、学风监督责任。

（二）着力学术道德教育营造严谨治学学风环境

1. 切实加强研究生学术道德教育。学校将学术道德教育贯穿研究生教育全过程。在新生入学教育期间做好宣传教育工作，培养学生实事求是的科学精神和严谨认真的治学态度；定期组织科学素养和学术规范教育等学风宣讲活动，对学生进行学术道德、学术规范和学术诚信教育；在毕业论文写作期间通过宣传、讲座和辅导等形式，告知每一位学生遵守道德规范的重要性和惩处措施；在毕业论文提交前，组织每一位毕业生开展自律检查，并签字确认无抄袭、买卖、代写等学术道德问题。

2. 构建学术不端内控预防机制。学校制定《东华大学硕士研究生学位论文文字重复率检测办法》，根据不同学科特点制定重合率检测标准。与多家服务提供商开展深入合作，建立覆盖学术论文、学位论文、出版物等多种类型的学术不端检测系统群。做好文字重复率检测系统建设，提高检测效率。将论文文字重复率检测后置至学位授予前进行，确保学位论文终稿无学术不端问题；答辩前由学院为学生提供学位论文检测服务，提高了检测时间灵活性的同时也服务师生，避免学生通过不正规渠道花高价购买“查重”“降重”服务。

3. 高压打击各类学术不端行为。学校周期性组织开展学位论文买卖、代写行为自查工作，在校内建立学术不端行为“零容忍”的高压态势。建立健全监督机制，研究生学位论文全部公开上网，设立举报邮箱和电话，全过程接受校内外监督举报；建立追责机制，学位论文作假、买卖、代写行为一经发现追责到底，对涉及的学位论文指导教师和学生按照相关规定要求给予严肃处理。

（三）着力关键培养环节做好研究生培养全过程质量监控

1. 加强培养过程中关键环节质量控制。学校将学位论文质量控制重心前移，加强论文写作、文献、实验、方法等科研训练和职业专业实践训练，为学生选题开题做好充分准备，发挥课程、资格考试的质量预警与控制作用。严把开题关，考核论文选题的创新性和可行性，并考核研究生是否具备进入论文研究阶段所需要的基本条件；抓好研究生的中期考核，通过中期考核考察研究生的专业理论水平与基本的科研素质，把握论文进度及研究开展情况。

2. 规范答辩流程制度，加强薄弱环节审核。学校规范答辩申请管理，明确学位评定分委员会的职责，将答辩前培养环节审核流程制度化、规范化。

加强答辩后论文修改审核,对培养过程中可能存在问题(如进行二次答辩、盲审出现异议、答辩或评阅成绩低于 70 分等)的学位论文,由学位评定分委员会在学位讨论前进行单独审核讨论,严格把关论文修改情况。

3. 落实完善研究生分流淘汰机制。学校根据研究生培养过程考核结果,对不适合继续攻读学位的研究生及早分流退出。学位论文答辩试点"末位淘汰制",根据答辩情况淘汰一定比例的研究生组织进行二次答辩。建立健全分流机制,畅通分流选择渠道,分流退出的硕博连读博士研究生,学习时间满 6 年符合硕士学位授予标准的可授予硕士学位。

(四) 着力学位论文评审体系提高管理精细化水平

1. 完善健全论文"双盲"评审机制。研究生论文"双盲"评审是学校建立研究生学位论文质量保障体系的重要环节,学校制定了《东华大学关于博士、硕士学位论文"双盲"评审规定》,对学位论文"双盲"评审抽检对象、流程和异议论文处理做了明确的规定,并建立了研究生学位论文申诉救济机制,加强研究生合法权益保护。不断优化改进抽检方式方法,以大数据为基础,综合考虑导师当年毕业生人数、导师所带研究生近几年抽检比例及结果等因素,建立精准抽检原则,解决了过去抽检过于随机、难以抓住重点的问题,将抽检工作做到了有的放矢,提高了抽检工作的科学性与有效性。

2. 建立合理的质量评价体系。聚焦人才培养成效、科研创新质量、社会服务贡献等核心要素,健全分类多维的质量评价体系,扭转"唯 SCI"等不科学的评价导向。强化专业学位论文应用导向,允许硕士专业学位论文可以调研报告、规划设计、产品开发、案例分析、项目管理、艺术作品等形式进行呈现。制定合理的各类各层次研究生不同学科或交叉学科的学位论文规范、评阅规则和核查办法。

3. 构建研究生学业大数据平台。学校加强信息化建设,建立学位论文评审抽检数据库,完整记录了近 11 年学校研究生参加上海市"双盲"评审、学校抽检、上海市硕士论文抽检以及国家博士论文抽检等数据 7000 余条,并与学位论文文字重复率检测数据库、研究生学籍信息库、研究生课程数据库、学科建设数据库等相互关联构建成研究生学业大数据平台。以学位大数据为基础,为学位论文抽检、研究生培养质量预警提供数据支持。

（五）着力外部监督打造研究生教育质量保障闭环

1. 以研究生督学组为抓手，加强教学质量监督。学校以退休博士生导师为主要力量，组建研究生教育督学组，全程监督招生遴选、课堂教学、论文答辩、教学资料归档等培养环节，年均听取课程400余门次、查阅教学档案200余份、评阅博士学位论文160篇次、听取答辩汇报600余人次，及时发现培养过程中的问题并督促改进。研究生教育督学组作为学校研究生教育的一个参谋、咨询机构，充分发挥了其检查监督作用、信息收集反馈作用、桥梁纽带作用与评估指导作用。

2. 邀请研究生教育专家“坐堂把脉”。学校以学位授权点自我评估为契机，将研究生培养过程和学位论文质量作为自我评估的重要考察点，组织邀请国务院学科评议组成员、全国专业学位研究生教育指导委员会委员、研究生教育以及行业专家对培养方案、教学档案、学生论文开展诊断式评估和检查，并提出改进建议，对研究生培养质量起到了有力的把关和推动作用。

3. 采用权威第三方平台进行论文评审。学校与教育部学位与研究生教育发展中心开展深入合作，从2013年起使用教育部学位与研究生教育发展中心论文评审平台开展送审工作。充分发挥学位中心论文评审平台权威性强、公信力高、效果好、质量高、专家覆盖面广等突出优势，有效克服了以往线下送审专家来源单一、评审易受干扰等问题，提高了论文评审效率与质量。

通过着力培养主体责任、学术风气、关键培养环节质量、学位论文评审体系和外部监督等5个方面、15项任务的建设，学校研究生教育质量持续攀升。“十三五”期间，研究生发表高水平学术成果相对“十二五”期间增长了73.6%，学位论文盲审异议率下降了37.9%。国家组织的博士学位论文抽检中，连续5年100%全部合格；在上海市组织的硕士学位论文抽检中，连续4年合格率超过上海市平均水平，2015年以来平均合格率达98%。在博士学位论文提高送审篇次和硕士学位论文双盲评审覆盖面提升3倍的背景下，盲审异议率呈现大幅下降的趋势，其中博士学位论文异议率下降80%，硕士学位论文异议率下降35%。研究生取得高水平学术成果逐步提升，获评国家、上海市和中纺联三大奖5人；发表高水平论文数量由2013年的465篇提升到2020年的1100篇、授权国家发明专利由94项提高到149项。研究生学位论文质量整体呈现不断向好向稳的态势。面对全国研究生教育会所提出的新思路、新要求、新挑战，学校将全面落实习近平总书记关于研究生教育的重要指示，为党和国家事业发展培养更多德才兼备的高层次人才。

（执笔：张翔、孙增耀、丁明利、田顺利、查琳）

第五节　研究生教育重要会议及相关情况

一、国家研究生教育重要会议

自 1980 年起，每年召开国务院学位委员会全会。同时，定期召开专题工作会议、专题座谈会议、专题调研会议、专题研讨会议、专题经验交流会议等。党的十八大以来，国家先后召开三次研究生教育重要会议，出台一系列重要政策，不断深化研究生教育综合改革，推动研究生教育制度创新完善，加快提高研究生教育质量和水平。

2013 年 7 月，全国研究生教育工作会议暨国务院学位委员会第三十次会议召开。时任中共中央政治局委员、国务院副总理、国务院学位委员会主任委员刘延东在大会讲话中强调：要深化综合改革，创新人才培养模式，健全质量保障体系，促进研究生教育质量提升和内涵发展，为全面建成小康社会提供高端人才支撑。研究生教育是创新型人才的主要来源和建设创新型国家的重要领域，要以服务国家需求为导向，以提高培养质量为核心，优化规模、布局和学科结构，坚持分层次办学和特色发展。要分类推进培养模式改革，实现知识学习和能力培养并重，学术学位与专业学位协调发展，完善质量监督体系，健全导师责权机制，强化研究生社会责任感、科学精神和创新实践能力培养，全面提高培养质量。要深化高校与科研院所、企业的合作，广泛开展国际合作交流，不断提升研究生教育开放办学水平。要统筹协调，加快职能转变，形成中央、地方、培养单位各负其责，招生、培养、评价各环节系统配套的研究生教育综合改革格局。

2014 年 11 月，全国研究生教育质量工作会议暨国务院学位委员会第三十一次会议召开，这是自 1978 年恢复研究生教育以来首次以质量为主题召开的全国性研究生教育工作会议，是在全面部署研究生教育质量保证与监督体系、强化质量意识、完善质量举措背景下召开的，对于提高学位与研究生教育质量具有重要意义。时任中共中央政治局委员、国务院副总理、国务院学位委员会主任委员刘延东在讲话中指出，改革开放36年来，研究生教育走过了从小到大、快速发展的历史性跨越，实现了自主培养高层次人才的战略目标，成为具有全球影响的研究生教育大国。深化改革日益成为研究生教育发展的主基调，抓内涵促质量日益成为研究生教育发展的主旋律，服务经济社会需求日益成为研究生教育发展的主方向。国务院学位委员会和教育部统筹谋划改革，转变职能，简政放权，加强顶层设计。国务院有关部门协同推进改革，财政部、发展改革委推动投入机制和资助机制改革，人力资源和社会保障部推进专业学位教育与职业资格的衔接，卫生计生委等六部门推进医教协同，中国科协、中科院、工程院和社科院共同推进科学道德和学风建设宣讲教育，科技部、自然科学基金会大幅提高对研究生参与科研的支持力度。研究生教育作为国民教育的顶端和国家创新体系的生力军，承担着“高端人才供给”和“科学技术创新”的双重使命，我们必须立足现代化建设大局，深刻把握全球经济科技竞争新趋势，切实增强提高研究生教育质量的责任感、紧迫感和使命感。

2020年7月29日，全国研究生教育会议在北京召开。这是新中国成立以来的首次全国研究生教育会议，是继2014年研究生教育质量工作会议之后的又一重要会议。在这期间，研究生教育无论发展环境、条件、需求、形势等都发生了很大变化，迫切需要统筹规划，抓紧研究制定相关举措。习近平强调，研究生教育在培养创新人才、提高创新能力、服务经济社会发展、推进国家治理体系和治理能力现代化方面具有重要作用。各级党委和政府要高度重视研究生教育，推动研究生教育适应党和国家事业发展需要，坚持“四为”方针，瞄准科技前沿和关键领域，深入推进学科专业调整，提升导师队伍水平，完善人才培养体系，加快培养国家急需的高层次人才，为坚持和发展中国特色社会主义、实现中华民族伟大复兴的中国梦作出贡献。中共中央政治局常委、国务院总理李克强指出，研究生教育肩负着高层次人才培养和创新创造的重要使命，是国家发展、社会进步的重要基石。改革开放以来，我国研究生教育实现了历史性跨越，培养了一批又一批优秀人才，为党和国家事业发展作出了突出贡献。要坚持以习近平新时代中国特色社会主义思想为指导，认真贯彻党中央、国务院决策部署，面向国家经济社会发展主战场、人民群众需求和世界科技发展最前沿等，培养适应多领域需要的人才。深化研究生培养模式改革，进一步优化考试招生制度、学科课程设置，促进科教融合和产教融合，加强国际合作，着力增强研究生实践能力、创新能力，为建设社会主义现代化强国提供更坚实的人才支撑。中共中央政治局委员、国务院副总理孙春兰表示，要深入学习贯彻习近平总书记关于研究生教育的重要指示精神，全面贯彻党的教育方针，落实立德树人根本任务，以提升研究生教育质量为核心，深化改革创新，推动内涵发展。把研究作为衡量研究生素质的基本指标，优化学科专业布局，注重分类培养、开放合作，培养具有研究和创新能力的高层次人才。加强导师队伍建设，针对不同学位类型完善教育评价体系，严格质量管理、校风学风，引导研究生教育高质量发展。在这次会议之后，国家先后出台了"1 + 4"文件，即一个大文件和四个配套文件，有关政策密集出台，形成集合态势，发挥制度优势。

二、上海研究生教育重要会议

1983 年 11 月，上海市教育卫生办公室专门召开了高校研究生思想政治工作会议，明确指出加强研究生思想政治教育工作的重要性。会上分发了四所高校的交流材料，学校提交的《总结经验，加强思想政治工作，搞好研究生的毕业分配》是其中之一。该材料反映了学校几年来抓研究生毕业分配中的思想政治工作的初步经验，主要是：领导重视，各方配合，上下一致做好日常和分配阶段的思想政治工作；坚持原则，实事求是，认真掌握政策，合理地确定分配方案并处理分配工作中的各种矛盾。会后，上海市教卫办正式发布《关于加强和改进研究生思想政治教育工作的意见》的文件，各高校参照执行。在这次会议前后，学校党委也召开了学生思想政治工作会议，专题研究如何加强研究生思想政治工作。会上，研究生处徐霆猷作了关于《加强研究生思想政治工作的重要性和必要性》的发言。党委专门作了《关于加强研究生思想政治工作的几点意见》的决定，使学校研究生的思想政治工作得到一定程度的加强。

1979 年 6 月 12 日，上海市高教局召开研究生培养工作经验交流会，学校徐霆猷在会上作了《认真抓好研究生培养工作》的交流发言，总结了学校研究生培养工作的三点经验。

1982年10月，召开上海高校研究生管理工作会议，着重讨论研究生管理工作机构的设置、管理人员的配比和职责范围，提出《坚强机构明确职责，做好高校研究生管理工作》，学校参会并按此做好后续教育管理工作。

1983年10月，召开上海高校研究生管理工作会议，着重讨论研究生管理工作机构的设置、管理人员的配比和职责范围，提出《坚强机构明确职责，做好高校研究生管理工作》，学校参会并按此做好后续教育管理工作。

1994年，召开上海市学位委员会第三次全体会议，会议审议通过了第一次学科评议组成员。

1998年2月24日，召开上海市学位委员会第七次会议，讨论通过《上海市学位委员会学科评议组章程》。

1999年1月4日，在上海展览中心召开上海市恢复研究生教育20周年纪念大会。7月6日召开上海市研究生教育工作会议，会议布置了学位授权学科建设与发展规划的制订工作，启动了第八批学位授权审核工作和全国优秀博士学位论文评选的省级初选工作。

1999年12月4日，召开上海市学位委员会联络员会议。会议讨论、制订上海市博士、硕士学位授权学科建设与发展规划。

2001年6月28日，召开上海高校研究生教育分管校长会议。市教委主任张伟江布置实施上海研究生教育改革计划。

2002年3月7日，召开上海研究生院院长会议。会议交流各高校关于研究生教育成本分担机制改革的实施方案，讨论关于研究生招生制度改革。

2002年4月29日，召开上海市研究生教育工作会议。市教委主任张伟江就进一步推进上海研究生教育综合改革作讲话，市教委副主任王奇传达了国务院学位委员会第十九次会议及省级学位委员会工作会议的精神，市学位办主任陈立民传达了中央加强和规范干部学历、学位管理工作的意见。

2003年1月13日，召开上海市学位委员会第十三次全体会议。副市长、市学位委员会主任委员周慕尧出席会议并讲话。市教委主任张伟江通报了整顿教育秩序、规范办学管理工作的情况，并主持审议了《第九次博士、硕士学位授权审核中上海市学位委员会审批硕士点的实施办法(草案)》。

2004年1月13－14日，召开上海市研究生教育工作会议。市学位委员

会副秘书长丁晓东出席会议并讲话，市学位办主任田蔚风首次公布了历年学位论文抽检评议结果

2004年月8日，召开上海市研究生教育质量监控专题研讨会。市教委副主任王奇出席会议并讲话。会议研讨了研究生培养过程检查的方案和学位论文抽检评议工作的改进方案。

2005年2月6日，召开上海市学位委员会第十五次全体会议。副市长、市学位委员会主任委员严隽琪出席会议并讲话。会议传达了国务院学位委员会第二十一次会议精神，分析了上海市研究生教育质量，审议了上海市学位委员会第三届学科评议组成员名单，审核了硕士点合格评估结果。

2005年8月18－19日，召开上海市研究生教育工作会议。国务院学位办徐伯良处长出席会议并讲话，复旦大学、华东师范大学、东华大学、上海水产大学（现上海海洋大学）、上海戏剧学院等单位作了交流发言。会议由学校承办。

2006年12月30日，召开上海市研究生教育学会成立20周年大会。国务院学位办主任杨玉良院士、市教委主任沈晓明教授出席会议并讲话，市教委高教处处长丁晓东、市学位办主任田蔚风出席会议。

2007年1月22日，召开上海市学位委员会第十七次全体会议。会议通报了上海市研究生教育创新计划实施情况，通报了上海研究生联合培养基地建设情况。

2007年9月12日，召开上海市产学研联合培养研究生推进会。副市长杨定华出席会议并讲话，市政府副秘书长李逸平出席会议。会议由市科教党委书记李宣海主持，市教委主任沈晓明作了工作报告。会议下发了市科教党委、市教委、市发改委、市国资委、市科委、市经委、市财政局、市人事局、市知识产权局等9部门《关于进一步推进“上海研究生联合培养基地”建设工作的若干意见》，同时启动第二批“上海研究生联合培养基地”的申报工作。

2008年9月24日，召开上海市研究生教育工作会议。市教委副主任王奇出席会议并通报了上海高校发展定位规划与学科专业结构布局优化调整的工作思路，强调了人才培养在学科专业建设中的重要性。

2009年3月17日，上海市学位委员会第十八次会议在上海市政府召开。审议并通过上海市2008—2015年新增博士、硕士学位授予单位立项建

设规划；通报教育部学位与研究生教育发展中心开展的第二轮学科评估结果(2007—)及分析报告。

2010 年 6 月 1 日，在上海市政府召开上海市学位委员会第十九次会议。审议并通过增列授权学科点审核工作实施办法和新增硕士专业学位授权点审核工作实施办法；审议并通过上海市第四届学科评议组成员名单。

2010 年 9 月 16 日，在上海市政府召开上海市学位委员会第二十次会议。审议并表决通过上海市 2010 年新增博士学位授权一级学科点初审结果；审议并表决通过上海市 2010 年新增硕士学位授权一级学科点审核结果。

2011 年 9 月 14 日，在上海市政府召开上海市学位委员会第二十一次会议。审议并表决通过上海市申报“服务国家特殊需求人才培养项目”——学士学位授予单位开展培养硕士专业学位研究生试点工作的推荐名单；通报上海市申报“授予博士学位的服务国家特殊需求人才培养项目试点”工作有关情况；通报上海“国家教育体制改革试验项目进展”和学位授权变化情况。

2016 年 8 月 2 日，在上海市政府召开上海市学位委员会第二十二次会议。审议通过《上海市学位委员会工作条例(修订草案)》和《上海市学位委员会学科评议组章程(修订草案)》；审议通过上海市学位委员会第五届学科评议组成员名单和上海市统筹增列博士、硕士学位点名单

2017 年 10 月 23 日，在上海市政府召开上海市学位委员会第二十三次会议。审议 2017 年上海学位授权审核工作报告，表决产生新增博士、硕士学位授予单位推荐名单和新增博士、硕士学位授权点推荐名单；通报申请学位授权自主审核单位有关情况和 2017 年上海市学位授权点动态调整有关情况。

2021 年 4 月 30 日，召开上海研究生教育会议。会议提出，要加快建成与上海经济社会发展目标定位和城市地位相匹配、规模结构合理、培养特色凸显、质量保障与评价机制完善的研究生教育体系。会议强调，要厚植研究生教育的学科专业“土壤”，加强研究生思想政治教育，提升研究生科技创新能力，深化研究生培养模式改革，规范研究生培养管理，强化研究生教育综合保障，着力把上海打造成为创新人才的孵化地、科技创新的策源地和文化传承的示范地，为国家和上海发展源源不断培养输送又红又专、德才兼备的高素质、创新型人才。

三、学校研究生教育重要会议

自 1978 年恢复研究生教育以后，学校先后召开过九次研究生工作专题会议，对不同时期的研究生工作提出了重要指导性意见。每学期初与学期末均召开全校范围学位与研究生教育分管院长工作会议，明确和总结本学期学位与研究生教育工作要点，传达教育部有关精神。

1984 年 1 月，学校召开了第一次研究生工作会议。发动全校各系各部门负责人及广大指导教师共同讨论和制订学校研究生工作的指导方针，树立对培养研究生全面负责的观点，改进和加强研究生的培养工作，以保证研究生的培养质量。会议要求：遵循党的教育方针，更好地贯彻实施《中华人民共和国学位条例》和中央有关培养研究生工作的精神，贯彻市委教卫办召开的市高校研究生思想政治工作会议及学校党委召开的学生思想政治工作会议的精神，进一步提高对培养研究生工作的重要性、地位和作用的认识，统一思想，在此基础上总结前阶段培养工作中的经验教训。

1986 年 9 月，学校召开第二次研究生工作会议。会议的指导思想是发动全校各个部门都要重视研究生教育，全面关心研究生的成长和如何改革研究生教育，努力提高研究生的培养质量，主管研究生工作的副校长陈瑞琪作了《坚持改革，为提高研究生的培养质量而努力》的报告，提出了几方面的设想：多渠道、多规格加强对高层次、高质量专门人才的培养；与重点学科、重点科研相结合，加强博士和硕士学位授权点的建设；搞好研究生的招生改革，保证研究生的质量；搞好培养工作的改革，努力提高研究生的培养质量；“教书育人”，全面关心研究生的成长。

1993 年 6 月，学校召开了第三次研究生工作会议。会议的指导思想是朝着把学校建成“国际著名的纺织大学”的奋斗目标，努力抓住机遇、珍惜机遇、创造机遇和用好机遇，推进改革。研究生工作必须与市场经济相适应，与国际接轨，面向社会，自主办学，走出一条研究生工作改革的新路，研究生院(筹)主任徐载熊作了《抓住机遇，深化改革，闯出研究生改革的新路》工作报告。提出了研究生工作的奋斗目标，争取早日成立研究生院，实现目标管理，创国际著名纺织大学，“八五“期末争取进入“211”工程。深化教育改革，切实保证质量。采取宽进严出，贯彻完全学分制的方针。培养应用人才，调整专业方向，调整知识结构实行学科交叉。同时必须花大力气做好研究生的政治思想工作。

1996年6月，学校召开了第四次研究生工作会议。会议围绕“严格规范研究生教育全过程管理，全面提高研究生培养质量”这一主题，针对存在的一些普遍性问题进行了广泛深入的研讨，提出了一些有价值的改革设想和切实可行的措施。副校长薛有义作了《大力发展研究生教育，争创国际著名大学》的工作报告，报告就学校研究生教育的定位，研究生教育取得的成绩与面临的问题、机遇与挑战，学校研究生教育的基本方针、发展目标、基本思路及具体措施作了阐述。会议分三个阶段共三周时间认真进行了研讨。此次工作会议，许多改革观念取得了共识，许多措施得到了认可。

2003年12月16日，学校召开了第五次研究生工作会议。副校长陈田初作《认清形势、把握机遇、迎接挑战，开创研究生教育新局面》的工作报告，肯定了近三年学校研究生教育的进步和成绩，分析了存在的问题和与兄弟院校的差距，提出了下一步工作的思路和主要工作，指出在今后一段时期内，学校研究生教育工作的方针是：积极发展，规范管理；深化改革，扎实建设；注重创新，提高质量。本科教育是立校之本，而研究生教育是强校之路。必须通过多种方式，采取有力措施，扩大研究生招生规模，进一步提高培养质量，使研究生教育水平处于全国前列。为此，要以“顶层设计、整体规划”的思想指导制定研究生培养方案，将研究生动手能力、创新能力的培养贯穿于研究生培养的全过程。要高度重视学位论文选题，鼓励和提倡跨学科培养研究生。要加强学风建设，克服浮躁情绪，推进研究生教育创新，提高培养质量。

2010年5月28日，学校召开人才培养工作会议，就“卓越工程师”与“专业学位研究生”的培养目标、教学计划、课程设置、质量评价等进行讨论。校党委书记朱绍中、校长徐明稚出席。教育部学位管理与研究生教育司副司长、国务院学位委员会办公室副主任李军作《改革与发展中的研究生专业学位教育》报告。副校长邱高主持会议。

2011年7月25日，为进一步提升学校应用型人才培养的质量，借鉴国内外高校培养应用型人才的经验，学校在延安路校区召开东华大学应用型人才培养研讨会。研讨会特邀法国鲁贝国立纺织工程师学院教授曾宪奕、上海交通大学研究生院副院长刘明柱分别作题为“法国工程师教育的现状与发展”和“对专业学位研究生培养模式的思考与实践”的报告。副校长邱高等出席。邱高副校长简要介绍了即将开始的卓越工程师相关改革方案的制定要求，表示学校将加大对应用型人才培养的投入力度，积极推进二级管理与机制转变，以及开展应用型人才培养的国际化举措等。

2013 年 3—5 月，召开全校教育工作会议，以“大力推进教育教学改革，不断提高人才培养质量”为主题，全面研讨和落实研究生教育的各项改革工作。其间，研究生部召开了各类研讨会十余场，就“招生指标动态配置机制”“招生与选拔方式改革”“加强师资队伍建设”“培养体系优化和课程建设”“博士生长学制培养”和“交叉学科人才培养”等专题，开展广泛研讨，形成了比较清晰的改革路线图。

2020 年 12 月 31 日，东华大学研究生教育大会召开。会上，党委书记刘承功、校长俞建勇共同为研究生院揭牌。本次会议既是一次研究生教育的学习大会，更是一次研究生教育工作的布置会和动员会。接下来，学校将针对《学校新时代研究生教育综合改革实施方案》(征求意见稿)广泛征求意见，凝聚共识，推动“十四五”期间学校研究生教育工作再上新台阶，书写新篇章！

2021 年 2—3 月，学校分学院召开研究生教育会议，相关学院领导、导师和学生代表等与会，深入学习全国研究生教育会议精神，提高对高质量研究生教育的认识。

(执笔：丁明利、陈晓双)

第六节 未来研究生培养目标和方案规划

深入贯彻习近平新时代中国特色社会主义思想，全面落实全国教育大会、全国研究生教育会议和上海市研究生教育会议精神，按照《关于加快新时代研究生教育改革发展的意见》(教研〔2020〕9 号)和《关于加快新时代上海市研究生教育高质量发展的实施意见》(沪教委高〔2021〕42 号)等文件要求，适应新时代国家和上海经济社会发展对高层次人才的需求，建设高质量的研究生教育。

指导思想。以习近平新时代中国特色社会主义思想为指导，立足新发展阶段，贯彻新发展理念，构建新发展格局，紧扣"立德树人、服务需求、提高质量、追求卓越"主线；坚持党的全面领导，坚持"四为"方针，坚持"育人为本、需求导向、创新引领、改革驱动"；落实为党育人、为国育才的根本任务，服务地方经济发展需要，为上海市"五个中心""四大品牌"和"五个新城"建设以及建成具有世界影响力的社会主义现代化国际大都市培养德才兼备的高层次人才，建设东华大学新时代高质量研究生教育。

目标任务。服务国家人才强国和创新驱动发展战略，服务区域经济社会发展，培养具有崇高理想信念、扎实知识基础、宽厚人文素养、活跃创新思维、有家国情怀、有责任担当、德智体美劳全面发展的高水平复合型人才和拔尖创新型人才，聚焦学科专业、导师队伍、科研实践、学生能力、质量保障五大要素，开展"二大计划"和"六大工程"。到2025年，研究生教育在学校高水平研究型大学建设中发挥重要支撑作用；到2035年，研究生教育在学校高水平研究型大学建设中发挥高端引领作用。

1. 健全思想政治教育体系，提升研究生思想政治教育水平

将研究生思想政治教育体系建设作为学科建设成效评价、学位授权点合格评估的重要内容。开全开好研究生思想政治理论课，推进习近平新时代中国特色社会主义思想进教材、进课堂、进头脑。切实加强研究生课程思政建设，实现思政课程与课程思政同向同行，形成协同效应。实行"一学科(专业学位类别)一示范"方案，即每个一级学科或专业学位类别遴选建成至少一门课程思政示范课；按照全部研究生课程数量1%的比例选树课程思政教学名师和团队。

2. 激发各方育人主体责任，构建三全育人新格局

激发研究生指导教师、辅导员、管理人员和校外导师等主体的育人积极性，形成育人合力，构建多方协同的育人共同体，以全员育人为突破口让"三全育人"在研究生教育中生根发展。导师是研究生培养第一责任人，遵循"四有好老师""四个引路人"和"四个相统一"的要求，以良好的思想品德和人格魅力影响研究生。设立研究生教育优秀工作奖，选树研究生优秀导师(团队)和教学管理人员，弘扬优秀师德师风。

3. 加强科学道德教育，营造良好学风环境

坚持教育和预防为主，把学术道德和学术规范教育贯穿研究生教育全

过程。加强科学素养概论、论文写作与指导必修课程建设。在新生入学教育、课程论文撰写、实验过程记录以及研究生开题答辩等关键环节，开展学术道德和学术规范宣传教育工作，大力弘扬科学家精神，培养学生实事求是的科学精神和严谨认真的治学态度。

4. 加强课程建设，提升研究生课程教学质量

紧密结合经济社会发展需要和人才培养需求变化，强化专业学位课程的模块化设置，完善由思政人文素养、核心专业素养、创新创业素养、企业管理素养构成的四大专业学位课程模块。依据学术学位与专业学位研究生核心课程指南，调整研究生培养方案。抓紧构建一批以高标准、科学性、系统性和前沿性为特征的核心课程，每个一级学科或专业学位类别重点建成至少一门核心课程。建成一批案例教学资源，评选优秀案例。开设研究生体育课程。引导学科带头人、学科骨干和高水平科研团队参与研究生课程建设和基础核心课程教育教学，强化研究生教育改革探索，培育一批国家和省部级精品教改项目和教学成果。

5. 健全优质教材建设机制，提升研究生教材水平

建立覆盖规划、编修、出版、选用、评价与资助全流程的优质研究生教材建设管理体系，坚持党管教材，落实意识形态主体责任，做好教材编修和选用审查。发挥优势学科(专业学位)在教材建设统筹规划、出版和再版的引领示范作用，积极培育国家和省部级优秀教材。

6. 提高研究生对外交流合作能力，实施“GTP”全球视野创新型人才计划(Global Talent Project)

充分发挥国家留学基金委和国际合作项目平台，每年遴选一批优秀研究生到国外一流高校或科研机构参与国际联合培养，分层次资助博士生参加短期对外交流、合作研究、课程学习和高水平国际学术会议。推动每个学院与一个境外高水平合作高校或机构建立长期稳定联系。“十四五”期间新增国家留学基金委“创新型人才国际合作培养项目”5 项，精准引进至少 5 个学科方向 10 门课程的国外优质教育资源，力争博士生对外交流经历全覆盖。

7. 围绕行业产业科技攻关项目，实施“TEP”领军工程师计划(Top Engineer Project)

依托重点行业、大型企业培育建设一批“国家和上海产教融合博士研究

生联合培养基地”，围绕解决“卡脖子”技术和重大复杂工程问题，设立“TEP”专项计划，遴选高水平校内外团队和优秀博士专业学位研究生，通过产教融合、校内外协同，培养具有国际视野的工程技术领军人才，满足制造强国建设需要。

8. 改革研究生培养投入机制，完善研究生奖助体系

改革专业学位研究生学费分配制度和博士生奖助金导师分担机制，完善研究生培养投入多元化制度。以研究生国家奖学金评审标准改革为突破，广泛吸纳各类资源，优化学校研究生奖助和荣誉激励体系，引导研究生多维度全方位发展。

（执笔：俞昊、刘晓艳、丁明利）

Appendix

附　　录

附录一：东华大学研究生教育大事记

1950年

1950年，全国开始招收研究生，主要采用保送、审查批准的方法，全国只录取了276名。

1952年

1952年暑期，许多高等学校研究生部因为要随着高等院校的院系调整而进行调整改造，一律停止招生。因此，学校建校初期主要开展大学本科教育，没有招收研究生。

1958年

4月4日

科学工作委员会举行第一次会议，确定委员会的任务和职责：负责招选和研究生的培养工作等。学校认为，高校科研力量由三方面组成：教师、研究生、高年级学生。有了专职科研机构可以承担和完成国家交给的重大科研任务，接受研究生培养和毕业论文工作，是提高教学质量，提高师资学术水平的重要途径，是把学校办成教学中心和科研中心的重要举措。

1958年，学校成立科学工作委员会，由温仰春、钱宝钧等22人担任委员，钱宝钧任主任委员。

1959年

4月9日

高等教育部向各高等学校下达《关于编制的59、60年招收和选送研究生及进修教师计划的通知》。学校接到通知后着手筹备第一届研究生的招生和培养工作。第一次研究生招生只选了4个专业的应届毕业生5名，指导教师为钱宝钧、严灏景、陈寿祺、陈人哲4位教授。招生专业为纺织工程（棉纺）、纺织材料、纺织机械、化学纤维。

8月12日

国务院批复同意教育部拟定的高等学校培养研究生工作及1959年全国高等学校招收研究生计划和选拔考试办法，并指出要切实掌握研究生的数量和质量问题。

12月12日

教育部发出通知，要求各有关高等学校编制1960—1962年招收和培养研究生的规划时，应根据指导教师力量，尽可能挖掘潜力。凡高等学校继续补充骨干教师而又有条件培养的学科，应多安排一些招生名额。对于某些缺门或薄弱的尖端学科，学校只要有一定的指导力量，也应尽早招收研究生。

1959年，学校开启研究生教育的大门。学校的研究生工作由副院长钱宝钧分管，归口教务处管理。研究生入学后，采用导师负责制。

1960年

8月2日

教育部发出《关于1960年全国高等学校招收研究生工作的通知》，要求在保证质量的前提下，各单位应尽量多招研究生。学校按照高教部“尽可能挖掘潜力和对缺门或薄弱的尖端学科可多招收一些研究生”的指示精神，陆续增加了针织工程、机械制造、工业自动化（电气）、染整工程等四个专业招收研究生。

10月22日

中共中央发出《关于增加全国重点高校的决定》，新增华东纺织工学院

(东华大学)等 44 所高校为重点高校,至此,全国重点高校共 64 所。

1960 年,学校共有 23 位导师,在 6 个专业招收 32 名研究生。

1961 年

1 月 5 日

教育部发出《关于制定 1961 年高等学校招收研究生计划的通知》,学校遵照执行。

9 月 15 日

中共中央批准实行《教育部直属高校暂行工作条例(草案)》(简称"高校六十条"),对研究生培养工作提出具体要求,学校遵照执行。

1961 年,学校共有 24 位导师,在 7 个专业招收 34 名研究生。

1962 年

4 月 24 日

教育部发出《关于 1962 年招收研究生的通知》,《通知》指出从应届毕业大学生中选优,优先选作研究生,在计划内招收部分在职干部为脱产研究生,并试招在职研究生。学校遵照执行。

4 月 30 日

教育部发出《关于组织制定研究生的示范专业培养方案和课程学习大纲的通知》,拟组织少数高等学校先行研究制定若干示范性的研究生培养方案和相关课程学习大纲,为学校研究生教育提供了指导。

8 月 2 日

教育部发出《关于制订 1963 年招收研究生计划的通知》,学校遵照执行。

12 月 10 日

教育部发出《关于 1963 年全国招收研究生工作的通知》,提出统一政治理论课和俄语、英语的试题。

1962 年,学校共有 4 位导师在 3 个专业招收 4 名研究生。

1962—1965 年,学校研究生教育有了一定的发展,开始正规培养三年制研究生。

1963年

1月14—31日

高教部召开了高等学校研究生工作会议，讨论通过了《高等学校培养研究生工作暂行条例(草案)》及有关研究生工作的五个规定，对培养方案、马列主义理论课、外国语学习、助学金及相关保障、学籍管理等做出明确规定。

4月29日

教育部发出通知，试行《高等学校培养研究生工作暂行条例(草案)》，提出三个相结合的方法等。

6月9日

教育部发出《关于做好今年应届毕业生论文答辩工作的通知》。通知对研究生毕业论文的审核、评阅、答辩等程序作出规定。还规定校外评阅人评阅每份毕业论文的酬劳金暂定为30—50元。

6月19月

教育部发出《关于制订研究生专业培养方案的通知》，并颁发了《关于高等学校制订理工农医各专业研究生培养方案的几项原则规定(草案)》。根据《通知》和《规定》的原则要求，学校制订了纺织工程(棉纺)、针织工程、纺织材料、纺织机械、机械制造、染整工程、化学纤维等七个专业的培养方案，并于1963年11月分别上报纺织工业部和高教部。

8月5日

教育部发出《关于审查1964年研究生入学考试科目和参考书目的通知》，要求规范科目和相关要求，指出命题范围不宜过广或过窄，参考书为全国通用为宜。

8月9日

教育部发出《关于高等学校研究生政治理论课的规定(草案)》和《高等学校研究生外国语学习和考试的暂行规定(草案)》，明确思政课和外语课的相关要求。

10月11日

教育部、财政部联合发出关于高等学校培养研究生的经费、人员编制和研究生的助学金及其他生活待遇问题的规定，为研究生教育的开展提供了经费支持和保障。

10 月 21 日

教育部发出《关于高等学校研究生学籍处理问题的几项规定》，对研究生转专业、转学校、改换导师、休学、延长学习期限、取消学籍和退学等问题作了规定。

1963 年，学校共有 6 位导师在 6 个专业招收 6 名研究生。

1963 年，学校提出科研工作要从国情出发，有利于教学质量的提高，研究生的培养等。

1964 年

4 月 21 日

教育部发出《关于 1964 年研究生新生录取工作的通知》。要求贯彻“保证质量、宁缺毋滥”的精神进行录取工作。

5 月

恢复成立科研处。下设研究生科等 6 个科室。为统一研究生政治思想、克服研究生无人管理状态，全校研究生由科研处统一管理，设专职指导员，各系、教研室和导师分级负责。

8 月 19 日

中共中央、国务院转发《高等学校毕业生劳动实习试行条例》，规定各类毕业生在分配工作后，都应该参加为期一年的劳动实习。

8 月 21 日

陈寿祺、丁寿基、黄秀宝 3 人撰写的论文《牵伸理论研究中的几项平稳随机函数的问题》经国家科委决定入选世界科协北京中心会的科学讨论会论文。3 位论文作者出席大会，8 月 27 日，由研究生黄秀宝代表向大会作报告。第二天《人民日报》对论文的评价：用近代数学理论分析了纺织生产中的牵伸过程，这项理论研究工作，对于促进纺织工业的生产连续化和自动化有价值。本次大会学校入选论文有 6 篇。

1964 年，学校共有 7 位导师在 4 个专业招收 7 名研究生。为了解和提高研究生的中文写作能力，招生时加试作文。

1965年

5月7日

高等教育部发出《关于下达给高等学校的1964年度自然科学毕业研究生分配方案的通知》，对分配原则、调配、派遣作出了规定。

5月21日

高等教育部发出通知，改进高等学校有关工资外报酬制度，降低聘请校外人员审阅研究生毕业论文的酬金等。

10月31日

高等教育部发出《关于1966年全国理工农医各专业招收研究生工作的通知》，确定招生计划，指出1966年不再加试语文。

1965年，学校共有10位导师在6个专业招收10名研究生。

1966年

4月16日

高等教育部发出《关于进一步加强和改进1966年研究生招生工作的通知》，规定只考一门专业课，政治理论课开卷考等。

6月27日

高等教育部下达《关于暂停1966年、1967年研究生招生工作的通知》。

6月

高等教育部下达了《取消研究生制度的通知》和《在校1964、1965年入学的研究生的分配方案》，学校即进行处理研究生工作的善后事宜。

1959年至1966年，学校共招收培养了98名研究生。

1967年

1月3日

教育部向国务院文教办公室提出《关于废除研究生制度及研究生分配问题的报告》，提出5条废除的理由。

1968年

1968年底，学校将在校研究生全部分配完毕，暂时终止了研究生教育。

1973年

1973年前后，国家开展恢复研究生教育的试点，学校钱宝钧教授招收了王依民等3名研究生。

1977年

7月6日

钱宝钧向全校教工传达中共中央关于把科研搞上去的重要讲话精神。学校党委对加强科研工作提出实施意见：成立科研规划小组，恢复招收研究生等。

10月12日

国务院批转了教育部《关于1977年高等学校招生工作的意见》(国发〔1977〕112号)。在"关于高等学校招收研究生的意见"中指出"高等学校特别是重点高等学校，凡是教师条件和科学研究基础比较好的，应从1977年起，在办好本科的同时，积极招收研究生"。学校遵照执行。

12月17日

教育部、财政部联合发出《关于普通高等学校、重点专业学校和技工学校学生实行人民助学金制度的办法》。《办法》规定：国家职工被录取为研究生，在学习期间，工资由原单位照发，其他研究生，一律实行人民助学金，享受比例100%。学校遵照执行。

1978年

1月10日

教育部发出了《关于高等学校1978年研究生招生工作安排意见》(〔78〕教高字第032号)。决定将1977年、1978年两年招收研究生合并进行，统称为1978年研究生。

3月18日

全国科学大会在北京开幕。国务院副总理方毅在大会报告中指出，人才问题是实现科学技术现代化的一个十分突出的问题。要大力加强培养研究生的工作，积极扩大研究生招生名额，以便在较短的时间内，培养出一大批基础比较坚实、能独立进行科学研究工作的人才。学校钱宝钧校长等参会。

7月7日

国务院批转了国务院侨务办公室、教育部《关于接收华侨、港澳学生回家和到内地升学的意见》，对台、港澳青年报考研究生做出规定。

7月22日至8月3日

教育部在北京召开研究生培养工作会议，明确了培养研究生在实现新时期总任务中的重要地位和作用，讨论了研究生的培养工作，修订了《高等学校研究生培养工作暂行条例（草案）》等有关文件，标志着研究生培养工作步入正轨。

8月4日

教育部根据中共中央指示发出通知，1978年度选派出国留学生的名额增至3000名以上，决定从本年录取的研究生中选拔出国研究生，主要学习理、工、农、医的有关专业。

12月

学校成立由94人组成的学术委员会，18人组成常委，钱宝钧任主任，严灏景等4人为副主任；各系成立系学术委员会。学术委员会任务包括审查招收研究生的专业、导师条件、招生名额及录取条件、研究生的学习计划等。

1978年，招收研究生的专业有纺织工程（包括棉纺、毛纺、机织、针织专业）、针织工程、纺织材料、纺织机械、机械制造、工业自动化（包括电气自动化和化工自动化）、化学纤维、染整工程及三废治理，合计8个专业。

1978年，学校恢复招收研究生的第一次招生，报考人数达到392人，在8个专业共招收53名硕士研究生，其中5名为研究生选拔出国留学生，招生导师32人。院长钱宝钧亲自分管研究生工作。在科研处恢复了研究生科，具体负责研究生的培养管理工作，各系都有一位系主任分管研究生工作。

1979年

2月24日

教育部、国务院港澳办公室发布《关于做好招收台湾省和港澳地区研究生报考工作的通知》（〔79〕教高二字005号，〔79〕港会文120号），对台港澳学生报考研究生作出安排。

6 月 12 日

上海市高教局召开研究生培养工作经验交流会，学校徐霆猷在会上作了《认真抓好研究生培养工作》的交流发言，总结了学校研究生培养工作的三点经验。

6 月 23 日

教育部对学校的上述发言专门发了《简报》，在全国高校中进行交流。

11 月 27 日

教育部发出通知，试行《关于高等学校教师职责及考试的暂行规定》。规定讲师应协助教授、副教授指导研究生；副教授应指导研究生；教授应担负比副教授职责水平更高的工作。

12 月 24 日至 30 日

教育部在北京召开研究生招生工作座谈会。会议拟定了 1980 年招收研究生简章和招生办法，讨论了 1980 年研究生招生计划。会后，教育部发出《关于 1980 年研究生招生工作安排的意见》，(〔80〕教高二字 002 号)从 1980 年开始，研究生政治理论课和外国语(英、俄、日语)的入学考试全国统一命题。

1979 年，学校共有 46 位导师在 10 个专业招收 53 名研究生。增加了纺织史、纺织工业管理工程、计算机应用、环境治理化学工程和应用数学专业，合计 12 个专业。

1980 年

2 月 12 日

五届人大常委会第 13 次会议通过《中华人民共和国学位条例》。

5 月 5 日

教育部、国家计委、国务院科技干部局联合发出《关于下达 1980 年研究生招生计划的通知》，确定全国 285 所高等学校、205 个科研机构计划招收研究生 6420 人，其中高等学校 5380 人。学校研究生报考人数 122 人，招生计划 38 人，实际有 14 位导师在 6 个专业招收 14 人。

10 月 22—28 日

教育部在北京召开高等学校研究生工作座谈会。会议征求关于审定首批学位授予单位的原则和办法的意见，酝酿修订高等学校研究生工作条例，讨论1981—1990年高等学校培养研究生的长远规划纲要。

12月

根据《中华人民共和国学位条例》规定，国务院设立学位委员会，负责领导全国学位授予工作。经国务院批准，成立国务院学位委员会办公室，作为国务院学位委员会的办事机构。

12月1—13日

教育部在天津召开全国教育工作会议。会议指出，重点大学和一般大学的重点学科，要为国家培养高质量的全日制本科生和相当于国际先进水平的硕士、博士研究生；在科学研究方面真正能成为既是教育中心，又是科学研究中心。

12月15—18日

国务院学位委员会第一次（扩大）会议在北京举行。会议讨论了《中华人民共和国学位条例暂行实施办法》，审议通过了国务院学位委员会《关于审定学位授予单位的原则和办法》，讨论了1981年实施学位条例的工作部署，决定设立10个学科评议组，负责学位审定工作。

1980年以前，学校研究生课程共开设了108门。1980年以后，学校情报研究室为研究生开设了"纺织科技文献检索与利用"选修课，受到学生欢迎。

1981年

1月1日

全国施行《中华人民共和国学位条例》。

1月3日

国务院批准国家计委、教育部、国务院科技干部局《关于1980年度全国毕业研究生分配问题的请示报告》。

1月9日

教育部发出《关于做好1980年毕业研究生派遣和接受工作的通知》，就调配、派遣的政策作了具体规定。

2月27日

国务院学位委员会发出《关于做好学位授予单位审定工作的通知》，并下达已呈报国务院备案的《国务院学位委员会关于审定学位授予单位的原则和办法》。

5 月 20 日

国务院批准了国务院学位委员会关于《中华人民共和国学位条例暂行实施办法》。

6 月 12 日

国务院学位委员会在北京举行第二次会议，讨论研究召开学科评议组会议的有关问题。会议决定设立 44 个学科评议组，由 407 位专家组成，上海有 52 位专家入选。学校严灏景、刘裕瑄和孙桐被聘为纺织、轻工学科评议组成员，严灏景担任该组召集人，学校负责研究生工作的徐霆猷被聘为秘书。

7 月 26 日至 8 月 2 日

国务院学位委员会学科评议组第一次会议召开。

9 月 19 日

国务院批转的国家计委、教育部、国务院科技干部局《关于 1981 年度全国毕业研究生和大学毕业生分配问题的报告》，对研究生的分配办法作出了规定。毕业研究生的分配着重加强高等院校师资和科研、生产、设计单位以及其他方面的特殊需要。

9 月 23 日

学校学术委员会选举产生成立华东纺织工学院第一届学位评定委员会，由校长钱宝钧任主任委员，严灏景和蒋永椿任副主任委员，徐霆猷任秘书，共计 15 人担任委员。

10 月 8 日

国务院学位委员会第三次会议召开。通过了《学科评议组试行组织章程》，将成员由 407 人增至 500 人，确定了博士、硕士学位证书格式。会后通过了第一批博士、硕士学位授权学科专业名单。

11 月 3 日

学校被国务院批准为首批授予博士、硕士、学士三级学位的高校之一，并开始对研究生及本科生授予相应的学位。全国共批准博士、硕士学位授予单位 151 个，上海 24 个；博士、硕士学科、专业点 812 个，上海 121 个；全国批准硕士学位授予单位358个，上海20个；硕士学科、专业点3158个，上海370个。学校获批3个博士点：化学纤维、纺织材料、纺织机械；获批9个硕士点：纺织工程、针织工程、纺织材料、纺织机械、化学纤维、染整工程、工业自动化、固体力学、应用数学；获批4位博士生导师：钱宝钧、孙桐、严灏景、刘裕瑄。

11月23日

教育部发出《关于做好1981年攻读博士学位研究生招生工作的通知》(〔81〕教高二字037号)。《通知》指出，培养博士生是中国教育史上的一件大事，它标志着我国将主要依靠自己的力量培养社会主义现代化建设所需要的各类专门人才。《通知》规定，招生博士生必须是经国务院批准的有权授予博士学位的单位、学科(专业)及其指导教师，报考的条件为1980年、1981年毕业的研究生，年龄不超过40岁，学习年限一般为二至三年。

11月24日

国务院学位委员会发出《关于做好应届毕业研究生授予硕士学位工作的通知》(〔81〕学位字019号)。要求要贯彻坚持标准、保障质量的原则；尽快建立学位评定委员会，要严格履行申请硕士学位的手续和建立学位档案。

12月17日

学校举行78级81届研究生毕业典礼。这是全国恢复招收研究生后学校毕业的第一届研究生和首批授予学位的硕士研究生。

1981年，学校共有29位导师在9个专业招收46名研究生；在7个专业招收26名出国研究生。全国录取硕士生近9500名，选拔出国预备研究生1100多名。

1981年，学校受教育部委托代招出国预备研究生。

1981年起，学校重新制定了各专业的研究生培养方案。硕士生学制由三年缩短为二年半；博士生规定为二至三年。

1982年

1月18日

纺织工业部批准了学校报送的学位评定委员会名单。钱宝钧任主任委员，严灏景、蒋永椿任副主任委员。

3 月 19 日

教育部、财政部颁发《关于普通高等学校“研究生业务费”开支问题的试行规定》，对普通高校研究生业务费做出具体规定。

4 月 19 日

国务院学位委员会发出《关于颁发硕士学位和博士学位证书的通知》（〔82〕学位字 007 号），指出，根据国务院学位委员会第三次会议的决定，硕士学位和博士学位证书由国务院学位委员会办公室统一印刷，由学位授予单位颁发。

7 月 17 日

经国务院同意，教育部印发《关于招收攻读博士学位研究生的暂行规定》（〔82〕教高二字 032 号），并为此发出通知，鼓励符合报考条件的在职人员报考。要求考生所在单位从大局出发，积极推荐、大力支持。

8 月 16 日

国务院正式批准教育部设研究生司，负责全国研究生教育的管理工作。研究生司与国务院学位委员会办公室合署办公。

10 月

市高教局召开上海高校研究生管理工作会议，着重讨论研究生管理工作机构的设置、管理人员的配比和职责范围，提出《建强机构明确职责，做好高校研究生管理工作》，学校参会并按此做好后续教育管理工作。

11 月 24 日

学校党委通过校学术委员会组成人员名单，共 35 人。

11 月 30 日

教育部、劳动人事部、中国科学院、中国社会科学院联合发出《获得硕士、博士学位研究生确定职称暂行办法》。《办法》规定，获得硕士学位的研究生，经过一定时期的工作实践，按有关职称规定进行考核，可确定讲师、助理研究员等相应职称；获得博士学位的研究生，一般可按有关职称规定确定讲师、助理研究员等相应职称。入学前已经取得讲师、助理研究员等相应职称的博士学位获得者，经过一定时期的工作实践，按有关职称规定进行考核，可确定副教授、副研究员等相应职称。

12 月 25—28 日

国务院学位委员会召开学科评议组召集人会议，讨论第二批博士和硕士学位授予单位的审核工作，协商增补学科评议组成员名单，初步修订《高校学科和科研机构授予博士和硕士学位的学科、专业目录(草案)》。

1982 年，学校共有 37 位导师，在 8 个专业招收 56 名研究生；在 5 个专业招收 10 名出国研究生。

1982 年，教育部下发《关于制订 1982 年招收攻读博士学位研究生计划的通知》(〔82〕教高二字 007 号)，据此，学校当年首次正式招收博士研究生，经校学位评定委员会讨论决定录取 1 名(潘宁、导师严灏景)，于 1983 年 2 月入学。

1983 年

3 月 15 日

国务院学位委员会第四次会议在北京召开。审议通过了关于第二批博士和硕士学位授予单位审核工作的文件和学科评议组增补成员和临时约请参加评议工作的学者、专家名单；确定了工作计划要点。并就开展名誉博士学位授予工作进行了讨论。

3 月 16 日

国务院学位委员会发出《关于做好第二批博士和硕士学位授予单位审核工作的几点意见》《关于审批第二批文科博士和硕士学位授予单位的几点意见》《关于审核第二批理工农医科博士和硕士学位授予单位工作的几点意见》等 3 个文件，并颁布《高等学校和科研机构授予博士和硕士学位的学科、专业目录(试行草案)》，此为学位制度建立后的首个学科专业目录。

5 月 27 日

国家教育系统首批博士学位获得者、学校教师李绍宽出席国务院学位委员会举行的首次博士硕士学位授予大会。

6 月

政府工作报告中指出："我国培养的博士、硕士，除了业务水平要同其他国家并驾齐驱，还应有自己的特点，就是要作中国人民精神风貌的体现者和社会主义精神文明的建设者。"

7 月 5—8 日

经国务院学位委员会和教育部领导批准，国务院学位委员会办公室和教育部研究生司在北京召开了研究生教育与学位制度研究工作座谈会。会后，国务院学位委员会和教育部发出《关于开展研究生教育与学位制度研究工作的通知》(〔83〕学位字 026 号)。

8 月 5—11 日

教育部研究生司在哈尔滨召开研究生工作座谈会，讨论修改《研究生工作条例》《研究生学籍管理暂行办法》，交流培养工作经验和部署下半年工作。

8 月 24—28 日

教育部在哈尔滨召开 1984 年全国攻读硕士学位研究生招生工作会议。会议决定要进一步提高招收在职人员的比例；做好推荐优秀应届本科生报考工作；全面推广综合考试。并决定开辟委托培养和试办研究生班两种形式，加快招收培养硕士生。

9 月 18—24 日

国务院学位委员会召开学科评议组第二次会议，审核我国第二批博士和硕士学位授予单位及其学科、专业名单。

11 月 24 日

上海市高教局颁布《关于开展研究生教育和学位制度研究工作的通知》，学校积极落实。

11 月 26 日—12 月 12 日

学校党委召开学生思想政治工作会议，讨论并通过《关于加强研究生思想政治工作的意见》等 3 个文件。

12 月

上海市教育卫生办公室专门召开了高校研究生思想政治工作会议，明确提出加强研究生思想政治教育工作的重要性。会上分发了四所高校交流材料，其中之一是学校的《总结经验，加强思想政治工作，搞好研究生的毕业分配》。会后，市教卫办正式发布《关于加强和改进研究生思想政治教育工作的意见》的文件，要求各高校参照执行。

12 月 5 日

国务院学位委员会在北京召开了第五次会议。会议审议通过了第二批博士和硕士学位授予单位及其学科、专业名单;讨论了关于调整学科评议组及成员的意见;讨论了授予名誉博士学位问题;决定从1984年开始进行在职人员申请学位的试点工作。

12月12—16日

教育部副部长、国务院学位委员会秘书长黄辛白出席在曼谷召开的《亚洲和太平洋地区成人高等教育学历、文凭与学位的地区公约》国际会议,黄辛白代表中国政府在《公约》上签字。我国政府批准了《公约》,成为正式缔约国。

1983年,学校接受有关单位委托,代培攻读硕士学位研究生。

1983年,学校由团委牵头,成立了校研究生分会筹备小组。

1983年,学校共有65位导师在11个专业招收81名硕士研究生;在6个专业招收9名出国硕士研究生。

1984年

1月3—10日

学校召开第一次研究生工作会议。会议的目的是:遵循党的教育方针,更好地贯彻实施《中华人民共和国学位条例》和中央有关培养研究生工作的精神,以及贯彻市委教卫办召开的市高校研究生思想政治工作会议及校党委召开的学生思想政治工作会议的精神,进一步提高对培养研究生工作的重要性、地位和作用的认识,统一思想,在此基础上总结培养工作中的经验教训。

1月13日

国务院学位委员会批准第二批博硕授予单位和学位点,全国新增45家博士授权单位,上海6家;新增博士学科、专业点316个,上海50个;全国新增67家硕士授予单位,上海4家;新增硕士学科、专业点1052个,上海77个。学校获批硕士点2个:纺织管理工程、机械制造,获批博士生导师2人:方柏容、陈人哲。

1月24日

教育部发出《关于下达1984年全国招收攻读博士学位研究生计划的通知》(〔84〕教研字019号)。要求有关单位要"积极招收攻读博士学位研究生","为国家培养四化建设迫切需要的高级专门人才"。经审定,全国共有177个单位926个专业点,1333名指导教师,计划招收2080人攻读博士学位研究生。

4月6日

国务院学位委员会发出通知：为了充分发挥我国博士和硕士学位论文的作用，做好学位论文的保管和交流。国家科技情报研究所和中国社会科学院情报研究所，将分别建立自然科学和社会科学方面博士和硕士学位论文文献库，供各单位查阅使用。

4月6日

选举产生了学校第一届研究生会。命名为华东纺织工学院研究生分会。其作为研究生中的群众组织，先为校学生会的基础组织，后独立于校学生会，在研究生中积极开展各项活动。是全国学生联合会的团体成员，上海市学联研究生委员会的副主席单位。

5月21日

教育部、劳动人事部联合发出经国务院批准的《关于攻读硕士、博士学位研究生毕业分配后工资待遇问题的通知》。规定凡攻读硕士、博士学位的研究生，获得硕士、博士学位的，毕业分配工作后不实行见习期，直接实行定级工资。获得硕士学位的定为行政21级（六类工资区62元），获得博士学位的定为行政19级（六类工资区78元）。派往国外学习人员获得学位回国分配工作后的工资待遇，与在国内学习获得同等学位人员同等对待。自3月1日起执行。

6月16至18日

国务院学位委员会办公室、教育部研究生司在北京联合召开学位和研究生工作座谈会。全国39所重点高校校（院）长或研究生处长，中国科学院教育局、中国社会科学院研究生院及有关省市高教局的负责同志近50人参加了座谈会。主要讨论了教育部《关于博士生培养工作的几点意见》，国务院学位委员会《关于做好博士研究生学位授予工作的通知》和《关于在职人员申请硕士、博士学位的试行办法》，以及教育部《关于高等学校在职青年教师申请硕士学位的几点意见》等文件的讨论稿，并就研究生教育和学位工作的改革交换了意见。

6月

学校创办了《研究生》杂志和《研究生情况简报》，加强研究生会与研究生之间的联系。

7月

经校学位评定委员会讨论，通过各专业培养方案并正式施行。研究生课程增设至282门。

7月31日

国务院学位委员会发出《关于做好博士研究生学位授予工作的通知》。指出从通知下达之日起，博士学位的授予工作由各学位授予单位的学位评定委员会负责审核和批准。要求授予博士学位必须坚持政治标准和学术标准，各学位授予单位应严格按照国务院批准的有权授予博士学位的学科、专业和有关规定授予博士学位。

8月6日

国家计委、教育部联合印发经国务院批准的《关于全国毕业研究生分配问题的报告》。《报告》指出，全国毕业研究生共11000多人，其中约70％充实高等学校的师资队伍，除了要加强高校和重点科研机构的力量外，还应兼顾其他方面急需。对能源、交通、原材料等部门的需要，要尽可能予以安排。

8月8日

经国务院批准，北京大学等22所院校试办研究生院。

9月

国务院学位委员会办公室、教育部研究生司主办的《学位与研究生教育》杂志试刊第一期出版。

9月5—12日

1985年攻读硕士学位研究生招生工作会议在成都召开，确定1985年全国计划招收硕士生29500人，研究生班5000人。确定招生工作三项改革：1. 全国重点高校可以进行推荐少数优秀应届毕业生免试入学的试点工作；2. 可选择少数学科、专业进行入学考试科目改革的试点；3. 按大区设立录取硕士生的调剂后续，做好调剂录取工作。

10月5日

国务院学位委员会办公室发出《关于颁发博士学位证书的通知》(〔84〕学位办字026号)，明确博士学位证书填写、颁发要求等。

11 月 12—14 日

西安交通大学邀请清华大学等 11 所高等工科院校在西安召开工程类硕士学位研究生研讨会。会后向教育部提出了《关于培养工程类硕士生的建议》，教育部研究生司转发这个文件并同意 11 所院校进行培养工程类硕士生的试点工作。

11 月 14 日

教育部发出《关于硕士生提前攻读博士学位问题的通知》。政治思想好、硕士学位课成绩优秀、在科研工作中表现能力强、确有作为博士生培养前途的少数优秀硕士生，可以提前攻读博士学位。提前攻读博士学位的硕士生，可以参加博士生入学考试，也可以通过单独组织考试小组进行考试。各单位除保留硕士生提前攻读博士学位的名额外，还必须有部分名额公开招收博士研究生，以利于人才交流。

12 月

学校成立华东纺织工学院第二届学位评定委员会，由严灏景任主任委员，蒋永椿和陈瑞琪任副主任委员，陈彦模、徐霆猷任秘书，共计 23 人担任委员。

12 月

在上海市首届研究生学术年会上，学校提交了八篇学术论文，《新技术革命与纺织工业》的论文在大会上做了中心发言。

1984 年，根据教育部《关于硕士生提前攻读博士学位问题的通知》(〔84〕教研字 054 号)精神，学校开展相关工作。学校实行应届本科毕业生推荐免试和推荐加考试选拔硕士研究生的试点工作，学校共批准 14 名学生免试直升和 21 名学生推荐加考试攻读硕士研究生。

1984 年，学校在 3 个专业招收 10 名博士生；共有 70 位导师在 12 个专业招收 102 名硕士研究生；在 8 个专业招收 15 名出国研究生。

1984 年，学校接受了第一名朝鲜副博士进修生。

1985 年

1 月 28 日

教育部、财政部发出《关于改革博士学科点专项科研费管理办法的通知》。指出该项经费从此定名为"高等学校博士学科点专项科研基金",采取同行评议,择优支持,由基金办公室按审定的课题拨付经费,不再按部门切块分配。同时随文发出《高等学校博士学科点专项科研基金暂行办法》。

2月16日

国务院学位委员会在京召开第六次会议。会议审议通过了第二届学科评议组成员名单;讨论通过了国务院学位委员会《关于做好第三批博士和硕士学位授予单位审核工作的几点建议》,讨论审议了授予名誉博士学位工作以及学位安排工作。国务院学位委员会第二届学科评议分组调整为53个,共有成员644人。其中哲学、经济学、法学、教育学、文学、历史学6个门类,分设10个评议分组,共125人;理学门类分设7个评议分组,共106人;工学门类分设20个评议分组,共233人;农学门类分设7个评议分组,共76人;医学门类分设8个评议分组,共87人;军事学门类设一个评议分组,共17人。每个评议分组设召集人2人至4人,共有召集人127人。

4月3—7日

教育部研究生司召开全国硕士生录取工作会议,全国报考人数161071人,实际录取36888人(含委托培养),研究生班6528人。推免生试点高校169所,推荐人数3300多人。

5月

上海市高等教育局提出《关于研究生学位质量评估的意见》,对列入评估单位的自检、调查考察和集中评议进行了部署。

校研究生分会正式改名为研究生会,这是继学生会以后的又一个全校性的学生组织。

5月27日

中共中央正式批准发出《关于教育体制改革的决定》。《决定》指出:"高等学校担负着培养高级专门人才和发展科学技术文化的重大任务。""要改进和完善研究生培养制度,并且根据同行评议、择优扶持的原则,有计划地建设一批重点学科。重点学科比较集中的学校,将自然形成既是教育中心,又是科学研究中心。"

5月31日

国务院学位委员会在北京召开学位授予质量检查座谈会。会后,组织部分学科评议组成员和有关专家，对化学工程等5个专业进行硕士学位授予工作和培养质量的检查，70余位专家赴62个单位的91个专业点进行实地检查。这是我国实行学位制度以来第一次对已授予的学位进行质量检查。

6月15日

国务院学位委员会第二届学科评议组成立，上海共有70名学者担任成员。学校严灏景、孙桐被聘为纺织、轻工学科评议组成员，严灏景担任该组召集人，学校研究生处副处长沈美霞被聘为秘书。

6月27日

为贯彻《中共中央关于教育体制改革的决定》，学校召开教师、干部大会，就制定的《关于加强学风、教风建设的若干意见》等三个文件作出部署。

7月

学校院长办公会议通过了“关于在本院外国应届毕业留学生中推荐免试攻读硕士学位研究生的试行办法”等文件，该文件由上海市高教局转发各校，学校留学生的教学管理逐步制度化。

7月

上海市举行青年优秀科技论文评价活动，学校三位研究生报送了论文，并全部入选。如工业自动化专业研究生郑君兰在导师支持下，独立完成《IP－80小型图像处理系统及其在纺织工业中的应用》的学位论文，并开始运用到针织提花生产中去，成绩显著。在第二次全国计算机学术会上被推荐为优秀论文。后被纺织工业部列为“七五”期间重大科研项目之一，以后培养了十多位研究生继续做这一课题，坚持“接力棒”研究。

7月5日

国务院批准国家科委、教育部、中国科学院《关于试办博士后科研流动站》的报告，同意试办博士后科研流动站，实行博士后研究制度。国家教育委员会发出《关于申请试办博士后流动站的通知》，批准确定73个单位建立102个博士生科研流动站。

8月23日

国家教委、国家计委发出《关于普通高等学校从现役军人中录取研究生有关规定的通知》（〔85〕教研字018号），指出自1985年起，普通高等学校从现役军人中录取研究生。

8月28—31日

国家教育委员会召开全国硕士生招生工作会议，研究部署1986年攻读硕士学位研究生的招生计划和招生工作。会议提出：1986年全国招收硕士生的工作必须贯彻保证质量、稳步发展的方针；要进一步做好推荐免试和推荐与考试相结合的工作；要合理设置入学考试科目，提高命题质量；要认真做好录取和调剂录取工作；要在保证质量的前提下扩大录取在职人员；同时继续做好面向港澳招生的工作。

9月

上海组织对固体力学等两个二级学科专业率先开展研究生教育评估，这是由地方主管部门首次组织研究生教育专业的评估活动。学校的固体力学参评并通过评估。

同月，学校党委和校长联席会议经研究，决定成立研究生处。

10月21日

国家教委发出《关于做好1986年招收攻读硕士学位研究生工作的通知》(〔85〕教研字021号)，强调1986年招生工作必须贯彻保证质量、稳步发展的方针。

11月2日

国务院学位委员会发出《关于做好第三批博士和硕士学位授予单位审核工作的通知》，就第三批学位授予单位的审核工作提出要求。提出第三批学位授予单位的审核工作，要认真总结第一、第二批审核工作的经验，切实贯彻改革精神，继续贯彻坚持标准、严格要求、保证质量、公正合理的原则。试行在一定学科范围内下放硕士学位授予学科专业点的审批权限，选择少数学位授予单位试点。

11月6日

国家教委、国家计委、财政部颁布《关于高等学校招收委托培养硕士生的暂行规定》(〔85〕教研字023号)。就招收委托培养硕士生的条件和制定委托培养招生计划的原则，委托培养硕士生的招生录取原则，委托培养硕士生采用的合同制，以及委托培养硕士生的费用和其他有关问题做了详细规定。

12月4日

经国务院正式批准：凡经国务院学位委员会学科评议组审核通过的博

士、硕士学位授予单位及其学科、专业和博士生指导教师名单，不再上报国务院批准，改由国务院学位委员会批准。国务院学位委员会只公布通过的博士、硕士学位授予单位及其学科、专业名单。

12月21日

学校首位博士生潘宁毕业并获得博士学位，系学校授予的校内第一个工学博士学位。他选择《织物触觉风格的客观评价——感觉的定量化研究》是一个难度较大的课题，不仅在理论上有所建树，而且做出创造性成果，他所设计的风格仪，对国民经济有实用价值，在学习期间一共撰写了九篇论文，有一篇论文在日本召开的国际织物手感评定讨论会上进行宣读，受到与会学者的重视，澳大利亚一位教授当场表示邀请他赴澳合作开展科研。

1985年，经推荐、考试合格并经校长批准，学校有2名硕士生提前攻读博士研究生。

1985年，学校着手制订博士生专业培养方案，1989年成册，为学校第一本博士生专业培养方案。

1985年，学校首次招收了3名尼泊尔研究生，其中两人攻读管理工程（现管理科学与工程）专业，外国研究生攻读管理工程硕士学位在上海是首次。

1985年，学校的研究生班集体“自动化研84”获上海市先进集体荣誉称号。

1985年，学校在3个专业招收13名博士生；共有83位导师在13个专业招收128名硕士研究生；在8个专业招收13名出国研究生；在3个专业招收37名研究生班学生，系首次招收研究生班学生。全国招收36888人，研究生班6528人。

1985年，在校研究生人数为293人，其中博士生23人。

“六五”期间（1981—1985年），学校博士点由3个发展至5个，硕士点从10个发展到14个；学校毕业271名研究生，出国研究生62人。

1986年

1月10日

国家教委发布《关于印发〈普通高等学校授受委托培养学生管理工作暂

行规定〉的通知》(〔86〕教学字 002 号),从招生、在校管理和毕业生使用等作出明确规定。

1 月 28 日

国家教育委员会发出《关于发给研究生班毕业生毕业证书的通知》,(〔86〕教研字 001 号)规定研究生班研究生在 2 年内完成硕士生课程,经考试和考核,发给研究生班毕业证书。证书格式由试办研究生班的高等学校自定。

3 月 8 日

国务院发布《高等教育管理职责暂行规定》,指出国家教委负责制定研究生院的设置标准;审批研究生院的设置、撤销和调整;指导和管理高等学校、科研机构招收培养研究生的工作;指导学位授予工作;指导和管理学校博士后科研流动站工作。

3 月 28—31 日

国家教委在昆明召开研究生录取工作会议,就录取工作的有关问题进行了讨论。会后,国家教委发出《关于做好硕士生和研究生班研究生录取工作的通知》(〔86〕教研字 014 号),要求认真制定复试标准,做好复试工作,切实保证新生入学的质量。

4 月 15 日

国务院学位委员会颁布《授权部分学位授予单位审批硕士学位授予学科、专业的试行办法》(〔86〕学位字 001 号)。经国务院学位委员会批准,北京大学等 20 家单位首批进行试点工作。

4 月 21 日

国家教育委员会发出《关于研究生班毕业生申请做论文等问题的通知》(〔86〕教研字 010 号),指出在工作中结合实际完成学位论文的研究生班毕业生,可向原办班学校或有关单位申请硕士学位。向原办班学校申请者,其学位课程在校期间考试成绩毕业后 3 年内有效。

4 月 24 日

上海市研究生教育学会成立,谢希德任理事长,学校为理事单位。

5 月 26 日至 6 月 2 日

国务院学位委员会学科评议组第三次会议召开,审核第三批博士、硕士学位授予单位。

7月28日

国务院学位委员会召开第七次会议，会议通过第三批新增博士学位授予单位41个，上海3个，新增博士学位授予学科、专业点675个，上海80个；新增博士生指导教师1791个；新增硕士学位授权单位130个，上海6个，新增硕士学位授权学科、专业点2045个，上海129个。学校获批博士点2个：纺织工程、染整工程；获批硕士点3个：纺织品品种设计、计算机应用、建筑热能工程；获批博士生导师4人：赵书经、陈明、张文赓、王菊生。

8月13—19日

国家教育委员会在北京召开研究生工作座谈会，国家教委副主任何东昌出席并在讲话中强调：培养研究不能只有一种规格，至少应有两种：学术性或职业的。

9月

学校召开第二次研究生工作会议。党委书记王善庆和校长蒋永椿出席会议，副校长陈瑞琪作了《坚持改革，为提高研究生的培养质量而努力》的报告。

9月16—19日

国务院学位委员办公室在大连召开研究生培养和学位授予质量评估研讨会。

9月20日

国务院学位委员会发布《关于扩大在职人员申请硕士、博士学位试点工作的通知》，12月29日发文同意中国纺织大学为第二批在职人员申请硕士学位的试点单位。

10月14日

国务院学位委员、国家教委联合发出《关于做好修订〈授予博士和硕士学位的学科、专业目录(试行草案)〉工作的通知》。

10月24日

国家教委发出《关于1986—1987年度资助部分高等学校选派博士生与国外合作培养的通知》，指出要积极开辟中外合作进行科学研究和培养博士生的途径。

11 月 20 日

国家教委研究生司发出《关于高等学校招收在职人员为硕士生进行单独考试试点的通知》。试点单位需经国家教委研究生司批准。

12 月 8 日

国家教委印发《毕业研究生分配工作暂行办法》。《办法》规定，根据国家计划招生，取得毕业资格者，由国家分配工作。毕业研究生的分配，要继续充实高等学校的师资和科研机构的研究人员。要加强国家重点建设项目的科研攻关和设计、生产，以及专业技术部门所需人员的配备。适当照顾领导机关和经济管理等部门对较高层次管理人员的需要，照顾边远省份的需要。

12 月 10 日

国家教育委员会发出《关于改进和加强研究生工作的通知》(〔86〕教研字 030 号)。要求大力改进和加强研究生教育，以便高级专门人才的培养更好地适应社会主义现代化建设的需要。

1986 年，学校共有 85 位导师在 13 个专业招收 131 名研究生；在 2 个专业招收 35 名研究生班学生。

1986 年，根据国家教委《关于制订 1986 年攻读硕士学位研究生和研究生班招生计划的通知》(〔85〕教研司字 025 号)文件精神，学校举办管理专业研究生班，招收 20 名学生；应用数学研究生班，招收 15 名学生。

1986 年，学校对各专业的培养方案在原有基础上进行了一次修订，以适应新的形势要求，有利于研究生培养质量。研究生课程增设至 296 门。

1986 年，硕士生龚绍堂在导师魏大昌指导下，提出的《论高速纺丝的导丝结构》，推导出“铺丝曲线”的公式，分类了防叠原理，解决了设计导丝机构的理论问题。他所设计制造的槽凸轮是涤纶高速纺丝机的关键部件之一，对高速纺丝机赶上国际先进水平起到重要作用，该高速纺丝机先后获得了上海市科技进步一等奖、国家科技进步二等奖。

1987 年

2 月 15 日

全国攻读硕士学位研究生考试结束。全国近 600 个考点，考生近 15.88

万人，是计划招生数的3.87倍。其中，应届本科毕业生占报考总数的50.2%，在职人员占报名总数的49.8%。

2月18—20日

国家教委召开专门会议，部署高等学校重点学科的评选试点工作。

5月20日

国家教委发出《关于做好硕士生和研究生班研究生录取工作的通知》(〔87〕教研字013号)，强调录取研究生必须继续贯彻“保证质量、稳步发展”的方针，坚持德、智、体全面衡量，择优录取，确保质量。根据需要和可能，控制和调整研究生的招生数量，努力扩大招收有实践经验的在职人员，同时继续按大区建立检查组，保证录取工作顺利进行。全国共录取研究生35726人，有两年以上实际工作经验的在职人员占50%。

5月27日

国家教委发布《关于改革高等学校科学技术工作的意见》。提出教学和科学研究都是培养高级专门人才的重要途径。还将原由国家教委掌握分配给中央各部门所属重点高校的专项科研经费，改设为“高等学校博士学科点专项科研经费”，择优支持。

5月29日

中共中央发布《关于改进和加强高等学校思想政治工作的决定》，指出建设一支坚强的马克思列宁主义理论队伍和思想政治教育专业，办好第二学士学位班，并创造条件培育这方面的硕士生和博士生，为造就从事思想政治教育的专门人才开辟一条新路。

6月5日

国家教委、国家计委联合发出《关于编制1988年硕士生和研究生班研究生招生计划的通知》(〔87〕教研字016号)。提出1988年全国研究生招生总规模拟仍按45000名左右安排。

6月15日

国家教育委员会发出《关于高等学校研究生马克思主义理论课(公共课)教学的若干规定》，对研究生马克思主义理论课的任务、课程设置、教学方法、考试要求以及教学管理等做了明确的规定，并决定从1988年9月开始实施。

6月27日

纺织工业部教育司为进一步充实高等院校师资队伍，发出关于试行硕士生定向培养的通知，拟于1988年在中国纺织大学试行计划内硕士生定向培养，首先为部属院校定向培养一部分硕士生，待取得经验后再扩大试行范围。

8月12日

中共国家教委党组和中共中央宣传部发出通知，提出《关于加强研究生思想政治工作的几点意见》，明确提出要坚持社会主义方向，努力培养德才兼备的高质量人才，同时就研究生思政教育的内容、途径和方法，发挥研究生导师教书育人的作用，加强研究生党支部的建设，建强研究生思政工作机构和加强党委对研究生思想工作的领导等问题提出了意见。

同日，国家教育委员会发布了《关于做好评选高等学校重点学科申报工作的通知》，决定开展高等学校重点学科评选工作。

8月18日

国家教委研究生司发文正式同意学校作为1988年招收在职人员为硕士生进行单独考试的试点单位。

9月

研究生录取工作全部结束，全国共招收研究生3.5万人，其中在职人员占1/2。一些被录取为研究生的应届本科毕业生被鼓励保留入学资格，先到实践中锻炼一段时间再回校攻读硕士学位。

9月

上海高校经过讨论，提出关于改进研究生招生工作的若干意见，要求转变制定招生计划体制，贯彻按需招生的原则。

10月13日

上海市高教局颁发《上海市研究生学籍管理办法（试行稿）》，学校遵照执行。

12月

国家教委、国家计委联合公布《1988年攻读博士学位研究生国家招生计划》，批准招生总数为4562名，招生单位212个。

12月16日

国家教委发出《关于1988年部分高等学校选派博士生与国外合作培养

的通知》。指出各校在国外合作培养博士生总人数一般不超过在校博士生总人数的1/10。导师只有1名在校博士生的，不能选派。

12月22—26日

经国家新闻出版署批准，《学位与研究生教育》杂志于1988年公开出版，国内外发行。

12月30日

上海市高教局颁发《关于对研究生实行定向培养的若干意见》，学校遵照执行。

1987年，工学硕士研究生入学考试中数学考试实行全国统一命题。

1987年，研究生班集体“机械系研86”获上海市先进集体荣誉称号。

1987年，上海市高教局对全市研究生进行英语统一考试，制定了研究生英语教学大纲（分Ⅰ、Ⅱ级）及词汇表，学校遵照执行。

1988年

3月6日

国务院学位委员会办公室发出《关于研究生班毕业生申请学位等问题的通知》。《通知》规定：研究生班毕业生申请学位均按在职人员以同等学力申请学位办理，并对研究生班毕业生申请学位的毕业年限、课程成绩的实效、申请学位的程序等做了明确的规定。

4月

国家教委研究生司在京召开研究生招生录取工作会议。会议讨论并明确了招生录取的方针、政策和标准。全国共录取硕士生（包括研究生班）32952人，具有两年以上实际工作经验的在职人员占55.3%。

5月20日

国家教委办公厅发布《高等学校聘用研究生担任助教工作的试行办法》，对聘用研究生担任助教的条件、工作任务、聘用办法、补贴标准等做出了规定。

5月31日

国家教委、国家计委、财政部、人事部联合发出《关于进一步改进研究生招生工作的几点意见》（〔88〕教研字010号），提出了研究生招生工作的几项改革措施，指出研究生招生计划分为国家计划招生和用人单位委托培养招生计划两类。

6 月 10 日

上海市高教局组织 87 级研究生英语教学测试，全市共有 23 所高校和 32 个研究机构的 3020 名硕士生参加。

7 月 7 日

国家教委发出《关于改进 1989 年毕业研究生分配工作的通知》，原则同意教委直属高校 1989 年毕业生分配普遍实行在国家分配方针、政策指导下的学生与用人单位互相选择的“双向选择”分配办法。

8 月

国家教委研究生司负责人举办新闻发布会，介绍研究生招生改革的有关情况。从 1989 年起，国家将改革研究生招生计划体制，实行国家计划招生和委托培养招生两种基本形式，并将国家计划内的定向培养和国家计划外的委托培养作为今后研究生招生的重要形式，以解决重点单位、边远地区和一部分企事业单位对高层次人才的需求。

8 月

国家教委研究生司、国务院学位委员会办公室在北京成立并召开了培养工程类硕士生研究生小组第一次会议，提出了为厂矿企业、工程建设单位培养高层次专门科学技术人才的培养目标。

9 月 23 日

国家教委印发《关于招收和培养外国来华留学研究生的暂行规定》，就招收和培养外国来华留学生的有关事项做了规定。

10 月 17—18 日

国务院学位委员会在京召开第八次会议。原则通过了《国务院学位委员会议事规则》和授予名誉博士学位的暂行规定。

10 月 21 日

国家教委办公厅发出《关于做好 1989 年从香港人士中招收研究生工作的通知》(〔88〕教研厅字 004 号)，对招收香港人士为研究生工作进行了部署。

11 月 18 日

国家教委发出《高等学校招收定向培养研究生的暂行规定》(〔88〕教研

字 026 号)。规定指出定向培养和委托培养招生的研究生将占全部研究生的 50%。

12 月 1—5 日

全国进行了 1989 年招收研究生的报名工作。全国的报名人数为 87176 人,是计划招生人数的 2.5 倍。报名人数同比减少了 52535 人,下降幅度为 37.6%,在职人员报考的比例同比提高 2.8%。

12 月 20 日

李鹏主持召开国家机构编制委员会第十一次会议,审议并原则批准国家教委"三定"方案。高等教育一司、二司、三司和研究生司撤销。研究生司主管的研究生培养和招生工作,归入高等教育司。国务院学位委员会办公室由国家教委代管。

12 月 20—21 日

国务院学位委员会办公室和国家教委研究生司召集有关单位同志召开"设置中国式的 MBA 学位调研会"。

1988 年,国家教委批准北京大学等 102 所高等学校对香港、澳门、中国台湾招收研究生,学校名列其中。

1988 年,学校在校内试行招收在职博士生,试点在职人员单独考试。

1988 年,学校开始试行应届本科生考取研究生后,保留入学资格到专业对口单位工作一至三年后再入学的办法。

1988 年,完成高等学校重点学科评选工作,此次评选共评选出 416 个重点学科点,其中文科 78 个,理科 86 个,工科 163 个,农科 36 个,医科 53 个,涉及 108 所高等学校。学校纺织工程和化学纤维入选,系全国相关学科专业入选的唯一重点学科。

1989 年

2 月 21—25 日

国家教委在北京召开了培养工程类硕士生经验交流会,研讨如何进一步抓好培养工程类硕士生的工作。

2 月 27 日

国务院学位委员会发布了《关于授予国外有关人士名誉博士学位暂行

规定》。

3月1日

发出《关于做好第四批博士和硕士学位授予学科、专业审核工作的通知》等。

4月1日

原研究生司撤销。研究生教育的行政管理工作归新成立的高等教育司。其中有关研究生教育的招生和培养管理工作，分别纳入高教司研究生教育一、二处的工作范围。

5月18日

国家教委发出《关于进一步做好研究生兼任教学、科研和行政管理工作的通知》(〔89〕教高字005号)。

8月7日

国家教委批准设立国家教委学位办公室，主要担负教委系统有关学位的工作任务，其机构不另设，与国务院学位委员会办公室联合办公。

10月

学校研究生的毕业分配工作从学生处分离出来，由研究生处负责。

10月20日

国家教委、国家计委、人事部发出《关于编制1990年研究生招生计划的通知》(〔89〕教高字015号)。总规模拟定为3万名，其中硕士生2.5万名，博士生0.5万名。

12月16日

国家教委发出《关于对1990年研究生招生工作进行若干调整的通知》(〔89〕教高字027号)。《通知》提出从稳定当前政治形势大局出发，对(89)教高字014号文部分内容作如下调整和补充：1. 适当提高从应届本科毕业生中招收硕士生的比例。2. 增加推荐应届本科毕业生报考硕士生的数量。3. 要加强对被推荐应届本科毕业生的考核。4. 提倡被录取为硕士生的应届本科毕业生参加实践锻炼。

12月28日至1990年1月10日

上海对9个单位的计算机应用、计算机软件、计算机组织与系统结构3个二级学科专业的15个硕士点进行评估，并对培养方案和课程设置提出了建议。

1989 年，学校开展在职人员申请博士学位试点工作。

1989 年，学校根据社会实际需要，调整学科、专业招生数，扩大定向生，控制非定向生招生数。

1990 年

2 月 16—19 日

国家教委高等教育司在西安召开了研究生学籍管理工作座谈会。讨论和修改《研究生学籍管理暂行规定》草稿。

3 月 31 日

国家教委思想政治工作司发出了《关于召开研究生思想政治工作座谈会的通知》，随《通知》印发了《研究生思想政治状况及思想政治工作的调研提纲》。

5 月 4 日

国家教委、国家计委、人事部联合发出《关于下达研究生招生计划的通知》(教高〔1990〕006 号)。全国招生规模安排 3 万名，其中高等学校 2.7 万名，科研机构 0.3 万名；硕士生 2.5 万名，博士生 0.5 万名。

6 月 25—30 日

国务院学位委员会学科评议组第四次会议在京举行。会议审批第四批博士、硕士学位授权点，博士生导师和新增博士、硕士单位，审议了《授予博士、硕士学位和培养研究生的学科、专业目录》，此为学位制度建立后的第二个学科专业目录。

7 月 10—13 日

国务院学位委员会办公室与国家教委国际合作司在天津召开了“普通高等学校授予来华留学生我国学位工作研讨会”，认真讨论了《关于普通高校授予来华留学生我国学位暂行规定(讨论稿)》。

7 月 27 日

国家教委高等教育司发出《关于开展博士生培养工作调查的通知》，部署开展博士生教育 10 年来的工作总结等工作。

10 月 5—6 日

国务院学位委员会第九次会议在京召开。会议审核通过了第四批新增博士生导师 1509 人，新增博士学位授予单位 10 个，新增博士点 277 个，上海 32 个；新增硕士学位授予单位 41 个，上海 2 个；新增硕士点 839 个，上海 75 个。学校获批 1 个博士点：工业自动化，1 个硕士点：服装。博士生导师 6 位：邵世煌、王善元、孙铠、唐志廉、吴宗铨、姚穆。

11 月 5 日

国务院学位委员会、国家教育委员会发出《关于实施〈授予博士、硕士学位和培养研究生的学科、专业目录〉的通知》（学位〔1990〕030 号）。这是在原《高等学校和科研机构授予博士和硕士学位的学科、专业目录（试行草案）》的基础上，根据社会发展需要及科学、文化和技术发展情况而修订的。

1990 年，学校在本市范围内公开招收在职博士生。

1991 年

1 月 24 日

在中宣部、国家教委等联合召开的全国有突出贡献的博士、硕士学位获得者、回国留学人员和优秀大学毕业生表彰大会上，李绍宽、朱安邦和博士生王依民受到了表彰。全国共 685 人，上海 89 人。

12 月 17 至 18 日

国务院学位委员会第十次会议在京召开。

1991 年，学校制订了《关于遴选硕士生导师的试行办法》，并于 1996 年 9 月予以修订，指出硕士研究生指导教师队伍的水平是保证硕士研究生培养质量的关键。研究生院（部、处）分别于 1991 年 10 月、1996 年 9 月、2000 年 8 月、2003 年 8 月、2007 年、2013 年、2015 年、2017 年和 2019 年制定出版了研究生管理工作文件汇编及研究生工作手册，制订了研究生教育管理的有关规章制度。

1991 年，江苏、上海等 6 个省市经批准，首批建立省级学位委员会。

1992 年

4 月

国务院学位委员会第三届学科评议组成立，学校王善元、陈明被聘为纺织、轻工学科评议组成员，严灏景被聘任为特约成员。上海市共 70 位学者受聘。

4月25日

上海市学位委员会成立，聘任23位委员和5位顾问委员。教卫办主任、高教局局长王生洪兼任学位委员会主任，学校副校长陈瑞琪被上海市政府聘为上海市学位委员会委员。

10月15日

学校第一位外国博士生——韩国国民大学讲师沈莲玉来校攻读中国纺织史博士学位，导师周启澄。学校开始为外国培养高层次科技人才。

12月

学校成立中国纺织大学第三届学位评定委员会，由陈瑞琪任主任委员，严灏景和王善元任副主任委员，共计25人担任委员。

1992年，上海市学位办对全市51名博士生和452名硕士生的学位论文抽查进行“双盲”评估，近2%的学位论文不合格。

1993年

2月

经校务会议讨论，决定成立研究生院(筹)。经校党委扩大会议讨论，决定成立研究生院(筹)党总支，主管全校研究生党建工作。

2月8日

国家教委、国务院学位委员会联合印发《关于学位与研究生教育改革和发展的若干意见》。《意见》提出，90年代研究生教育要有一个较大的发展。

6月

学校召开了第三次研究生工作会议。研究生院(筹)主任徐载熊作了《抓住机遇，深化改革，闯出研究生改革的新路》工作报告。

12月11日

第五批学位授权单位和授权点公布，上海获批1家博士单位，1家硕士单位，22个博士授权点，56个硕士授权点。学校获批博士生导师8位：黄秀宝、冯勋伟、李汝勤、王庆瑞、顾利霞、戴瑾瑾、陈克彰、陈瑞琪。

1993年，中组部、中宣部和国家教委联合下发《关于新形势下加强和改进高等学校党的建设和思想政治工作的若干意见》，确立了高校政治理论课由“马克思主义理论”课和“思想政治教育”课两类课程构成。

1994 年

5 月 10 日

国务院学位委员会办公室发布《关于推荐使用学位服的通知》(学位办〔1994〕22 号),制定一套既有中国特色又符合世界惯例统一规范的学位服,向学位授予单位推荐使用。

6 月 8 日

在上海市教卫工作办公室和上海市高教局的倡议及主持下,学校与上海交通大学、上海医科大学、华东理工大学等 5 所高校共商上海西片部分高校联合办学事宜。

7 月 26 日

“中国学位与研究生教育学会”在京成立。

8 月 16 日

上海西片七校(增加华东师范大学、华东政法大学)联合管理委员会召开会议,通过“七校联合办学章程”。

9 月 2 日

国家教育委员会重新修订印发了《攻读硕士学位研究生招生管理规定》及其实施细则,对招生工作的管理机构及其职责、招生计划、报名、考试、录取及处罚等进行了规定。

10 月

上海市学位办对全市在职人员以同等学力申请硕士学位人员进行了首次英语统测。

12 月 27 日

国务院学位委员会办公室发出《关于在职人员以同等学力申请硕士学位外国语课程水平统一考试的通知》,决定从 1995 年起,非外语专业的在职人员以同等学力申请硕士学位,均需参加外国语课程水平全国统一考试。这种考试每年由地方和高等教育主管部门定期组织一次。

1994 年,上海市学位委员会第三次全体会议召开,会议审议通过了第一批上海学科评议组成员。

1995 年

8 月 8 日

经国务院学位委员会批准，除上海市社会科学院和上海师范大学外，全市博士学位授予单位实现自行遴选博士生导师制。学校开始自行审核增列博士生指导教师，一般每年进行一次。为做好这项工作，学校制定了《关于遴选审定博士生指导教师的实施细则》。

11 月 3 日

国家教委印发《关于进一步改进和加强研究生工作的若干意见》。《意见》明确了今后一段时期研究生教育改革与发展的基本方针，提出今后 5 年要着重抓好 6 方面的工作：科学规划研究生教育发展的规模和速度，探索合理有效的招生调控机制；优化和调整学科、专业结构；改进研究生培养工作，全面提高培养质量；集中力量，加强研究生培养基地的建设；建立和完善研究生教育质量监督和评估制度，加强和改进评估工作；切实加强对研究生工作的领导。

1995 年，上海设立“上海市研究生教育基金”，从次年开始对研究生基地、课程教材、研究课题和教学项目进行投资和有计划的建设。

1995 年，上海市教育委员会成立，在上海确立了教委与学位委员会并行，分工合作，共同管理本地区学位与研究生教育的体制。教委侧重于研究生培养，学位委员会侧重学位领导管理。

1996 年

1 月

学校成立中国纺织大学第四届学位评定委员会，由薛有义任主任委员，周翔、陈瑞琪、王善元、陈东辉、朱世根先后任副主任委员，累计 31 人担任委员。

5 月 13 日

国务院学位委员会下达第六批博士、硕士学位授权学科专业名单，上海市新增 15 个博士学位点、97 个硕士学位点，调整 4 个博士学位点和 3 个硕士学位点。学校被批准的博士点 1 个，被批准的硕士点 7 个。

6 月

学校召开了第四次研究生工作会议，党委副书记兼副校长薛有义作了《大力发展研究生教育，争创国际著名大学》的工作报告。

7 月 22 日

国务院学位委员会下发《专业学位设置审批暂行办法》。《暂行办法》就专业学位设置的目的、申报条件和审批程序等做了明确规定。

10 月 28 日

国务院学位委员会办公室根据《关于扩大培养工商管理硕士（MBA）试点单位的通知》（学位办〔1996〕55 号）文件，学校获批为第三批工商管理硕士培养试点单位，于 1997 年正式招生。此次全国共批准 25 家单位，至此共有 51 家单位开展工商管理硕士教育。

1996 年，为了进一步加强落实院（系）对研究生教育的过程管理，逐步过渡实行校、院（系）二级管理体制。同时为了促进学科、专业的建设，决定各院（系）成立研究生工作指导小组。

1996 年，学校制定了《关于研究生在学期间发表学术论文要求的规定》。

1996 年，上海进一步加强了对研究生课程进修班的管理。

1996 年，上海市学位委员会办公室开始分期分批地对全市博士论文、硕士论文组织评估。

1997 年

1 月

学校改个体分散式学位论文答辩为集中统一式答辩，即每个硕士点或相关硕士点按学科大方向组织答辩组，答辩委员会组成人员从专家库中抽取。

1 月 28 日

国务院学位委员会向各博士、硕士学位授予单位下发《关于对前四批博士、硕士学位授权点进行合格评估工作的通知》，决定对前四批（1992 年以前）批准的博士、硕士学位授权点进行基本条件合格评估。

4 月

受国务院学位委员会委托，上海市学位委员会对上海地区 38 所研究生培养单位的258个前四批硕士授权点进行基本条件合格评估。

5月20日

经国务院学位委员会第十五次会议批准，国务院学位委员会第四届学科评议组成立，上海市共有73人受聘为国务院学位委员会第四届学科评议组成员。学校王善元、周翔被聘为纺织、轻工学科评议组成员，王善元被聘为该组第二召集人；顾利霞被聘为材料科学与工程学科评议组成员。

6月

国务院学位委员会和国家教育委员会联合下发《授予博士、硕士学位和培养研究生的学科、专业目录》(1997年版)。

学校获批在职攻读工商管理硕士(MBA)招生授权。

9月

研究生院(筹)正式改名为研究生部。同月，学校制定《关于深化博士研究生教学改革的实施措施》。

9月23日

国务院学位委员会下发《关于调整在职人员以研究生毕业同等学力申请学位工作有关政策的通知》。所调整的有关政策内容为：在职人员申请学位工作实行逐级申请学位的政策，即申请硕士学位人员必须已获得学士学位，申请博士学位人员必须已获得硕士学位。

10月24日

国务院学位委员会办公室下发通知，决定各学位授予单位于1998年9月1日起按新专业目录规定的学科所属门类授予博士和硕士学位。

10月30日

第一节"经纬韵"研究生科技文化节开幕。

11月20日

国务院学位办发文《关于批准部分高等学校开展工程硕士培养工作的通知》(学位办〔1997〕57号)，学校获批工程硕士专业学位授权单位，获批工程领域为纺织工程和机械工程。全国共批准54所高校，上海5所高校。

1997年，国务院学位委员会、教育部联合发布《授予博士、硕士学位和培养研究生的学科、专业目录(1997年颁布)》。

1998年

1月14日

上海市学位与研究生教育1997年度工作会议召开，首次评选了12个先进集体和31位先进个人。

2月24日

上海市学位委员会第七次会议召开，讨论通过《上海市学位委员会学科评议组章程》。

4月28日

教育部颁布《关于修订研究生培养方案的指导性意见》，学校遵照执行。

6月

中宣部、教育部印发了“关于普通高等学校‘两课’课程设置的规定及其实施工作的意见”的通知，对高校“两课”（马克思主义理论课与思想品德课）的课程设置作了统一要求和规范，形成了“98”方案。

6月

国务院学位委员会下达第七批博士、硕士学位授权学科专业名单，上海批准4家博士授权单位，新增博士一级学科37个，博士授权点31个，新增硕士学位授权点94个，调整硕士学位授权点4个。学校被批准的一级学科博士点1个（纺织科学与工程），硕士点5个。

7月13日

学校成立学科建设办公室，隶属研究生部。

7月16日

国务院学位办发出《关于征求对〈中华人民共和国学位法〉（征求意见稿）意见的函》。

1998年，校团委组织研究生参加上海市“百名硕博进国企”活动。

1998年，学校在材料工程和控制工程领域获得授权。

1999年

1月4日

上海市恢复研究生教育20周年纪念大会在上海展览中心召开。

3月2日

召开上海市研究生教育工作会议。

5月9日

学校研究生会、学生会组织近千名学生集会，强烈谴责美国为首的北约轰炸我驻南斯拉夫使馆的血腥罪行，还完成了递交美国驻上海总领事馆的抗议信。

6月26日

学校党委常委会扩大会议决定，学校机关由24个部门调整为16个。研究生部是16个单位之一。

7月6日

召开上海市研究生教育工作会议。会议布置了学位授权学科建设与发展规划的制订工作，启动了第八批学位授权审核工作和全国优秀博士学位论文评选的省级初选工作。

9月13日

经党委常委会扩大会议讨论批准，按照学校机关机构改革的意见，对校机关机构设置与职能作以下调整：211工程建设办公室、学科建设办公室划归研究生部。

11月30日

研究生部被教育部和国务院学位委员会授予“全国学位与研究生教育管理工作先进集体”荣誉称号。

12月4日

上海市学位委员会召开联络员会议。会议讨论、制订上海市博士、硕士学位授权学科建设与发展规划。

12月21日

上海市学位委员会召开第十次全体会议。会议审议了上海市部分硕士点的复评结果、第二届学科评议组成员名单和上海市博士、硕士学位授权学科建设与发展规划。

1999年，学校在环境工程领域获得授权。

1999年，学校获上海市高校毕业研究生就业工作“先进集体”。

2000年

1月13日

教育部下发《关于加强和改进研究生培养工作的几点意见》。

4月4日

国务院学位委员会办公室发出《关于〈同等学力人员申请硕士学位外国语水平和学科综合水平全国统一考试管理规则(暂行)〉的通知》。

8月7日

学校与美国波士顿大学就建立国际管理教育方面的伙伴关系在陆家嘴金茂大厦签订合作协议书,并确定了学校的第一个国际合作项目为举办波士顿大学管理学院研究生院中国国际管理研究班。

10月11日

上海市学位委员会公布首届上海市研究生优秀成果(学位论文)名单。共有52篇博士学位论文和17篇硕士学位论文入选。学校1篇博士学位论文获评上海市优秀博士学位论文。

10月15日

学校赴重庆涪陵的博士团荣获中宣部、教育部、共青团中央、全国学联授予的"中国百支'三下乡'志愿服务行动优秀博士服务团称号"。

12月

国务院学位委员会下达第八批博士、硕士学位授权学科专业名单,学校被批准一级学科博士点1个(材料科学与工程),二级学科博士点1个,硕士点5个。

2001年

3月29日

国务院学位委员会学科评议组召集人会议在北京校长大厦召开。会议评审确定了全国优秀博士学位论文和研究生教学推荐用书,就调整现行学科专业目录和开展博士、硕士学位授权点定期评估工作征求了意见。

4月20日

教育部研究生工作办公室公布了2000年博士论文抽查结果。

5月10—13日

全国第三届工科学位与研究生教育研讨会在西安交通大学召开，会议就研究生教育模式、创新教育、工程硕士教育、学科建设、教学改革、研究生教育管理等各方面内容进行了研讨。

6月18日

教育部办公厅发出《教育部办公厅2000年度"研究生教学用书"审定结果的通知》。经国务院学位委员会学科评议组召集人会议审定，共有77部教学用书入选教育部研究生工作办公室推荐的研究生教学用书。王善元主编的《纤维增强复合材料》荣获全国"研究生教学用书"。

教育部发出《关于在硕士研究生入学考试中增加外语（非外语专业）听说能力测试的通知》（教学〔2001〕9号），决定从2002年硕士研究生起，在入学考试的外语科目（非外语专业）原有的笔试中，增加听说能力的测试。

6月21日

上海市学位委员会调整组成人员。副市长周慕尧担任市学位委员会主任委员，市教委主任张伟江担任常务副主任委员，王奇、王生洪、谢绳武、吴启迪、计国桢等5人担任副主任委员，王建磐等19人担任委员，干福熹等10人担任顾问委员，王奇兼任秘书长。

6月28日

召开上海高校研究生教育分管校长会议。市教委主任张伟江布置实施上海研究生教育改革计划。

7月31日

东华大学与美国波士顿大学合作举办的上海市首期面向全世界招生的国际高级研究班（IMP-CHINA）顺利完成学业，来自中、美、英、加、日、韩、荷等国家和地区的34名学生于上海威斯汀大酒店举行了结业典礼。

9月22日

国务院学位委员会办公室和全国工商管理教指委派出MBA教学专家评估组对学校MBA教学进行了合格评估。

12月

全国学位与研究生教育发展中心发布《中国高校工商管理硕士学位

(MBA)教学合格评估(第二批)结果》,对第三批MBA专业学位培养单位进行教学合格评估通报,东华大学等27所MBA培养单位合格。其中学校总分列第五,教学管理排名第一,教学组织排名第三。

12月5日

学校成立新一届学术委员会,主任委员为徐明稚。党委书记薛有义和校长徐明稚向新当选的副主任委员、委员及秘书长颁发聘书。

12月19日

召开上海市学位委员会第十二次全体会议。副市长、市学位委员会主任委员周慕尧出席会议并向各位委员颁发聘任书。市教委主任张伟江通报了上海研究生教育改革情况。

2001年,学校在计算机技术、化学工程和工业工程领域获得授权。

2002年

1月9日

国务院学位委员会、教育部下发《关于加强和改进专业学位教育工作的若干意见》(学位〔2002〕1号)。强调要充分认识发展专业学位教育的重要性;统筹规划专业学位教育,积极、主动适应经济社会发展需要;深化专业学位教育制度改革,提高培养质量;建立和完善专业学位教育评估制度;加强国际交流与合作。

1月18日

教育部公布了高等学校重点学科点名单,共计964个学科点入选。学校的材料学、纺织工程、纺织化学与染整工程、服装设计与工程四个学科点入选。

2月5日

国务院学位委员会办公室发出《关于软件工程领域工程硕士培养及学位授予工作有关事宜的通知》(学位办〔2002〕9号)。

2月27日

教育部印发《关于加强学术道德建设的若干意见》(教人〔2002〕4号)。《意见》要求:一、充分认识端正学术风气,加强学术道德建设的必要性和紧迫性。二、端正学术风气,加强学术道德建设的基本要求。三、采取切实措施端正学术风气，加强学术道德建设。

3 月

学校成立东华大学第五届学位评定委员会，陈田初任主任委员，周翔、王善元、顾利霞、陈东辉先后任副主任委员，累计 26 人担任委员。

3 月 7 日

召开上海研究生院院长会议。会议交流各高校关于研究生教育成本分担机制改革的实施方案，讨论关于研究生招生制度改革。

3 月 12 日

上海市教育委员会、上海市学位委员会公布 2001 年上海市研究生优秀成果(学位论文)名单。学校 3 篇博士学位论文获评上海市优秀博士学位论文。学校有 1 篇博士学位论文获评上海市优秀学位论文。

3 月 29 日

学校聘请敦煌研究院院长、中国敦煌吐鲁番学会副会长樊锦诗为博士生导师。

4 月 29 日

召开上海市研究生教育工作会议。市教委主任张伟江就进一步推进上海研究生教育综合改革作讲话，市教委副主任王奇传达了国务院学位委员会第十九次会议及省级学位委员会工作会议的精神，市学位办主任陈立民传达了中央加强和规范干部学历、学位管理工作的意见。

3 月 26—27 日

国务院学位委员会第十九次会议在京召开。

4 月

全国学位与研究生教育发展中心开展了一级学科整体水平评估试点工作，为第一轮学科评估。

5 月 23 日

教育部发出《关于调整全国硕士研究生入学考试科目的通知》(教学〔2002〕9 号)，决定自 2003 年硕士生起，初试科目由 5 门改为 4 门，初试攻读理论不区分文、理两种试卷等。

5 月 30 日

国务院学位委员会办公室发出《关于高等学校“两课”教师和中等职业

学校教师在职攻读硕士学位工作的通知》。

6月18日

国务院学位委员会办公室下发《关于预订和填写新设专业学位证书的通知》,规定:原已确定的六种专业学位证书中的汉语拼音字母对应调整为相应的大写英文字母。对新增设的专业学位,其证书编号中的大写英文字母也分别作了规定。

6月24日

教育部研究生工作办公室公布2001年22所高等学校博士学位论文抽查结果。

7月30日

教育部办公厅发出《关于工商管理硕士专业学位研究生等入学考试科目的通知》(教学厅〔2002〕13号),对工商管理、法律两个硕士专业学位联考的入学考试科目等作出调整。

8月5日

国务院学位委员会下发《关于填写博士、硕士学位证书的补充通知》,规定"从今年起,博士、硕士学位证书也可用打印方式填写"。

10月14日

学校党委常委会讨论决定,机关部处、业务部门机构设置调整。撤销研究生党总支,成立研究生工作办公室,研究生部与研究生工作办公室合署办公。研究生党建和学生管理工作划归各二级学院。

10月24日

国务院学位委员会、教育部下发《关于做好博士学位授权一级学科范围内自主设置学科、专业工作的几点意见》(学位〔2002〕47号),开展在博士学位授权一级学科内自主设置学科、专业的改革试点工作。

11月

学校成立研究生工作部。

11月12日

国务院学位委员会办公室发布《关于做好博士学位授权一级学科范围内自主设置学科、专业备案工作的通知》(学位办〔2002〕84号),对自设学科、专业备案工作做出安排。

2002年，学校在软件工程和工业设计工程领域获得授权。

2002年，学校与美国圣约瑟夫大学联合举办国际企业管理研究生课程进修班。

2002年，学校与香港岭南大学合作举办企业管理研究生课程班。

2003年

1月

根据教育部相关文件精神，学校在材料科学与工程一级学科下自主设置3个学科专业。

1月

根据《关于东华大学与加拿大卡尔顿大学合作举办工商管理硕士(MBA)项目的批复》(教外综函〔2003〕3号)，中国教育部和国务院学位委员会办公室批准东华大学-卡尔顿大学国际MBA项目正式开始招生。

1月13日

召开上海市学位委员会第十三次全体会议。副市长、市学位委员会主任委员周慕尧出席会议并讲话。市教委主任张伟江通报了整顿教育秩序、规范办学管理工作的情况，并主持审议了《第九次博士、硕士学位授权审核中上海市学位委员会审批硕士点的实施办法(草案)》。

2月26日

在博士学位授权一级学科范围内自主设置学科、专业的备案工作结束，自主设置的学科、专业名单通过互联网予以公布。这是有关学位授予单位根据国务院学位委员会和教育部的有关文件精神，首次开展自主设置学科、专业工作。

3月17日

为加强高等学校教师队伍建设，促进高等教育事业发展，教育部、国务院学位委员会决定开展高等学校教师在职攻读硕士学位工作。高等学校在职教师通过学校推荐报考，参加全国统一的入学考试，择优录取；入学后参照培养院校同专业研究生制订培养方案，可采取灵活多样的教学方式；课程考试合格并通过硕士学位论文答辩者，授予相应学科的硕士学位。根据《关于招收在职人员攻读硕士学位工作的通知》(学位办〔2003〕52号文)，学校开始招收高等学校教师在职攻读硕士学位。

4 月 9—10 日

在北京召开全国优秀博士学位论文及研究生教学推荐用书专家评审会议。会议主要内容：①评审全国优秀博士学位论文。②评定研究生教学推荐用书。

4 月 25 日

教育部研究生工作办公室发布博士学位论文抽查结果。本次共抽查 24 所学校博士学位论文 120 篇，抽查结果在互联网上予以公布。

5 月 21 日

教育部办公厅发出“教育部办公厅关于 2002 年度推荐研究生教学用书入选书目的通知”。经国务院学位委员会学科评议组召集人会议审定，共有 79 部教学用书入选教育部研究生工作办公室 2002 年度推荐的研究生教学用书。入选教学用书均统一冠以“研究生教学用书教育部研究生工作办公室推荐”字样出版或再版。于伟东、储才源主编的《纺织物理》荣获全国“研究生教学用书”。

6 月 27 日

国务院学位委员会第五届学科评议组成立，学校王善元、丁辛被聘为纺织、轻工学科评议组成员，王善元被聘为该组召集人，俞建勇被聘为该组秘书；王依民被聘为材料科学与工程学科评议组成员。上海共有 79 人受聘为国务院学位委员会第五届学科评议组成员，其中 21 人担任召集人。

7 月 10 日

上海市教育委员会、上海市学位委员会公布 2002 年上海市研究生优秀成果(学位论文)名单。共有 48 篇博士学位论文和 22 篇硕士学位论文入选。学校 2 篇博士学位论文获评上海市优秀博士学位论文。

7 月 25—26 日

国务院学位委员会第二十次会议在北京召开。

学校决定成立“研究生教育专家指导与咨询小组”，每届任期 3 年。

8 月 19 日

首届“上海青少年科技创新市长奖”颁奖典礼举行，机械学院硕士研究生邬蕴杰获该奖项。

8 月 20—24 日

全国工程领域工程硕士教育协作组组长第一次全体会议在兰州理工大学召开。全国工程硕士专业学位教育指导委员会委员、工程领域培养指导小组成员、36 个工程领域教育协作组组长以及协作组组长所在单位研究生院(部、处)的负责同志共 80 多人参加了会议。学校作为纺织工程协作组组长参会。

8 月 31 日

教育部和国务院学位委员会公布全国优秀博士学位论文名单,96 春纺材博士生吴雄英的学位论文《毛涤复合纱线加工、结构、力学性能及其织物》(导师王善元)入选,实现学校入选全国优秀博士学位论文零的突破。当年度全国批准 97 篇优秀论文,179 篇提名论文。上海共有 16 篇论文入选(其中高校 13 篇,中科院上海分院 3 篇),26 篇获提名奖论文(其中高校 24 篇,中科院上海分院 2 篇)。

9 月 8 日

国务院学位委员会下达第九批博士、硕士学位授权学科专业名单,学校被批准一级学科博士点 1 个(管理科学与工程),二级学科博士点 1 个(机械制造及其自动化),硕士点 7 个,上海市学位委员会于 9 月 22 日公布。国务院学位委员会下发“关于批准新增博士、硕士学位授予单位的通知”。

10 月 4—5 日

2003 级研究生新生报到注册,首次入驻松江校区。

10 月 27 日

上海市学位委员会调整组成人员。副市长严隽琪担任主任委员,市教委主任张伟江担任常务副主任委员,王奇、王生洪、谢绳武、万钢、姜卫红等 5 人担任副主任委员,王建磐等 25 人担任委员,顾玉东、洪家兴等 2 人担任顾问委员,王奇兼任秘书长。

12 月 16 日

学校召开第五次研究生工作会议,副校长陈田初作了《认清形势、把握机遇、迎接挑战,开创研究生教育新局面》工作报告。

12 月 21 日

教育部学位与研究生教育发展中心(简称教育部学位中心)揭牌仪式在

清华同方科技大厦举行。教育部副部长赵沁平、吴启迪，中国高教学会会长周远清，以及教育部、国家发展和改革委员会有关司局和北京市教委有关领导，研究生培养单位和有关各界来宾近百人出席了揭牌仪式。吴启迪副部长和周远清会长为学位中心揭牌。

2003 年，东华大学与法国鲁贝高等纺织学院联合培养研究生项目正式启动。

2003 年，学校制定了《博士资格考核制度》《研究生发表论文要求》《研究生发表论文奖励办法》，加强引导、严格考核和适当激励。

2003 年，教育部学位中心决定开展第二次学科评估工作，后被称为第一轮全国学科评估（2002—2004），确定在 42 个一级学科中进行。

2004 年

1 月

根据教育部有关文件精神，学校在纺织科学与工程一级学科下自主设置 4 个学科专业。

1 月 1 日

上海市博士、硕士学位论文抽检工作进一步改进与完善，不再事先公布抽检名单，而是每位学位申请者在学位论文定稿之后上网登录抽检系统，随机确定是否列入抽检名单。

1 月 12 日

经中央机构编制委员会的批准，教育部发布《关于设立学位管理与研究生教育司的通知》（教人〔2004〕2 号），正式设立“学位管理与研究生教育司”。学位管理与研究生教育司与国务院学位委员会办公室合署办公，履行教育部学位与研究生教育行政管理职责。

1 月 13—14 日

召开上海市研究生教育工作会议。市学位委员会副秘书长丁晓东出席会议并讲话，市学位办主任田蔚风首次公布了上海历年学位论文抽检评议结果。

2 月 21 日

东华大学-加拿大卡尔顿大学合作 MBA 项目首届开学典礼在银河宾馆

举行。

4 月

学校决定开展拟增列硕士、博士学位点立项建设工作。

5 月 20 日

教育部办公厅发出通知，公布了 2003—2004 年度入选的研究生教学用书，并对如何办理出版事宜加以说明。王府梅主编的《服装面料的性能设计》入选全国“研究生教学用书”。

5 月 26 日

上海市教育委员会、上海市学位委员会公布 2003 年上海市研究生优秀成果(学位论文)名单。共有 56 篇博士学位论文和 28 篇硕士学位论文入选。学校 3 篇博士学位论文获评上海市优秀博士学位论文。

6 月

学校成立东华大学第六届学位评定委员会，由徐明稚任主任委员，周翔、王善元、顾利霞、宋立群先后任副主任委员，累计 28 人担任委员。

6 月 18 日

国务院学位委员会办公室、教育部学位管理与研究生教育司下发通知，对在工程硕士研究生教育中做出突出贡献的个人予以表彰，丁雪梅等 37 人获得“全国工程硕士研究生教育工作贡献奖”。

6 月 29 日—7 月 8 日

应意大利欧洲设计学院的邀请，徐明稚校长一行 5 人访问意大利，并签署了联合培养研究生的协议。

6 月 30 日

工程硕士教指委发布《关于对在工程硕士研究生教育工作中做出优异成绩的个人给予表彰的通知》(指导委〔2004〕第 2 号)，对 40 家培养单位的 61 名教育工作者进行表彰，授予“全国工程硕士研究生教育工作先进个人奖”荣誉称号。其中上海有 8 人获奖，学校郁崇文教授名列其中。

7 月 8 日

召开上海市研究生教育质量监控专题研讨会。市教委副主任王奇出席会议并讲话。会议研讨了研究生培养过程检查的方案和学位论文抽检评议工作的改进方案。

9月7日

东华大学与欧洲设计学院联合培养服装教育硕士研究生项目正式启动，首届硕士生入学。

9月22日

教育部、国务院学位委员会联合下发《教育部国务院学位委员会关于批准2004年全国优秀博士学位论文的决定》，批准《王龙溪与中晚明阳明学的展开》等97篇学位论文为全国优秀博士学位论文；《用CGE模型分析征收硫税对中国经济的影响》等139篇学位论文为全国优秀博士学位论文提名论文。李明忠的《多孔丝素膜的制备及结构、性能研究》（导师严灏景）荣获全国优秀博士学位论文。上海共有17篇论文入选（其中高校12篇，中科院上海分院5篇）和17篇论文获提名奖（其中高校16篇，中科院上海分院1篇）。

10月8日

国务院学位委员会办公室委托中国科技信息研究所、国家图书馆、中国科学院图书馆、中国社会科学院图书馆等单位共同开展学位论文资源状况及管理与服务状况调查工作，以更好地开展"国家学位论文服务体系研究"项目，进一步了解全国硕士和博士学位论文的产出数量、收集与保存、需求和服务等方面的数据和详细情况。

10月8日

《中国教育报》发布2002—2004年全国一级学科评估排名，学校纺织科学与工程学科排名同类学科首位。

10月12日

教育部学位管理与研究生教育司下发通知，决定对2000年9月1日至2003年8月31日获得博士学位者的学位论文进行抽查，抽查论文的评价工作委托教育部学位与研究生教育发展中心组织进行。

10月27日

研究生部牵头组织的东华研究生论坛第一讲拉开序幕，是经纬韵科技文化节的重点项目。

11月11日

由纺织学院联合法国鲁贝高等纺织学院、葡萄牙MINHO大学、印度技术学院申请的欧盟 ASIA-LINK“欧亚纺织领域青年教师及研究生科研合作及教学交流”项目全面启动。

12 月 4 日

在国家劳动与社会保障部主办的中国首届电子商务大赛(个人赛)全国决赛中,管理学院 2003 级硕士生王臣夺得冠军,并获金奖及“全国技术能手”称号。

12 月 8 日

上海市学位办举行上海六所高校与上海电气“产学研联合培养研究生”合作协议签约仪式。副市长严隽琪出席签约仪式并讲话。学校作为签约高校之一参加签约仪式。

2004 年,学校修订博士研究生培养方案。

2004 年,学校在电子与通信工程、建筑与土木工程、项目管理和物流工程领域获得授权。

2004 年,学校启动博士生参加国际会议资助项目。

2004 年,学校“博士、硕士生振兴东北实践服务团”获全国暑期“三下乡”社会实践活动优秀团队奖。

2004 年,“纺织学院博士班”获上海市先进集体荣誉称号。

2004 年,在上海市硕士学位授权点的检查评估活动中,学校被抽查的 7 个硕士点成绩优良:科学技术哲学、国际贸易学、固体力学、机械电子工程、电力电子与电力传动、计算机应用技术、企业管理。

2005 年

1 月 11 日

上海市教育委员会、上海市学位委员会公布 2004 年上海市研究生优秀成果(学位论文)名单。共有 118 篇博士学位论文和 51 篇硕士学位论文入选。学校 4 篇博士学位论文获评上海市优秀博士学位论文,4 篇硕士学位论文获评上海市优秀硕士学位论文。

1 月 21 日

教育部下发《关于实施研究生创新计划加强研究生创新能力培养进一步提高培养质量的若干意见》(教研〔2005〕1 号)。

2月6日

召开上海市学位委员会第十五次全体会议。副市长、市学位委员会主任委员严隽琪出席会议并讲话。会议传达了国务院学位委员会第二十一次会议精神，分析了上海市研究生教育质量，审议了上海市学位委员会第三届学科评议组成员名单，审核了硕士点合格评估结果。

3月

学校在管理科学与工程一级学科下自主设置5个学科专业。

3月

环境科学与工程学院和日本宇都宫大学工学部及工学研究科签署学术交流协议，并接收研究生等开展联合培养。

4月8日

学校颁发《关于延安路校区向松江校区搬迁的意见》，对校部机关、业务部门和相关学院整体向松江校区搬迁作出部署。研究生部随学校整体迁至松江校区。

5月31日

经国务院学位办公室批准，学校成为32所开展艺术硕士专业学位教育试点工作的研究生培养单位之一，并于当年首次招收30名艺术硕士。

6月16日

国务院学位委员会、教育部发布《关于成立全国艺术硕士专业学位教育指导委员会的通知》(学位〔2005〕38号)，文化部副部长陈晓光任主任委员，杨贵仁等四人任副主任委员，丁凡等二十五人任委员。学校刘晓刚任委员，上海高校共有三人入选。

6月23日

学校与新疆大学签署"援疆学科建设计划"对口支援协议，学校对口援建纺织科学与工程等学位点建设及人才培养等工作。

7月21日

中共上海市科技教育工作委员会、上海市教育委员会、上海市发展和改革委员会、上海市国有资产监督管理委员会、上海市科学技术委员会、上海市经济委员会、上海市财政局、上海市人事局、上海市知识产权局联合下发了《关于建立"上海研究生联合培养基地"的意见》，决定建立"上海研究生联合培养基地”，以此作为构建上海市产学研联盟的纽带。

8 月 18—19 日

召开上海市研究生教育工作会议。国务院学位办徐伯良处长出席会议并讲话，复旦大学、华东师范大学、东华大学、上海水产大学（现上海海洋大学）、上海戏剧学院等单位作了交流发言。会议由东华大学承办。

8 月 22 日

第二届中国青少年科技创新奖颁奖大会在京举行，机械工程学院机械设计及理论专业 2002 级硕士研究生陈旻获奖。

11 月 1 日

国务院学位委员会发出《关于对国外著名高校学校进行第二批调研的意见》（学位办〔2005〕80 号），学校经研究，决定调研美国乔治亚理工大学，并完成调研报告。列入高等教育出版社于 2008 年 7 月出版的《透视与借鉴——国外著名高等学校调研报告》（上）。

12 月 16 日

上海市学位委员会批准宝山钢铁股份有限公司等 5 家单位为首批“上海研究生联合培养基地”，批准上海市农业科学院等 7 家单位为“上海研究生协作培养单位”。

12 月 23 日

国务院学位委员会发布《关于调整增设马克思主义理论一级学科及所属二级学科的通知》（学位〔2005〕64 号），决定于法学门类下设置马克思主义理论一级学科，下设五个二级学科。

12 月 27 日

市学位办在人民大厦举行首批 12 家“上海研究生联合培养基地”和“上海研究生协作培养单位”的授牌仪式。副市长严隽琪出席授牌仪式并讲话，市政府副秘书长姜平、市科教党委书记李宣海、市教委主任张伟江等领导出席授牌仪式，市教委副主任王奇主持授牌仪式。

2005 年，在硕士点定期评估中，学校被评估的 6 个硕士点成绩优良：外国语言学及应用语言学，设计艺术学，应用数学，等离子物理，供热、供燃气、通风及空调工程，应用化学。

2005 年，在上海市学位办公室组织的工程硕士机械工程领域和计算机技术领域培养质量检查中，学校分别获得82分、83分的好成绩，在被检查学校中位居前列。

2005年，信息学院博士班获上海市先进集体荣誉称号。

2005年，学校承办在沪教育部高校毕业研究生就业工作协作组研究生专场招聘会。

2006年

1月4日

上海市教育委员会、上海市学位委员会公布2005年上海市研究生优秀成果(学位论文)名单。共有78篇博士学位论文和55篇硕士学位论文入选。学校1篇博士学位论文获评上海市优秀博士学位论文，3篇硕士学位论文获评上海市优秀硕士学位论文。

1月20日

国务院学位委员会办公室下发《关于转发〈艺术硕士(MFA)研究生指导性培养方案的通知〉》(学位办〔2006〕6号)，要求各校落实执行。

1月25日

国务院学位委员会下达第十批博士、硕士学位授权学科专业名单，学校被批准一级学科博士点1个(环境科学与工程)，二级学科博士点4个(高分子化学与物理，模式识别与智能系统，供热、供燃气、通风及空调工程，企业管理)，博士授权门类由工学、管理学拓展到理学，一级学科硕士点2个，二级学科硕士点11个。

4月11日

理学院等离子体物理专业2004级硕士研究生、学校研究生会主席夏磊被教育部、共青团中央授予"全国优秀学生干部标兵"荣誉称号。

4月20日

经第九次校长办公会议讨论，通过并印发了《东华大学博士生指导教师上岗遴选办法》(东华校〔2006〕27号)，变博导资格遴选为上岗遴选。

5月31日

学校与上海财经大学、上海纺织控股(集团)公司研究生会联合培养基地揭牌仪式在上海纺织控股(集团)公司举行。该基地是上海市学位委员会首批授予的5个上海市研究生会培养基地之一。学校党委书记薛有义，副校长朱世根，校长助理、研究生部主任张家钰，校党委办公室副主任顾臻凯，研究生部副主任舒慧生，纺织学院副院长李炜；上海财大副校长孙铮，研究生副主任朱为群；上海纺织控股（集团）公司党委书记、董事长、总裁席时平等20余人出席了揭牌仪式。

6月28日

学校授予旭日工商管理学院方澜校内第一个管理学博士学位。

6月28日

信息科学与工程学院信息041硕士研究生党支部被中共上海市委命名为"上海市先进基层党组织"。

7月26日

教育部、国务院学位委员会通过《关于批准全国优秀博士学位论文的决定》，批准《藕合扩散过程》等99篇学位论文为全国优秀博士学位论文；同时通过了《论鲁道夫·奥托的"努秘学"的现象学特征》等137篇学位论文为全国优秀博士学位论文提名论文。陈廷的《熔喷非织造气流拉伸工艺研究》入选全国优秀博士学位论文（黄秀宝）。上海共有16篇论文入选（其中高校10篇，中科院上海分院6篇），10篇论文获提名奖（其中高校7篇，中科院上海分院3篇）。

8月31日

市学位办启动首批"上海研究生联合培养基地"调研工作。组织成立3个专家组，对首批12家"上海研究生联合培养基地"和"上海研究生协作培养单位"及其涉及的11所高校进行实地考察，调研工作进展情况、已制订的规章制度和管理办法、进一步推进的瓶颈障碍等，并提出对策建议。

9月7日

召开上海市研究生教育创新计划专题研讨会，会议研讨实施项目、实施方案等。

10月25日

召开上海市研究生教育工作会议。市学位办主任田蔚风传达了全国省级学位办主任会议精神，布置了上海市研究生教育创新计划实施项目。

11月3—6日

学校成功举办"纺织科学与工程博士生国际学术论坛"，国务院学位办主任、教育部学位管理与研究生教育司司长杨玉良院士，中国纺织工业协会会长、中国纺织工程学会理事长杜钰洲，全国人大常委刘珩，世界纺织学会秘书长 John. Smith 先生，上海市教委副主任王奇等出席开幕式并讲话。来自 10 个国家和地区的 36 所高校和科研院所的 202 名中外专家学者和博士研究生出席了开幕式和论坛活动，是国务院学位办和教育部主办的第一个国际性的博士生学术论坛。

12 月 4 日

学校成立学生就业服务中心，负责本科生、研究生的就业指导和职业发展教育工作。

12 月 15 日

在第三届全国研究生数学建模竞赛颁奖大会上，东华大学研究生共有 12 支团队获奖，其中一等奖 2 支、二等奖 3 支，获奖团队数名列全国第三。

12 月 30 日

召开上海市研究生教育学会成立 20 周年大会。国务院学位办主任杨玉良院士、市教委主任沈晓明教授出席会议并讲话，市教委高教处处长丁晓东、市学位办主任田蔚风出席会议。

2006 年，全国工程硕士专业学位纺织工程领域协作组对东华大学纺织工程领域工程硕士专业学位培养质量进行检查评估，学校取得了 94.4 的高分。

2006 年，教育部印发《教育部关于加强硕士研究生招生复试工作的指导意见》(教学〔2006〕4 号)，对硕士研究生招生复试工作提出指导性意见，进一步规范复试、录取工作，强化复试的地位和作用，提高复试成绩占总成绩的权重(一般在 30%—50%)。

2006 年，根据教育部印发《全国普通高校推荐优秀应届本科毕业生免试攻读学位研究生工作管理办法(试行)》(教学〔2006〕4 号)文件精神。学校首次向校外推荐 13 名优秀应届本科毕业生免试直升硕士研究生。

2006 年，“信息 041 硕士班”获上海市先进集体荣誉称号。

2007 年

1 月 22 日

召开上海市学位委员会第十七次全体会议。会议通报了上海市研究生教育创新计划实施情况，通报了上海研究生联合培养基地建设情况。

1月24—25日

国务院学位委员会第二十三次会议在北京召开。

6月11日

在全国工程硕士专业学位教育指导委员会“关于做出突出贡献的工程硕士学位获得者评选办法(试行)”的评选中，上海交通大学、同济大学、华东理工大学、东华大学、上海海事大学等14人获得“做出突出贡献的工程硕士学位获得者”荣誉称号，占全国181名工程硕士获得者的8%。学校2000级硕士蒋惠荣获首批“做出突出贡献的工程硕士学位获得者”荣誉称号。

7月25日

国务院学位委员会、教育部联合下发通知，决定对现行学位证书的版式和格式内容进行调整。

8月9日

管理051硕士班被教育部、共青团中央授予“全国优秀班集体”称号。

8月24日

国务院学位委员会在北京召开国务院学位委员会第二十四次会议。

9月12日

召开上海市产学研联合培养研究生推进会。副市长杨定华出席会议并讲话，市政府副秘书长李逸平出席会议。会议由市科教党委书记李宣海主持，市教委主任沈晓明作工作报告。会议下发了市科教党委、市教委、市发改委、市国资委、市科委、市经委、市财政局、市人事局、市知识产权局等9部门《关于进一步推进“上海研究生联合培养基地”建设工作的若干意见》，同时启动第二批“上海研究生联合培养基地”的申报工作。

10月23日

国务院学位委员会办公室发出《关于加强学位与研究生教育信息管理工作的通知》(学位办〔2007〕58号)，决定建立三级管理、分级负责的信息管理体系。该学位与研究生教育信息管理体系由国务院学位委员会办公室、省级和军队学位委员会办公室以及学位授予单位组成，分级管理、各负其责，原承担学位授予信息年报工作的22个信息处理工作站不再承担此项工作。

10 月 26 日

“东华大学-中国纺织科学院研究生联合培养基地”揭牌仪式在中国纺织科学院举行。

11 月 2 日

教育部、国务院学位委员会批准了2007年全国优秀博士学位论文名单，《清代漕粮海运与社会变迁研究》等98篇学位论文为全国优秀博士学位论文；《辫群的自反表示及其应用》等158篇学位论文为全国优秀博士学位论文提名论文。曾泳春的《纤维在喷嘴高速气流场中运动的研究和应用》(导师：郁崇文)入选全国优秀博士学位论文。上海共有14篇论文入选(其中高校11篇，中科院上海分院3篇)和19篇论文获提名奖(其中高校15篇，中科院上海分院4篇)。

11 月 8—10 日

由东华大学主办、江南大学协办的国务院学位委员会纺织、轻工学科评议组工作会议暨学科与研究生教育发展战略高层论坛隆重召开。本次论坛(会议)是国务院学位委员会纺织、轻工学科评议组就纺织学科及研究生教育发展等系列问题首次在全国范围内召开的同类会议。国务院学位委员会纺织、轻工学科评议组的全体专家，来自全国13所高校、主管研究生教育或学科建设的校长(副校长)等近40人与会。

11 月 11 日

2006年开始的第三轮国家重点学科公布结果，共评选出286个一级学科，677个二级学科，217个国家重点(培育)学科。学校纺织科学与工程入选一级学科重点学科，材料学入选二级学科重点学科，机械设计及理论入选国家重点(培育)学科。

12 月 24 日

上海市教育委员会、上海市学位委员会公布2006年上海市研究生优秀成果(学位论文)名单。共有80篇博士学位论文和48篇硕士学位论文入选。学校1篇博士学位论文获评上海市优秀博士学位论文，1篇硕士学位论文获评上海市优秀硕士学位论文。

2008 年

1 月 14 日

国务院学位委员会第二十五次会议在北京召开。审议并原则通过吴启迪秘书长所作的《第五届国务院学位委员会工作报告》;审议并原则通过《博士、硕士学位授权审核办法改革方案》;讨论全国博士质量调查情况的初步报告。

1 月 16 日

上海市教育委员会、上海市学位委员会批准《嵌入村庄的学校——仁村教育的历史人类学探究》等 80 篇博士学位论文和《论我国刑事存疑处理机制的构建》等 48 篇硕士学位论文为 2007 年上海市研究生优秀成果(学位论文)。学校 3 篇博士学位论文获评上海市优秀博士学位论文,1 篇硕士学位论文获评上海市优秀硕士学位论文。

4 月

MFA 第三次试点院校工作交流会议在东华大学召开。会议通报了美术与设计优秀作品展和音乐会的筹备进展情况,指出要认真准备 MFA 全国展演活动,展示和宣传各培养院校的教学实力,并要求各试点院校会后将各自的毕业工作实施方案形成书面文件报送教指委。

5 月 9 日

“东华大学与爱荷华州立大学国际教育合作协议”签字仪式在校举行。根据协议,双方首先启动服装专业双硕士学位研究生培养项目。

5 月 30 日

上海市学位委员会批准中国石化上海石油化工研究院等 6 家单位为第二批“上海研究生联合培养基地”,批准光明食品(集团)有限公司等 18 家单位为第二批“上海研究生协作培养单位”。学校与中国纺织科学院建立上海研究生联合培养基地入选。

6 月 27 日

学校决定成立学生处(学生工作部)等 3 个部处,撤销学生工作办公室、研究生工作办公室等部处。

7 月 3 日

“2008 全国纺织学科博士生暑期学校”在东华大学举办,这是学校贯彻落实全国研究生创新计划而开展的第一个博士生暑期学校。

7月16日

召开上海市研究生教育创新计划专题交流会，各高校交流了研究生创新能力培养专项资金的实施办法。

8月7日

教育部、国务院学位委员会下发全国优秀博士学位论文的名单。《刑法解释的权力分析》等100篇学位论文被评为全国优秀博士学位论文；《货币需求、流通速度与通货膨胀动态特征》等177篇学位论文为全国优秀博士学位论文提名论文。覃小红的《PAN、PVA静电纺纳米纤维的机理及喷头装置的研究》(导师：王善元)入选全国优秀博士学位论文。上海共有13篇论文入选(其中高校8篇，中科院上海分院5篇)，19篇论文获提名奖(其中高校16篇，中科院上海分院3篇)。

8月25日

上海市学位委员会调整组成人员。副市长沈晓明担任市学位委员会主任委员，市教委主任薛明扬担任常务副主任委员，王奇、王生洪、张杰、裴钢、朱志远等5人担任副主任委员，俞立中等22人担任委员，金力等3人担任顾问委员，王奇兼任秘书长。

9月24日

召开上海市研究生教育工作会议。市教委副主任王奇出席会议并通报了上海高校发展定位规划与学科专业结构布局优化调整的工作思路，强调了人才培养在学科专业建设中的重要性。

10月1日

纺织学院博士生姚澜获美国纤维学会2008年秋季年会学生论文竞赛一等奖。

10月10日

国务院学位委员会办公室调整了学位授予信息年报的数据结构。本次调整中，删除了大部分应由学位授予单位保存的数据项，增加了一部分具有重要统计意义的数据项，并涵盖了新版学位证书的所有内容。

10月22日

国务院学位委员会发布《关于进行国务院学位委员会学科评议组换届和选聘第六届学科评议组成员工作的通知》(学位〔2008〕31号)，决定对第五届学科评议组进行换届并同时选聘第六届学科评议组成员。同日，召开上海市研究生教育专题会议，启动《上海研究生教育新进展——纪念恢复研究生教育30周年》的编写工作。

11月

"全国艺术硕士研究生美术与设计优秀作品展"作品初选工作在东华大学如期进行。19所艺术硕士试点院校通过选拔，共提交美术与设计作品562件。上海有10件作品入围，作者单位均为东华大学。

12月22日

上海市教育委员会、上海市学位委员会公布上海市研究生优秀成果(学位论文)名单。共有121篇博士学位论文和48篇硕士学位论文入选。学校2篇博士学位论文获评上海市优秀博士学位论文，3篇硕士学位论文获评上海市优秀硕士学位论文。

12月29—30日

国务院学位委员会第二十六次会议在北京召开。刘延东同志作重要讲话。审批2005年博士学位授权学科定期评估责令整改的22个学科点再评估的结果。

2008年，学校按教育部招生改革精神，调整博士生入学考试，由一年两次改为一年一次。

2009年

1月9日

国务院学位委员会公布了国务院学位委员会第六届学科评议组成员名单，并下发了经国务院学位委员会第二十六次会议修订的《国务院学位委员会学科评议组组织章程》。学校丁辛、阎克路被聘为纺织科学与工程学科评议组成员，丁辛被聘为该组召集人，柯勤飞被聘为该组秘书、2011年调整为李炜；王依民被聘为材料科学与工程学科评议组成员。

1月13日

学校印发《东华大学研究生培养机制改革试行方案》(东华研〔2009〕1号)(以下简称《方案》)。相关配套管理办法包括《东华大学研究生学业奖学金管理办法》《东华大学博士研究生助研津贴管理办法》和《东华大学博士生助研津贴补助金管理办法》。《方案》从2009年入学的研究生开始实行。

教育部学位与研究生教育发展中心公布2007—2009年全国81个一级学科评估结果,学校纺织科学与工程继续排名全国第一。

2月25日

国务院学位委员会、教育部印发了《学位授予和人才培养学科目录设置与管理办法》,该管理办法共六章,分为总则、学科门类的设置与调整、一级学科的设置与调整、二级学科的设置与调整、管理与职责、附则。

3月

《上海研究生教育新进展——纪念恢复研究生教育30周年》由上海人民出版社出版。该书分为"发展篇""质量篇"和"探索篇",回顾和总结了30年来上海研究生教育的改革发展经验,尤其是1999—2008年间取得的新发展。

3月19日

教育部发出《关于做好全日制硕士专业学位研究生培养工作的若干意见》(教研〔2009〕1号),强调要充分认识开展全日制硕士专业学位研究生教育的重要性;要创新全日制硕士专业学位研究生的培养模式,确保培养质量;要做好全日制硕士专业学位研究生教育的组织实施工作,从此,全国首次面向应届本科毕业生招收全日制专业学位研究生。上海相关高校开始招收应届本科毕业生攻读全日制专业学位研究生,当年在工程硕士等9个专业学位类别领域招收2657人,东华大学招收214名工程硕士。

3月17日

上海市学位委员会第十八次会议在上海市政府召开。审议并通过上海市2008—2015年新增博士、硕士学位授予单位立项建设规划;通报教育部学位与研究生教育发展中心开展的第二轮学科评估结果(2007—2009)及分析报告。

3月26日

教育部学位管理与研究生教育司批准了研究生教育创新计划项目259个,涉及全国130个单位。

5月19日

国务院学位委员会办公室发布了《关于全日制硕士专业学位研究生指

导性培养方案的通知》(学位办〔2009〕23 号),对全日制法律、教育、工程、农业推广、兽医、会计、体育、风景园林、汉语国际教育、翻译等硕士专业学位研究生的培养提出了指导性培养方案。

5 月 29 日

“2009 全国纺织学科博士生学术会议”在学校顺利举办。这是学校继 2006 年纺织学科博士生国际学术论坛后举办的再一次学术会议。

6 月 9 日

国务院学位委员会办公室批准北京交通大学等 35 所高校为新增法律硕士专业学位研究生培养单位;批准北华大学等 16 所高校为新增教育硕士专业学位研究生培养单位;批准山西师范大学等 42 所高校为新增体育硕士专业学位研究生培养单位;批准中国传媒大学等 39 所高校为新增汉语国际教育硕士专业学位研究生培养单位;批准北京航空航天大学等 25 所高校为新增翻译硕士专业学位研究生培养单位;批准中央民族大学等 69 所高校为新增艺术硕士专业学位研究生培养单位;批准辽宁中医药大学等 43 所高校为新增医学专业学位研究生培养单位;批准北方工业大学等 55 所院校为新增工商管理硕士专业学位研究生培养单位;批准北京航空航天大学等 32 所高校为新增高级管理人员工商管理硕士(EMBA)专业学位研究生培养单位。学校获批高级管理人员工商管理硕士(EMBA)招生授权。

6 月

学校成立东华大学第七届学位评定委员会,由徐明稚、蒋昌俊(2015 年 3 月起)先后任主任委员,周翔、朱世根、陈田初、邱高先后任副主任委员,累计 26 人担任委员。

6 月 17 日

国务院学位委员会办公室对 EMBA 教育有关招生工作作出说明,批准北京大学等 10 所院校年招收 EMBA 的限额为 400 人;北京交通大学等 20 所院校,年招生限额为 200 人;北京航空航天大学等 32 所院校,年招生限额为 100 人。对中山大学等 10 所在 2007 年、2008 年 EMBA 招生中,超出招生限额的高校予以通报,同时指出,上述院校须在 2012 年前将超招部分在现已下达的招生限额中予以解决,逾期不能解决者,将停止 EMBA 招生授权。

6 月 19 日

上海市学位委员会发出《关于做好学科评议组换届和选聘第四届学科评议组成员工作的通知》(沪学位〔2009〕5 号),决定对第三届学科评议组进行换届并同时选聘第四届学科评议组成员。

6 月 30 日

学校与中国电子科技集团公司第五十研究所研究生联合培养协议签字仪式在校举行。

7 月

学校制定《东华大学全日制硕士专业学位研究生培养方案制订总体要求》,并先后数次召开专题会议,还特邀产学研基地代表参加,完成全日制专业学位培养方案制定工作。其中特别强调实践教学、突显学术型和专业型研究生之间的目标性导向的不同。

9 月 4 日

教育部办公厅发出《关于进一步做好研究生培养机制改革试点工作的通知》(教研厅〔2009〕1 号),就进一步做好研究生培养机制改革试点工作提出意见。通知指出,将研究生培养机制改革试点范围扩大至所有中央部(委)属培养研究生的高等学校,鼓励各省、自治区、直辖市选择所属培养研究生的高等学校进行改革试点。通知阐述了培养机制改革的目的、意义,对贯彻研究生培养的科学研究导向原则,加强指导教师队伍建设与管理,充分调动研究生创新积极性以及大力调整研究生培养类型结构等提出了指导性意见。

9 月 17 日

教育部、国务院学位委员会发文批准了《唐宋之际敦煌民生宗教社会史研究》等 98 篇学位论文为全国优秀博士学位论文;《被害人同意研究》等 363 篇学位论文为全国优秀博士学位论文提名论文。孙宝忠的《三维纺织结构复合材料压缩性能的应变率效应及动态特性分析》(导师: 顾伯洪)入选全国优秀博士学位论文。上海共有 14 篇论文入选(其中高校 7 篇,中科院上海分院 7 篇),40 篇论文获提名奖(其中高校 40 篇)。

10 月 11 日

教育部下发了《高等学校和科研机构开展联合培养博士研究生工作暂行办法》。该暂行办法对联合培养工作的目的和意义、联合培养工作原则、联合培养的招生工作、培养工作、联合培养的管理工作都加以说明。该办法自 2010 年博士研究生招生起实施。

11 月 27 日

由上海市学位委员会主办，东华大学研究生部、东华大学材料科学与工程学院承办的新型纤维和先进材料上海市研究生学术论坛在学校举行。

11 月 30 日

上海市学位委员会办公室公布 2009 年上海市研究生教育创新计划实施项目，共批准研究生暑期学校 20 个、研究生学术论坛 15 个、研究生创新能力培养公共平台 7 个、研究生培养机制改革项目 4 个，由复旦大学、上海大学等 20 所高校承担。

12 月 3 日

为了表彰长期从事 MBA 教育管理，并做出突出成绩的 MBA 项目管理人员，工商管理硕士教育指导委员会设立“MBA 教育管理突出贡献奖”。经前四批 MBA 培养院校推荐，第四届全国 MBA 教育指导委员会第五次会议审议通过，决定对安东梅等 51 位老师进行表彰，授予其“MBA 教育管理突出贡献奖”，其中上海有 7 人获奖，学校顾晓敏名列其中。

12 月 10 日

上海市教育委员会、上海市学位委员会批准《中国基本公共服务收益均等化转移支付方案研究》等 140 篇博士学位论文和《中国经济收敛速度的估计——半参数变系数面板数据模型的应用》等 62 篇硕士学位论文为 2009 年上海市研究生优秀成果(学位论文)。学校 3 篇博士学位论文获评上海市优秀博士学位论文，1 篇硕士学位论文获评上海市优秀硕士学位论文。

12 月 16 日

学校授予材料科学与工程学院张涛校内第一个理学博士学位。

2009 年，学校继续进行拟增列学位点的日常建设工作，梳理拟增列博士硕士点现状，聘请专家评审、指导学位点建设和申报准备工作。

2009 年，根据《教育部办公厅关于在国家公派研究生项目选拔工作中实施“博士生兼招补偿”办法的通知》(交外厅函〔2009〕4 号)，学校招收博士出国留学补偿计划生 6 名。

2009 年，根据《关于 2009 年招收在职人员攻读硕士学位工作的通知》

(学位办〔2009〕33号文),"高等学校教师在职攻读硕士学位(除单列的招生计划外,只限中西部地区符合条件的高等学校招生)"的相关规定,学校停止该类招生。

2009年,学校自筹资金,首批全日制工程硕士中有30%的学生享受与学术型硕士同等的奖助待遇。

2010年

1月27—28日

国务院学位委员会第二十七次会议在北京召开。

2月9日

《国务院学位委员会关于在学位授予工作中加强学术道德和学术规范建设的意见》(学位〔2010〕9号)发布,对在学位授予工作中加强学术道德和学术规范建设提出了9点意见。

3月17日

教育部办公厅发布《关于切实做好普通高校全日制硕士专业学位研究生资助工作的通知》(教财厅〔2010〕2号),要求各有关部门在政策措施、经费投入、条件保障等方面做好家庭经济困难全日制硕士专业学位研究生的资助工作,解决其基本生活和生活费用的问题,保证学生顺利完成学业。

3月18日

国务院学位委员会发布《关于印发金融硕士等19种专业学位设置方案的通知》(学位〔2010〕15号),决定在我国设置金融、应用统计、税务、国际商务、保险、资产评估、警务、应用心理、新闻与传播、出版、文物与博物馆、城市规划、林业、护理、药学、中药学、旅游管理、图书情报、工程管理等硕士专业学位。

3月29日

国务院学位委员会下发了《关于授予境外人士名誉博士学位暂行规定》(学位〔2010〕14号)。该暂行规定由总则、授予对象与条件、提名与审议、批准与学位授予、附则共五章组成,自2010年7月1日起施行。

4月10日

全国工程教指委发布通知,学校获批第三批工程硕士物流工程领域与英国皇家物流与运输学会专业资质认证合作的培养单位，期限为 2010. 4—2013. 4。

4 月 14 日

经第八次校长办公会讨论，学校制定《关于调整东华大学硕士研究生学业奖学金评定办法》，决定所有全日制工程硕士享受与学术型硕士同等的奖助待遇。

4 月 22 日

国务院学位委员会办公室转发了《全日制艺术硕士专业学位研究生指导性培养方案(试行稿)》，以规范艺术硕士专业学位研究生的培养。

5 月 6 日

教育部、共青团中央宣布，计算机 062 硕士班荣获“全国先进班集体”称号。

5 月 7 日

国务院学位委员会下发通知，决定开展新增硕士专业学位授权点审核工作。本次新增的硕士专业学位授权点包括金融、国际商务、艺术、公共管理、工程管理等 35 种专业学位类别，建筑学、城市规划、军事等三类硕士专业学位授权点不在此次新增范围之内。

5 月 28 日

学校召开人才培养工作会议，邀请国务院学位办李军副主任做专题报告，请教授们就“卓越工程师”与“专业学位研究生”的培养目标、教学计划、课程设置、质量评价等进行深入讨论。

6 月 1 日

上海市学位委员会第十九次会议在上海市政府召开。审议并通过增列授权学科点审核工作实施办法和新增硕士专业学位授权点审核工作实施办法；审议并通过上海市第四届学科评议组成员名单。

6 月 12—13 日

国务院学位委员会办公室在北京召开学科评议组召集人会议暨 2010 年全国优秀博士学位论文评选专家复审会，研讨国务院学位委员会第六届学科评议组工作；同时在通讯评议的基础上遴选确定 2010 年全国优秀博士学位论文。

9月

全国工程硕士专业学位教育指导委员会发布“关于开展工程硕士研究生教育创新院校评选活动的通知”(教指委〔2010〕9号),决定组织开展“工程硕士研究生教育创新院校评选活动”,上海相关高校积极组织参加。

同月,学校获批第四批项目管理领域工程硕士与国际项目管理专业资质认证合作的培养单位名单,期限为2010.9—2015.9。

9月2日

国务院学位委员会发布《关于下达2010年新增硕士专业学位授权点的通知》(学位〔2010〕32号),此次新增的硕士专业学位授权点将列入2011年全国研究生统一招生专业目录。学校获批国际商务硕士、翻译硕士和工程管理硕士专业学位授予权。在电气工程、动力工程和生物工程领域获得授权。上海15所高校新增了16种专业学位类别、73个专业学位和10个工程硕士领域授权点。

9月16日

上海市学位委员会第二十次会议在上海市政府召开。审议并表决通过上海市2010年新增博士学位授权一级学科点初审结果;审议并表决通过上海市2010年新增硕士学位授权一级学科点审核结果。

9月18日

国务院学位委员会发布了《关于印发〈硕士、博士专业学位研究生教育发展总体方案〉和〈硕士、博士专业学位设置与授权审核办法〉的通知》(学位〔2010〕49号),以推进并完善专业学位研究生教育工作。

9月20日

教育部下发通知,决定设立全国研究生学术交流平台,以支持开展全国性研究生学术交流活动。全国研究生学术交流平台包括全国博士生学术论坛和全国研究生暑期学校两种形式。通知对研究生学术交流平台的组织管理进行了说明。

9月25日

东华大学—美国西敏大学2010级双学位MBA开学典礼在银河宾馆隆重举行。东华大学邱高副校长、国际合作处李振栋处长、研究生部舒慧生主任以及管理学院相关领导,在典礼前与西敏大学副校长萨德曼博士一行八人进行了友好的会晤，交流、探讨两校国际双学位 MBA 办学的经验以及未来设想。

9 月 27 日

第七届全国工程硕士研究生教育工作研讨会暨全国工程硕士教育工作经验与成果交流展在重庆举行，学校积极参加并展现工程硕士教育取得成效。

10 月 9 日

国务院学位委员会办公室下发通知，决定对学位授予单位在学位授予工作中加强学术道德和学术规范建设工作进行检查。

10 月 18 日

教育部、国务院学位委员会批准了《历史话语的挑战者——库切四部开放性和对话性的小说研究》等 100 篇学位论文为全国优秀博士学位论文；《习惯形成、宏观政策与经济增长》等 334 篇学位论文为全国优秀博士学位论文提名论文。王荣武的《基于图像处理技术的苎麻和棉纤维纵向全自动识别系统》（导师：王善元）入选全国优秀博士学位论文，姚澜的《三维纺织复合材料为基础的共形承载微天线及其基板的结构设计和性能研究》（导师：邱夷平）获提名奖。上海共有 12 篇论文入选（其中高校 10 篇，中科院上海分院 2 篇，39 篇论文获提名奖（其中高校 32 篇，中科院上海分院 7 篇）。

10 月 24 日

按照《国务院办公厅关于开展国家教育体制改革试点的通知》（国办发〔2010〕48 号），学校申报的“应用型人才培养综合改革”等 2 个试点项目获批。

11 月 24 日

教育部办公厅制定并下发了《授予博士、硕士学位和培养研究生的二级学科自主设置实施细则》（教研厅〔2010〕1 号），各学位授予单位遵照执行。

11 月 30 日

根据国务院学位委员会的工作要求和安排，第六届纺织科学与工程学科评议组第一次全体成员会议暨研究生教育高层论坛在东华大学隆重召开。校长徐明稚教授到会致辞，第六届纺织科学与工程学科评议组全体成员，纺织学科博士点高校领导和研究生部主要领导 20 余人与会。

12 月 1 日

上海市学位委员会办公室公布2010年上海市研究生教育创新计划实施项目，共批准专业学位综合改革试点项目11个，研究生创新能力培养公共服务平台7个，研究生暑期学校18个，研究生学术论坛23个，研究生管理创新项目19个、研究生创新能力培养专项项目15个，由复旦大学等25所高校承担。

12 月 8 日

学校与上海科学院签署研究生联合培养协议。

2010年，根据《中共中央宣传部、教育部关于高等学校研究生思想政治理论课课程设置调整的意见》(教社科〔2010〕2号)，思政公共课进行调整。

2010年，建立研究生招生名额配置机制，学校根据各学院科研经费状况、培养质量、导师队伍及博士点的数量，综合考虑配置各学科点招生名额。

2010年，学校招收首届高级管理人员工商管理硕士(EMBA)42名。

2011 年

1 月 7 日

全国工程硕士教育指导委员会发出《关于公布获得"全国工程硕士研究生教育创新院校""全国工程硕士研究生教育特色工程领域"荣誉称号名单通知》(教指委〔2011〕1号)，上海交通大学、同济大学、华东理工大学、东华大学等50所高校被评为"全国工程硕士研究生教育创新院校"。170个工程领域获得"全国工程硕士研究生教育特色工程领域"荣誉称号。上海有7所高校获14个"全国工程硕士研究生教育特色工程领域"。东华大学纺织工程、材料工程在列。

1 月 26 日

上海市教育委员会、上海市学位委员会批准《事实与规划的辩证法——哈贝马斯法哲学研究》等136篇博士学位论文和《何晏思想研究》等121篇硕士学位论文为2010年上海市研究生优秀成果(学位论文)。学校3篇博士学位论文获评上海市优秀博士学位论文，3篇硕士学位论文获评上海市优秀硕士学位论文。

1 月 30 日

国务院学位委员会、教育部、人力资源和社会保障部联合发出通知，决定成立 17 个专业学位研究生教育指导委员会，同时对 11 个专业学位研究生教育指导委员会进行换届。

2 月 12 日

《中华人民共和国学位条例》实施三十周年纪念大会在北京召开，中共中央政治局委员、国务委员、国务院学位委员会主任委员刘延东做重要讲话。

2 月 12—13 日

国务院学位委员会召开第二十八次会议。

2 月 28 日

国务院学位委员会办公室下发《关于做好授予博士、硕士学位和培养研究生的二级学科自主设置工作的通知》(学位办〔2011〕12 号)，对做好授予博士、硕士学位和培养研究生的二级学科自主设置工作进行了规定。

3 月 1 日

《授予博士、硕士学位和培养研究生的二级学科自主设置实施细则》正式实施，该细则对二级学科的自主设置与调整的原则、二级学科设置的基本条件、对学位授予单位自主设置与调整学科的基本要求和交叉学科的自主设置与调整等进行了说明。

3 月 3 日

国务院学位委员会下达了 2010 年审核增列的博士和硕士学位授权一级学科的名单。此次共批准 1004 个一级学科博士点，3806 个一级学科硕士点。此次学位授权审核是根据《博士、硕士学位授权点审核办法改革方案》进行的第一次学位授权点审核工作。政府主管部门仅审核一级学科的学位授予权，学位授予单位可在一级学科授权下自主设置二级学科。首次放权省级学位委员会对硕士学位授权点进行全部审核工作，对博士授权点进行初审工作。上海市 12 家研究生培养单位共获批博士学位授权一级学科 57 个，26 家研究生培养单位获批硕士学位授权一级学科 106 个。学校获批化学、机械工程、控制科学与工程三个博士学位授权一级学科点。

3月8日

国务院学位委员会、教育部发布了《关于印发〈学位授予和人才培养学科目录(2011年)〉的通知》(学位〔2011〕11号),要求已有博士、硕士学位授权点按新目录进行对应调整;学位授权审核及学位与研究生教育质量监督工作按照新目录进行;研究生招生工作从2012年起按新目录进行;研究生的培养和学位授予工作等应尽快转入按新目录进行。

3月18日

国务院学位委员会、教育部、人力资源和社会保障部在京联合召开29个专业学位研究生教育指导委员会成立会议。截至2011年,我国已设置专业学位达到39种,其中,5种可授博士专业学位,基本覆盖了国民经济和社会发展的主干领域。学校刘晓刚被聘为第二届全国艺术专业学位研究生教育指导委员会委员。

在"中国大学生自主创业工作经验交流会暨2011全球创业周峰会"上,学校MBA学生丁建勋作为上海大学生自主创业先进典型,受到中共中央政治局委员、国务委员刘延东接见。

4月20日

国务院学位委员会办公室下发《关于按〈学位授予和人才培养学科目录〉进行学位授权点对应调整的通知》(学位办〔2011〕25号),要求各学位授予单位按照《学位授予和人才培养学科目录(2011年)》进行学位授权点的对应调整工作。本次学位授权点对应调整所涉及的学科,主要是新目录中由原目录一级学科拆分或以二级学科为基础新增,且与原目录相关学科有明确对应关系的一级学科,需将按原目录批准的现有博士、硕士学位授权点,对应调整到新目录相应的一级学科。通知中还对学科对应调整的原则和要求、对应调整的申请和工作程序进行了说明。

4月22日

国务院学位委员会办公室委托各学科评议组编制《授予博士、硕士学位和培养研究生的二级学科目录》,对目录编制工作提出了编制要求和具体的工作安排。

4月25日

国务院学位委员会办公室委托各学科评议组编写《一级学科简介》和

《博士、硕士学位基本要求》。

5月10日

国务院学位委员会办公室发布了金融、应用统计、税务、国际商务、保险、资产评估、警务、应用心理、新闻与传播、出版、文物与博物馆、林业、护理、药学、中药学、旅游管理、图书情报、工程管理等18个硕士专业学位研究生指导性培养方案(试行)。

6月17日

根据《关于学位管理与研究生教育司(国务院学位委员会办公室)相关处室调整的通知》(教人司〔2011〕155号),教育部学位管理与研究生教育司(国务院学位委员会办公室)有关处室进行了更名和职能调整。原“文理医学科处”更名为“专业学位研究生教育处”,主要负责专业型学位与研究生教育工作;“工农学科处”更名为“学术学位研究生教育处”,主要负责学术型学位与研究生教育工作。

6月20日

国务院学位委员会办公室下发通知,决定对在职人员攻读硕士专业学位工作开展检查。本次检查的范围是所有招收在职人员攻读硕士专业学位的研究生培养单位的管理情况、招生情况、培养情况、异地办学情况、收费情况和委托中介机构招生情况。

6月21日

2011年第一次工程硕士专业学位评定委员会会议审议了首届188名全日制硕士专业学位研究生申请工程硕士专业学位人员相关申请材料和学位论文答辩委员会提交的决议,一致同意授予工程硕士专业学位,并同意提交校学位评定委员会审议。讨论了各学院学位评定分委员会推荐的19篇候选“东华大学2011年度全日制硕士专业学位优秀成果”,并投票表决,共有15篇论文获“东华大学2011年度全日制硕士专业学位优秀成果”。

6月24日

学校举行首届全日制专业学位硕士研究生毕业典礼暨学位授予仪式。

7月12日

教育部批准上海市实施27项教育体制改革项目。其中,上海市研究生专业学位教育改革试验被列入“高水平大学和一流学科专业建设工程”。这项改革试验重点建设两大内容：开展临床医学硕士专业学位研究生教育与住院医师规范化培训相结合的改革试验和全日制专业学位研究生教育改革试验。批准复旦大学等4所高校开展临床医学硕士专业学位研究生教育与住院医师规范化培训相结合的改革试验，批准华东理工大学等5所高校开展专业学位研究生实习实践基地建设。

7月25日

学校召开应用型人才培养研讨会。邀请法国鲁贝国立纺织工程学院曾宪义教授等深入交流高层次应用型人才培养。

8月5日

国务院学位委员会下达了各学位授予单位按照《学位授予和人才培养学科目录(2011年)》对已有学位授权点进行对应调整的结果。国务院学位委员会发布《关于下达按〈学位授予和人才培养学科目录〉进行学位授权点对应调整结果的通知》(学位〔2011〕51号)，学校新增五个硕士学位授权一级学科。

8月30日

国务院学位委员会办公室下发通知，对授予具有研究生毕业同等学力人员硕士学位的有关规定做了进一步调整和完善。

9月14日

上海市学位委员会第二十一次会议在上海市政府召开。审议并表决通过上海市申报"服务国家特需需求人才培养项目"——学士学位授予单位开展培养硕士专业学位研究生试点工作的推荐名单；通报上海市申报"授予博士学位的服务国家特殊需求人才培养项目试点"工作有关情况；通报上海"国家教育体制改革试验项目进展"和学位授权变化情况。

9月21日

国务院学位委员会、教育部、人力资源和社会保障部联合发布《专业学位研究生教育指导委员会工作规程》(学位〔2011〕65号)，用以规范专业学位研究生教育指导委员会的工作。

9月23日

中国科学技术协会、教育部联合发出《关于展开科学道德和学风建设宣讲教育活动的通知》(科协发组字〔2011〕38号)，决定联合对研究生开展科学道德和学风建设宣讲教育。要求科学道德和学风建设宣讲教育要全覆盖，制度化，重实效。主要宣讲科学精神、科学道德、科学伦理和科学规范，自2011年开始，所有研究生培养单位每年都要对新入学研究生开展宣讲教育。有条件的单位应逐步把宣讲教育的对象扩大到高年级本科生和青年教师。上海市教委和上海市科协联合成立了上海市科学道德和学风建设宣讲教育活动领导小组，按照“全覆盖、制度化、重实效”的工作原则，制定宣讲教育工作计划，在上海市级、大学园区、校级三个层面开展宣讲教育活动，确保教育活动全覆盖。

9月29日

中国MBA教育20周年纪念大会在北京召开，国务委员、国务院秘书长、全国工商管理硕士(MBA)教育指导委员会主任委员马凯同志到会并发表重要讲话。

10月23日

受国家留学基金委委托，学校承办了第三届“国家公派研究生项目奖学金信息说明会(IGSF)”。共有来自10余个国家的40多所国际知名大学参加，吸引了逾2000名长三角地区的优秀在校研究生前来咨询。

10月29日

东华大学—美国西敏大学2011级双学位MBA开学典礼在学校延安西路校区隆重举行。东华大学徐明稚校长、邱高副校长、国际合作处李振栋处长以及管理学院相关领导，西敏大学校长Michael Bassis等参加开学典礼。

11月3日

教育部、国务院学位委员会发文批准2011年全国优秀博士学位论文名单，《“天会”与“吾党”：明末清初天主教徒群体之形成与交往研究(1580—1722)》等97篇学位论文为全国优秀博士学位论文；《现代中国“短篇小说”的兴起——以文类形构为视角》等256篇学位论文为全国优秀博士学位论文提名论文。刘雍的《气泡静电纺丝技术及其机理研究》(导师：俞建勇)入选全国优秀论文。

11月7日

教育部学位管理与研究生教育司下发《关于做好科学道德和学风建设宣讲教育的通知》，要求部直属高校做好科学道德和学风建设宣讲教育工作。通知要求各直属高校要根据各校实际情况，采取有效措施，聘请品德高尚、造诣深厚、为人师表的知名专家，按照全覆盖、制度化、重实效的要求，对新入学的研究生进行科学精神、科学道德、科学伦理和科学规范宣讲教育。通知还指出，各高校研究生院（部、处）是宣讲教育的负责部门，要在制定研究生培养方案时，把宣讲教育纳入培养环节，形成制度，将宣讲教育长期开展下去。2011年的宣讲教育应于2011年12月底前完成，确保所有新入学的研究生都接受宣讲教育。

11月29日

上海市“科学道德和学风建设宣讲教育报告会”在上海世博中心红厅举行，杨福家、叶叔华、郑时龄等三位院士为上海近3000名在校研究生做了主题为“科学道德和学风建设”的精彩报告。中国科协常务副主席、书记处第一书记、党组书记陈希，上海市副市长沈晓明，教育部学位管理与研究生教育司巡视员孙也刚等出席报告会，并为三位报告人颁发了“上海市科学道德和学风建设宣讲教育宣讲团”专家聘书。

12月

根据教育部学位与研究生教育发展中心《关于参加第三轮学科评估的邀请函》（学位中心〔2011〕76号）文件精神，学校开展第三轮学科评估。

12月2日

教育部发布《关于切实加强和改进高等学校学风建设的实施意见》（教技〔2011〕1号），决定在“十二五”期间开展高校学风建设专项教育和治理行动。

12月31日

上海市教育委员会发布《上海市研究生教育创新计划项目资金使用管理办法》，以更好地规范、促进和指导各高校的研究生教育创新工作。

2011年，学校探索选拔优秀的应届本科毕业生推荐免试直接取得博士生入学资格，从本科推荐免试生中选拔优秀学生尝试开展直博生“长学制”培养模式，采取4—6年的弹性学制，学校首次在纺织科学工程国家重点一级学科的推免生中招收直博生15名。

2012年

1月1日

为提高博士生学位论文质量，从即日起学校执行博士预答辩制度。

1 月 5 日

上海市学位委员会办公室公布 2012 年上海市研究生教育创新计划实施项目(第一批),共有 32 项,分为优质课程、重点教材、公共服务平台、专业学位综合改革四大类,由复旦大学等 20 所高校承担。

2 月 28 日

国务院学位委员会第二十九次会议在北京召开。

3 月

学校与中国纺织科学院联合培养博士研究生获批成为“高等学校和科研机构联合培养博士研究生工作”试点单位。

3 月 1 日

上海市教育委员会、上海市学位委员会批准《“诚言”与“关心自己”:福柯的古代哲学解释研究》等 156 篇博士学位论文和《塔斯基:语义性真理论与符合论》等 132 篇硕士学位论文为 2011 年上海市研究生优秀成果(学位论文)。学校 4 篇博士学位论文获评上海市优秀博士学位论文,6 篇硕士学位论文获评上海市优秀硕士学位论文。

上海市学位委员会办公室印发《上海市法律硕士等 16 种专业学位论文基本要求及评价指标体系(试行)》,明确了法律硕士等 16 种专业学位类别的论文基本要求和评价指标体系,从 2012 年 7 月起,在上海市学位论文双盲评审工作中使用。并在 2012 年 3—5 月期间,分六期组织相关高校专业学位管理人员和导师开展培训工作。

3 月 7 日

由研究生部主持的“211 工程”三期“创新人才培养”项目验收会隆重举行,专家组经过评审,一致同意通过验收,评价等级为优秀。

4 月 17 日

上海市学位委员会办公室公布 2012 年上海市研究生教育创新计划实施项目(第二批),共有 48 项,分为研究生暑期学校和研究生学术论坛两大类,由复旦大学等 23 所高校承担。

4 月 23 日

国务院学位委员会办公室向有关学位授予单位反馈了 2011 年博士学位论文抽检通讯评议专家的评审意见。

5月

为了加强研究生质量监控，在东华大学老教授协会的支持下，第一届“东华大学研究生督学组”成立。

国家教育咨询委员会到校检查“应用型人才培养综合改革”项目，充分认可学校的改革举措和取得成效。

5月25日

学校与中国纺织科学院联合培养博士研究生签约仪式在北京隆重举行。中国工程院副院长旭日干院士、中国纺织科学院集团公司人力资源总部张东黎副总经理，学校党委副书记殷耀、副校长邱高、研究生部主任舒慧生、副主任陆嵘，中国纺织科学院赵强院长及院领导班子成员出席了签约仪式。

6月6日

国务院学位委员会下发了《关于进一步加强高校马克思主义理论学科建设的意见》。文件对马克思主义理论学科建设的意义、基本原则和目标，马克思主义理论学科建设的主要任务和要求，组织机构、经费保障、管理考核等进行了阐述。

6月至12月

学校作为全国研究生考试考点，严格按照改革要求建设符合标准的考场(85个)和考试工作所需要的指挥中心、保密室、考务室、试卷分发或保管室、监控室(2个)，全面建设五大系统(网上视频巡查系统、应急视频指挥系统、考生身份验证系统、无线电作弊防控系统和考务综合管理系统)。自2013年1月硕士研究生入学考试开始投入使用。

7月2日

纺织化学与染整工程学科研究暑期学校在学校松江校区隆重举行，上海市学位办束金龙主任、学校邱高副校长、研究生部负责人及学院教授以及来自全国各地的150余名学员参加。

9月

首次招收与中国纺织科学研究院联合培养博士研究生3名入学报到，由双导师共同培养。

9月22日

东华大学—西敏大学2012级MBA双学位班开学典礼在学校延安西路

校区隆重举行。西敏大学 Bill and Vieve Gore 商学院院长王进、西敏大学新科教育学院院长 Aric Krause、东华大学旭日工商管理学院副院长赵晓康、西敏大学美中商务教育中心主任 Christopher Tong 及双方学院教授出席了开学典礼。

9 月 29 日

财政部、教育部发布《关于印发〈研究生国家奖学金管理暂行办法〉的通知》，明确奖励标准与基本条件、名额分配与预算下达，评市组织和评审程序等。

10 月

《上海专业学位研究生教育发展改革与实践探索（1991—2011）》出版。该书全方位展示上海专业学位研究生教育 20 年发展和改革成果，深入总结上海专业学位研究生教育的工作经验，引发社会各方对上海专业学位研究生教育未来发展的关注与思考。

教育部专家检查组到校检查“应用型人才培养综合改革”项目，对学校的改革举措和取得成效充分认可。

10 月 19 日

上海市学位委员会印发《上海市专业学位研究生实践基地建设实施办法（试行）》（沪学位〔2012〕8 号），以鼓励和推动高校积极开展专业学位研究生实践基地建设，探索和积累实践基地建设经验。

上海市学位委员会办公室公布 2012—2013 年上海市研究生教育创新计划实施项目（第一批）名单，共有 109 项，分为公共服务平台、交叉学科研究生拔尖创新人才培养、学位点建设与人才培养模式探索、地方高校研究生培养机制改革试点、地方高校大文科研究生学术新人培育计划五大类，由复旦大学等 26 家单位承担。

10 月 28 日

第一届上海暨长三角设计学研究生学术论坛在学校延安西路校区举行。由长三角研究生教育创新计划协作委员会主办，上海市教委、市学位委员会、东华大学承办，是国内艺术设计高等教育领域的一次研究生学术盛会。论坛以“时尚、创新、设计”为主题，旨在为国内设计学研究生搭建交流创新思维、拓宽学术视野、激发创新热情、营造学术氛围的平台，提高各高校设计学相关学科研究生的创意水平，强化研究生创新意识。来自全国 30 余所院校的 200 余名研究生与会。

11 月 13 日

教育部发布《学位论文作假行为处理办法》(教育部令第 34 号)。明确了学位申请人员、指导教师、学生培养单位、学位授予单位及相关人员的责任，规定了学位论文作假行为 5 种情形及处理措施等。对出现论文买卖等弄虚作假行为的学位申请人员，要求做出取消其学位申请资格或撤销学位的处理，并规定从处理决定之日起至少 3 年内，各学位授予单位不得接受其学位申请。该《办法》自 2013 年 1 月 1 日起施行。

2012 年，学校成立排课选课管理部，研究生课程的排课选课统一由培养办划出去。

2012 年，为防止学术不端现象的发生，提升博士学位论文的原创性，提高博士学位论文质量，学校决定在预答辩后，论文送审前，开展论文重合率检测。要求博士生全部参加，具体重合率的要求由学院制定，导师把关；硕士生暂不参加。

2013 年

1 月 1 日

实施教育部第 34 号令《学位论文作假行为处理办法》。针对学位授予工作中出现的一些抄袭、剽窃他人学术成果、买卖学位论文、弄虚作假骗取学位等问题和现象，为维护我国学位的形象，惩治学术不端行为，树立良好学风。

3 月 5 日

教育部办公厅下发通知，要求各部门和各单位结合本单位实际情况，制订《学位论文作假行为处理办法》的实施细则，细化表述学位论文作假行为，明确指导教师的职责，落实学位论文作假行为的调查和处理机构，规范调查和处理程序，做好《学位论文作假行为处理办法》的实施工作。

3 月 19 日

教育部、国家发展和改革委员会下达了 2013 年全国研究生招生计划，并对招生学科和专业的结构调整，博士生招生计划的管理，相关专项博士生招生计划，高等学校与科研机构开展联合培养博士（硕士）研究生试点工作，已经开展的联合培养博士或硕士学位研究生工作，为中西部地区、民族地区、边疆地区以及东北地区等老工业基地定向或委托培养研究生的招生工作，农村学校师资计划、强军计划、援藏计划、“高校思想政治理论课教师攻读马克思主义理论博士学位”和“高校辅导员攻读思想政治教育博士学位”专项计划，“少数民族高层次骨干人才”研究生专项招生计划等工作做了安排。

3 月 29 日

教育部、国家发展改革委、财政部联合发布了《关于深化研究生教育改革的意见》（教研〔2013〕1 号）。该文件对深化研究生教育改革的指导思想和总体要求进行了说明，明确提出“服务需求、提高质量”的主线，同时对改革招生选拔制度、创新人才培养模式、健全导师责权机制、改革评价监督机制、深化开放合作、强化政策和条件保障、加强组织领导等各个方面提出了要求。

3—5 月

学校召开全校教育工作会议，以“大力推进教育教学改革，不断提高人才培养质量”为主题，全面研讨和落实研究生教育的各项改革工作。期间，研究生部召开了各类研讨会十余场，就研究生教育相关专题开展广泛研讨，形成了比较清晰的改革路线图。

5 月

东华大学材料科学与工程学院发出了《关于举办 2013 年优秀大学生夏令营的通知》，面向全国重点高校材料学科相关的优秀大学三年级学生开展暑期夏令营活动。这是学校首次开展此类活动，从此开始逐渐铺开，持续举办“全国优秀大学生夏令营”活动。

5 月 22 日

国务院学位委员会办公室委托教育部学位与研究生教育发展中心面向社会开展学位证书网上查询工作。查询内容为全国学位授予单位报送的博士、硕士、学士学位证书的全部内容，查询范围为 2008 年 9 月 1 日之后全国各学位授予单位授予学位的信息。

5 月 22 日

上海市教育委员会、上海市学位委员会批准《陈那、法称因明的推理理论——兼论因明研究的多重视角》等 158 篇博士学位论文和《论现代性视域中人的全面发展——基于马克思的人学视角》等169篇硕士学位论文为2012年上海市研究生优秀成果(学位论文)。学校7篇博士学位论文获评上海市优秀博士学位论文,5篇硕士学位论文获评上海市优秀硕士学位论文。

5月31日

学校发布《关于印发〈东华大学学院教授委员会实施办法(试行)〉的通知》(东华校〔2013〕27号),《东华大学关于选拔硕博连读研究生的办法》(东华研函〔2013〕8号),《东华大学接收外校推荐免试硕士研究生的办法》,《东华大学优秀应届本科毕业生推荐免试攻读硕士学位研究生(直博生)实施办法》(东华教〔2013〕11号),对学位质量、生源质量提升等提出要求。

6月3日

上海市学位委员会办公室决定在上海市研究生教育创新计划中设立上海市研究生创新创业培养专项,与上海市大学生科技创业基金会合作,对研究生开展为期6个月的创新创业能力培训与创业实践。

6月9日

上海市学位委员会办公室公布2013年上海市研究生暑期学校和研究生学术论坛项目名单。22个研究生暑期学校和34个学术论坛项目由复旦大学等25所高校举办。

7月10—11日

全国研究生教育工作会议暨国务院学位委员会第三十次会议在京召开。

7月10日

全国研究生教育工作会议召开,学校邱高副校长,研究生部全体工作人员和各学院分管研究生教育的副院长通过视频会议形式参加会议。

9月1日

国务院学位委员会、教育部发布《一级学科简介》和《博士、硕士学位基本要求》。为贯彻落实《国家中长期教育改革和发展规划纲要(2010—2020年)》"制定教育质量国家标准"的有关要求,实施《关于深化研究生教育改革的意见》,建立健全研究生教育质量监督体系,国务院学位委员会、教育部委托国务院学位委员会第六届学科评议组编写了《一级学科简介》和学术学位《博士、硕士学位基本要求》,印发各研究生培养单位执行。《一级学科简介》

和《博士、硕士学位基本要求》的制订是学位与研究生教育的一项基础性工作，其印发和实施将对保证我国研究生培养和学位授予基本质量，推进研究生教育分类评价，提高学科建设水平，促进学术交流等方面都具有重要作用，也为社会了解研究生教育质量标准，开展质量监督提供了依据。

9 月 6 日

中共上海市教育卫生工作委员会、上海市教育委员会、上海市学位委员会办公室印发《上海市马克思主义理论学科研究生人才培养登峰计划实施方案(试行)》(沪教委德〔2013〕39 号)，启动实施上海市马克思主义理论学科研究生人才培养登峰计划。

9 月 11 日

国务院学位委员会办公室向有关单位反馈了 2012 年开展的对 2010/2011 学年度全国博士学位论文抽检通讯评议的结果，同时反馈了专家对论文的评议意见。

9 月 14 日

上海市日语翻译教与学研究生学术论坛在学校延安西路校区隆重举行，上海市学位办束金龙主任、研究生部舒慧生主任、日本杏林大学、上海外国语大学等 100 余位专家和研究生参加。

9 月 30 日

国务院学位委员会、教育部、国家发展改革委联合下发文件，就进一步加强在职人员攻读硕士专业学位和授予具有研究生毕业同等学力人员硕士、博士学位管理工作提出意见。主要内容有：①加强规范管理，推动在职人员攻读硕士专业学位和授予同等学力人员硕士、博士学位工作健康发展。②端正办学思想，切实保证在职人员培养和学位授予质量。③强化单位责任，确保管理科学规范。④加强政府监管，加大对违规行为处理力度。⑤完善信息服务，加强信息公开和社会监督。⑥加强组织领导，确保各项管理措施落到实处。

11 月 4 日

教育部、人力资源和社会保障部发布《关于深入推进专业学位研究生培养模式改革的意见》(教研〔2013〕3 号)。文件提出要以职业需求为导向，以实践能力培养为重点，以产学结合为途径，建立与经济社会发展相适应，具有中国特色的专业学位研究生培养模式。文件从招生制度、培养方案、课程教学等方面提出了11条改革举措。

11月18日

国务院学位委员会下发通知，决定开展增列硕士专业学位授权点审核工作。本次增列硕士专业学位授权点的类别包括金融、国际商务等36种专业学位；其中，工程硕士专业学位按工程领域进行审核增列。工商管理、建筑学和城市规划等3个硕士专业学位类别不列入本次授权审核范围。本次授权审核实行限额审核、总量控制，根据高等学校的归属情况，分别委托省级学位委员会开展所属院校增列硕士专业学位授权点审核工作。

12月3日

国务院学位委员会、教育部、人力资源和社会保障部联合发文，决定对第三届全国工程硕士专业学位教育指导委员会、第四届全国工商管理硕士专业学位教育指导委员会、第三届全国教育专业学位教育指导委员会、第一届全国社会工作硕士专业学位教育指导委员会进行换届，同时将“全国工程硕士专业学位教育指导委员会”更名为“全国工程专业学位研究生教育指导委员会”，学校朱美芳被聘为第四届全国工程专业学位研究生教育指导委员会委员。

12月4日

第四届上海市学位委员会调整部分组成人员。调整后翁铁慧任上海市学位委员会主任委员，苏明等6人任副主任委员，叶青等22人任委员，桂永浩和陈以一任顾问委员。

2013年，学校在纺织学院和材料科学与工程学院试点硕博一体化长学制研究生培养模式改革。

2013年，学校新设立4个自设二级学科学位点和6个自设交叉学科学位点。

2013年，制订《东华大学博士研究生招生指标动态配置试行办法》，按年度分学院实施，实行包含基本指标、专项指标和调整指标的“博士研究生招生动态分配指标体系”，指标分配向学校重点建设计划、人才计划、重大科研项目以及培养质量高的学院倾斜。

2013年教育部印发《教育部办公厅关于进一步加强推荐优秀应届本科

毕业生免试攻读研究生工作的通知》(教学厅〔2013〕8号),进一步加强推免工作,加强推免生校际交流,提倡不同高校学生交流融合。

2014年

1月29日

国务院学位委员会、教育部下发了《关于加强学位与研究生教育质量保证和监督体系建设的意见》(学位〔2014〕3号),指出要构建以学位授予单位质量保证为基础,教育行政部门监管为引导,学术组织、行业部门和社会机构积极参与的内部质量保证和外部质量监督体系。文件对于如何强化学位授予单位的质量保证,加强教育行政部门的质量监管,充分发挥学术组织、行业部门和社会机构的监督作用提出了原则性意见。随文件还下发了《学位授予单位研究生教育质量保证体系建设基本规范》,在学位授予单位研究生教育目标与学位授予标准、招生管理、培养过程与学位授予管理、导师岗位管理、研究生管理与服务、条件保障与质量监督、质量管理与质量文化等七个方面提出了明确的要求。

1月29日

国务院学位委员会、教育部印发《学位授权点合格评估办法》(学位〔2014〕4号)和《博士硕士学位论文抽检办法》(学位〔2014〕5号),供各学位授予单位遵照执行。《学位授权点合格评估办法》共18条,对学位授权点评估周期、评估方式、评估的组织实施、评估结果的认定和使用等等方面都进行了规定。《博士硕士学位论文抽检办法》共12条,对学位论文抽检比例、抽检方式、评议方式、评议意见的使用等等加以规定。

2月21日

教育部、财政部印发了《普通高等学校研究生国家奖学金评审办法》(教财〔2014〕1号),以确保研究生国家奖学金的评审工作公开、公平、公正地开展。该评审办法共21条,对研究生国家奖学金评审组织机构建立、评审委员会成员构成、评审委员会成员应遵循的原则等等方面内容都进行了说明。

2月24日

教育部学位管理与研究生教育司就继续做好研究生学术交流平台项目管理和实施工作下发通知。通知明确说明从2014年开始,学位管理与研究生教育司不再对全国研究生学术交流平台项目进行审批。各研究生培养单位可以自主决定举办博士生、硕士生学术论坛和研究生暑期学校;举办单位可向参加研究生暑期学校学习并且考核合格者颁发写实性结业证书。

3月

学校颁布了《关于印发〈东华大学研究生奖助体系系列管理办法〉的通知》(东华学〔2014〕3号),系列管理办法包括:《东华大学博士研究生助研津贴管理办法》《东华大学研究生国家助学金管理办法》《东华大学研究生学业奖学金评审办法》《东华大学优秀研究生奖学金评审和荣誉称号授予办法》《东华大学研究生国家奖学金评审办法》。

3月14日

教育部、国务院学位委员会发文批准了《〈中观心论〉及其古注〈思择炎〉对外道思想批判的研究》等100篇学位论文为2013年全国优秀博士学位论文,《汉越语关系语素层次分析》等273篇学位论文为2013年全国优秀博士学位论文提名论文。

3月17日

国务院学位委员会办公室下发通知,就全国学位与研究生教育质量信息平台试运行工作进行说明。该平台是委托教育部学位与研究生教育发展中心建立的,于3月20日—5月20日开始试运行,对各省、自治区、直辖市学位委员会办公室和部分高校开放。学位与研究生教育的部分制度文件、学位授权数据、学位授予数据、学位论文抽检结果等等信息可在该平台查询。

4月2日

上海市教育委员会、上海市学位委员会批准《涵义的形而上学研究》等154篇博士学位论文和《萨特的"意向性"问题》等162篇硕士学位论文为2013年上海市研究生优秀成果(学位论文)。学校6篇博士学位论文获评上海市优秀博士学位论文,12篇硕士学位论文获评上海市优秀硕士学位论文。

4月14日

《亚当·斯密美德思想研究》等4篇博士学位论文和《当代青少年榜样教育有效性新探》等6篇硕士学位论文入选2013年上海市马克思主义理论学科研究生人才培养登峰计划。

5 月 4 日

上海市教育委员会印发《上海市研究生暑期学校项目管理办法(试行)》和《上海市研究生学术论坛项目管理办法(试行)》的通知(沪教委高〔2014〕21 号),以规范和加强上海市研究生暑期学校和学术论坛的实施与管理。

5 月 6 日

上海市学位委员会办公室公布 2014 年上海市研究生暑期学校和学术论坛项目名单。25 个上海市研究生暑期学校和 35 个学术论坛由复旦大学等 27 所高校举办。

5 月 20 日

上海翻译专业学位研究生教育指导委员会成立大会在上海外国语大学举行,上海市教委副主任陆靖及沪上相关高校单位代表出席了此次成立大会,会议由上海市高教处处长何敏娟主持。柴明颎任主任委员,张爱玲任秘书长,共有委员 17 名。秘书处设在上海外国语大学。

5 月 29 日

国务院学位委员会下达了 2014 年审核增列的硕士专业学位授权点及经动态调整撤销的硕士学位授权点名单。此次审核新增了 1209 个专业学位授权点,撤销了 136 个专业学位授权点。被撤销的学位授权点不再招收研究生,待在学研究生毕业后,其学位授予权即予终止。军队学位委员会增列了 86 个专业学位授权点。学校获批增列会计和公共管理 2 个专业学位类别。

6 月 16 日

上海市学位委员会办公室印发通知,决定建立上海市学位与研究生教育质量年度报告发布制度。通知明确了建立发布制度的意义、质量报告的编制要求、质量报告的发布形式等问题。并就质量年度报告的内容要求、支撑数据及数据说明等方面做出规定。

6 月 26 日

国务院学位委员会、教育部下发《关于开展学位授权点合格评估工作的通知》(学位〔2014〕16 号),决定于 2014 年—2019 年开展学位授权点合格评估工作。此次评估的范围是 2008 年以前(含 2008 年)获得授权的学术学位授权点和专业学位授权点;2011 年以二级学科学位授权点为基础增列的一级学科学位授权点;2011 年—2012 年按照《学位授予和人才培养学科目录

(2011年)》对应调整的学术学位授权点和2009年以后批准的其他新增学位授权点。评估工作分为两个阶段,2014年—2019年为学位授予单位自我评估阶段,2019年为教育行政部门随机抽评阶段。随通知还下发了《学位点自我评估指南》,将评估内容、组织方式、评估方式、评估结果、改进提升方案和总结报告等等事项都做了说明。

国务院学位委员会、教育部下发《关于开展2014年学位授权点专项评估工作的通知》(学位〔2014〕17号),决定对2009年—2011年获得授权的学术学位授权点和专业学位授权点进行专项评估。

6月26日

上海市工商管理专业学位研究生教育指导委员会在华东师范大学成立。上海市学位办主任束金龙及沪上相关高校代表出席,向上海MBA教育指导委员会委员颁发了聘书。委员会共25名委员,由13所沪上MBA培养单位推荐。

7月

国务院学位办下发《关于2014年招收在职人员攻读硕士专业学位工作的通知》(学位办〔2014〕18号),其中第八条"招生改革"明确指出:"从2016年起,我办不再组织在职人员攻读硕士专业学位全国联考,除高级管理人员工商管理硕士外,其他类别的在职人员攻读硕士专业学位招生工作,将以非全日制研究生教育形式纳入国家招生计划和全国硕士研究生统一入学考试。"

《关于改进和加强研究生课程建设的意见》(教研函〔2014〕5号)文件精神,强调课程设置与研究生培养目标的适合原则。2014年重构研究生课程库,试行本硕博课程统一编码,满足学生平台选课需求。

7月14日

国务院学位委员会办公室反馈了2013年博士学位论文抽检的通讯评议结果。被随机抽检的论文是2011/2012学年度全国范围内授予的博士学位论文。

9月25日

上海市学位委员会办公室增补上海市大学生科技创业基金会开展研究生创新创业能力培养项目为2014年上海市研究生教育创新计划(第二批)

项目。

11 月 5—6 日

全国研究生教育质量工作会议暨国务院学位委员会第三十一次会议在北京召开。

11 月 7 日

上海市学位委员会、上海市教育委员会发布《上海市硕士学位论文抽检办法》(沪学位〔2014〕9 号)。该办法包括目的意义、组织实施、抽检范围及比例、抽检方式、论文来源、评议要素、评价方法、结果认定、结果反馈、结果使用、纪律要求和附则共 12 条。

11 月 21 日

上海市教育委员会发布《上海高等学校学科发展与优化布局规划(2014—2020 年)》(沪教委高〔2014〕44 号),实施上海高等学校高峰学科和高原学科建设计划,引导高等学校结合经济社会发展需求,按照"国家急需、世界一流、制度先进、贡献重大"的原则,通过重点突破,以点带面,优化上海高等学校学科布局结构,整体提升上海高等学校的学科建设水平。

12 月 4 日

上海艺术专业学位研究生教育指导委员会成立大会在东华大学举行。东华大学刘春红副校长致辞,上海市学位办主任束金龙宣布委员名单并颁发聘书,刘晓刚任主任委员,来自上海 13 所院校和 3 个行业部门的 30 余位专家与会。

12 月 5 日

教育部下发了《关于改进和加强研究生课程建设的意见》(教研〔2014〕5 号)。文件共分十个部分、20 条。在意见中指出,各研究生培养应进一步明确加强研究生课程建设的重要意义和总体要求,强化研究生培养单位的课程建设责任,构建符合培养需要的课程体系,建立规范、严格的课程审查机制,加强研究生选课管理,改进研究生课程教学,完善课程考核制度,提高教师教学能力和水平,加强课程教学管理与监督,强化政策和条件保障。教育部下发了《关于做好研究生担任助研、助教、助管和学生辅导员工作的意见》。意见共 13 条,要求各研究生培养单位要重视发挥"三助一辅"对研究生能力培养的重要作用,强化和落实培养单位的主体责任,建立完善管理服务体系，进一步加强政策配套和条件保障。

12月8日

教育部学位管理与研究生教育司发出通知，决定支持部分研究生培养单位开展研究生课程建设试点工作。通知对试点工作的目的、试点工作的要求、试点工作的组织管理提出了明确要求。上海共有复旦大学、上海交通大学、同济大学、上海财经大学、东华大学、华东政法大学、上海中医药大学等7所高校的7个一级学科入选教育部课程试点工作。

12月16日

上海市学位委员会办公室公布《上海市金融硕士等20种专业学位论文基本要求及评价指标体系(试行)》。

12月18日

上海公共管理专业学位研究生教育指导委员会成立大会在复旦大学举行，成立大会由上海市学位办主任束金龙主持。林尚立任主任委员，顾丽梅任秘书长。

12月22日

中国学位与研究生教育学会成立二十周年纪念大会在北京举行，教育部副部长杜占元出席并讲话。会上对获得首届中国学位与研究生教育学会研究生教育成果奖的项目进行表彰。上海共有东华大学“创新纺织领域全日制专业学位研究生培养模式，培养高层次工程应用型人才”等6个项目获奖。

2014年，第30次东华大学校长办公会议审议通过《东华大学关于选拔硕博连读研究生的办法(修订)》(东华研〔2014〕20号)。

2014年，第22次东华大学校长办公会议审议通过《全国硕士学位研究生招生考试东华大学考点考务工作规定》(东华研〔2014〕15号)。

2014年，学校在5个交叉学科开始招收培养博士生。

2014年，推免生名额不再区分校内和校外，所有推免生名额均可用于向其他招生单位推荐。

2014年起，不断推进外语公共课程改革，开展本硕博贯通设置，出台《东华大学研究生公共英语课程学习要求及选课说明》，打通全日制研究生的英语课程，相应调整课程模块划分、教学内容、学时安排、师资配备等，根据学生的能力水平和未来发展需要，因材施教，提高学生英语应用能力和科技文化素养；明确不同类别和级别的英语课程成绩计算方法，为研究生奖学金评定提供依据。

2015年

1月8日

上海市学位委员会印发《上海市学位授权点动态调整实施方案（试行）》（沪学位〔2015〕1号）。该方案包括指导思想、实施原则、实施方式、保障措施四大方面内容。

2月12日

《他者的意象——杜威、罗素、萨特和哈贝马斯的中国观研究》等4篇博士学位论文和《思想政治教育视域下的"犬儒现象"》等6篇硕士学位论文入选2014年上海市马克思主义理论学科研究生人才培养登峰计划。

3月9日

上海市学位委员会发出《关于开展2015年学位授权点动态调整工作的通知》（沪学位〔2015〕3号），布置学位授权点动态调整工作的原则、范围、办法和工作要求。

3月15日

国务院学位委员会办公室委托教育部学位与研究生教育发展中心开发的"全国学位与研究生教育质量信息平台"面向各单位正式运行使用。该平台是我国学位与研究生教育的一个综合信息平台，具备信息公开、信息共享、信息服务和业务支撑四项基本功能。

3月27日

上海市学位委员会办公室公布2015年上海市研究生教育创新计划实施项目，共有195项，其中研究生公共服务平台项目15个、专业学位改革项目17个、研究生暑期学校29个、研究生学术论坛36个、研究生课程建设项目7个、研究生实践基地建设项目91个，由复旦大学、上海大学等39所高校、科研院所及事业单位承担。

3月—9月

生物医学工程、光学工程两个硕士学位授权点以及翻译硕士、国际商务硕士和工程管理硕士三个专业学位完成专项评估。

4 月 1 日

由各专业学位研究生教育指导委员会编写的、按专业学位类别制订的《专业学位类别(领域)博士、硕士学位基本要求》由高等教育出版社出版。这为学位授予单位制订研究生培养方案和学位授予标准提供了依据,为导师培养学生提供了参考,为教育行政部门开展质量监督提供了标准。

4 月 10 日

学校通过《东华大学学位授权点自我评估工作方案》(东华研〔2015〕13 号)。

4 月 30 日

上海市教育委员会、上海市学位委员会批准《现象学哲学作为严格的构造性科学体系——论胡塞尔的〈观念〉》等 168 篇博士学位论文和《论技能性知识及其"实践——知觉"模型》等 173 篇硕士学位论文为 2014 年上海市研究生优秀成果(学位论文)。学校 7 篇博士学位论文获评上海市优秀博士学位论文,13 篇硕士学位论文获评上海市优秀硕士学位论文。

5 月 7 日

教育部下发《关于加强专业学位研究生案例教学和联合培养基地建设的意见》(教研〔2015〕1 号),对加强专业学位研究生案例教学和联合培养基地建设提出了 17 条意见。

6 月

国务院学位委员会第七届学科评议组成立,学校俞建勇、阎克路被聘为纺织科学与工程学科评议组成员,俞建勇被聘为该组召集人,李炜被聘为该组秘书;朱美芳被聘为材料科学与工程学科评议组成员。

6 月 26 日

国务院学位委员会、教育部印发了《学位证书和学位授予信息管理办法》(学位〔2015〕18 号),规定自 2016 年 1 月 1 日起,学位证书由各学位授予单位自行印制,国务院学位委员会办公室印制的学位证书不再使用。

7 月

吴炯、符谢红的《亲苑养老公司的识人之"惑"与"获"》荣获第六届全国工商管理硕士"百篇优秀教学案例"。

9 月

教育部办公厅发布《教育部办公厅关于做好 2016 年“退役大学生士兵专项硕士研究生招生计划”招生工作的通知》(教学厅〔2015〕9 号),2016 年起,教育部设立“退役大学生士兵专项硕士研究生招生计划”(以下简称“大学生士兵计划”),专门招收退役大学生士兵攻读硕士研究生。2016 年下达学校士兵计划 10 名,报考 2 人。

9 月 18 日

国务院学位委员会办公室向有关学位授予单位反馈了 2014 年博士学位论文抽检通讯评议的结果。今后将通过“全国学位与研究生教育质量信息平台”,公布各学位授予单位“存在问题学位论文”的篇数和比例。

9 月 22 日

上海市学位委员会办公室公布 2014 年硕士学位论文抽检通讯评议结果。共抽检硕士学位论文 2007 篇,其中学术学位论文 1016 篇,专业学位论文 991 篇。经专家评议,认定为“存在问题学位论文”81 篇,“涉嫌存在学术不端学位论文”23 篇。

10 月

学校定向就业博士研究生招收比例,一般不超过招生总数 10%。制定《东华大学 2016 年“申请-考核制”攻读博士学位研究生招生试行办法(指导意见)》。

11 月 10 日

国务院学位委员会下发了《关于开展博士、硕士学位授权学科和专业学位授权类别动态调整工作的通知》(学位〔2015〕40 号)和《博士、硕士学位授权学科和专业学位授权类别动态调整办法》,决定自 2016 年起,将博士、硕士学位授权学科和专业学位授权类别动态调整工作的实施范围扩大到全国。由各省、自治区、直辖市学位委员会和中国人民解放军学位委员会分别根据相关文件精神,组织实施各学位授予单位的学位授权点动态调整工作,并于当年 6 月底前将每年的调整结果报送至国务院学位委员会办公室。同日,国务院学位委员会下达了 2015 年动态调整撤销和增列的学位授权点名单。

12 月 28 日

上海市发布《上海高等教育布局结构与发展规划(2015—2030 年)》(沪

教委发〔2015〕186号），按照人才培养主体功能和承担科学研究类型等差异性，将高校划分为“学术研究、应用研究、应用技术和应用技能”四种类型；按照主干学科门类（本科与研究生）或主干专业大类（专科）建设情况，将高校划分为“综合性、多科性、特色性”三个类别。结合未来高等学校规模与布局，通过分类管理和分类评价引导学校自主明确发展定位，聚焦发展重点，形成以“二维”分类为主的上海高等教育分类管理体系，实现上海高校从“一列纵队”向“多列纵队”发展。引导高校凝练办学特色，聚焦发展重点，避免过度分散资源、过多设置缺乏相互联系和支撑的学科专业，立足学校定位在各自领域追求一流。

《关于设立研究生培养指导委员会的实施办法》（东华研函〔2015〕3号），2015年，根据国家要求，学校在学院层面设置研究生培养指导委员会，替代研究生工作指导小组。

11月—12月

完成了29个一级学科学位授权点、3个专业学位授权点（其中含17个工程硕士专业学位授权点）的预评估工作。

2015年，学校增设2015级推免生奖学金，2016年10月，印发《东华大学推荐免试研究生奖学金评审办法》（东华学〔2016〕7号），录取的推免生均可获得1万元/人的推免生奖学金，推荐阶段综合评分前10%的本校毕业推免生可获得2万元/人的国家奖学金。该政策执行至2021年。

2015年，东华大学研究生督学组被评为上海教育系统关心下一代工作“示范特殊项目”。

2016年

1月8—9日

国务院学位委员会第三十二次会议在北京召开。

3月4日

教育部通报了部属非中管高校工商管理硕士（MBA）专业学位研究生教育专项调查和自查自纠的情况。对10所部属非中管高校工商管理硕士（MBA）专业学位研究生教育进行了专项调查，对42所部属非中管高校部署了MBA教育专项自查自纠工作。通报中列出了专项调查中发现的主要问题：①违反政治纪律和政治规矩问题；②花钱买文凭问题；③未经批准私自出国（境）游学问题；④以各种名目违规领取费用问题；⑤财务管理不规范问题；⑥教学管理不严问题。通报中分析了产生问题的原因，说明了核查问责整改情况，并对下一步工作进行了安排。

3 月

教育部发布《关于进一步规范工商管理硕士专业学位研究生教育的意见》（教研〔2016〕2 号），提出对工商管理硕士专业学位研究生教育加强规范管理和监督，同时指出：从 2017 年起，高级管理人员工商管理硕士（EMBA）统一纳入全国硕士研究生考试招生，统一划定工商管理硕士专业学位（MBA）分数线，自 2016 年 12 月 1 日起，不再自行组织高级管理人员工商管理硕士专业学位研究生招生考试。

3 月 15 日

上海市学位委员会发出《关于印发〈上海市学位授权点动态调整实施方案〉的通知》（沪学位〔2016〕2 号），明确该项工作的实施原则、调整范围及工作规程等。

3 月 16 日

国务院学位委员会公布了 2014 年学位授权点专项评估结果。此次专项评估结果由国务院学位委员会第三十二次会议审议通过，共有 41 个研究生培养单位的 4 个博士学位授权点、4 个硕士学位授权点和 42 个专业学位授权类别（领域）的评估结果为“不合格”。评估结果为“合格”的学位授权点，可继续行使学位授权。

3 月 22 日

教育部印发《关于进一步规范工商管理硕士专业学位研究生教育的意见》（教研〔2016〕2 号）。为促进工商管理硕士专业学位研究生教育健康发展，提出了以下意见：①坚持正确办学方向，准确把握办学定位；②严控招生计划，严守招生纪律；③强化队伍建设，提高师资水平；④严格教学管理，规范实践教学；⑤合规合理定价，依规依法收费；⑥加强财务管理，防范廉政风险；⑦加强组织领导，强化监督落实。

4 月

全国专业学位水平评估试点工作启动，根据“先试点、后推广”的原则，选取法律、教育、临床医学(不含中医)、口腔医学、工商管理、公共管理、会计、艺术(音乐领域)等8个专业学位类别进行试点评估。

5月11日

上海市学位委员会第五届组成人员名单正式发布。其中翁铁慧任主任委员,陆靖、郭为禄、许宁生、林忠钦、钟志华、张旭为副主任委员,郭为禄兼任秘书长。杨玉良、桂永浩、陈以一为顾问委员。

6月2日

《评价论视角下的网络民意表达与公共决策》等4篇博士学位论文和《当代中国村民自治问题调查研究——以四川简阳店子村和浙江温州良园村为个案》等6篇硕士学位论文入选2015年上海市马克思主义理论学科研究生人才培养登峰计划。

6月6日

学校发布《关于印发〈东华大学学位授权点动态调整实施办法〉的通知》(东华研〔2016〕15号)。

6月14日

国务院学位委员会、教育部、人力资源和社会保障部调整全国社会工作专业、工程专业学位研究生教育指导委员会成员,同时对任期已满的全国金融等28个专业学位研究生教育指导委员会进行换届。学校冯信群被聘为第三届全国艺术专业学位研究生教育指导委员会委员。

6月14日

上海市教育委员会、上海市学位委员会批准《事实、真理与符合》等190篇博士学位论文和《贝克莱"两种性质"理论探析》等227篇硕士学位论文为2015年上海市研究生优秀成果(学位论文)。学校7篇博士学位论文获评上海市优秀博士学位论文,7篇硕士学位论文获评上海市优秀硕士学位论文。

6月14日

上海市学位委员会办公室公布2016年上海市研究生教育项目名单。资助复旦大学等33家单位的270个项目,其中案例库建设项目1个、高校自主综合改革项目132个、公共服务平台6个、教育硕士专业学位改革试点项目3个、临床医学专业学位改革试点项目17个、深化专业学位教育综合改革项目6个、实践基地建设项目59个、示范级实践基地建设项目40个、研究生教育质量保障项目 4 个、研究生教育专项改革项目 1 个、研究生学术论坛项目 1 个。

6 月 27 日

上海市学位委员会办公室批准 12 个 2016 年上海市研究生教育综合改革项目(第二批),由复旦大学等 12 家单位承担,其中课程建设试点项目 7 个、研究生教育综合改革项目 5 个。

8 月 2 日

上海市学位委员会第二十二次会议在上海市政府召开。审议通过《上海市学位委员会工作条例(修订草案)》和《上海市学位委员会学科评议组章程(修订草案)》;审议通过上海市学位委员会第五届学科评议组成员名单和上海市统筹增列博士、硕士学位点名单。

8 月 10 日

上海市学位委员会公布《上海市学位委员会工作条例》(22 次会议修订),新的工作条例分 16 条。上海市学位委员会发布新修订的《上海市学位委员会学科评议组章程》,新的章程分 12 条。

9 月 12 日

国务院学位委员会办公室印发了《关于开展 2016 年学位证书制发工作检查的通知》,要求各省级学位办对本地区(本系统)学位授予单位证书制发工作进行自查和总结。

9 月 14 日

教育部办公厅下发《关于统筹全日制和非全日制研究生管理工作的通知》,规定 2016 年 12 月 1 日后录取的研究生从培养方式上按全日制和非全日制形式加以区分。通知指出,从 2017 年起,教育部会同国家发展改革委按全日制和非全日制两类分别编制和下达全国博士、硕士研究生招生计划;今后将统一组织实施全日制和非全日制研究生的招生录取工作;全日制和非全日制研究生教育要达到同一质量标准;同时要做好全日制和非全日制研究生学历学位证书的管理工作。

9 月 23 日

国务院学位委员会下达了 2016 年动态调整撤销和增列的学位授权点名单,本次动态调整共撤销博士学位授权点 51 个,硕士学位授权点 525 个;增列博士学位授权点32个，硕士学位授权点335个。

10月

学校自主增列金融硕士专业学位获批。

10月

教育部等六部门在1999年发布的《关于普通高等学校招收和培养香港特别行政区、澳门地区及台湾省学生的暂行规定》基础上，制定《普通高等学校招收和培养香港特别行政区、澳门特别行政区及台湾地区学生的规定》(教港澳台〔2016〕96号)，进一步促进内地(祖国大陆)与香港特别行政区、澳门特别行政区以及台湾地区(以下简称港澳台)高等教育交流与合作，规范对港澳台学生的招生管理和服务。2017年学校招收港澳台硕士研究生1名，2019年招收港澳台硕士研究生2名。

按照教育部办公厅《关于2017年全国硕士研究生招生计划初步安排方案的通知》(教发厅〔2016〕7号)中“2017年硕士生招生计划……非全日制招生计划以2016年各招生单位实际录取的在职人员攻读硕士专业学位研究生(单证)规模为基数”的标准，学校2017年下达非全日制招生计划240名，实际录取206名。

11月5日

上海市新能源新材料研究生学术论坛在学校松江校区隆重举行，上海市学位办束金龙主任、研究生部舒慧生主任、日本杏林大学、上海外国语大学等100余位研究生参加。

11月25日

国务院学位委员会、教育部、国家保密局联合下发了《涉密研究生与涉密学位论文管理办法》(学位〔2016〕27号)。该办法分为总则、涉密研究生管理、涉密学位论文的定密与管理、涉密研究生的权益保障、奖励与处罚和附则共六章。

2016年，学校通过动态调整撤销了工业工程专业学位硕士点，同步增列了金融专业学位硕士点。

2016—2017年，为加强研究生规范化管理，形成科学合理的培养方案体系，学校对博士研究生培养方案开展专家论证。

2017 年

1 月 16 日

上海市学位委员会办公室公布 2015 年硕士学位论文抽检结果。全市范围共抽检硕士学位论文 2320 篇(其中学术学位论文 1301 篇,专业学位论文 1019 篇)。经专家评议,认定“合格”2244 篇,认定“存在问题”76 篇(其中学术学位 19 篇,专业学位 57 篇)。

1 月 17 日

教育部、国务院学位委员会印发了《学位与研究生教育发展“十三五”规划》(教研〔2017〕1 号)。规划共分为序言、发展思路和目标、发展改革任务、保障措施四个部分,勾勒出我国 2020 年以前学位与研究生教育改革发展的路线图。

1 月 23 日

国务院学位委员会第三十三次会议在北京召开。

1 月 24 日

教育部、财政部、国家发展改革委发布《关于印发〈统等推进世界一流大学和一流学科建设实施办法(暂行)〉的通知》(教研〔2017〕2 号),从总则、遴选条件、遴选程序、支持方式、动态管理、组织实施、附则七个方面提出明确要求。

3 月 3 日

教育部办公厅印发了《学位与研究生教育发展“十三五”规划任务分工方案》的通知,要求有关单位认真贯彻落实。

3 月 13 日

国务院学位委员会印发了《博士硕士学位授权审核办法》(学位〔2017〕9 号),该办法分为总则、组织实施、新增博士硕士学位授予单位审核、新增博士硕士学位点审核、自主审核单位新增学位点审核、质量监管、附则等七章,共 35 条,对博士、硕士学位授权审核工作进行了具体规定。

3 月 17 日

国务院学位委员会下发通知,决定 2017 年开展博士硕士学位授权审核工作。2017 年博士硕士学位授权审核分为新增博士硕士学位授予单位审核、学位授予单位新增博士硕士一级学科与专业学位类别审核、自主审核单位确定。

5 月 3 日

上海市学位委员会办公室批准 2017 年上海市研究生教育项目 189 个，其中专业学位研究生示范级实践基地项目 32 个、教育部研究生课程建设配套项目 3 个、紧缺医学人才培养专项 4 个、临床医学博士专培项目(5+3+X)3 个、研究生创新实践活动项目 1 个、研究生教育公共服务平台 7 个、研究生教育专项改革 2 个、研究生课程建设 51 个、研究生暑期学校 33 个、研究生学术论坛 43 个、研究生质量保障项目 2 个、长三角研究生学术论坛 1 个、专业学位教指委 6 个、专业学位研究生教育综合改革 1 个。由复旦大学等 34 家单位承担。

5 月 10 日

上海市学位委员会办公室委托上海市教育评估院组织专家，对金融硕士等 36 种专业学位论文基本要求及评价指标体系进行了修订，并对新增的中医硕士专业学位论文的基本要求及评价指标体系进行研制。将研制完成的 37 个《上海市硕士专业学位论文基本要求和评价指标体系》作为各高校开展专业学位研究生学位论文的指导、管理及评价工作的重要参考。

5 月 19 日

国务院学位委员会下发通知，对《博士、硕士学位授权学科和专业学位授权类别动态调整办法》进行了适当调整，强调了省级学位委员会对动态调整工作的统筹指导，对调整标准、调整范围予以进一步明确，同时规定了今后动态调整工作的时间安排。各地共申请撤销博士学位授权点 18 个、硕士学位授权点 322 个；增列博士点 18 个，硕士点 166 个。

5 月 31 日

上海市学位委员会发布《上海市 2017 年新增博士硕士学位授权点申报指南》，提出鼓励新增的学术学位一级学科 52 个、专业学位类别 15 个；调控新增的学术学位一级学科 41 个、专业学位类别 4 个。同时发布工作实施方案。

7 月 28 日

教育部办公厅下发通知，决定对有关部属高校高级管理人员工商管理硕士(EMBA)及其他专业学位研究生教育(单证)开展自查自纠工作。自查自纠的内容是：学校开展 EMBA 教育以来的有关情况；2012 年以来，学校其他专业学位研究生教育有关情况。

9月8日

《任期制背景下的党代表问题研究》等3篇博士学位论文和《榜样教育探析》等6篇硕士学位论文入选2016年上海市马克思主义理论学科研究生人才培养登峰计划。

9月20日

教育部、财政部、国家发展改革委公布世界一流大学和一流学科(简称"双一流")建设高校及其建设学科名单,其中一流大学建设高校42所(A类高校36所,B类高校6所);一流学科建设高校95所,建设学科点465个。复旦大学、上海交通大学、同济大学和华东师范大学4所高校入选一流大学建设高校(A类),东华大学、华东理工大学、上海外国语大学等10所高校入选一流学科建设高校。14所高校一共入选57个一流学科。

10月20日

上海市金融专业学位研究生教育指导委员会成立大会在复旦大学举行。李军任主任委员、张金清任常务副主任委员,束金龙等5人任副主任委员,张纵新任秘书长。委员共有25名。

10月23日

上海市学位委员会第二十三次会议在上海市政府召开。审议2017年上海学位授权审核工作报告,表决产生新增博士、硕士学位授予单位推荐名单和新增博士、硕士学位授权点推荐名单;通报申请学位授权自主审核单位有关情况和2017年上海市学位授权点动态调整有关情况。

10月25—31日

全国组织1145名专家对新增博士学位授权点进行通讯评议。

10月27日

国务院学位办召开专家会议,对新增博士、硕士学位授予单位、自主审核单位进行复审。

12月27日

上海市教育委员会专门下发通知,从加强组织领导、完善工作规范、加强安全保密管理、严格考场管理、加强专家库建设、严格回避承诺制度、完善监督机制七个方面对2018年上海市艺术类研究生考试招生工作提出明确要求。

12 月 28 日

教育部学位与研究生教育发展中心发布了全国第四轮学科评估结果。公布评估结果旨在为参评单位了解学科优势与不足、促进学科内涵建设、提高研究生培养质量提供客观信息；为学生选报学科、专业提供参考；同时也便于社会各界了解我国高校和科研单位学科内涵建设的状况和成效。共有513 个单位的 7449 个学科参评，参评率比第三轮增长 76%，全国具有博士学位授予权的学科有 94%申请参评。评估结果按“分档”方式呈现。全国高校共有 710 个学科进入“A”级别的档次，其中 A+档 210 个，A 档 156 个，A-档 344 个。上海高校学科入选情况总体良好，进入“A”档的有 91 个，其中A+档 26 个、A 档 27 个、A-档 38 个。分布在 16 所高校，其中：8 所部属高校、1 所解放军所属高校，另外 7 所为市属高校。

2017 年，停止定向就业博士研究生招生。对《东华大学博士研究生招生指标动态配置试行办法》进行适当调整。纺织学院和材料科学与工程学院首次试行“申请-考核”制招生。

2017 年起，学校全面开设“科学素养概论”作为公共必修课程。

2018 年

1 月 17 日

教育部印发《关于全面落实研究生导师立德树人职责的意见》(教研〔2018〕1 号)，共有 18 条，分为五个部分，分别是：指导思想和总体要求、强化研究生导师基本素质要求、明确研究生导师立德树人职责、健全研究生导师评价激励机制、强化组织保障。努力造就一支有理想信念、道德情操、扎实学识、仁爱之心的研究生导师队伍。

1 月 17 日

教育部印发《教育部关于规范直属高校领导班子成员指导研究生若干事项的通知》(教研〔2018〕2 号)，对教育部直属高校领导班子成员指导研究生的各方面事项提出了具体要求。

1 月 29—30 日

国务院学位委员会第三十四次会议在北京召开。

1 月 31 日

上海市学位委员会办公室公布 2018 年上海市研究生教育创新计划实施项目名单，共批准研究生暑期学校 27 个、研究生学术论坛 27 个、研究生创新能力培养公共平台 1 个、学术学位-创新能力项目 1 个，专业学位-案例项目 1 个，专业学位-改革项目 40 个，研究生教育质量保障项目 10 个，课程建设项目 23 个，实践基地项目 85 项，由复旦大学等 35 所高校承担。

上海市学位委员会办公室公布 2015 年至 2016 年硕士学位论文抽检结果。全市范围抽检硕士学位论文 2125 篇（其中学术学位论文 1014 篇，专业学位论文 1111 篇）。经专家评议，认定“合格”2093 篇，认定“存在问题”32 篇（其中学术学位 8 篇，专业学位 24 篇），6 篇论文涉嫌存在学术不端。

3 月

按照《教育部办公厅关于做好硕士研究生招生调剂工作的通知》（教学厅函〔2018〕14 号）要求，学校严格执行招生政策，规范调剂工作程序，招收调剂考生，外校调剂和校内调剂都通过调剂服务系统进行。

3 月 14 日

国务院学位委员会、教育部印发《关于对工程专业学位类别进行调整的通知》（学位〔2018〕7 号），决定对工程专业学位类别进行调整。为统筹工程硕士和工程博士专业人才培养，将工程专业学位类别调整为电子信息（代码 0854）、机械（代码 0855）、材料与化工（代码 0856）、资源与环境（代码 0857）、能源动力（代码 0858）、土木水利（代码 0859）、生物与医药（代码 0860）、交通运输（代码 0861）8 个专业学位类别。工程硕士领域中的项目管理、物流工程、工业工程 3 个领域调整到工程管理专业学位类别（代码 1256）。调整后的 8 个专业学位类别分为硕士、博士两个层次。工程专业学位类别（代码 0852）待相关学位授权点对应调整完成后不再保留。

3 月 15 日

教育部办公厅发出了关于做好硕士研究生招生调剂工作的通知。文件从进一步提高思想认识，改进调剂工作作风；严格执行招生政策，规范调剂工作程序；升级优化调剂系统，提升调剂工作效率和加强工作检查问责，强化调剂工作监管等四个方面提出了明确要求。

3 月 22 日

国务院学位委员会印发了《关于下达 2017 年审核增列的博士、硕士学位授权点名单的通知》(学位〔2018〕9 号)。此次印发的名单包括已有博士学位授权二级学科新增为博士学位授权一级学科名单、新增博士学位授权一级学科名单、新增博士专业学位授权点名单、已有硕士学位授权二级学科新增为硕士学位授权一级学科名单、新增硕士学位授权一级学科名单和新增硕士专业学位授权点名单。学校新增 3 个一级学科博士点,5 个一级学科硕士点;新增先进制造工程博士专业学位点,应用统计、新闻与传播 2 个硕士专业学位点。

4 月 19 日

教育部公布更新后的学位授予和人才培养学科目录。目录包括 13 个门类、111 个一级学科、47 个专业学位类型,其中博士专业学位 13 个。

5 月

首次招收先进制造专业学位博士研究生 15 人。

5 月 4 日

国务院学位委员会办公室转发了全国工程专业学位研究生教育指导委员会起草的《关于制订工程类硕士专业学位研究生培养方案的指导意见》,指导意见自 2018 级工程类硕士专业学位研究生开始执行,往届工程类硕士专业学位研究生的培养方案可参照此指导意见做相应调整。原《关于制订在职攻读工程硕士专业学位研究生培养方案的指导意见》(学位办〔1999〕7 号)及《关于制订全日制工程硕士研究生培养方案的指导意见》(学位办〔2009〕23 号)终止执行。

5 月 4 日

国务院学位委员会办公室转发了全国工程专业学位研究生教育指导委员会制订的《工程类博士专业学位研究生培养模式改革方案》及说明,方案自 2018 级工程类博士专业学位研究生开始执行,往届工程类博士专业学位研究生的培养模式可参照此方案做相应调整。该方案对工程类博士专业学位研究生培养目标,培养方式,招生对象,工程类博士专业学位获得者应具备的知识、能力和素质,学位论文要求,质量保障与监督等六个方面都进行了说明和规定。

5月4日

国务院学位委员会办公室印发文件，委托国务院学位委员会学科评议组和全国专业学位研究生教育指导委员会编写《研究生核心课程指南》。通知对《研究生核心课程指南》的编写目的、编写要求、支持保障、时间安排等相关事项进行了说明。

5月7日

国务院学位委员会、教育部印发《关于进一步发挥国务院学位委员会学科评议组和专业学位研究生教育指导委员会作用的意见》，对进一步发挥学科评议组和专业学位研究生教育指导委员会的作用提出了把握政治方向、强化职责作用、完善工作机制、严守纪律规矩、加强支持力度等五个方面的18条意见。

5月10日

国务院学位委员会办公室发出通知，要求国务院学位委员会学科评议组、全国专业学位研究生教育指导委员会编写《一级学科(专业学位类别)发展报告》。文件中对报告的编写提出了具体要求，同时给出了《一级学科发展报告》和《专业学位类别发展报告》的编写提纲。

6月13日

国务院学位委员办公室发布《关于学位授权点合格评估有关事项的通知》(学位办〔2018〕25号)，明确要求学校有45个学位授权点需提交参评材料。其中，马克思主义哲学、科学技术哲学、世界经济、动力工程及工程热物理4个硕士学位授权点已于2018年6月提交上级主管部门申请动态调整，故实际参评学位授权点共计41个。

8月8日

教育部、财政部、国家发展改革委印发《关于高等学校加快"双一流"建设的指导意见的通知》(教研〔2018〕5号)，就加快"双一流"建设，实现高等教育内涵式发展、全面提高人才培养能力，提高我国高等教育整体水平提出明确意见。

8月20日

教育部办公厅发出通知，决定开展全国高校"百个研究生样板党支部"创建和"百名研究生党员标兵"评选工作。该项活动面向全国高校，遴选创建100个研究生样板党支部，推荐产生100名研究生党员标兵，辐射带动全国高校研究生党建工作的开展。此项活动每两年开展一次。

8月24日

教育部办公厅下达了2019年“退役大学生士兵”专项硕士研究生招生计划。2019年全国共安排“退役大学生士兵计划”5000人，由北京大学、清华大学等455所普通高等学校承担。

8月30日

国务院学位委员会办公室发出通知，要求对已有的工程硕士、博士专业学位授权点进行对应调整。

11月17日

上海市教育委员会发布《关于进一步加强研究生培养质量保障体系建设，切实提高学位论文质量的通知》(沪教委高〔2018〕76号)，从四个方面提出要求，以促进研究生导师师德师风与科学道德和学风建设，加强上海市研究生培养质量保障体系建设，切实提高学位论文质量。

2018年，公共管理和会计两个硕士专业学位完成专项评估。

2018年，国务院学位委员会与教育部启动工程专业学位类别调整工作。经申报，学校获批机械、能源动力两个博士专业学位授权点，7个硕士专业学位授权点。

2018年，为提高博士研究生培养质量，深化研究生改革，2018年工程专业学位博士学制改为4年；2019年，学术学位博士研究生学制改为4年。

2018年，学校通过动态调整撤销了“动力工程及工程热物理”一级硕士学位点与“世界经济”“马克思主义哲学”“科学技术哲学”二级硕士学位授权点。

2018年，全国专业学位水平评估结果公布，学校唯一参评专业学位MBA获评B类(25%—35%)。

2019年

1月25日

教育部办公厅公布了首批高校“百个研究生样板党支部”“百名研究生党员标兵”创建名单。此次活动经组织推荐、专家通讯评审、教育部党建工作领导小组成员单位集中审议、结果公示，遴选产生了北京大学心理与认知科学学院学硕党支部等97个研究生样板党支部，评选出陈善恩等100名研究生党员标兵。

2月26日

教育部办公厅下发《关于进一步规范和加强研究生培养管理的通知》（教研厅〔2019〕1号），要求切实落实质量保证主体责任，突出立德树人根本任务，严格执行培养制度，狠抓学位论文和学位授予管理，加强导师队伍建设，健全预防和处置学术不端的机制。教育行政部门将加强督导监管责任，强化学位论文抽检结果使用，加大评估力度和对问题单位的惩戒力度。

2月26日

教育部办公厅印发《关于进一步规范和加强研究生考试招生工作的通知》（教学厅〔2019〕2号），对研究生考试招生工作提出六点要求：严格考试组织管理，维护教育公平公正；切实规范复试工作，强化能力素质考核；加强调剂工作管理，提升招生服务水平；坚持择优录取，确保招生质量；深入落实信息公开，确保招生工作规范透明；加强组织领导，强化监督检查。

4月2日

国务院学位委员会、教育部下发《关于开展学位授权点合格评估抽评工作的通知》（学位〔2019〕2号），部署学位授权点合格评估抽评工作。2014年开展合格评估的学位授权点，除工程类别专业学位授权点、已经国务院学位委员会审批同意撤销的学位授权点、已上报的拟撤销或调整的学位授权点外，其他自评结果为“合格”的学位授权点均纳入抽评范围。具有博士学位授权的学位授权点抽评由国务院学位委员会办公室组织实施，确定抽评博士点名单，委托国务院学位委员会学科评议组和全国专业学位研究生教育指导委员会开展评估。未获得博士学位授权的硕士学位授权点抽评由各省级学位委员会组织实施。军队系统的博士、硕士学位授权点抽评由中国人民解放军学位委员会组织实施。未开展自我评估的学位授权点，视为自动放弃学位授权，按不合格学位授权点认定，不纳入抽评范围。

4月2日

国务院学位委员会、教育部下发了《关于开展2019年学位授权点专项评估工作的通知》，对2015年获得授权且未调整的学位授权点进行评估。评估工作由国务院学位委员会办公室负责，委托国务院学位委员会学科评议组和全国专业学位研究生教育指导委员会组织实施，主要检查学位授权点研究生培养体系和内部质量保证体系的完备性，以及研究生培养全过程管理执行情况，包括师资队伍（队伍结构、导师水平、师德师风）、人才培养（招生选拔、培养方案、课程教学、学术训练或实践教学、学位授予）和质量保证（制度建设、过程管理、学风教育）等。国务院学位委员会根据评估结果，对参评点分别做出继续授权、限期整改或撤销学位授权的处理决定。

4月9日

国务院学位委员会第三十五次会议在北京召开。

5月6日

国务院学位委员会下达了工程硕士、博士专业学位授权点对应调整的名单。通知中还规定，2019年招生及已入学的工程硕士、工程博士研究生仍按调整前的工程领域进行培养和学位授予。自2020年起，按照调整后的专业学位类别进行招生、培养和学位授予。

国务院学位委员会、教育部发布《关于下达2018年学位授权点专项评估结果及处理意见的通知》（学位〔2019〕15号）。

国务院学位委员会下达了2018年动态调整撤销和增列的学位授权点名单。此次调整中，共撤销了489个学位授权点，增列了218个学位授权点。

上海市教育委员会发布《关于公布上海高等学校一流研究生教育引领计划首批入选项目名单的通知》，学校以“聚焦一流拔尖创新人才培养，构建一流研究生教育培养体系”为主题，成为上海高等学校一流研究生教育引领计划首批入选项目。

6月

学校成立东华大学第八届学位评定委员会，由俞建勇任主任委员，舒慧生、江莞任副主任委员，累计27人担任委员。

6月3日

国务院学位委员会、教育部、人力资源社会保障部发布《关于修订〈专业学位研究生教育指导委员会工作规程〉的通知》（学位〔2019〕17号）。

7月9日

国务院学位委员会印发了《学士学位授权与授予管理办法》（学位

〔2019〕20号)。《学士学位授权与授予管理办法》共有总则、学位授权、学位授予、管理与监督、附则等五章二十六条,规定了学士学位授权与授予工作,以确保学士学位授予质量。2022年起所有单位按该管理办法执行。

11月5日

国务院学位委员会、教育部、人力资源和社会保障部联合印发文件,完成了社会工作、教育、工程、军事、工商管理等5个专业学位研究生教育指导委员会的换届工作,公布了该5个专业学位研究生教育指导委员会新一届成员名单。学校朱美芳被聘为第五届全国工程专业学位研究生教育指导委员会委员。

12月30日

教育部办公厅、中共中央组织部办公厅、人力资源和社会保障部办公厅、公安部办公厅、国务院国资委办公厅联合印发《教育部办公厅等五部门关于进一步做好非全日制研究生就业工作的通知》(教研厅函〔2019〕1号),要求各部门和单位在非全日制研究生就业工作中,要强化就业权益保护、加强就业指导服务、加强政策宣传引导。

2019年,自主增列"系统科学"一级学科硕士点并获批。

2019年,学校首次招收设计学博士研究生8名。

2019年,学校通过了《东华大学博士研究生招生复试与录取办法》(东华研〔2019〕11号)、《东华大学招收攻读硕士学位研究生复试及录取办法》《东华大学硕士研究生招生复试与录取办法》(东华研〔2019〕4号)、《东华大学博士、硕士研究生命题工作要求》《东华大学研究生招生入学考试评卷规则》、《东华大学硕士研究生招生考试自命题工作管理办法》(东华研〔2019〕19号)。

2019年起,根据《教育部办公厅关于进一步规范和加强研究生培养管理的通知》(教研厅〔2019〕1号)文件的要求为加强学术规范和学术道德教育,把论文写作指导课程作为必修课纳入研究生课程体系。

2020年

1月21日

教育部、国家发展改革委、财政部印发《关于"双一流"建设高校促进学科

融合 加快人工智能领域研究生培养的若干意见》的通知(教研〔2020〕4 号)。

2 月 27 日

教育部应对新型冠状病毒肺炎疫情工作领导小组办公室发出《关于做好 2020 年上半年毕业研究生学位授予相关工作的通知》(教研厅函〔2020〕1 号),从稳妥做好春季毕业研究生学位授予相关工作,系统谋划夏季毕业研究生学位授予相关工作,压实各方责任确保学位授予相关工作有序开展三个方面提出明确要求。

4 月

学校首次以"申请-考核"制在 9 个学院招收机械及能源动力专业学位博士研究生,博士招生复试首次探索网络远程在线笔试的统一考试。

4 月

学校试点推行硕士研究生招生指标动态分配。受新冠疫情影响,复试采用 ZOOM 平台在线远程考核,严格遵守"三随机",随机确定考生复试次序,随机抽取复试试题,随机分配各组复试导师。

4 月 13 日

国务院学位委员会、教育部下达了 2014 年—2019 年学位授权点合格评估结果及处理意见。2411 个抽评学位授权点中,8 个学位授权点被撤销学位授权,37 个学位授权点应限期整改,撤销 2 个单位的硕士学位授权。

4 月 13 日

国务院学位委员会、教育部下达了 2019 年学位授权点专项评估结果及处理意见,64 个参评学位授权点为"合格",继续行使学位授权。

5 月 6 日

教育部办公厅就做好 2020 年招收攻读博士学位研究生工作下发通知,要求各招生单位按照健康第一、公平至上、质量为先的要求,在省级高校招生委员会的统一领导下,统筹考虑当地疫情防控要求和学校学科专业特点,因地因校制宜,自主确定本地本单位博士研究生考试招生工作办法,科学设计考核内容,严格考试招生组织管理,加强政策宣传解读和考生咨询服务,强化省级教育行政部门、招生考试机构属地责任和招生单位主体责任,严格落实疫情防控工作要求,切实稳妥做好 2020 年博士研究生考试招生工作。

7 月

学校通过了对部分硕士研究生学制的改革。理学硕士(除人文学院)学制改为 3 年,2021 年起工学硕士学制改为 3 年,2022 年起工程类专业学位硕士学制改为 3 年。

7 月 29 日

全国研究生教育会议在北京召开,本次会议以视频会议形式进行。中共中央总书记、国家主席、中央军委主席习近平就研究生教育工作作出重要指示,指出中国特色社会主义进入新时代,即将在决胜全面建成小康社会、决战脱贫攻坚的基础上迈向建设社会主义现代化国家新征程,党和国家事业发展迫切需要培养造就大批德才兼备的高层次人才。习近平强调,研究生教育在培养创新人才、提高创新能力、服务经济社会发展、推进国家治理体系和治理能力现代化方面具有重要作用。各级党委和政府要高度重视研究生教育,推动研究生教育适应党和国家事业发展需要,坚持“四为”方针,瞄准科技前沿和关键领域,深入推进学科专业调整,提升导师队伍水平,完善人才培养体系,加快培养国家急需的高层次人才,为坚持和发展中国特色社会主义、实现中华民族伟大复兴的中国梦作出贡献。中共中央政治局常委、国务院总理李克强作出批示指出,研究生教育肩负着高层次人才培养和创新创造的重要使命,是国家发展、社会进步的重要基石。改革开放以来,我国研究生教育实现了历史性跨越,培养了一批又一批优秀人才,为党和国家事业发展作出了突出贡献。要坚持以习近平新时代中国特色社会主义思想为指导,认真贯彻党中央、国务院决策部署,面向国家经济社会发展主战场、人民群众需求和世界科技发展等最前沿,培养适应多领域需要的人才。深化研究生培养模式改革,进一步优化考试招生制度、学科课程设置,促进科教融合和产教融合,加强国际合作,着力增强研究生实践能力、创新能力,为建设社会主义现代化强国提供更坚实的人才支撑。中共中央政治局委员、国务院副总理孙春兰出席会议并讲话。她表示,要深入学习贯彻习近平总书记关于研究生教育的重要指示精神,全面贯彻党的教育方针,落实立德树人根本任务,以提升研究生教育质量为核心,深化改革创新,推动内涵发展。把研究作为衡量研究生素质的基本指标,优化学科专业布局,注重分类培养、开放合作,培养具有研究和创新能力的高层次人才。加强导师队伍建设,针对不同学位类型完善教育评价体系,严格质量管理、校风学风,引导研究生教育高质量发展。

7月29—30日

国务院学位委员会第三十六次会议在北京召开。审议通过了《国务院学位委员会第八届学科评议组成员名单》等重要事项。

8月25日

教育部办公厅印发了教育部党组书记、部长陈宝生同志在全国研究生教育会议上的总结讲话。陈宝生同志在讲话中对学习贯彻习近平总书记重要指示、李克强总理重要批示、孙春兰同志的讲话和落实全国研究生教育会议精神提出了要求,同时指出研究生教育要过认识关、要过方向关、要过质量关、要过机制关、要过评价关。认为这"五关",是新时代研究生教育发展的五个关键环节,是建设研究生教育强国道路上必须克服的五大难题、必须跨过的五大关卡。

9月4日

教育部、国家发展改革委、财政部联合印发《关于加快新时代研究生教育改革发展的意见》(教研〔2020〕9号)。文件包含6个部分共28条,即:总体要求;加强思想政治工作,健全"三全育人"机制;对接高层次人才需求,优化规模结构;深化体制机制改革,创新招生培养模式;全面从严加强管理,提升培养质量;切实加强组织领导,完善条件保障。

9月22日

教育部联合国家发展改革委、财政部召开新闻发布会,正式发布《教育部国家发展改革委财政部关于加快新时代研究生教育改革发展的意见》,介绍文件制定背景、主要内容以及落实全国研究生教育会议精神加快高层次人才培养十大专项行动情况。

9月24日

教育部印发了《教育部关于加强博士生导师岗位管理的若干意见》(教研〔2020〕11号),从严格岗位政治要求、明确导师岗位权责、健全岗位选聘制度、加强导师岗位培训、健全考核评价体系、建立激励示范机制、健全导师变更制度、完善岗位退出程序、规范岗位设置管理、完善监督管理机制等十个方面对博士生导师岗位管理加以规范。

9月25日

国务院学位委员会、教育部印发了《关于进一步严格规范学位与研究生教育质量管理的若干意见》(学位〔2020〕19号),要求强化落实学位授予单位质量保证主体责任、严格规范研究生考试招生工作、严抓培养全过程监控与质量保证、加强学位论文和学位授予管理、强化指导教师质量管控责任、健全处置学术不端有效机制、加强教育行政部门督导监管。

9月25日

国务院学位委员会、教育部印发了《专业学位研究生教育发展方案(2020—2025)》(学位〔2020〕20号)。该方案从专业学位研究生教育的成就与挑战、专业学位研究生教育的发展与目标、着力优化硕士专业学位研究生教育结构、加快发展博士专业学位研究生教育、大力提升专业学位研究生教育质量、专业学位研究生教育发展方案的组织实施等六个方面规划了专业学位研究生教育的改革与发展。

9月28日

国务院学位委员会下发《关于开展2020年博士硕士学位授权审核工作的通知》(学位〔2020〕22号),部署2020年开展博士硕士学位授权审核的工作。2020年博士硕士学位授权审核分为新增博士硕士学位授予单位审核、学位授予单位新增博士硕士一级学科与专业学位类别审核、自主审核单位确定等三类审核工作。新增硕士学位授予单位原则上只开展专业学位研究生教育,新增博士学位授权点向专业学位倾斜;从严控制新增博士硕士学位授予单位和自主审核单位数量。

10月29日

国务院学位委员会办公室发出《关于做好2020年博士硕士学位授权审核相关工作的通知》(学位办〔2020〕16号),要求做好2020年学位授权审核工作。通知中要求各省、自治区、直辖市学位委员会办公室,新疆生产建设兵团学位委员会办公室,军队学位委员会办公室在开展学位授权审核工作过程中,要平稳推进学位授权审核工作、确保审核工作公平公正、严守审核工作纪律。

10月30日

教育部印发了《研究生导师指导行为准则》(教研〔2020〕12号)。从坚持正确思想引领、科学公正参与招生、精心尽力投入指导、正确履行指导职责、严格遵守学术规范、把关学位论文质量、严格经费使用管理、构建和谐师生关系等八个方面对研究生导师的指导行为进行规范，以加强研究生导师队伍建设，全面落实研究生导师立德树人职责。

11 月

国务院学位委员会第八届学科评议组成立，学校俞建勇被聘为纺织科学与工程学科评议组成员及该组召集人；朱美芳被聘为材料科学与工程学科评议组成员。

11 月 11 日

国务院学位委员会、教育部印发经国务院学位委员会第三十六次会议修订通过的《学位授权点合格评估办法》（学位〔2020〕25 号），对学位授权点合格评估制度做出进一步规范和完善。

11 月 11 日

国务院学位委员会、教育部发布《关于开展 2020—2025 年学位授权点周期性合格评估工作的通知》（学位〔2020〕26 号），对 2013 年以前（含 2013 年）获得授权的学位授权点；2013—2015 年获得授权且专项评估结果达到合格的学位授权点进行合格评估。评估工作分为学位授予单位自我评估和教育行政部门抽评两个阶段。国务院学位委员会将根据学位授权点合格评估结果，分别做出继续授权、限期整改或撤销学位授权的处理决定。

11 月 17 日

上海市学位委员会发布《关于做好 2020 年博士硕士学位授权审核工作的通知》（沪学位〔2020〕7 号），布置新一轮学位授权审核工作。

11 月 17 日

学校召开第五轮学科评估工作小组会议，副校长舒慧生出席并讲话，工作小组各单位负责人与会，详细布置和落实学校参评第五轮学科评估的相关事宜。

11 月 23 日

我国正式启动专业学位水平评估。国务院教育督导委员会发布《全国专业学位水平评估实施方案》（国教督办函〔2020〕61 号）。

11 月 23 日

国务院教育督导委员会办公室印发了《全国专业学位水平评估实施方

案》，决定全面启动全国专业学位水平评估工作，重点对金融等30个专业学位类别开展评估。

11月27日

教育部学位中心发布《组织实施全国专业学位水平评估工作的通知》（学位中心〔2020〕47号），具体落实评估工作。

12月1日

国务院学位委员会印发了修订后的《博士、硕士学位授权学科和专业学位授权类别动态调整办法》（学位〔2020〕29号）。《博士、硕士学位授权学科和专业学位授权类别动态调整办法》经国务院学位委员会第三十六次会议修订，内容包括总则、学位授予单位自主调整、省级学位委员会统筹调整、其他等四个部分共二十条。

12月10日

学校召开“全国专业学位水平评估工作会”，介绍首轮专业学位水平工作的内容，对学校相关工作进行具体的部署与安排。

12月21日

教育部办公厅发出通知，决定开展第二批全国高校“百个研究生样板党支部”和“百名研究生党员标兵”创建工作。第二批研究生党建“双创”工作面向全国高校开展，遴选创建100个研究生样板党支部，推荐选树100名研究生党员标兵。建设周期为两年。通知中对此项工作的开展进行了明确的规定并提出了具体的要求。

12月22日

中宣部、教育部发布《关于印发〈新时代学校思想政治理论课改革创新实施方案〉的通知》（教材〔2020〕6号）。要求各学校自2021年起，新开“中国特色社会主义理论与实践研究”替换“新时代中国特色社会主义理论与实践”；新开“马克思恩格斯列宁经典著作选读”替换“马克思主义经典著作选读”。

12月25日

学校发出《关于印发〈东华大学博士研究生导师奖助金分担管理办法（试行）〉的通知》（东华研〔2020〕26号），对博士生导师奖助金实行分级分担制。

12 月 30 日

国务院学位委员会、教育部发布《关于设置“交叉学科”门类、“集成电路科学与工程”和“国家安全学”一级学科的通知》(学位〔2020〕30 号),决定设置“交叉学科”门类。教育部、财政部、国家发展改革委发布《关于印发〈“双一流”建设成效评价办法(试行)〉的通知》(教研〔2020〕13 号),从总则、成效评价重点、成效评价组织、评价结果运用、附则五个方面做出明确要求。

12 月 31 日

学校成立研究生院,下设招生办公室、培养办公室、学位办公室和综合办公室。东华大学副校长舒慧生兼任院长,俞昊任常务副院长,丁明利、刘晓艳、徐效丽任副院长。

2020 年,学校完成金融硕士专业学位专项评估。

2021 年

2—3 月

学校分学院召开研究生教育会议,相关学院领导、导师和学生代表等与会,深入学习全国研究生教育会议精神,提高对高质量研究生教育的认识。

3 月 29 日

中国上海市委教育工作领导小组发布《关于印发〈上海市深化新时代教育评价改革实施方案〉任务清单和负面清单的通知》(沪教〔2021〕2 号),提出了 85 项任务清单和 10 项负面清单,扎实落实教育评价体系改革。

3 月 30 日

教育部学位中心发布《关于开展第五轮学科评估信息公示的函》(学位中心〔2021〕13 号),于 4 月 6 日开始信息公示。公示内容包括出版教材质量、国家级一流课程、教学成果奖、专任教师总数、支撑平台、科研获奖情况等六项。

4 月 21 日

学校发布《关于印发〈东华大学学院教授委员会实施办法〉的通知》(东华校〔2021〕14 号),对教授委员会的职能权限、组成规则与程序、议事规则与运行制度等做出修订。

4 月 30 日

上海市研究生教育会议召开，学校党委书记刘承功和副校长舒慧生出席主会场会议，学校设立视频分会场，各二级学院院长、分管研究生副院长、研究生秘书、研究生辅导员、研究生院全体人员全程参与，并在会后积极学习会议精神。

5 月 20 日

学校发布《关于印发〈东华大学学位授权点周期性自我评估工作方案〉的通知》（东华研〔2021〕10 号），根据国务院学位委员会、教育部相关文件精神，为更好地开展学位授权点自我评估工作，学校特制定了周期性自我评估工作方案。方案包括指导思想与原则、组织机构与形式、评估目标与范围、评估方式与内容以及时间安排与流程五大模块。

6 月 15 日

学校发布《关于设立研究生培养指导委员会的实施办法（修订）》（东华研函〔2021〕13 号），发出《关于成立各一级学科与专业学位类别研究生培养指导委员会的通知》，按一级学科和专业学位类别设置研究生培养指导委员会。

7 月 15 日

上海市教育委员会发出《关于印发〈上海高等学校学科建设与优化布局规划（2021—2025）〉的通知》（沪教委科〔2021〕27 号），明确建设目标、任务、计划、保障措施等。

7 月 19 日

学校召开新一轮学位授权点周期性自我评估工作启动会，详细介绍评估方案，部署相关工作。

7—8 月

为更好地服务国家战略需求，学校开展了设立人工智能、纺织产业与科学社会主义等自设交叉学科学位点的专家论证工作。

7 月 29 日

上海市教育委员会、上海市发展和改革委员会和上海市财政局联合印发《关于加快新时代上海市研究生教育高质量发展的实施意见》（沪教委高〔2021〕42 号），分三大模块 22 条，为上海研究生教育高质量发展做出规划。

8 月 11 日

教育部办公厅发布《关于公布第二批全国高校“百个研究生样板党支部”和“百名研究生党员标兵”创建名单的通知》(教思政厅函〔2021〕14 号),学校化学化工与生物工程学院“筑梦榜样”生物楼研究生党支部获批创建“百个研究生样板党支部”;纺织学院博士研究生党员刘凡茜子获批创建“百名研究生党员标兵”。

8 月 26 日

上海市学位委员会、上海市教育委员会发布《关于印发〈上海市 2020—2025 年学位授权点合格评估实施细则〉的通知》(沪学位〔2021〕6 号),分十八条具体部署了上海市 2020—2025 年学位授权点合格评估的实施细则。

2021 年起,为了推动思想政治工作体系贯通于育人体系之中,加快形成“五育并举”的高水平人才培养体系,全校研究生公共必修课新增“体育”课程,通过各种方式和手段推动研究生走进体育场馆,强健身心。

2021 年,学校取消博士生公开招考,全面施行“申请-考核”制和硕博连读两种选拔方式。首次招收能源动力硕博连读研究生 11 名。

2021 年,学校通过《东华大学招收“优才计划”专项研究生办法(试行)》(东华研函〔2021〕12 号)。

2021 年,根据(教发厅 2021 年 2 号)文,学校为科研博士计划试点高校,首次实施以科研经费为研究生培养成本的承担机制,学校共招收科研经费博士 32 名。

(执笔:丁明利、陈晓双)

附录二：东华大学学位授权点一览表（202110）

1. 学术学位授权点

学科门类代码及名称	一级学科代码及名称	二级学科代码及名称	批准时间				备注
			硕士二级	硕士一级	博士二级	博士一级	
01 哲学	0101 哲学	010101 马克思主义哲学	2006.1				2019 年 3 月动态调整撤销
		010108 科学技术哲学	1998.6				
02 经济学	0201 理论经济学	020105 世界经济	2006.1				2019 年 3 月动态调整撤销
	0202 应用经济学	020201 国民经济学		2011.3			
		020202 区域经济学					
		020203 财政学					
		020204 金融学	2006.1				
		020205 产业经济学	2000.12				
		020206 国际贸易学	1998.6				
		020207 劳动经济学					
		020208 统计学					
		020209 数量经济学					
		020210 国防经济					

续　表

学科门类代码及名称	一级学科代码及名称	二级学科代码及名称	批准时间				备注
			硕士二级	硕士一级	博士二级	博士一级	
03 法学	0305 马克思主义理论	030501 马克思主义基本原理	2006. 1				
		030502 马克思主义发展史					
		030503 马克思主义中国化研究		2011. 3			
		030504 国外马克思主义研究					
		030505 思想政治教育					
		030506 中国近现代史基本问题研究					
05 文学	0502 外国语言文学	050201 英语语言文学					
		050205 日语语言文学	1998. 6	2018. 3			其他二级学科略
		050211 外国语言学及应用语言学					
	0503 新闻传播学	——	——	2018. 3			
06 历史学	0602 中国史	——	——	2011. 8			
07 理学	0701 数学	070101 基础数学	2003. 1				
		070102 计算数学				2021. 7	
		070103 概率论与数量统计		2011. 3		审核通过	
		070104 应用数学	1981. 7			公示	
		070105 运筹学与控制论					

续　表

学科门类代码及名称	一级学科代码及名称	二级学科代码及名称	批准时间				备注
			硕士二级	硕士一级	博士二级	博士一级	
	0702 物理学	070201 理论物理		2011.3			
		070202 粒子物理与原子核物理					
		070203 原子与分子物理					
		070204 等离子体物理	1996.5				
		070205 凝聚态物理					
		070206 声学					
		070207 光学					
		070208 无线电物理					
	0703 化学	070301 无机化学		2011.3		2011.3	
		070302 分析化学					
		070303 有机化学	2003.1				
		070304 物理化学(含:化学物理)					
		070305 高分子化学与物理	2003.1		2006.1		
		0703Z1 化学生物学	2014.01				
	0710 生物学	071010 生物化学与分子生物学	2006.1				

续 表

学科门类代码及名称	一级学科代码及名称	二级学科代码及名称	批准时间				备注
			硕士二级	硕士一级	博士二级	博士一级	
	0711 系统科学	——	——	2018. 4			2018 年对应调整增列
	0712 科学技术史	——	——	2006. 1	——		
08 工学	0801 力学	080102 固体力学	1981. 7				
08 工学	0802 机械工程	080201 机械制造及其自动化	1983. 9	2011. 3	2003. 9	2011. 3	
08 工学	0802 机械工程	080202 机械电子工程	1996. 5	2011. 3		2011. 3	
08 工学	0802 机械工程	080203 机械设计及理论	1981. 7	2011. 3	1981. 7 纺织机械	2011. 3	
08 工学	0802 机械工程	080204 车辆工程		2011. 3		2011. 3	
08 工学	0803 光学工程	——	——	2011. 3	——		
08 工学	0805 材料科学与工程	080501 材料物理与化学	2000. 12	2000. 12	2000. 12	2000. 12	
08 工学	0805 材料科学与工程	080502 材料学	1981. 7	2000. 12	1981. 7 化学纤维	2000. 12	
08 工学	0805 材料科学与工程	080503 材料加工工程	1998. 6	2000. 12	2000. 12	2000. 12	
08 工学	0805 材料科学与工程	0805Z1 纳米纤维及杂化材料	2013. 1	2000. 12		2000. 12	2013 年新论证
08 工学	0805 材料科学与工程	0805Z2 功能与智能材料	2013. 1	2000. 12		2000. 12	2013 年新论证
08 工学	0805 材料科学与工程	0805Z3 生物与仿生材料	2013. 1	2000. 12		2000. 12	2013 年新论证

续　表

学科门类代码及名称	一级学科代码及名称	二级学科代码及名称	批准时间				备注
			硕士二级	硕士一级	博士二级	博士一级	
	0807 动力工程及工程热物理	080701 工程热物理		2011.3			2019 年 3 月动态调整撤销
		080702 热能工程	2003.1				
		080703 动力机械及工程					
		080704 流体机械及工程					
		080705 制冷及低温工程					
		080706 化工过程机械					
	0808 电气工程	080801 电机与电器		2018.3			
		080802 电力系统及其自动化					
		080803 高电压与绝缘技术					
		080804 电力电子与电力传动	1998.6				
		080805 电工理论与新技术					
	0810 信息与通信工程	081001 通信与信息系统	2003.1	2011.3			
		081002 信号与信息处理	2006.1				
	0811 控制科学与工程	081101 控制理论与控制工程	1981.7 工业自动化	2011.3	1990.6 工业自动化	2011.3	
		081102 检测技术与自动化装置	2003.1				

续 表

学科门类代码及名称	一级学科代码及名称	二级学科代码及名称	批准时间				备注
			硕士二级	硕士一级	博士二级	博士一级	
		081103 系统工程	2006.1				
		081104 模式识别与智能系统	2000.12		2006.1		
		081105 导航、制导与控制					
	0812 计算机科学与技术	081201 计算机系统结构	2006.1	2006.1			
		081202 计算机软件与理论	2000.12				
		081203 计算机应用技术	1986.5				
	0814 土木工程	081401 岩土工程		2018.3		2018.3	
		081402 结构工程					
		081403 市政工程					
		081404 供热、供燃气、通风及空调工程	1986.5		2006.1		
		081405 防灾减灾工程及防护工程					
		081406 桥梁与隧道工程					
	0817 化学工程与技术	081701 化学工程		2011.3			
		081702 化学工艺					
		081703 生物化工	2006.1				

续　表

学科门类代码及名称	一级学科代码及名称	二级学科代码及名称	批准时间				备注
			硕士二级	硕士一级	博士二级	博士一级	
		081704 应用化学	1996. 5				
		081705 工业催化					
	0821 纺织科学与工程	082101 纺织工程	1981. 7	1998. 6	1986. 5	1998. 6	
		082102 纺织材料与纺织品设计	1981. 7		1981. 7		
		082103 纺织化学与染整工程	1981. 7		1986. 5		
		082104 服装设计与工程	1990. 6		1998. 6		
		082121 纤维材料物理	2004. 1		2004. 1		2009 年 2 月撤销
		082122 纤维工程	2004. 1		2004. 1		2013 年新论证
		0821Z1 数字化纺织工程	2013. 1		2013. 1		2013 年新论证
		0821Z2 古代纺织材料与技术	2013. 1		2013. 1		2013 年新论证
		0821Z3 纺织生物材料与技术	2013. 1		2013. 1		2013 年新论证
		0821Z4 纺织复合材料	2013. 1		2013. 1		2013 年新论证
		0821Z5 非织造材料与工程	2013. 1		2013. 1		
	0830 环境科学与工程	083001 环境科学	2003. 1	2006. 1	2006. 1	2006. 1	
		083002 环境工程	1996. 5		2000. 12		
		083020 环境生物技术	2009. 2		2009. 2		

续 表

学科门类代码及名称	一级学科代码及名称	二级学科代码及名称	批准时间				备注
			硕士二级	硕士一级	博士二级	博士一级	
		0830Z1 环境生物技术	2009.2		2009.2		
	0831 生物医学工程	——	——	2011.3	——		2013 年重新论证
	0835 软件工程	——	——	2011.8			
12 管理学	1201 管理科学与工程	120120 电子商务	2005.3	1996.5	2005.3	2003.9	2013 年撤销所有自设二级学科
		120121 智能决策和知识管理	2005.3		2005.3		
		120122 信息管理与信息系统	2005.3		2005.3		
		120123 产业组织创新与管理控制	2005.3		2005.3		
		120124 经济管理决策与分析	2005.3		2005.3		
	1202 工商管理	120201 会计学	2006.1	2011.3		2018.3	
		120202 企业管理(含:财务管理、市场营销、人力资源管理)	1983.9 管理工程		2006.1		
		120303 旅游管理					
		120204 技术经济及管理	2006.1				
	1204 公共管理	120401 行政管理	2006.1	2018.3			
		120402 社会医学与卫生事业管理					
		120403 教育经济与管理					

续　表

学科门类代码及名称	一级学科代码及名称	二级学科代码及名称	批准时间				备注
			硕士二级	硕士一级	博士二级	博士一级	
		120404 社会保障					
		120405 土地资源管理					
13 艺术学	1301 艺术学理论	——	——	2011.8			
	1304 美术学	——	——	2011.8			
	1305 设计学	——	——	2011.8	——	2018.3	

2. 专业学位授权点

序号	学位授予级别	专业学位类别代码	专业学位类别	获得授权时间
1	博士专业学位授权点	0855	机械	2018 年 3 月获先进制造博士专业学位授权； 2019 年 5 月对应调整为机械博士专业学位授权
2	博士专业学位授权点	0858	能源动力	2018 年 3 月获先进制造博士专业学位授权； 2019 年 5 月对应调整为能源动力博士专业学位授权
3	博士专业学位授权点	0856	材料与化工	2021 年 10 月
4	硕士专业学位授权点	0251	金融	2016 年 10 月
5	硕士专业学位授权点	0252	应用统计	2018 年 3 月
6	硕士专业学位授权点	0254	国际商务	2010 年 9 月
7	硕士专业学位授权点	0551	翻译	2010 年 9 月
8	硕士专业学位授权点	0552	新闻与传播	2018 年 3 月

续 表

序号	学位授予级别	专业学位类别代码	专业学位类别	获得授权时间
9	硕士专业学位授权点	0854	电子信息	原工程硕士电子与通信工程领域于 2004 年获得授权、控制工程领域于 1998 年获得授权、计算机技术领域于 2001 年获得授权、软件工程等领域于 2002 年获得授权，上述 4 个领域于 2019 年 5 月对应调整为电子信息专业学位类别。
10	硕士专业学位授权点	0856	材料与化工	原工程硕士材料工程领域于 1998 年获得授权、化学工程领域于 2001 年获得授权、纺织工程领域于 1997 年获得授权，上述 3 个领域于 2019 年 5 月对应调整为材料与化工专业学位类别。
11	硕士专业学位授权点	0855	机械	原工程硕士机械工程领域于 1997 年获得授权、工业设计工程领域于 2002 年获得授权，上述 2 个领域于 2019 年 5 月对应调整为机械专业学位类别。
12	硕士专业学位授权点	0857	资源与环境	原工程硕士环境工程领域于 1999 年获得授权，2019 年 5 月对应调整为资源与环境专业学位类别。
13	硕士专业学位授权点	0858	能源动力	原工程硕士动力工程领域于 2010 年获得授权、电气工程领域于 2002 年获得授权，上述 2 个领域于 2019 年 5 月对应调整为机械专业学位类别。

续 表

序号	学位授予级别	专业学位类别代码	专业学位类别	获得授权时间
14	硕士专业学位授权点	0859	土木水利	原工程硕士建筑与土木工程领域于 2004 年获得授权，2019 年 5 月对应调整为土木水利专业学位类别。
15	硕士专业学位授权点	0860	生物与医药	原工程硕士生物工程领域于 2010 年获得授权，2019 年 5 月对应调整为生物与医药专业学位类别。
16	硕士专业学位授权点	1251	工商管理	1996 年 10 月获工商管理硕士领域学位授权； 2009 年 6 月获高级工商管理硕士领域学位授权。
17	硕士专业学位授权点	1252	公共管理	2014 年 5 月
18	硕士专业学位授权点	1253	会计	2014 年 5 月
19	硕士专业学位授权点	1256	工程管理	2010 年 9 月获工程管理硕士专业学位授权； 2018 年 3 月项目管理、物流工程经对应调整并入工程管理。
20	硕士专业学位授权点	1351	艺术	2005 年 6 月艺术设计领域获学位授权； 2012 年 6 月美术领域获学位授权

注：学校于 1997 年 10 月获批成为首批开展工程硕士培养工作的高校，首批获批工程硕士领域为机械工程与纺织工程，截至 2010 年共获批 17 个工程硕士领域，2016 年工业工程领域动态调整撤销，2019 年 5 月其余各工程硕士领域对应调整为电子信息等 7 个专业学位类别，项目管理、物流工程 2 个领域调整到工程管理专业学位类别。

3. 自设交叉学科一览表

序号	自设交叉学科代码	自设交叉学科名称	所涉及一级学科	备案完成日期
1	99J1	企业信息化系统与工程	管理科学与工程、机械工程、控制科学与工程	2012/12
2	99J2	生物材料学	化学、纺织科学与工程、材料科学与工程	2012/12
3	99J3	纺织科技史	纺织科学与工程、机械工程、控制科学与工程	2012/12
4	99J4	信息与通信智能系统	管理科学与工程、纺织科学与工程、控制科学与工程	2012/12
5	99J5	时尚设计与创新工程	纺织科学与工程、机械工程、管理科学与工程、环境科学与工程	2012/12
6	99J6	新能源材料与器件	材料科学与工程、纺织科学与工程、控制科学与工程	2012/12
7	99J7	人工智能	控制科学与工程、机械工程、纺织科学与工程	2021/12
8	99J8	纺织产业与科学社会主义	纺织科学与工程、材料科学与工程、设计学	2021/12

（执笔：张翔、丁明利）

附录三：东华大学研究生教育制度一览表

序号	文件名称	文号	发文时间	类型	备注
1	东华大学学位评定委员会组成条例		1990年代	学位授予	已废止
2	东华大学学位评定委员会章程	东华校〔2019〕16号	2019年4月4日		已废止
3	东华大学学位评定委员会章程	东华校〔2020〕60号	2020年11月10日		
4	东华大学工程专业学位评定委员会章程	东华研函〔2020〕19号	2020年6月		
5	中国纺织大学关于授予博士和硕士学位的有关规定		1990年代		已废止
6	东华大学学位授予工作实施细则	东华研〔2004〕19号	2004年6月		已废止
7	东华大学学位授予工作实施细则	东华研〔2014〕19号	2014年		正在修订
8	中国纺织大学关于授予具有研究生毕业同等学力的在职人员博士、硕士学位实施细则		1990年代		已废止
9	东华大学关于授予具有研究生毕业同等学力在职人员硕士学位工作的实施细则		2003年前		
10	东华大学关于授予具有研究生毕业同等学力在职人员博士学位工作的实施细则		2003年前		

续　表

序号	文件名称	文号	发文时间	类型	备注
11	东华大学学位授权点动态调整实施办法	东华研〔2016〕15 号	2016 年 6 月 6 日	学位点建设	正在修订
12	东华大学学位授权点自我评估工作方案	东华研〔2015〕13 号	2015 年 4 月 10 日		已废止
13	东华大学学位授权点周期性自我评估工作方案	东华研〔2021〕10 号	2021 年 5 月 20 日		
14	东华大学关于遴选审定硕士研究生指导教师的实施细则(修订)		1996 年	导师服务与队伍管理	已多次修订
15	东华大学关于遴选审定博士生指导教师的实施细则		2000 年		已废止
16	东华大学关于博士研究生指导教师上岗遴选办法	东华校〔2006〕27 号	2006 年 4 月 20 日		正在修订
17	东华大学关于研究生指导教师职责的有关规定		1996 年		已废止
18	东华大学关于研究生指导教师的职责条例		2003 年前		已废止
19	东华大学全面落实研究生导师立德树人职责实施细则	东华研〔2018〕18 号	2018 年 7 月 5 号		
20	中国纺织大学关于建立研究生工作指导小组的规定		1990 年代		已废止
21	东华大学关于建立研究生工作指导小组的规定		2003 年前		已废止
22	关于设立研究生培养指导委员会的实施办法	东华研函〔2015〕3 号	2015 年 1 月		已废止

续 表

序号	文件名称	文号	发文时间	类型	备注
23	关于设立研究生培养指导委员会的实施办法(修订)	东华研函〔2021〕13 号	2021 年 6 月	招生管理	
24	东华大学关于研究生辅导员工作试行办法		2003 年前		已废止
25	东华大学研究生教务员工作职责		2003 年前		已废止
26	东华大学关于研究生教学秘书工作职责的规定		2007 年前后		正在修订
27	东华大学关于招收攻读博士学位研究生的工作规定		2003 年前		逐年更新
28	东华大学关于招收攻读硕士学位研究生的工作规定		2003 年前		逐年更新
29	东华大学关于招收攻读硕士学位研究生的工作管理办法				
30	东华大学招收港澳台攻读博士、硕士学位研究生暂行规定				逐年更新
31	东华大学关于香港特别行政区、澳门特别行政区及台湾地区学生招收和培养办法	东华港澳台办〔2017〕15 号	2017 年 7 月 6 日		
32	东华大学关于从香港、澳门、台湾人士中招收攻读博士、硕士学位研究生的暂行规定		2003 年前		已废止
33	东华大学接受“以同等学力报考研究生”的规定		2003 年前后		已废止

续 表

序号	文件名称	文号	发文时间	类型	备注
34	东华大学关于招收工程硕士专业学位研究生的规定		2003 年前	招生选拔	已废止
35	东华大学关于招收高等学校教师在职攻读硕士学位的规定		2003 年前后		已废止
36	东华大学关于招收艺术硕士专业学位研究生的规定		2005 年后		已废止
37	东华大学关于招收攻读博士学位研究生的有关规定				逐年更新
38	东华大学关于招收攻读硕士学位研究生的有关规定				逐年更新
39	东华大学在职人员攻读专业学位硕士研究生管理规定	东华研〔2014〕16 号	2014 年 9 月 30 日		已废止
40	东华大学科研经费博士研究生专项招生计划管理细则(试行)	东华研函〔2021〕25 号	2021 年 6 月		
41	关于规范科研经费博士管理实施细则的通知	部处通知〔2021〕4 号	2021 年 12 月		
42	东华大学关于招收培养提前攻博研究生的试行办法		2003 年前后		已废止
43	东华大学关于招收提前攻读博士学位研究生的规定		2003 年前		已废止
44	东华大学关于招收培养硕博连读研究生的试行办法		2003 年前		已废止

续 表

序号	文件名称	文号	发文时间	类型	备注
45	东华大学关于选拔硕博连读研究生的办法		2008 年		已废止
46	东华大学关于选拔硕博连读研究生的办法（修订）	东华研〔2014〕20 号	2014 年 11 月 17 日		
47	东华大学关于选拔硕博连读研究生的办法	东华研函〔2013〕8 号	2013 年 4 月		已废止
48	东华大学关于选拔硕博连读研究生的办法	东华研函〔2020〕17 号	2020 年 6 月		已废止
49	东华大学关于选拔硕博连读研究生的办法	东华研函〔2021〕9 号	2021 年 5 月		已废止
50	东华大学接收外校推荐免试硕士研究生的办法		2007 年前		已废止
51	东华大学优秀应届本科毕业生推荐免试攻读硕士学位研究生（直博生）实施办法	东华教〔2013〕11 号	2013 年		逐年更新
52	东华大学优秀应届本科毕业生推荐免试攻读硕士学位研究生（直博生）实施办法	东华研函〔2011〕33 号	2011 年 12 月		已废止
53	东华大学博士研究生招生指标动态配置试行办法	东华研函〔2011〕16 号	2011 年 10 月		
54	东华大学硕士研究生招生计划管理办法（试行）	东华研函〔2021〕17 号	2021 年 6 月		
55	东华大学招收“优才计划”专项研究生办法（试行）	东华研函〔2021〕12 号	2021 年 6 月		

续　表

序号	文件名称	文号	发文时间	类型	备注
56	东华大学研究生招生考试考务安全保密工作实施细则		2003 年前后	招生安全管理	已废止
57	东华大学研究生招生考试保密工作实施细则		2012 年前后		已废止
58	全国硕士学位研究生招生考试东华大学考点考务工作规定	东华研〔2014〕15 号	2014 年 9 月 30 日		
59	东华大学博士、硕士研究生命题工作要求		2012 年前后		
60	东华大学研究生招生入学考试评卷规则		2012 年前后		
61	东华大学硕士研究生招生考试自命题工作管理办法	东华研〔2019〕19 号	2019 年 11 月 18 日		
62	东华大学招收攻读博士学位研究生复试及录取办法		2012 年前后	复试录取	已废止
63	东华大学博士研究生招生复试与录取办法	东华研〔2021〕8 号	2021 年 4 月 15 日		逐年更新
64	东华大学招收攻读硕士学位研究生复试及录取办法		2007 年前后		已废止
65	东华大学硕士研究生招生复试与录取办法	东华研〔2021〕3 号	2021 年 3 月 16 日		逐年更新
66	东华大学接收推免生复试与录取办法	东华研〔2021〕17 号	2021 年 9 月 14 日		逐年更新
67	东华大学接收优秀应届本科毕业生免试攻读研究生复试与录取办法				逐年更新

续 表

序号	文件名称	文号	发文时间	类型	备注
68	东华大学招收研究生政审工作规定			入学资格审查	
69	东华大学研究生新生入学资格审查实施办法				正在修订
70	中国纺织大学研究生学籍管理规定		1996 年	学籍管理	已废止
71	东华大学研究生学籍管理规定		2003 年前		已废止
72	东华大学研究生学籍管理规定(试行)		2006 年		已废止
73	东华大学研究生学籍管理规定(修订)	东华研〔2014〕21 号	2014 年		已废止
74	东华大学研究生学籍管理规定	东华研〔2017〕20 号	2017 年 7 月 4 日		正在修订
75	东华大学关于在读博士生试行“6 + 1”的管理办法	东华研函〔2012〕2 号	2012 年 4 月 20 日		已废止
76	东华大学研究生结业及结业转毕业管理办法	东华研函〔2018〕21 号	2018 年 4 月		已废止
77	东华大学研究生结业及结业转毕业管理办法(修订)	东华研函〔2021〕10 号	2021 年 5 月		
78	东华大学关于攻读博士学位研究生培养工作的规定		2003 年前	培养过程管理	已修订多次
79	东华大学关于攻读硕士学位研究生培养工作的规定		2003 年前		已废止
80	东华大学关于攻读学术学位硕士研究生培养工作的规定		2013 年前后		

续　表

序号	文件名称	文号	发文时间	类型	备注
81	东华大学攻读全日制专业学位硕士研究生培养工作的规定	东华研〔2014〕17号	2014年9月30日		
82	东华大学关于在职人员攻读专业学位硕士研究生培养工作的规定	东华研〔2014〕25号	2014年9月30日		已废止
83	东华大学关于博士候选资格考核的暂行规定	东华研〔2003〕14号	2003年6月27日		已废止
84	东华大学关于博士候选资格考核的暂行规定	东华研文〔2006〕15号	2006年11月		
85	东华大学关于研究生转专业的实施细则		2005年前后		已废止
86	东华大学关于研究生转专业的实施细则(试行)		2012年前后		
87	东华大学关于开设博士研究生研讨班的规定		2003年		已废止
88	东华大学关于开设博士研究生系列讲座的规定		2003年		已废止
89	东华大学关于研究生课程教学管理的规定(修订)	东华研〔2014〕23号	2014年11月17日		
90	东华大学关于博士研究生课程管理的规定		2003年前		已废止
91	东华大学关于硕士研究生课程学习管理的规定		2003年前		已废止

续 表

序号	文件名称	文号	发文时间	类型	备注
92	东华大学关于研究生课程教学管理的规定		2007 年		已废止
93	东华大学关于研究生课程管理的规定		2007 年前后		已废止
94	东华大学研究生公共英语课程学习要求及选课说明(试行)		2014 年		逐年更新
95	东华大学关于非英语专业硕士研究生英语课程免修的规定		2007 年前后		已废止
96	东华大学关于非英语专业硕士研究生外国语学习和考试的规定		2003 年前		已废止
97	东华大学关于研究生课程任课教师的有关规定		2003 年前		已废止
98	东华大学关于硕士研究生参加社会实践的规定		2003 年前		
99	东华大学专业学位产教融合研究生联合培养基地建设与管理办法(试行)	东华研函〔2021〕28 号	2021 年 12 月 29 日		
100	东华大学专业学位研究生校外导师聘任与管理办法(试行)	东华研函〔2021〕30 号	2021 年 12 月 29 日		
101	东华大学研究生学术道德规范管理条例		2007 年 8 月	学风与学术规范	已废止
102	关于对博士生学位论文进行文字重合率检测工作的通知	东华研函〔2010〕8 号	2010 年 5 月 10 日		正在修订

续 表

序号	文件名称	文号	发文时间	类型	备注
103	东华大学学位论文文字重合率检测流程	东华研函〔2012〕9 号	2012 年 9 月 29 日		正在修订
104	东华大学硕士研究生学位论文文字重复率检测办法	东华研函〔2017〕6 号	2017 年 12 月 31 日		正在修订
105	东华大学切实加强和改进学风建设实施细则(试行)	东华校〔2013〕26 号	2013 年 6 月		正在修订
106	东华大学博士生参加国际学术会议专项管理办法	东华研函〔2003〕4 号	2003 年	对外交流	已废止
107	东华大学博士生参加国际学术会议专项管理办法	东华研函〔2013〕10 号	2013 年 5 月 15 日		
108	东华大学优秀博士生国际访学项目管理办法(试行)	东华研函〔2010〕15 号	2010 年 10 月 14 日		
109	东华大学研究生出国(境)管理的暂行规定		2003 年前		
110	东华大学来华留学研究生管理暂行规定		2003 年前		
111	东华大学研究生行为准则		2003 年前	研究生管理与奖助学金	已多次修订
112	东华大学研究生先进个人奖励条例		2003 年前		已多次修订
113	东华大学研究生先进集体奖励条例		2003 年前		已多次修订
114	东华大学研究生违反校纪校规的处分规定		2003 年前		已多次修订
115	东华大学研究生保险险种、条例及理赔程序		2003 年前		已多次修订

续表

序号	文件名称	文号	发文时间	类型	备注
116	东华大学关于研究生办理结婚登记的暂行办法		2003 年前		
117	东华大学学生宿舍(公寓)管理办法(试行)		2003 年前		
118	东华大学研究生宿舍楼网络用户守则(试行)		2003 年 3 月 1 日		
119	东华大学关于研究生参加“助教、助管”工作的试行办法		2003 年前		已废止
120	东华大学关于研究生助学贷款的实施细则		2003 年前		已废止
121	东华大学研究生培养机制改革试行方案	东华研〔2009〕1 号	2009 年 1 月 13 日		已废止
122	东华大学博士研究生助研津贴管理办法	东华研〔2009〕19 号	2009 年 9 月 9 日		已废止
123	东华大学博士生助研津贴补助金管理办法	东华研〔2009〕19 号	2009 年 9 月 9 日		已废止
124	东华大学学术型研究生培养费收费标准及学业奖学金管理办法	东华研〔2009〕20 号	2009 年 9 月 9 日		已废止
125	关于调整硕士研究生学业奖学金评定方案的通知	东华研〔2010〕20 号	2010 年 6 月 25 日		已废止
126	东华大学研究生参加“助教、助管”工作管理办法(试行)		2012 年 5 月		

续 表

序号	文件名称	文号	发文时间	类型	备注
127	东华大学关于调整2012级硕士研究生学业奖学金方案的通知	东华研函〔2012〕15号	2012年6月25日	研究生管理与奖助学金	已废止
128	东华大学关于2013级硕士研究生学业奖学金方案的通知	东华研函〔2013〕4号	2013年4月19日		已废止
129	东华大学研究生奖学金评定和荣誉称号授予办法		2008年8月		已废止
130	东华大学研究生国家助学金管理办法	东华学〔2017〕3号	2017年7月31日		
131	东华大学优秀研究生奖学金和荣誉称号授予办法	东华学〔2017〕4号	2017年7月31日		
132	东华大学研究生国家奖学金评审办法	东华学〔2017〕5号	2017年7月31日		
133	东华大学研究生学业奖学金评审办法	东华学〔2021〕18号	2021年4月13日		
134	东华大学博士研究生导师奖助金分担管理办法(试行)	东华研〔2020〕26号	2020年12月10日		
135	东华大学关于博士、硕士研究生学位论文选题工作的要求		2003年前	学位过程与质量	
136	中国纺织大学关于博士、硕士研究生学位论文选题工作的要求		1990年代		已废止
137	关于加强研究生中期考核工作的规定	东华研函〔2015〕10号	2015年3月		

续 表

序号	文件名称	文号	发文时间	类型	备注
138	关于执行博士研究生学位论文预答辩制度的通知	东华研函〔2011〕24 号	2011 年 7 月 18 日	学位过程与质量	已废止
139	关于执行博士研究生学位论文预答辩制度的通知	东华研函〔2012〕16 号	2012 年 2 月 27 日		
140	东华大学关于实行研究生学位论文原创性声明制度和版权使用授权书的通知		2003 年		
141	东华大学关于博士研究生学位论文及答辩工作的要求		2000 年		已废止
142	东华大学关于博士研究生学位论文答辩及学位申请实施细则		2007 年前后		
143	东华大学关于硕士研究生学位论文及答辩工作的要求		2000 年		已废止
144	东华大学关于硕士研究生学位论文答辩及学位申请实施细则				
145	东华大学关于研究生在学期间发表学术论文要求的暂行规定	东华研〔2003〕14 号	2003 年 6 月 27 日		已废止
146	东华大学研究生在学期间发表学术论文要求的暂行规定(修订)	东华研〔2012〕12 号	2012 年 5 月 15 日		正在修订
147	中国纺织大学关于研究生在学期间发表学术论文要求的规定		1990 年代		已废止
148	东华大学研究生在学期间发表学术成果奖励办法	东华研〔2003〕8 号	2003 年 3 月 18 日		已废止

续 表

序号	文件名称	文号	发文时间	类型	备注
149	东华大学研究生在学期间发表学术成果的奖励办法(修订)	东华研〔2012〕11 号	2012 年 5 月 15 日	学位过程与质量	已废止
150	东华大学研究生在学期间发表学术成果奖励办法	东华研〔2016〕18 号	2016 年 9 月 1 日		已废止
151	东华大学研究生创新基金管理办法(修订)	东华研〔2014〕22 号	2014 年 11 月 17 日		正在修订
152	东华大学研究生创新基金管理办法	东华研函〔2003〕3 号	2003 年 4 月 7 日		已废止
153	关于进一步规范学位论文答辩申请流程的通知	东华研〔2020〕12 号	2020 年 4 月 21 日		
154	东华大学关于研究生学位论文格式的统一要求		2003 年前		正在修订
155	东华大学关于优秀博士、硕士学位学论文的评选办法		1996 年		已废止
156	东华大学优秀博士学位论文评选办法		2003 年前		已废止
157	东华大学关于评选硕士研究生优秀论文的规定		2003 年前		已废止
158	东华大学关于优秀研究生学位论文的评选办法	东华研函〔2020〕14 号	2020 年 5 月 15 日		正在修订

续 表

序号	文件名称	文号	发文时间	类型	备注
159	东华大学关于博士、硕士学位论文“双盲”评审规定	东华研〔2016〕16 号	2016 年 6 月 22 日	学位过程与质量	正在修订
160	东华大学关于对研究生学位论文进行“双盲”抽检的规定	东华研函〔2003〕11 号	2003 年 10 月 15 日		已废止
161	东华大学关于对研究生学位论文进行“双盲”评审的规定		2006 年 11 月		已废止
162	关于进一步规范和加强答辩后学位论文修改工作的通知	东华研函〔2019〕30 号	2019 年 9 月 10 日		
163	东华大学研究生人事档案管理暂行办法		2006 年 12 月	其他管理	已废止
164	东华大学研究生就业管理暂行办法		2003 年前		
165	关于专业学位与 MBA 教育各环节职责划分的规定		2007 年前后		已废止
166	东华大学关于举办研究生课程进修班的管理规定		2003 年前		已废止
167	东华大学关于接受进修研究生课程的规定		2003 年前		
168	东华大学援疆干部、教师选派和援疆学院相关工作实施办法	东华校〔2011〕29 号	2011 年 9 月 20 日		

（执笔：林琳、查琳、张慧芬、张翔、丁明利）

附录四：东华大学课程建设项目立项一览表

序号	学院	课程名称	负责人	年度
1	纺织学院	纺织应用化学	郭腊梅	2003
2	纺织学院	纺织物理	于伟东	2003
3	管理学院	管理经济学	戴昌钧	2003
4	管理学院	管理会计	顾晓敏	2003
5	管理学院	制度经济学	贺　卫	2003
6	管理学院	数据模型与决策	宋福根	2003
7	管理学院	电子商务	汤兵勇	2003
8	管理学院	质量管理	徐　明	2003
9	机械学院	机构分析与设计	高志民	2003
10	理学院	数值分析	胡良剑	2003
11	理学院	应用统计	孙晓君	2003
12	信息学院	系统建模与仿真	方建安	2003
13	服艺学院	服装商品企划学	李　俊	2007
14	管理学院	组织行为学	沈　蕾	2007
15	管理学院	《政府规制研究》课程建设	赵晓康	2007
16	环境学院	环境分子生物学	赵晓祥	2007
17	机械学院	机械工程专业外语教材建设	孙志宏	2007
18	机械学院	制造设备分析与设计	张家梁	2007
19	人文学院	马克思主义文化哲学与文化史及当代思潮研究	陆益军	2007
20	材料学院	环境净化与新能源材料	张青红	2008
21	材料学院	科技预见讲座	朱美芳	2008
22	纺织学院	纺织材料改性与变形	黄莉茜	2008

续 表

序号	学院	课程名称	负责人	年度
23	纺织学院	纺纱工艺理论	郁崇文	2008
24	管理学院	电子商务(双语)	陈梅梅	2008
25	管理学院	企业理论	吴　炯	2008
26	管理学院	生产与作业管理(双语)	姚卫新	2008
27	管理学院	系统工程与仿真	郑建国	2008
28	化生学院	配位化学及实验	林　苗	2008
29	化生学院	智能纺织品及服装	赵　涛	2008
30	机械学院	机械设备状态监测与故障诊断	丁彩红	2008
31	机械学院	实验设计与数据处理	马晓建	2008
32	机械学院	设备的远程通讯与监控	闫如忠	2008
33	机械学院	工业设计专业的文化比较与案例	张宝光	2008
34	计算机学院	高级计算机系统结构	朱　明	2008
35	人文学院	中国近现代政治制度	廖大伟	2008
36	人文学院	马克思主义与执政党专题	钱文华	2008
37	人文学院	知识产权法	沙国华	2008
38	外语学院	国际化人士(博士生)技术写作	戴培兴	2008
39	研究生部	研究生课程体系与内容的优化研究	柯勤飞	2008
40	材料学院	“现代材料物理化学”课程内容优化与多媒体课件设计	秦宗益	2009
41	材料学院	“多功能及智能高分子材料”课程的内容优化研究及相应的多媒体课件设计	邹黎明	2009
42	纺织学院	纺织工程领域全日制专业学位培养体系研究	李　炜	2009
43	纺织学院	纺织品设计原理	王府梅	2009
44	纺织学院	纺织领域全日制工程硕士“学位标准”建设	晏雄等	2009

续　表

序号	学院	课程名称	负责人	年度
45	纺织学院	“计算机建模与仿真”课程多媒体课件的开发	钟跃崎	2009
46	服艺学院	纺织品服装检测理论与实践课程的建设	丁雪梅	2009
47	服艺学院	“西方现代艺术思潮”课程 多媒体教学体系研究及课件制作	刘　瑜	2009
48	服艺学院	服装 CAD 应用技术的研究	余国兴	2009
49	管理学院	基于 PharmSim(感冒药行业的情景模拟 软件系统)的营销管理实验课程设计	仓　平	2009
50	管理学院	企业税收筹划	顾晓敏	2009
51	管理学院	高级计量经济学	李　勇	2009
52	管理学院	实验经济学	林嘉永	2009
53	管理学院	工程经济学	刘峰涛	2009
54	管理学院	高级运筹学	马玉芳	2009
55	管理学院	组织行为与人力资源管理前沿	沈　蕾	2009
56	管理学院	企业资源计划	王扶东	2009
57	管理学院	企业资产经营	王千红	2009
58	管理学院	数据仓库与数据挖掘	王素芬	2009
59	管理学院	物流技术与信息管理	王晓锋	2009
60	管理学院	采购与供应管理	王志宏	2009
61	管理学院	供应链管理专题(博士生课程)	徐　琪	2009
62	管理学院	运营管理研究	姚卫新	2009
63	管理学院	服务科学与管理专题	张科静	2009
64	管理学院	科技管理	郑建国	2009
65	管理学院	“物流管理研究”实验实践系统建设	周建亨	2009
66	管理学院	高级财务与金融研究前沿	朱淑珍	2009

续 表

序号	学院	课程名称	负责人	年度
67	化生学院	“高等有机化学(工科)”的课程优化及课件设计	陈沛然	2009
68	化生学院	有机化合物的结构分析课程国际化	李洪启	2009
69	化生学院	应用化学硕士点专业实验课程	虞鑫海	2009
70	化生学院	“生物化学反应工程”课程体系优化及对 生物化工及相关专业研究生知识结构的支撑	张兴群	2009
71	化生学院	“高等有机化学实验”课程体系及网络平台建设	赵圣印	2009
72	机械学院	现代成型技术研究生课程 国际化及双语教学设计	孔永华	2009
73	机械学院	“结构分析与设计”课程设计	孙志宏	2009
74	计算机学院	计算机科学与技术学科硕士 研究生课程体系研究	乐嘉锦	2009
75	计算机学院	数据仓库与数据挖掘	乐嘉锦	2009
76	计算机学院	加强软件项目管理教育培养学生工程运作能力	李　锋	2009
77	计算机学院	可配置、可裁减式实例驱动嵌入式系统创新教学	覃志东	2009
78	理学院	动态实验技术及并行计算方法	麻伟巍	2009
79	体育部	“大众体育管理”研究生课程体系的建设与研究	曾桂生	2009
80	材料学院	现代科学分析方法在材料研究中的应用	李　光	2010
81	纺织学院	强化学生参与教学与评价，提高学生综合 能力——《新型染整技术》课程教学方式、 评价考核方式的改革与实践	崔运花	2010
82	服艺学院	基于 Moodle 的探究性《实验设计与 多变量分析》网络教学平台建设	方　方	2010
83	服艺学院	符号学研究	冯　钢	2010
84	服艺学院	《服装立体构成学理论与技术》 的教学改革及应用实践建设	刘咏梅	2010
85	服艺学院	《形态创新与表现的教学改革实践》	俞　英	2010

续 表

序号	学院	课程名称	负责人	年度
86	管理学院	《财务报表分析》课程系列讲座建设	曾月明	2010
87	管理学院	现代管理学前沿——模式创新	陈荣耀	2010
88	管理学院	《人员管理》物流工程硕士课程建设	陈荣耀	2010
89	管理学院	企业管理博士生专业前沿课程体系建设	戴昌钧	2010
90	管理学院	《财务方法研究》双语教学设计与实践	李霁友	2010
91	管理学院	《财务会计准则研究》国际化与实践性建设	刘长奎	2010
92	管理学院	技术经济及管理专业《科技管理》课程建设	孙明贵	2010
93	管理学院	物流工程硕士 ILT 认证 必修课程《资源管理》建设	王文杰	2010
94	管理学院	《物流管理》课程建设	王长军	2010
95	管理学院	会计学科专业选修课程体系与案例库建设	张　丹	2010
96	管理学院	《管理研究方法》双语课程建设	赵晓康	2010
97	管理学院	面向全日制物流工程硕士的《运筹学》课程建设	周力等	2010
98	化生学院	《新药研究与开发学》	陈志龙	2010
99	化生学院	“生态纺织品检测技术”相关实验的设置	侯爱芹	2010
100	化生学院	学位课“分子生物学技术”的实践学习	孟　清	2010
101	化生学院	生物材料双语教学课程建设	莫秀梅	2010
102	化生学院	“印染生产与管理”课程系列讲座建设	王建庆	2010
103	环境学院	大气污染控制工程教学方法探索	陈泉源	2010
104	环境学院	环境工程全日制专业学位研究生课程体系优化	李登新	2010
105	环境学院	《微生物技术与工程》课程教学 内容、方法及手段的优化探索	李　茵	2010
106	环境学院	研究生应用实践类课程建设——《环境电化学》	柳建设	2010
107	环境学院	现代环境分离技术	宋燕西	2010

续 表

序号	学院	课程名称	负责人	年度
108	环境学院	《现代环境化学》课程应用实践及优化建设	杨再福	2010
109	环境学院	太阳能建筑	赵敬德	2010
110	环境学院	研究生培养基地联合课程建设——《能源利用与节能技术》课程建设	周亚素	2010
111	机械学院	“CAD/CAM”研究生课程建设	陈冰冰	2010
112	机械学院	非电力电子专业类的《电力电子技术》课程教学方法的改进与优化	陈家新	2010
113	机械学院	《机电伺服系统》课程建设	孙以泽	2010
114	计算机学院	科学计算与 MATLAB 实现	黄永锋	2010
115	计算机学院	产学研联合培养研究生的机制与质量保障研究	刘晓强	2010
116	计算机学院	计算机学科的《概率统计与随机过程》课程建设	宋　晖	2010
117	计算机学院	操作系统分析	燕彩蓉	2010
118	理学院	硕士研究生公共数学课程的模块化教学改革	胡良剑	2010
119	理学院	“现代应用数学方法”课程建设	姜健飞	2010
120	理学院	常微分方程研究生课程建设	寇春海、李美丽	2010
121	理学院	等离子体诊断课程体系的设计与实现	施芸城	2010
122	外语学院	第二语言习得和教学法课程建设	郭奕奕	2010
123	信息学院	《图像通信与信息处理》课程双语教学设计与实践	许武军	2010
124	信息学院	使用 OptiSystem 的通信系统建模仿真教学研究	杨　义	2010
125	材料学院	《纳米材料与技术》课程改革	胡俊青	2011
126	材料学院	《先进材料进展》课程改革	朱美芳	2011
127	纺织学院	以纺织复合材料课程建设为载体，探讨专业学位课程建设与实践的途径	李　炜	2011
128	纺织学院	高等纺织材料学课程建设	于伟东	2011

续　表

序号	学院	课程名称	负责人	年度
129	服艺学院	服装产品生命周期管理课程建设	李　峻	2011
130	服艺学院	西方纺织艺术设计史	钟　宏	2011
131	化生学院	蛋白质结构与功能课程体系优化	陈　婷	2011
132	化生学院	《高级发酵工艺实验》教学平台升级建设	洪　枫	2011
133	化生学院	纺织生物技术课程建设	陆大年	2011
134	化生学院	纺织工程专业硕士《功能整理》课程建设	闵　洁	2011
135	化生学院	《现代仪器分析》课程建设——实例研究教学法	邵志宇	2011
136	化生学院	关于《分离工程》课程教学“新”规划	徐中其	2011
137	化生学院	《化学工业分析》课程体系建设与完善	张　煊	2011
138	化生学院	《生理药理学理论与实践》课程内容建设及优化	郑　皓	2011
139	机械学院	《控制系统软件与算法》课程 （针对硕士 2010 级和 2011 级）	韩　强	2011
140	机械学院	《展示设计研究》课程（针对专业学位 2011 级）	陆金生	2011
141	机械学院	《机电一体化设计》课程 （针对硕士 2010 级和 2011 级）	孟　婵	2011
142	计算机学院	校企联合《商务智能》课程建设	李继云	2011
143	计算机学院	数据库系统实现	王洪亚	2011
144	计算机学院	《图像处理与图像分析》课程建设	夏小玲	2011
145	体育部	大众体育管理专业学位课程体系建设	曾桂生	2011
146	体育部	体育管理学	曾桂生	2011
147	体育部	运动生理学研究进展	刘瑾彦	2011
148	体育部	社会体育学	秦　伟	2011
149	外语学院	“外国语言学及应用语言学”核心 课程建设——研究方法论团队教学	郭弈弈	2011

续 表

序号	学院	课程名称	负责人	年度
150	外语学院	注重实践型、应用型人才培养的英语方向翻译核心课程建设——务实系列课程团队教学	马 静	2011
151	外语学院	注重实践型、应用型人才培养的日语方向翻译核心课程建设——务实系列课程团队教学	钱晓波	2011
152	外语学院	面向 MTI 的翻译理论研究课程建设	沈炜艳	2011
153	外语学院	英语口语教学的机制研究	颜帼英	2011
154	信息学院	网络通信新技术与系统实验优质课程建设	陈 雯	2011
155	信息学院	智能科学相关课程的网络交互教学研究	龚 涛	2011
156	信息学院	《嵌入式系统原理与应用》课程与教材建设	廖小飞	2011
157	信息学院	电力电子与电力传动重点专业课程研究生	孙培德	2011
158	信息学院	《线性系统理论》课程体系的改革与实践	周武能	2011
159	材料学院	现代无机合成化学	陈志刚	2014
160	材料学院	材料设计与工程实践	胡祖明	2014
161	材料学院	现代科学分析基础理论	李 光	2014
162	材料学院	MaterialsChemistry&Physics 国际课程	杨曙光	2014
163	材料学院	高分子材料成型与加工	于俊荣	2014
164	材料学院	科技文献阅读与写作	张青红	2014
165	材料学院	材料学院长学制“硕博一体化”研究生教育改革试点	张清华	2014
166	材料学院	材料分析方法与技术实践	张清华	2014
167	材料学院	材料产业调研与分析	张玉梅	2014
168	纺织学院	基于长学制研究生培养的《科学研究方法》课程建设	覃小红	2014
169	纺织学院	基于长学制研究生培养的《纺织最优化设计与分析》课程建设	王新厚	2014
170	纺织学院	长学制“硕博一体化”研究生教学改革与探索	徐广标	2014

续　表

序号	学院	课程名称	负责人	年度
171	纺织学院	校企结合共建《纺织产品开发(系列)》课程	徐广标	2014
172	纺织学院	纺织领域工程硕士学位论文标准探讨及案例建设	晏　雄	2014
173	纺织学院	基于长学制研究生培养的《纺织检测技术》课程建设	于伟东	2014
174	纺织学院	适于专业硕士基础教学的高等纺织材料学教材与课程建设	于伟东	2014
175	纺织学院	基于长学制研究生培养的《现代纺织技术》课程建设	郁崇文	2014
176	管理学院	《国际商务概论》课程建设	费章凤	2014
177	管理学院	《公司治理》教材建设	吴　炯	2014
178	化生学院	《生化分离工程》课程教学模式改革的探索与研究	杨　光	2014
179	化生学院	纺织品染色工艺技术案例	赵　涛	2014
180	环境学院	大气污染控制工程案例分析	陈泉源	2014
181	环境学院	《热泵技术》课程建设	周亚素	2014
182	机械学院	新型纺织机械课程(教材)建设	陈　革	2014
183	计算机学院	专业学位研究生学位论文案例建设	刘晓强	2014
184	计算机学院	《计算机网络安全与信息加密》课程建设	王高丽	2014
185	计算机学院	Linux 系统与大数据应用	燕彩蓉	2014
186	外语学院	日语 MTI 笔译课程综合建设	钱晓波	2014
187	信息学院	面向物联网的“电子与通信工程”专业学位研究生教学改革	白恩健	2014
188	纺织学院	现代纺织测试技术	刘若华，纪　峰	2015
189	管理学院	国际商务概论	费章凤	2015

续 表

序号	学院	课程名称	负责人	年度
190	管理学院	国际金融	吉余峰	2015
191	管理学院	物流管理	贾永基	2015
192	管理学院	创新与创业管理	田增瑞	2015
193	管理学院	物流服务运营管理	王文杰	2015
194	化生学院	染料化工	谢孔良	2015
195	机械学院	机构设计与分析	孙志宏	2015
196	机械学院	产品改良设计	唐　智	2015
197	机械学院	数控技术及其应用	王庆霞	2015
198	机械学院	机电伺服系统	徐　洋	2015
199	信息学院	系统建模与仿真	陈　亮	2015
200	信息学院	系统工程与决策分析	董爱华	2015
201	材料学院	材料分析方法与技术实践	陈文萍	2017
202	材料学院	材料学科研究生课程建设的分析与反思(教学案例)	陈晓双	2017
203	材料学院	超薄平板显示玻璃制备技术概述及思考(教学案例)	王海风	2017
204	材料学院	晶硅的切割、制绒工艺新突破对策(教学案例)	张青红	2017
205	纺织学院	纺织新技术	程隆棣	2017
206	纺织学院	纺织复合材料设计与制造(教学案例)	李　炜	2017
207	纺织学院	现代纺织检测技术	刘若华	2017
208	纺织学院	牛仔污染门——时尚背后的争议(教学案例)	马颜雪	2017
209	纺织学院	纺织产品创新与工程伦理	马颜雪	2017
210	纺织学院	应用统计与优化设计	郁崇文	2017
211	服艺学院	服装人体工学	方　方	2017

续 表

序号	学院	课程名称	负责人	年度
212	服艺学院	现代综合绘画	李明晓	2017
213	服艺学院	空间设计	刘晨澍	2017
214	服艺学院	室内外环境设计	刘晓东	2017
215	服艺学院	服装结构设计原理	王建萍	2017
216	服艺学院	艺术设计史	王 乐	2017
217	服艺学院	设计思维	袁 姝	2017
218	服艺学院	品牌服装运作	周洪雷	2017
219	管理学院	海尔“互联网+”盈利模式及其财务评价(教学案例)	曾月明	2017
220	管理学院	JSW 物流中心仓储计划与运作(教学案例)	戴 韬	2017
221	管理学院	基于基层经理人力资源管理困惑的共创案例探索项目(教学案例)	符谢红	2017
222	管理学院	厦门国贸集装箱堆场设备与人员管理(教学案例)	贾永基	2017
223	管理学院	当代营销理论	沈 蕾	2017
224	管理学院	《战略管理》课程体系优化与内容提升	孙明贵	2017
225	管理学院	采购与供应管理	王志宏	2017
226	管理学院	时尚品牌 C 的供应商融资方案设计与评价(教学案例)	张科静	2017
227	管理学院	G 时尚女装品牌的全渠道零售与数字化转型(教学案例)	张科静	2017
228	管理学院	AT&T 并购时代华纳:福兮祸兮?(教学案例)	赵晓康	2017
229	管理学院	国际经济学的双语教学实践	周琛影	2017
230	管理学院	四公司库存管理 联合案例集(教学案例)	周建亨	2017
231	化生学院	高等有机化学	储玲玲	2017
232	化生学院	组织工程	何创龙	2017

续 表

序号	学院	课程名称	负责人	年度
233	化生学院	实验有机化学	黄焰根	2017
234	化生学院	有机化合物的结构分析	李洪启	2017
235	化生学院	生物信息学	李　凯	2017
236	化生学院	分子生物学	林　瑛	2017
237	化生学院	印染现场质量与技术管理案例集(教学案例)	王　炜	2017
238	化生学院	高等有机化学实验	赵圣印	2017
239	化生学院	纺织品染色技术案例(教学案例)	赵　涛	2017
240	化生学院	制药技术与管理	郑　皓	2017
241	环境学院	高等流体力学	亢燕铭	2017
242	环境学院	污泥深度处理案例(教学案例)	李登新	2017
243	环境学院	建筑环境质量控制	刘　刚	2017
244	环境学院	环境生物无机化学	柳建设	2017
245	环境学院	现代环境监测与分析	马春燕	2017
246	环境学院	环境界面化学	魏群山	2017
247	环境学院	《膜技术原理与应用》课程建设	薛　罡	2017
248	环境学院	水污染控制原理与技术	杨　波	2017
249	环境学院	现代环境化学	杨再福	2017
250	环境学院	冰蓄冷工程中的相变传热问题(教学案例)	赵敬德	2017
251	环境学院	高等传热学	赵敬德	2017
252	环境学院	环境分子生物学	赵晓祥	2017
253	机械学院	运用纳米技术改善输油管道 接头螺纹粘扣问题(教学案例)	白　涛	2017
254	机械学院	现代表面技术	白　涛	2017
255	机械学院	先进制造工程学	鲍劲松	2017

续　表

序号	学院	课程名称	负责人	年度
256	机械学院	机械工程领域专业(行业)前沿进展	鲍劲松	2017
257	机械学院	科学素养课程工程伦理案例(教学案例)	刘志辉	2017
258	机械学院	工业设计工程领域专业(行业)前沿进展	陆金生	2017
259	机械学院	碳纤维立体圆织机无碾压引纬系统的设计(教学案例)	孙志宏	2017
260	机械学院	《机构分析与设计》案例化教学在线课程建设	孙志宏	2017
261	机械学院	设计管理	王俊民	2017
262	机械学院	现代设计方法	王生泽	2017
263	机械学院	人机工程学	杨钟亮	2017
264	机械学院	产品设计	姚子颖	2017
265	机械学院	机械工程前沿	张　洁	2017
266	计算机学院	大数据理论与实践	丁祥武	2017
267	计算机学院	研发新技术系列	李　锋	2017
268	计算机学院	计算理论导引与算法复杂性	刘国华	2017
269	计算机学院	概率统计与随机过程	宋　晖	2017
270	计算机学院	企业软件系统架构设计	孙　莉	2017
271	计算机学院	数据库系统实现	王洪亚	2017
272	计算机学院	数据库系统实现	王　梅	2017
273	计算机学院	软件体系结构	王鹏伟	2017
274	计算机学院	操作系统分析	燕彩蓉	2017
275	计算机学院	计算机系统结构	朱　明	2017
276	理学院	光谱学	施芸城	2017
277	理学院	半导体器件物理	王春瑞	2017
278	理学院	固体物理	伍滨和	2017

续 表

序号	学院	课程名称	负责人	年度
279	理学院	等离子体物理与技术	张　菁	2017
280	马院	马克思主义基本原理专题	曾誉铭	2017
281	马院	科学社会主义理论与实践	王银凤	2017
282	马院	马克思主义政治经济学专题	肖　莎	2017
283	马院	论文写作中马列经典著作引用不当的几种行为(教学案例)	陈向义	2017
284	人文学院	公共管理案例分析	刘　奕	2017
285	人文学院	当代中国行政管理专题研究	唐丽萍	2017
286	人文学院	公共政策分析专题研究	王锐兰	2017
287	外语学院	二语习得和教学法	郭奕奕	2017
288	外语学院	西方语言学理论	李晶洁	2017
289	外语学院	以培养研究生学术能力为导向的英语专业词汇学课程改革	马　静	2017
290	外语学院	翻译理论与实践	钱晓波	2017
291	外语学院	日本近代作家与作品研究	钱晓波	2017
292	外语学院	学术交流英语	荣盈盈	2017
293	外语学院	面向翻译专业学位硕士研究生培养的翻译核心课程体系建设	沈炜艳	2017
294	外语学院	以服饰翻译语料库为特色的计算机辅助翻译课程建设	吴　蕾	2017
295	外语学院	“一带一路”视域下,以亚洲服饰为特色的“语言与文化”课程建设	张厚泉	2017
296	外语学院	翻译与文体	张淑琴	2017
297	外语学院	日汉翻译技巧与演练	赵　萍	2017
298	外语学院	汉日翻译技巧与演练	赵　萍	2017
299	外语学院	翻译语法文体学	郑礼琼	2017

续 表

序号	学院	课程名称	负责人	年度
300	信息学院	智能工程相关课程案例教学研究	龚　涛	2017
301	信息学院	模式识别原理与技术	郝矿荣	2017
302	信息学院	信息论与编码	蒋学芹	2017
303	信息学院	交联电缆生产线电气传动与控制案例(教学案例)	孔维健	2017
304	信息学院	现代信号处理	李德敏	2017
305	信息学院	先进控制技术及其应用	任正云	2017
306	信息学院	电力电子系统建模与控制	孙培德	2017
307	信息学院	非隔离型 Buck 降压式开关电源变换器的设计、仿真与硬件实现(教学案例)	徐海芹	2017
308	信息学院	基于 USRP 软件无线电平台的无线通信网络时频特性分析与验证　(教学案例)	张光林	2017
309	信息学院	现代检测理论与技术	张义红	2017
310	信息学院	随机过程	赵鸣博	2017
311	纺织学院	高等纺织材料学	杜赵群	2018
312	纺织学院	纺织物理	于伟东	2018
313	服艺学院	主题创作	冯信群	2018
314	服艺学院	现代综合绘画	李海峰	2018
315	服艺学院	景观设计学	夏　明	2018
316	环境学院	生态毒理学	赵晓祥	2018
317	人文学院	西方科学技术史	徐泽林	2018
318	外语学院	研究方法论	徐风华	2018
319	纺织学院	科学研究方法	覃小红	2019
320	纺织学院	纺织产品开发(系列)	徐广标	2019
321	纺织学院	纺织服装专业人工智能技术在线课程建设	钟跃崎	2019
322	服艺学院	服装智能制造模块化系列课程建设	方　方	2019

续 表

序号	学院	课程名称	负责人	年度
323	服艺学院	消费者行为学	顾彤宇	2019
324	管理学院	Python 语言与智能决策	王素芬	2019
325	化生学院	科技论文阅读和写作	陆昌瑞	2019
326	化生学院	现代仪器分析方法在染整中的应用	朱智甲	2019
327	计算机学院	计算机学院人工智能模块课程体系建设	刘国华	2019
328	理学院	《光纤传感技术》多角度教学探索与实践	詹亚歌	2019
329	人文学院	新闻与传播专业硕士课程体系建设	杭丽滨	2019
330	人文学院	新闻传播学一级硕士学位点课程体系建设	赵高辉	2019
331	信息学院	数据分析与机器学习课程的案例化建设	李大威	2019
332	信息学院	信号估值与检测案例课程建设	吴　赟	2019
333	信息学院	基于软件无线电平台的移动边缘计算系统仿真	张光林	2019
334	纺织学院	纺织服装专业计算机仿真与建模在线课程建设	钟跃崎	2021
335	服艺学院	服装品牌营销案例建设	鲁　成	2021
336	服艺学院	服装科学研究方法模块化课程体系建设	张昭华	2021
337	管理学院	基于管理学理论及伦理视角的基层经理人力资源管理困惑分析—共创案例撰写及分析	符谢红	2021
338	管理学院	金融理论与政策案例库建设	吉余峰	2021
339	管理学院	工程专业博士《工程与管理》课程开发与建设	孙明贵	2021
340	环境学院	高浓度难降解有机废水处理及资源化课程教学案例	陈小光	2021
341	计算机学院	计算机学院软件工程模块课程体系建设	杜　明	2021
342	理学院	集成电路课程体系建设	韦联福	2021
343	人文学院	当代中国行政管理专题研究中的教学案例建设	唐丽萍	2021

（执笔：张慧芬、丁明利）

附录五：东华大学教材建设项目立项一览表

序号	学院	课程名称/项目名称	负责人	年度
1	服艺学院	服装品牌构成	卞向阳	2007
2	纺织学院	纺织应用技术物理、纺织物理	于伟东	2007
3	纺织学院	纺织最优化设计与分析	郁崇文	2007
4	管理学院	公司财务管理、公司理财	葛文雷	2007
5	管理学院	制度经济学	贺　卫	2007
6	理学院	流体力学	何吉欢	2007
7	环境学院	MATLAB 在环境科学中的应用	宋新山	2007
8	外语学院	翻译学	叶荣鼎	2007
9	管理学院	现代管理数学方法	汤兵勇	2007
10	服艺学院	服装面料再设计	钱　欣	2008
11	服艺学院	染织图案设计教程	汪　芳	2008
12	服艺学院	服装结构设计原理	张文斌	2008
13	管理学院	经济增长与财务政策动态调节	高长春	2008
14	管理学院	顾客管理:原理与应用	孙明贵	2008
15	管理学院	财务报表分析	许拯声	2008
16	管理学院	管理研究与论文写作指南	赵晓康	2008
17	机械学院	纺织机械概论	陈　革	2008
18	人文学院	公共政策新论	王锐兰	2008
19	外语学院	研究生英语视听说教程	林美玟	2008
20	信息学院	区域稳定性约束鲁棒控制理论及应用	周武能	2009
21	管理学院	人力资源管理理论与实践	戴昌钧	2009
22	服艺学院	服装品牌构成	卞向阳	2009

续 表

序号	学院	课程名称/项目名称	负责人	年度
23	服艺学院	奢侈品学	刘晓刚	2009
24	服艺学院	非线性编辑高级教程——专业剪辑大师 AppleFinalCutPro	徐亚非	2009
25	服艺学院	创意服装结构设计	张祖芳	2009
26	材料学院	高分子表面化学	沈　青	2009
27	管理学院	会计理论	许拯声	2010
28	服艺学院	奢侈品学	刘晓刚	2010
29	服艺学院	欧洲服装结构设计原理及技法	杜劲松	2011
30	服艺学院	艺术符号学	冯　钢	2011
31	服艺学院	研究方法与科技论文的撰写——服装设计与工程专业	李　敏	2011
32	服艺学院	服装设计方法论	刘晓刚	2011
33	服艺学院	非线性剪辑与合成高级教程	徐亚非	2011
34	服艺学院	西方纺织艺术设计史	钟　宏	2011
35	计算机学院	软件项目开发与管理过程实践	李　锋	2011
36	体育部	体育产业经营管理	夏正清	2011
37	体育部	大众体育管理概述	曾桂生	2011
38	外语学院	硕博学位论文写作	赵明炜	2011
39	纺织学院	世界纺织史导论	王　华	2011
40	化工学院	组织工程与再生医学	何创龙	2011
41	机械学院	产品表现技法研究	胡　锦	2011
42	管理学院	《公司治理》教材建设	吴　炯	2014
43	机械学院	新型纺织机械课程(教材)建　设	陈　革	2014
44	纺织学院	纺织试验设计及最优化	郁崇文	2017

续 表

序号	学院	课程名称/项目名称	负责人	年度
45	服艺学院	基于卓越设计师培养目标的 “时尚产品设计”课程教材建设	俞 英	2017
46	服艺学院	欧洲服装结构设计方法	杜劲松	2017
47	管理学院	《金融风险管理》“互联网＋”教材建设	朱淑珍	2017
48	管理学院	纺织服装行业国际优秀案例集	赵晓康	2017
49	管理学院	中高级计量经济学	李 勇	2017
50	环境学院	污染场地调查、评估与修复案例分析	李登新	2017
51	理学院	随机过程新教材编写	张振中	2017
52	信息学院	面向工业 4.0 人才培养的工业 控制网络技术教学课程建设	张志杰	2017
53	外语学院	英汉汉英散文翻译与评析	唐 毅	2017
54	服艺学院	水彩表现与技法	冯信群	2017

（执笔：张慧芬、丁明利）

附录六：东华大学国际大师课程项目立项一览表

序号	立项学院	项目名称	项目负责人	授课专家姓名(国籍)/所在高校或机构	年度
1	纺织学院	纺织复合材料	李炜	Gerhard Ziegmann(德国)/德国克劳斯塔尔工业大学	2014
				谢磊(德国)/ABB全球研发中心(瑞士)	
2	机械学院	高等机构设计	孙志宏	WenjunZhang(加拿大)/萨斯卡彻温大学	2014
				ZhumingBi(加拿大)/印第安纳大学	
				PurenQuyang(加拿大)/印第安纳大学	
3	信息学院	智能系统控制	龚涛	DipankarDasgupta(美国)/瑞尔森大学	2014
				BharatBhargava(美国)/普渡大学	
				JonTimmis(英国)/约克大学	
4	理学院	随机微分方程	胡良剑	XuerongMao(英国)/英国斯特拉斯克莱德大学	2014
5	纺织学院	生物医用纺织材料与技术	王璐	RobertGuidoin(加拿大/法国)/拉瓦尔大学	2015
				ZeZhang(加拿大)/拉瓦尔大学	
				MartinKing(英国/加拿大)/美国北卡罗纳州立大学	
6	材料学院	材料化学与物理	杨曙光	PatrickTheato(德国)/德国汉堡大学	2015
				BernardLotz(法国)/法国科学院	
				裴启兵(美国)/加州大学戴维斯分校	

续 表

序号	立项学院	项目名称	项目负责人	授课专家姓名(国籍)/所在高校或机构	年度
7	化生学院	纳米医学	史向阳	Jo？oRodrigues(葡萄牙)/马德拉大学	2015
				HelenaTomás(葡萄牙)/马德拉大学	
8	机械学院	先进制造工程学	鲍劲松	金雁(美国)/美国南加州大学	2015
9	计算机学院	ORACLE 数据库结构与设计	孙莉	苏建文(美国)/美国圣巴巴拉加州大学	2015
10	管理学院	管理经济学	赵君丽	VigdisBoasson(美国)/中密歇根大学	2015
11	环境学院	现代环境微生物技术	柳建设、赵晓祥	WolfgangSand(德国)/杜伊斯堡－埃森大学	2015
12	计算机学院	数据库系统实现	王洪亚	杨坚(澳大利亚)/麦考瑞大学	2016
13	化生学院	高级细胞生物学	周宇荀	SuheWang(美国)/密西根大学	2016
14	管理学院	营销管理专题	刘东胜	GuiyangXiong(中国)/佐治亚大学	2016
				ShanLin(中国)/路易斯大学	
				GangWang(中国)/特拉华大学	
15	服艺学院	纺织品服装检验理论与实践	丁雪梅	HughRGong(英国)/曼彻斯特大学	2016
16	纺织学院	聚合物复合材料	李炜	Gerhard Ziegmann(德国)/克劳斯塔尔工业大学	2017
				谢磊(德国)/ABB 全球研发中心(瑞士)	

续 表

序号	立项学院	项目名称	项目负责人	授课专家姓名(国籍)/所在高校或机构	年度
17	化生学院	结构生物学	陆昌瑞	Geoffrey Siegel(美国)/密歇根大学 Ailong Ke(美国)/康奈尔大学	2017
18	环境学院	环境工程传质理论基础	李方	Neal Tai-Shung CHUNG(美国)/新加坡国立大学 Jianping XIE(中国)/新加坡国立大学	2017
19	环境学院	环境工程研究生实验课教学特色项目	李登新	Hokyong Shon(澳大利亚)/悉尼科技大学　Huu Hao Ngo(澳大利亚)/悉尼科技大学	2017
20	化生学院	功能整理	毛志平	GyulaVancso/荷兰特文特大学	2018
21	管理学院	物流服务运营管理	王文杰	袁雨飞(加拿大)/麦克马斯特大学	2018
22	服艺学院	产业创新与商业模式研究	王熙元	VirginiaTrigo/西班牙里斯本大学 NelsonJosédosSantosAntónio/西班牙里斯本大学	2018
23	服艺学院	商品开发与规划研究	吴翔	DuyPhongVu(德国)/博朗首席产品设计师及设计总监 SooshinChoi(美国)/The Modus Design LLC. KenNah(韩国)/弘益大学	2018
24	管理学院	当代营销理论	沈蕾	Paul Matthyssens(比利时)/安特卫普大学	2019
25	管理学院	区域经济学	王雷	张宏霖(美国)/伊利诺伊州立大学	2019
26	服艺学院	字体研究	林峰	Petrvan Blokland(荷兰)/著名平面设计师;国际著名字体设计师	2019

续　表

序号	立项学院	项目名称	项目负责人	授课专家姓名(国籍)/所在高校或机构	年度
27	服艺学院	环境艺术设计学	鲍诗度	VincenzoA. Legnante(意大利)/佛罗伦萨大学	2019
				陈丁荣(中国台湾)/佛罗伦萨大学	
				Guido Giacomo Bondielli(意大利)/佛罗伦萨大学	
28	服艺学院	空间设计	刘晨澍	米歇尔·奥卡·多纳/国际知名、顶尖艺术家和设计师	2019
29	信息学院	智能系统控制/智能系统与控制/智能控制与系统专题	龚涛	JonTimmis(英国)/桑德兰大学,University of York	2020
				Pietro Mastroeni(英国)/University of Cambridge	
30	服艺学院	科技服装概论	于晓坤	Megan Strickfaden(加拿大)/阿尔伯塔大学	2020
				见寺贞子(日本)/神户艺术工科大学	
31	服艺学院	服装舒适性与功能服装	张昭华	Loughborough 拉夫堡大学	2020
32	机械学院	机械工程领域专业(行业)前沿进展	张洁	葉偉雄/香港理工大学	2020
33	理学院	非线性抛物双曲耦合组及其动力系统	秦玉明	梅茗(加拿大)/麦吉尔大学	2020
				Alain Miranville(法国)/ 普瓦提埃大学	

(执笔：张慧芬)

附录七：东华大学荣获全国优博论文（提名）一览表

1. 历年全国优秀博士学位论文获奖名单

序号	学科	获奖博士学位论文题目	获奖博士生姓名	指导教师	获奖年份
1	纺织科学与工程	毛涤复合纱线加工、结构、力学性能及其织物	吴雄英	王善元	2003 年
2	纺织科学与工程	多孔丝素膜的制备及结构、性能研究	李明忠	严灏景	2004 年
3	纺织科学与工程	熔喷非织造气流拉伸工艺研究	陈廷	黄秀宝	2006 年
4	纺织科学与工程	纤维在喷嘴高速气流场中运动的研究和应用	曾泳春	郁崇文	2007 年
5	纺织科学与工程	PAN、PVA 静电纺纳米纤维的机理及喷头装置的研究	覃小红	王善元	2008 年
6	纺织科学与工程	三维纺织结构复合材料压缩性能的应变率效应及动态特性分析	孙宝忠	顾伯洪	2009 年
7	纺织科学与工程	基于图像处理技术的苎麻和棉纤维纵向全自动识别系统	王荣武	王善元	2010 年
8	纺织科学与工程	气泡静电纺丝技术及其机理研究	刘雍	俞建勇	2011 年

2. 历年全国优秀博士学位论文提名名单

序号	学科	提名博士论文题目	提名博士姓名	指导教师	提名年份
1	纺织科学与工程	转杯纺纺制竹节花式纱研究	汪军	黄秀宝	2003 年
2	纺织科学与工程	熔喷非织造气流拉伸工艺研究	陈廷	黄秀宝	2005 年
3	纺织科学与工程	纤维在喷嘴高速气流场中运动的研究和应用	曾泳春	郁崇文	2006 年

续　表

序号	学科	提名博士论文题目	提名博士姓名	指导教师	提名年份
4	纺织科学与工程	纱线与织物同机弯曲表征及建模分析	杜赵群	于伟东	2008 年
5	纺织科学与工程	三维纺织复合材料为基础的共形承载微带天线及其基板的结构设计和性能研究	姚澜	邱夷平	2010 年
6	控制科学与工程	基于不完全测量信息的非线性随机系统的滤波与控制	沈波	王子栋	2013 年

（执笔：张翔）

附录八：东华大学荣获上海优秀成果（学位论文）一览表

1. 上海博士优秀成果(学位论文)

序号	论文题目	作者	导师	学科专业名称	年度
1	喷气混纤玻璃纤维/聚丙烯复合材料工艺与性能	李　龙	王善元	纺织科学与工程	2000
2	毛涤复合纱线加工、机构、力学性能及其织物	吴雄英	王善元	纺织科学与工程	2001
3	转杯纺纺制竹节花式纱研究	汪　军	黄秀宝	纺织科学与工程	2002
4	着装之温度舒适性研究	李　俊	张渭源	纺织科学与工程	2002
5	激光散射法测定非织造布纤维取向分布与面密度的研究	周　胜	储才元	纺织科学与工程	2003
6	三维机织复合材料的结构设计与力学性能研究	易洪雷	丁　辛	纺织科学与工程	2003
7	建筑篷用织物涂层材料表面能及其稳定性的研究	狄剑锋	黄秀宝	纺织科学与工程	2003

续　表

序号	论文题目	作者	导师	学科专业名称	年度
8	四针状 ZnO 晶须及其树脂基复合材料研究	周祚万	顾利霞	材料科学与工程	2004
9	基于统计力学的液体在纤维集合体内流动的研究	钟　闻	丁　辛	纺织科学与工程	2004
10	熔喷非织造气流拉伸工艺研究	陈　廷	黄秀宝	纺织科学与工程	2004
11	多孔丝素膜的制备及结构、性能研究	李明忠	严灏景	纺织科学与工程	2004
12	纤维在喷嘴高速气流场中运动的研究和应用	曾泳春	郁崇文	纺织科学与工程	2005
13	络筒工序纱线毛羽的研究	郎　军	朱苏康	纺织科学与工程	2006
14	国产清梳联梳棉机 FT025 自调匀整系统的研制和性能评估	赵　强	黄秀宝	纺织科学与工程	2007
15	PAN、PVA 静电纺纳米纤维的机理及喷头装置的研究	覃小红	王善元	纺织科学与工程	2007
16	纱线与织物同机弯曲表征及建模分析	杜赵群	于伟东	纺织科学与工程	2007
17	三维纺织结构复合材料压缩性能的应变率效应及动态特性分析	孙宝忠	顾伯洪	纺织科学与工程	2008
18	纱线与织物同机弯曲表征及建模分析	杜赵群	于伟东	纺织科学与工程	2008
19	玻璃纤维经编网格面板的可编织性、结构设计及力学性能研究	刘晓明	陈南梁	纺织科学与工程	2009
20	三维纺织复合材料为基础的共形承载微带天线及其基板的结构设计和性能研究	姚　澜	邱夷平	纺织科学与工程	2009
21	基于图像处理技术的苎麻和棉纤维纵向全自动识别系统	王荣武	王善元	纺织科学与工程	2009
22	气泡静电纺丝技术及其机理研究	刘　雍	俞建勇	纺织科学与工程	2010
23	几类非线性随机系统的多性能指标分析与综合	魏国亮	王子栋	控制科学与工程	2010

续　表

序号	论文题目	作者	导师	学科专业名称	年度
24	转杯纺复合纱长丝短纤复合机理及结构性能研究	杨瑞华	王善元	材料科学与工程	2010
25	氰醇及含氟仲醇的动力学拆分研究	徐　青	卿凤翎	纺织科学与工程	2011
26	精细化黄麻纤维制备、纺纱技术及力学性能研究	夏兆鹏	俞建勇	纺织科学与工程	2011
27	喷气纺纱喷嘴内三维旋转气流场及柔性纤维运动的研究	郭会芬	郁崇文	纺织科学与工程	2011
28	非水相酶促合成阿魏酸结构脂及其抗氧化性质研究	郑　妍	朱利民	纺织科学与工程	2011
29	微通道内表面的微/纳米结构构筑及功能化设计	何中媛	王宏志	材料科学与工程	2012
30	喷气涡流纺纤维与气流耦合作用特性及应用研究	裴泽光	郁崇文	纺织科学与工程	2012
31	微纳米纤维纺丝拉伸机理的研究	孙亚峰	王新厚	纺织科学与工程	2012
32	高蓬松纤维集合体保温性检测机理与应用	崔　鹏	王府梅	纺织科学与工程	2012
33	新型溶剂制备再生纤维素纤维及其结构性能研究	张　帅	俞建勇	纺织科学与工程	2012
34	基于不完全测量信息的非线性随机系统的滤波与控制	沈　波	王子栋	控制科学与工程	2012
35	复杂网络动力学及其应用的若干问题研究	唐　漾	方建安	控制科学与工程	2012
36	碳和半导体金属氧化物纳米材料的原位物理性能及器件	邹儒佳	胡俊青	材料科学与工程	2013
37	方酸菁基宽波段吸收光学材料的设计、制备、性能及应用	严正权	徐洪耀	材料科学与工程	2013
38	使用 PTT 纤维改善机织血管径向顺应性的研究	陈　莹	丁　辛	纺织科学与工程	2013

续 表

序号	论文题目	作者	导师	学科专业名称	年度
39	纤维几何特征对成纱条干不匀的影响分析	林　倩	郁崇文	纺织科学与工程	2013
40	静电纺纤维膜的结构调控及其在甲醛传感器中的应用研究	王先锋	俞建勇	纺织科学与工程	2013
41	基因调控网络的随机动力学分析	张文兵	方建安	控制科学与工程	2013
42	石墨烯衍生物及其复合材料的制备与性能研究	赵　昕	张清华	材料科学与工程	2014
43	静电纺管状支架的制备及其在组织工程中的应用	黄　晨	柯勤飞	纺织科学与工程	2014
44	机织针织混编结构复合材料冲击拉伸性能与破坏机理	马丕波	顾伯洪	纺织科学与工程	2014
45	静电纺微纳米多级结构纤维制备及其在油水分离中的应用	林金友	俞建勇	纺织科学与工程	2014
46	非均相 Co3O4/GO/PMS 体系催化氧化降解染料废水的研究	时鹏辉	李登新	环境科学与工程	2014
47	碳纤维纺丝过程的协同智能控制研究	梁　霄	丁永生	控制科学与工程	2014
48	自然置换通风条件下室内空气污染的演化规律研究	杨秀峰	钟　珂	土木工程	2014
49	细菌纤维素表面修饰及功能化	胡伟立	王华平	材料科学与工程	2015
50	多功能 PAMAM/金纳米复合材料的制备、表征及其在生物 CT 成像中的应用	彭　琛	史向阳	材料科学与工程	2015
51	纳米半导体光热转换材料的合成及在光热治疗和化疗上的应用探索	宋国胜	胡俊青	材料科学与工程	2015
52	腔内隔绝术用分支人工血管膜的设计与性能研究	张骐昊	王　璐	纺织科学与工程	2015
53	树状大分子辅助的金属纳米颗粒的合成、功能化及其生物医学应用	王富军	史向阳	纺织科学与工程	2015

续　表

序号	论文题目	作者	导师	学科专业名称	年度
54	高温液体环境下热防护服装热湿传递与皮肤烧伤预测	黄　伟	李　俊	纺织科学与工程	2015
55	基于光化学高级氧化技术降解水中典型卤代酚类污染物的研究	王晓丽	柳建设	环境科学与工程	2015

2. 上海硕士优秀成果(学位论文)

序号	论文题目	作者	导师	学科专业名称	年度
1	棉型集聚纺纱技术研究	杨　兴	杨建平	纺织科学与工程	2004
2	新型红外伪装纺织品的研究	李发学	俞建勇	纺织科学与工程	2004
3	倒立摆装置的智能控制研究	郭钊侠	方建安	控制科学与工程	2004
4	置换通风应用问题的研究	秦孟昊	倪　波	土木工程	2004
5	含全氟烷基抗菌剂的合成及其应用	劭　徽	卿凤翎	纺织科学与工程	2005
6	人造血管水渗透仪的设计及其渗透性表征的实验研究	贾立霞	王　璐	纺织科学与工程	2005
7	织物毛羽刺痒感客观评价—单纤维轴向压缩弯曲的理论模型及其性能研究	刘宇清	于伟东	纺织科学与工程	2005
8	亚麻纤维精细化改性及其棉纺产品开发和性能的研究	何　俊	俞建勇	纺织科学与工程	2006
9	服装企业管理中PVC(利、量、持续力)模型的分析及应用	陶　珂	杨以雄	纺织科学与工程	2007
10	基于顾客价值的纺织服装专业会展竞争力研究	石旭光	李　敏	纺织科学与工程	2008
11	基于风格理念的智能化服装款式设计系统研究	徐　玥	刘晓刚	纺织科学与工程	2008
12	低温环境下多层服装热湿舒适性的研究	及二丽	王善元	纺织科学与工程	2008

续 表

序号	论文题目	作者	导师	学科专业名称	年度
13	局部时空间积分	杨香凤	闫理坦	数学	2009
14	碳纳米管功能复合材料的构筑及电磁性能研究	张 祺	李耀刚	材料科学与工程	2010
15	羽毛非织造液相过滤材料的工艺技术及其性能研究	刘 莲	俞镇慌	纺织科学与工程	2010
16	叶片用经编织物的厚铺层结构渗透性能及LCM成型工艺研究	梁晓宁	李 炜	纺织工程	2010
17	微反应器法制备高性能稀土掺杂纳米发光颗粒及其成核生长过程控制	朱晓旭	王宏志	材料科学与工程	2011
18	足底压力分布测量鞋垫的研制	金 曼	丁 辛	纺织科学与工程	2011
19	三维正交机织复合材料细观结构模型和弹道侵彻破坏	贾西文	顾伯洪	纺织科学与工程	2011
20	再生柞蚕丝丝素应用于静电纺纳米纤维的制备与研究	杜 姗	高亚英	纺织科学与工程	2011
21	Bench-Scale低成本高效联合脱除可吸入颗粒物及Hg0装置总体设计与试验研究	沈 猛	刁永发	土木工程	2011
22	服装产业全球价值链治理与中国供应端应对战略研究	丁卓君	顾庆良	应用经济学	2011
23	锰掺杂硒化锌荧光量子点的水相合成及性能研究	邵澎涛	王宏志	材料科学与工程	2012
24	人造血管自波纹化设计	杨夫全	李毓陵	纺织科学与工程	2012
25	三维正交机织物弹道侵彻的分析模型和破坏模式	史文锋	顾伯洪	纺织科学与工程	2012
26	均三嗪型可水解桥基染料聚醚衍生物的合成与应用	宣 建	何瑾馨	纺织科学与工程	2012
27	PEI/PVA纳米纤维膜及含纳米金复合纳米纤维的制备、表征及其应用	方 旭	史向阳	化学工程与技术	2012

续 表

序号	论文题目	作者	导师	学科专业名称	年度
28	石墨烯及其他基底上二氧化锡纳米棒阵列的生长、性能及器件	张震宇	胡俊青	材料科学与工程	2013
29	基于纤维模板的柔性导电材料制备及其性能研究	胡沛然	王宏志	材料科学与工程	2013
30	煤与生物质混燃过程中碱金属对均相汞氧化影响的热力学与动力学研究	余婉璇	刁永发	动力工程及工程热物理	2013
31	亚麻粗纱的细菌煮练研究	郑　磊	郁崇文	纺织科学与工程	2013
32	碳长丝束排列结构及其复合体的电磁屏蔽性研究	吴　瑜	于伟东	纺织科学与工程	2013
33	三维正交机织复合材料三点弯曲疲劳行为实验研究与有限元计算	牛智林	孙宝忠	纺织科学与工程	2013
34	大环三胺仿酶金属配合物的合成及其在双氧水低温漂白棉织物中的研究	秦新波	毛志平	纺织科学与工程	2013
35	轮椅使用者的功能服装研发及评价	吴黛唯	李　俊	纺织科学与工程	2013
36	基于聚乙烯亚胺和树状大分子的纳米材料的合成、表征及生物医学应用	温诗辉	史向阳	化学	2013
37	碳载吡啶钴催化剂的设计合成及其在碱性介质下	徐　莉	乔锦丽	工程硕士-环境工程	2013
38	非汛期水库群协同优化调度与应用研究	王　伟	丁永生	控制科学与工程	2013
39	分数阶微分方程的基本理论及其应用	周华成	寇春海	数学	2013
40	葡聚糖/明胶/聚乙二醇可注射水凝胶应用于组织工程	耿晓华	莫秀梅	材料科学与工程	2014
41	多功能化树状大分子包裹的金纳米颗粒用于CT/MRI靶向诊断肿瘤的研究	陈　潜	史向阳	材料科学与工程	2014

续 表

序号	论文题目	作者	导师	学科专业名称	年度
42	超疏水/超亲油静电纺纤维膜的制备及油水分离的研究	尚延伟	丁 彬	纺织科学与工程	2014
43	自锁紧式聚对二氧环己酮(PPDO)缝合线的制备及性能研究	何丽伟	王 璐	纺织科学与工程	2014
44	织物表面纹理结构与粗糙感间的心理物理关系探索	胡煜洁	丁 辛	纺织科学与工程	2014
45	吡啶及其衍生物添加效应对碳载钴酞菁催化氧还原性能的影响及催化机理研究	戴先逢	乔锦丽	工程硕士-环境工程	2014
46	基于WMS系统的服装信息化仓储配送体系研究——L品牌企业案例探析	孙妙迪	杨以雄	工程硕士-纺织工程	2014
47	羟基磷灰石/聚乳酸-羟基乙酸静电纺复合纳米纤维的制备与药物输送应用研究	郑付印	沈明武	化学工程与技术	2014
48	糖功能化聚(N-异丙基丙烯酰胺)温敏材料的制备、自组装及其释药研究	娄少峰	权静	化学工程与技术	2014
49	纳米碳基过渡金属酞菁催化剂的氧还原特性及机理研究	丁 蕾	乔锦丽	环境科学与工程	2014
50	补充碳源提取液对水平潜流人工湿地脱氮效果的影响研究	丁 怡	宋新山	环境科学与工程	2014
51	东亚传统数学中“理”之探析	夏 青	徐泽林	科学技术史	2014
52	电纺图案化纳米纤维用于组织工程大孔支架的构建研究	赵仕芳	张彦中	生物学	2014
53	低维纳米银复合Bi2Te3基热电材料的制备及其性能研究	李静超	江 莞	材料科学与工程	2015
54	基于表面改性纳米纤维的振频式甲醛气体传感器研究	何鑫锋	丁 彬	纺织科学与工程	2015
55	壳聚糖基载银电纺纳米纤维膜的制备及性能研究	朱晴雨	高 晶	纺织科学与工程	2015

续　表

序号	论文题目	作者	导师	学科专业名称	年度
56	聚乙烯亚胺介导的四氧化三铁纳米颗粒的制备、功能化及其分子影像学应用	郭耀广	沈明武	化学工程与技术	2015
57	基于模态的随机中立型神经网络自适应同步控制	刘　辉	周武能	控制科学与工程	2015
58	具有形状记忆效应的多功能骨组织工程支架的构建研究	包　敏	张彦中	生物学	2015
59	二氧化钒薄膜的微观机理及其动力学研究	卢业虎	徐晓峰	物理学	2015

（执笔：张翔）

附录九：东华大学博士生导师名录（1981—2021）

1. 国家批准博士生指导教师名录(1981—1995)

序号	获批时间	姓名	学科专业	备注
1	1981 年 7 月	钱宝钧	化学纤维	
2	1981 年 7 月	孙　桐	化学纤维	
3	1981 年 7 月	严灏景	纺织材料	
4	1981 年 7 月	刘裕瑄	纺织机械	
5	1983 年 9 月	方柏容	化学纤维	
6	1983 年 9 月	陈人哲	纺织机械	
7	1986 年 5 月	赵书经	纺织材料	
8	1986 年 5 月	陈　明	纺织机械	
9	1986 年 5 月	张文赓	纺织工程	
10	1986 年 5 月	王菊生	染整工程	

续 表

序号	获批时间	姓名	学科专业	备注
11	1990 年 11 月	邵世煌	工业自动化	
12	1990 年 11 月	王善元	纺织材料	
13	1990 年 11 月	姚　穆	纺织材料	
14	1990 年 11 月	吴宗铨	化学纤维	
15	1990 年 11 月	唐志廉	化学纤维	
16	1990 年 11 月	孙　铠	染整工程	
17	1993 年 12 月	黄秀宝	纺织工程	
18	1993 年 12 月	冯勋伟	纺织工程	
19	1993 年 12 月	李汝勤	纺织材料	
20	1993 年 12 月	王庆瑞	化学纤维	
21	1993 年 12 月	顾利霞	化学纤维	
22	1993 年 12 月	戴瑾瑾	染整工程	
23	1993 年 12 月	陈克彰	纺织机械	
24	1995 年 11 月	周永元	纺织工程	
25	1995 年 11 月	陈济刚	纺织工程	
26	1995 年 11 月	丁　辛	纺织工程	
27	1995 年 11 月	储才元	纺织材料与纺织品设计	
28	1995 年 11 月	沈淦清	纺织化学与染整工程	兼职
29	1995 年 11 月	宋心远	纺织化学与染整工程	
30	1995 年 11 月	周　翔	纺织化学与染整工程	
31	1995 年 11 月	秦鹏飞	机械设计及理论	
32	1995 年 11 月	陈家训	控制理论与控制工程	
33	1995 年 11 月	耿兆丰	控制理论与控制工程	
34	1995 年 11 月	张渭源	服装设计与工程	

续　表

序号	获批时间	姓名	学科专业	备注
35	1995 年 11 月	胡学超	材料学	
36	1995 年 11 月	陈彦模	材料学	
37	1995 年 11 月	景遐斌	材料学	兼职
38	1995 年 11 月	梁伯润	材料学	

2. 学校自行审批博士生指导教师名录(1997—2021)

序号	获批时间	姓名	学科专业	备注
1	1997 年 1 月	陈水林	纺织化学与染整工程	
2	1997 年 1 月	周启澄	纺织工程	
3	1997 年 1 月	汤兵勇	控制理论与控制工程	
4	1998 年 11 月	朱世根	机械设计及理论	
5	1998 年 11 月	陈大俊	材料学	
6	1998 年 11 月	江建明	材料学	
7	1998 年 11 月	陈东辉	环境工程	
8	1999 年 7 月	吴承训	材料学	
9	1999 年 7 月	王依民	材料学	
10	1999 年 7 月	奚旦立	环境工程	
11	2000 年 4 月	郁崇文	纺织工程	
12	2000 年 4 月	朱苏康	纺织工程	
13	2000 年 4 月	赵　丰	纺织工程	兼职
14	2000 年 4 月	张建春	纺织材料与纺织品设计	兼职
15	2000 年 4 月	王生泽	机械设计及理论	
16	2000 年 4 月	杨建国	机械制造及其自动化	
17	2000 年 4 月	陆大年	纺织化学与染整工程	

续 表

序号	获批时间	姓名	学科专业	备注
18	2000年4月	何瑾馨	纺织化学与染整工程	
19	2000年4月	乐嘉锦	控制理论与控制工程	
20	2000年4月	陈季华	环境工程	
21	2000年4月	沈恒根	环境工程	
22	2000年4月	刘兆峰	材料学	
23	2001年5月	王如彬	控制理论与控制工程	
24	2001年5月	郝天护	材料学	
25	2001年5月	晏　雄	纺织工程	
26	2001年5月	柯勤飞	纺织工程	兼职
27	2001年5月	龙海如	纺织工程	
28	2001年5月	张佩华	纺织工程	
29	2001年5月	陶肖明	纺织工程	兼职
30	2001年5月	于伟东	纺织材料与纺织品设计	
31	2001年5月	俞建勇	纺织材料与纺织品设计	
32	2001年5月	陈跃华	纺织材料与纺织品设计	
33	2001年5月	叶国铭	机械设计及理论	
34	2001年5月	李蓓智	机械制造及其自动化	
35	2001年5月	张　瑜	材料科学与工程	
36	2001年5月	潘　鼎	材料科学与工程	
37	2001年5月	沈新元	材料科学与工程	
38	2001年5月	赵炯心	材料科学与工程	
39	2001年5月	邵惠丽	材料科学与工程	
40	2001年5月	朱美芳	材料科学与工程	
41	2001年5月	黄象安	材料科学与工程	
42	2001年5月	卿凤翎	纺织化学与染整工程	

续　表

序号	获批时间	姓名	学科专业	备注
43	2001年5月	蔡再生	纺织化学与染整工程	
44	2001年5月	顾国祥	控制理论与控制工程	兼职
45	2001年5月	曹家枞	环境工程	
46	2001年5月	庄惠生	环境工程	
47	2001年5月	陆书玉	环境工程	兼职
48	2001年5月	齐宏进	材料科学与工程	兼职
49	2001年5月	郑利民	纺织化学与染整工程	
50	2002年3月	陈文兴	纺织工程	兼职
51	2002年3月	戴文战	机械设计及理论	兼职
52	2002年3月	戴昌钧	管理科学与工程	
53	2002年3月	顾庆良	管理科学与工程	
54	2002年3月	杨保安	管理科学与工程	
55	2003年3月	陈南梁	纺织工程	
56	2003年3月	胡　红	纺织工程	
57	2003年3月	梅自强	纺织工程	兼职
58	2003年3月	王府梅	纺织材料与纺织品设计	
59	2003年3月	邱夷平	纺织材料与纺织品设计	
60	2003年3月	包铭新	服装设计与工程	
61	2003年3月	胡祖明	材料科学与工程	
62	2003年3月	余木火	材料科学与工程	
63	2003年3月	阎克路	纺织化学与染整工程	
64	2003年3月	丁永生	控制理论与控制工程	
65	2003年3月	曹奇英	控制理论与控制工程	
66	2003年3月	岳　东	控制理论与控制工程	兼职
67	2003年3月	周美华	环境工程	

续 表

序号	获批时间	姓名	学科专业	备注
68	2003 年 3 月	樊锦诗	服装设计与工程	兼职
69	2003 年 3 月	马光辉	材料科学与工程	兼职
70	2003 年 3 月	王先先	纺织工程	
71	2004 年 4 月	顾伯洪	纺织材料与纺织品设计	
72	2004 年 4 月	张文斌	服装设计与工程	
73	2004 年 4 月	郁铭芳	材料科学与工程	
74	2004 年 4 月	张　菁	材料科学与工程	
75	2004 年 4 月	朱利民	纺织化学与染整工程	
76	2004 年 4 月	孙明贵	管理科学与工程	
77	2004 年 4 月	陈荣耀	管理科学与工程	
78	2004 年 4 月	宋福根	管理科学与工程	
79	2004 年 4 月	丁晓东	管理科学与工程	兼职
80	2004 年 4 月	刘源张	管理科学与工程	兼职
81	2004 年 4 月	厉无畏	管理科学与工程	兼职
82	2004 年 4 月	朱晓明	管理科学与工程	兼职
83	2004 年 4 月	梁二军	材料科学与工程	
84	2004 年 4 月	冯玉瑚	控制理论与控制工程	
85	2005 年 5 月	王　璐	纺织工程	
86	2005 年 5 月	程隆棣	纺织工程	
87	2005 年 5 月	陈建勇	纺织工程	兼职
88	2005 年 5 月	何吉欢	纺织材料与纺织品设计	
89	2005 年 5 月	杨以雄	管理科学与工程	
90	2005 年 5 月	王华平	材料科学与工程	
91	2005 年 5 月	王夏琴	材料科学与工程	
92	2005 年 5 月	方建安	控制理论与控制工程	

续 表

序号	获批时间	姓名	学科专业	备注
93	2005 年 5 月	陈镜超	控制理论与控制工程	
94	2005 年 5 月	罗家融	控制理论与控制工程	
95	2005 年 5 月	王子栋	控制理论与控制工程	兼职
96	2005 年 5 月	高长春	管理科学与工程	
97	2005 年 5 月	霍德璇	材料科学与工程	
98	2006 年 6 月	王新厚	纺织工程	
99	2006 年 6 月	徐卫林	纺织材料与纺织品设计	兼职
100	2006 年 6 月	李　俊	服装设计与工程	
101	2006 年 6 月	刘晓刚	服装设计与工程	
102	2006 年 6 月	孙以泽	机械设计及理论	
103	2006 年 6 月	王宏志	材料科学与工程	
104	2006 年 6 月	查刘生	材料科学与工程	
105	2006 年 6 月	张清华	材料科学与工程	
106	2006 年 6 月	邹黎明	材料科学与工程	
107	2006 年 6 月	吕永根	材料科学与工程	
108	2006 年 6 月	莫秀梅	材料科学与工程	
109	2006 年 6 月	徐洪耀	材料科学与工程	
110	2006 年 6 月	邱　高	材料科学与工程	
111	2006 年 6 月	毛志平	纺织化学与染整工程	
112	2006 年 6 月	孟　清	纺织化学与染整工程	
113	2006 年 6 月	陈志龙	纺织化学与染整工程	
114	2006 年 6 月	周武能	控制理论与控制工程	
115	2006 年 6 月	闫理坦	控制理论与控制工程	
116	2006 年 6 月	秦玉明	控制理论与控制工程	
117	2006 年 6 月	陶有山	控制理论与控制工程	兼职

续 表

序号	获批时间	姓名	学科专业	备注
118	2006年6月	郑建国	管理科学与工程	
119	2006年6月	徐　琪	管理科学与工程	
120	2006年6月	瞿宝忠	企业管理	
121	2006年6月	徐　明	企业管理	
122	2006年6月	刘春红	企业管理	
123	2006年6月	徐明稚	企业管理	
124	2006年6月	顾晓敏	企业管理	兼职
125	2006年6月	赵晓康	企业管理	
126	2006年6月	陈　亮	环境工程	
127	2007年6月	蒋伟忠	材料科学与工程	
128	2007年6月	李　光	材料科学与工程	
129	2007年6月	李耀刚	材料科学与工程	
130	2007年6月	孙玉山	材料科学与工程	兼职
131	2007年6月	孙　刚	材料科学与工程	
132	2007年6月	谢孔良	纺织科学与工程	
133	2007年6月	郭建生	纺织科学与工程	
134	2007年6月	赵　强	纺织科学与工程	兼职
135	2007年6月	汪　军	纺织科学与工程	
136	2007年6月	韩光亭	纺织科学与工程	兼职
137	2007年6月	杨小明	纺织科学与工程	
138	2007年6月	朱淑珍	工商管理	
139	2007年6月	贺善侃	工商管理	
140	2007年6月	黄德良	工商管理	
141	2007年6月	柳建设	环境科学与工程	
142	2007年6月	孙苏榕	机械工程	兼职

续　表

序号	获批时间	姓名	学科专业	备注
143	2007年6月	卢文科	控制科学与工程	
144	2007年6月	寇春海	控制科学与工程	
145	2007年6月	赵曙光	控制科学与工程	
146	2007年6月	李建刚	控制科学与工程	兼职
147	2007年6月	钟方川	土木工程	
148	2008年11月	史向阳	化学	
149	2008年7月	秦宗益	材料科学与工程	
150	2008年7月	张玉梅	材料科学与工程	
151	2008年7月	胡俊青	材料科学与工程	兼职
152	2008年7月	吴雄英	纺织科学与工程	兼职
153	2008年7月	施楣梧	纺织科学与工程	兼职
154	2008年7月	李　炜	纺织科学与工程	
155	2008年7月	沈　蕾	工商管理	
156	2008年7月	肖君华	化学	
157	2008年7月	孟　婥	机械工程	
158	2008年7月	舒慧生	控制科学与工程	
159	2008年7月	王　勤	控制科学与工程	
160	2008年7月	郝矿荣	控制科学与工程	
161	2008年7月	王建萍	设计学	
162	2009年7月	张青红	材料科学与工程	
163	2009年7月	何春菊	材料科学与工程	
164	2009年7月	季诚昌	材料科学与工程	
165	2009年7月	王春瑞	材料科学与工程	
166	2009年7月	石建军	材料科学与工程	
167	2009年7月	丁　彬	纺织科学与工程	

续 表

序号	获批时间	姓名	学科专业	备注
168	2009 年 7 月	陈建辉	纺织科学与工程	
169	2009 年 7 月	洪 枫	化学	
170	2009 年 7 月	陈泉源	环境科学与工程	
171	2009 年 7 月	卞向阳	设计学	
172	2009 年 9 月	周勤之	机械工程	
173	2010 年 3 月	刘国华	管理科学与工程	
174	2010 年 6 月	江 莞	材料科学与工程	
175	2010 年 6 月	刘向阳	化学	
176	2010 年 6 月	章文俊	机械工程	
177	2010 年 7 月	于俊荣	材料科学与工程	
178	2010 年 7 月	王连军	材料科学与工程	
179	2010 年 7 月	邢怀中	材料科学与工程	
180	2010 年 7 月	曾泳春	纺织科学与工程	
181	2010 年 7 月	覃小红	纺织科学与工程	
182	2010 年 7 月	邢彦军	纺织科学与工程	
183	2010 年 7 月	赵 涛	纺织科学与工程	
184	2010 年 7 月	张彦中	化学	
185	2010 年 7 月	乔锦丽	环境科学与工程	
186	2010 年 7 月	丁雪梅	设计学	
187	2010 年 9 月	邓可卉	纺织科学与工程	
188	2011 年 7 月	肖 茹	材料科学与工程	
189	2011 年 7 月	王雪芬	材料科学与工程	
190	2011 年 7 月	杨曙光	材料科学与工程	
191	2011 年 7 月	钟跃崎	纺织科学与工程	
192	2011 年 7 月	靳向煜	纺织科学与工程	

续 表

序号	获批时间	姓名	学科专业	备注
193	2011 年 7 月	杨一奇	纺织科学与工程	
194	2011 年 7 月	周兴平	化学	
195	2011 年 7 月	薛 罡	环境科学与工程	
196	2011 年 7 月	王 浩	环境科学与工程	
197	2011 年 7 月	杨崇倡	机械工程	
198	2011 年 7 月	王直杰	控制科学与工程	
199	2011 年 7 月	胡良剑	控制科学与工程	
200	2012 年 3 月	曹意强	纺织科学与工程	
201	2012 年 7 月	汪少朋	材料科学与工程	兼职
202	2012 年 7 月	李 鑫	材料科学与工程	兼职
203	2012 年 7 月	黄 庆	材料科学与工程	兼职
204	2012 年 7 月	马敬红	材料科学与工程	
205	2012 年 7 月	王 彪	材料科学与工程	
206	2012 年 7 月	蔡正国	材料科学与工程	
207	2012 年 7 月	伍滨和	材料科学与工程	
208	2012 年 7 月	王 炜	纺织科学与工程	
209	2012 年 7 月	刘丽芳	纺织科学与工程	
210	2012 年 7 月	孙宝忠	纺织科学与工程	
211	2012 年 7 月	田增瑞	工商管理	
212	2012 年 7 月	赵圣印	化学	
213	2012 年 7 月	宋新山	环境科学与工程	
214	2012 年 7 月	孙志宏	机械工程	
215	2012 年 7 月	李德敏	控制科学与工程	
216	2012 年 7 月	仇润鹤	控制科学与工程	
217	2013 年 2 月	陆昌瑞	化学	

续 表

序号	获批时间	姓名	学科专业	备注
218	2013 年 2 月	鲁希华	化学	
219	2013 年 5 月	金耀初	控制科学与工程	
220	2013 年 6 月	梁越昇	机械工程	
221	2013 年 7 月	张耀鹏	材料科学与工程	
222	2013 年 7 月	陈志钢	材料科学与工程	
223	2013 年 7 月	薛绍林	材料科学与工程	
224	2013 年 7 月	郭腊梅	纺织科学与工程	
225	2013 年 7 月	李发学	纺织科学与工程	
226	2013 年 7 月	王荣武	纺织科学与工程	
227	2013 年 7 月	张瑞云	纺织科学与工程	
228	2013 年 7 月	赵红岩	工商管理	
229	2013 年 7 月	郑斐峰	管理科学与工程	
230	2013 年 7 月	姚卫新	管理科学与工程	
231	2013 年 7 月	何创龙	化学	
232	2013 年 7 月	陈勇航	环境科学与工程	
233	2013 年 7 月	陈　革	机械工程	
234	2013 年 7 月	何　勇	机械工程	
235	2013 年 7 月	沈　波	控制科学与工程	
236	2013 年 7 月	刁永发	土木工程	
237	2013 年 7 月	唐仙英	化学	
238	2014 年 12 月	张　超	材料科学与工程	
239	2014 年 12 月	王先锋	纺织科学与工程	
240	2014 年 12 月	彭倚天	机械工程	
241	2014 年 1 月	刘卫平	材料科学与工程	兼职
242	2014 年 5 月	胥　波	化学	

续　表

序号	获批时间	姓名	学科专业	备注
243	2014 年 5 月	隋晓锋	化学	
244	2014 年 6 月	杜诚然	材料科学与工程	
245	2014 年 6 月	黄　彪	控制科学与工程	
246	2014 年 7 月	何　勇	材料科学与工程	
247	2014 年 7 月	游正伟	材料科学与工程	
248	2014 年 7 月	俞　昊	材料科学与工程	
249	2014 年 7 月	黄莉茜	纺织科学与工程	
250	2014 年 7 月	徐广标	纺织科学与工程	
251	2014 年 7 月	杜赵群	纺织科学与工程	
252	2014 年 7 月	侯爱芹	纺织科学与工程	
253	2014 年 7 月	王　雷	工商管理	
254	2014 年 7 月	王洪亚	管理科学与工程	
255	2014 年 7 月	杨　东	管理科学与工程	
256	2014 年 7 月	周建亨	管理科学与工程	
257	2014 年 7 月	刘建允	环境科学与工程	
258	2014 年 7 月	甘学辉	机械工程	
259	2014 年 7 月	张　丹	机械工程	
260	2014 年 7 月	任正云	控制科学与工程	
261	2014 年 7 月	王云仪	设计学	
262	2014 年 7 月	鲍诗度	设计学	
263	2015 年 5 月	冯　浩	纺织科学与工程	
264	2015 年 6 月	左伟伟	材料科学与工程	
265	2015 年 7 月	吴琪琳	材料科学与工程	
266	2015 年 7 月	王朝生	材料科学与工程	
267	2015 年 7 月	李毓陵	纺织科学与工程	

续 表

序号	获批时间	姓名	学科专业	备注
268	2015 年 7 月	阎建华	纺织科学与工程	
269	2015 年 7 月	徐　红	纺织科学与工程	
270	2015 年 7 月	廖大伟	纺织科学与工程	兼职
271	2015 年 7 月	范　宏	管理科学与工程	
272	2015 年 7 月	陈沛然	化学	
273	2015 年 7 月	黄满红	环境科学与工程	
274	2015 年 7 月	刘亚男	环境科学与工程	
275	2015 年 7 月	鲍劲松	机械工程	
276	2015 年 7 月	徐　洋	机械工程	
277	2015 年 7 月	冯信群	设计学	
278	2015 年 7 月	苏亚欣	土木工程	
279	2015 年 9 月	魏　毅	材料科学与工程	
280	2016 年 10 月	储玲玲	化学	
281	2016 年 1 月	程正迪	材料科学与工程	兼职
282	2016 年 4 月	王　萍	控制科学与工程	
283	2016 年 5 月	张国军	材料科学与工程	
284	2016 年 5 月	刘天西	材料科学与工程	
285	2016 年 5 月	廖耀祖	材料科学与工程	
286	2016 年 5 月	葛邓腾	材料科学与工程	
287	2016 年 5 月	王佳乐	材料科学与工程	
288	2016 年 5 月	张　坤	纺织科学与工程	
289	2016 年 7 月	孙　宾	材料科学与工程	
290	2016 年 7 月	陈仕艳	材料科学与工程	
291	2016 年 7 月	钟　平	材料科学与工程	
292	2016 年 7 月	蒋金华	纺织科学与工程	

续 表

序号	获批时间	姓名	学科专业	备注
293	2016 年 7 月	刘晓艳	纺织科学与工程	
294	2016 年 7 月	王　栋	纺织科学与工程	兼职
295	2016 年 7 月	张幼维	化学	
296	2016 年 7 月	李美丽	控制科学与工程	
297	2016 年 7 月	刘　瑜	设计学	
298	2017 年 3 月	杨建平	材料科学与工程	
299	2017 年 3 月	孙胜童	化学	
300	2017 年 3 月	刘艳彪	环境科学与工程	
301	2017 年 3 月	张　洁	机械工程	
302	2017 年 4 月	范宇驰	材料科学与工程	
303	2017 年 7 月	陈　龙	材料科学与工程	
304	2017 年 7 月	邹儒佳	材料科学与工程	
305	2017 年 7 月	王　妮	纺织科学与工程	
306	2017 年 7 月	许福军	纺织科学与工程	
307	2017 年 7 月	闫建华	纺织科学与工程	
308	2017 年 7 月	吴　炯	工商管理	
309	2017 年 7 月	沈　滨	管理科学与工程	
310	2017 年 7 月	常　姗	管理科学与工程	
311	2017 年 7 月	徐寅峰	管理科学与工程	
312	2017 年 7 月	武培怡	化学	
313	2017 年 7 月	李　方	环境科学与工程	
314	2017 年 7 月	赵晓祥	环境科学与工程	
315	2017 年 7 月	胡　俊	机械工程	
316	2017 年 7 月	齐　洁	控制科学与工程	
317	2017 年 7 月	孙韶媛	控制科学与工程	

续 表

序号	获批时间	姓名	学科专业	备注
318	2017年7月	龚 涛	控制科学与工程	
319	2017年7月	王朝晖	设计学	
320	2017年7月	付海明	土木工程	
321	2017年7月	周亚素	土木工程	
322	2017年9月	陈前进	化学	
323	2018年11月	斯 阳	纺织科学与工程	
324	2018年6月	罗 维	材料科学与工程	
325	2018年6月	夏于旻	材料科学与工程	
326	2018年6月	于 剑	材料科学与工程	
327	2018年6月	马在飞	材料科学与工程	
328	2018年6月	唐 正	材料科学与工程	
329	2018年6月	陈义旺	材料科学与工程	
330	2018年6月	严 锋	材料科学与工程	
331	2018年6月	吴良才	材料科学与工程	
332	2018年6月	高 晶	纺织科学与工程	
333	2018年6月	贾丽霞	纺织科学与工程	兼职
334	2018年6月	冯雪凌	纺织科学与工程	
335	2018年6月	GyulaVancso	纺织科学与工程	兼职
336	2018年6月	顾海峰	工商管理	
337	2018年6月	李庆颖	管理科学与工程	
338	2018年6月	李 玮	管理科学与工程	
339	2018年6月	周军锋	管理科学与工程	
340	2018年6月	光善仪	化学	
341	2018年6月	刘栋良	化学	
342	2018年6月	沈明武	化学	

续　表

序号	获批时间	姓名	学科专业	备注
343	2018 年 6 月	王　明	化学	
344	2018 年 6 月	李景虹	环境科学与工程	
345	2018 年 6 月	李玉良	机械工程	
346	2018 年 6 月	韩　芳	控制科学与工程	
347	2018 年 6 月	张光林	控制科学与工程	
348	2018 年 6 月	王晓东	控制科学与工程	
349	2018 年 6 月	吴　翔	设计学	
350	2018 年 8 月	范金土	管理科学与工程	兼职
351	2019 年 9 月	陈　烨	材料科学与工程	
352	2019 年 9 月	侯成义	材料科学与工程	
353	2019 年 9 月	孙俊芬	材料科学与工程	
354	2019 年 9 月	赵　昕	材料科学与工程	
355	2019 年 9 月	叶长怀	材料科学与工程	
356	2019 年 9 月	张朋飞	材料科学与工程	
357	2019 年 9 月	刘庚鑫	材料科学与工程	
358	2019 年 9 月	冯训达	材料科学与工程	
359	2019 年 9 月	陈春海	材料科学与工程	
360	2019 年 9 月	李晓然	纺织科学与工程	
361	2019 年 9 月	李召岭	纺织科学与工程	
362	2019 年 9 月	刘一涛	纺织科学与工程	
363	2019 年 9 月	夏　鑫	纺织科学与工程	兼职
364	2019 年 9 月	印　霞	纺织科学与工程	
365	2019 年 9 月	王黎明	纺织科学与工程	
366	2019 年 9 月	毛吉富	纺织科学与工程	

续 表

序号	获批时间	姓名	学科专业	备注
367	2019 年 9 月	杨 帅	工商管理	
368	2019 年 9 月	赵君丽	工商管理	
369	2019 年 9 月	王文杰	管理科学与工程	
370	2019 年 9 月	章昭辉	管理科学与工程	
371	2019 年 9 月	Yang Jian	管理科学与工程	兼职
372	2019 年 9 月	焦玉聪	化学	
373	2019 年 9 月	宣为民	化学	
374	2019 年 9 月	刘 浩	化学	
375	2019 年 9 月	易 涛	化学	
376	2019 年 9 月	王 乐	化学	
377	2019 年 9 月	蔡冬清	环境科学与工程	
378	2019 年 9 月	王 静	机械工程	
379	2019 年 9 月	蒋学芹	控制科学与工程	
380	2019 年 9 月	许旭兵	设计学	
381	2019 年 9 月	杨爱武	土木工程	
382	2020 年 10 月	闻 瑾	化学	
383	2020 年 6 月	兰 祥	材料科学与工程	
384	2020 年 6 月	王 刚	材料科学与工程	
385	2020 年 6 月	张卫懿	材料科学与工程	
386	2020 年 6 月	麻祎蒙	化学	
387	2020 年 6 月	刘为萍	化学	
388	2020 年 6 月	吴宏伟	化学	
389	2020 年 6 月	刘建麟	土木工程	
390	2020 年 6 月	李 勇	土木工程	

续　表

序号	获批时间	姓名	学科专业	备注
391	2020 年 7 月	陈惠芳	材料科学与工程	
392	2020 年 7 月	成艳华	材料科学与工程	
393	2020 年 7 月	李　慧	材料科学与工程	
394	2020 年 7 月	梁拥成	材料科学与工程	
395	2020 年 7 月	王学利	纺织科学与工程	
396	2020 年 7 月	吴德群	纺织科学与工程	
397	2020 年 7 月	薛文良	纺织科学与工程	
398	2020 年 7 月	王　满	工商管理	
399	2020 年 7 月	王　义	化学	
400	2020 年 7 月	沈忱思	环境科学与工程	
401	2020 年 7 月	杨　波	环境科学与工程	
402	2020 年 7 月	裴泽光	机械工程	
403	2020 年 7 月	董瑞丽	控制科学与工程	
404	2020 年 7 月	赵鸣博	控制科学与工程	
405	2020 年 7 月	陈庆军	设计学	
406	2020 年 7 月	刘晨澍	设计学	
407	2020 年 7 月	刘晓东	设计学	
408	2020 年 7 月	高　品	土木工程	
409	2020 年 9 月	潘绍武	材料科学与工程	
410	2021 年 9 月	牛　磊	数学	
411	2021 年 9 月	郭　睿	化学	
412	2021 年 9 月	谢伟龙	化学	
413	2021 年 9 月	唐　智	机械工程	
414	2021 年 9 月	陈丰坤	材料科学与工程	

续 表

序号	获批时间	姓名	学科专业	备注
415	2021 年 9 月	陈海杰	材料科学与工程	
416	2021 年 9 月	樊　玮	材料科学与工程	
417	2021 年 9 月	韩克清	材料科学与工程	
418	2021 年 9 月	胡华伟	材料科学与工程	
419	2021 年 9 月	黄中杰	材料科学与工程	
420	2021 年 9 月	巨安奇	材料科学与工程	
421	2021 年 9 月	李静超	材料科学与工程	
422	2021 年 9 月	李克睿	材料科学与工程	
423	2021 年 9 月	李小鹏	材料科学与工程	
424	2021 年 9 月	刘　刚	材料科学与工程	
425	2021 年 9 月	刘吉轩	材料科学与工程	
426	2021 年 9 月	缪月娥	材料科学与工程	
427	2021 年 9 月	孙恒达	材料科学与工程	
428	2021 年 9 月	汪庆卫	材料科学与工程	
429	2021 年 9 月	乌　婧	材料科学与工程	
430	2021 年 9 月	相恒学	材料科学与工程	
431	2021 年 9 月	肖　琪	材料科学与工程	
432	2021 年 9 月	徐桂银	材料科学与工程	
433	2021 年 9 月	杨丽丽	材料科学与工程	
434	2021 年 9 月	张世超	材料科学与工程	
435	2021 年 9 月	李　重	控制科学与工程	
436	2021 年 9 月	孙文静	土木工程	
437	2021 年 9 月	邓红兵	纺织科学与工程	
438	2021 年 9 月	伏广伟	纺织科学与工程	兼职

续　表

序号	获批时间	姓名	学科专业	备注
439	2021 年 9 月	季东晓	纺织科学与工程	
440	2021 年 9 月	刘万军	纺织科学与工程	
441	2021 年 9 月	王富军	纺织科学与工程	
442	2021 年 9 月	熊佳庆	纺织科学与工程	
443	2021 年 9 月	仪德刚	纺织科学与工程	
444	2021 年 9 月	张弘楠	纺织科学与工程	
445	2021 年 9 月	赵　奕	纺织科学与工程	
446	2021 年 9 月	李　响	环境科学与工程	
447	2021 年 9 月	孙松美	环境科学与工程	
448	2021 年 9 月	王宇晖	环境科学与工程	
449	2021 年 9 月	陈梅梅	管理科学与工程	
450	2021 年 9 月	王素芬	管理科学与工程	
451	2021 年 9 月	张　斌	工商管理	
452	2021 年 9 月	王　乐	设计学	
453	2021 年 9 月	王熙元	设计学	

（执笔：杨超、张翔、丁明利）

附录十：东华大学省部级及以上科研平台一览表

序号	基地名称	隶属部门	校内依托部门
1	纤维材料改性国家重点实验室	国家科技部	材料学院
2	国家染整工程技术研究中心	国家科技部	化工生物学院
3	国家先进功能纤维创新中心	国家工业和信息化部	材料学院

续 表

序号	基地名称	隶属部门	校内依托部门
4	国家先进印染技术创新中心	国家工业和信息化部	化工生物学院
5	纺织面料技术教育部重点实验室	国家教育部	纺织学院
6	生态纺织教育部重点实验室	国家教育部	化工生物学院
7	高性能纤维及制品教育部重点实验室(B类)	国家教育部	材料学院
8	现代服装设计与技术教育部重点实验室	国家教育部	服艺学院
9	数字化纺织服装技术教育部工程研究中心	国家教育部	信息学院
10	产业用纺织品教育部工程研究中心	国家教育部	纺织学院
11	先进玻璃制造技术教育部工程研究中心	国家教育部	材料学院
12	纺织装备教育部工程研究中心	国家教育部	机械学院
13	国家环境保护纺织工业污染防治工程技术中心	国家生态环境部	环境学院
14	磁约束核聚变教育部研究中心(成员单位)	国家教育部	理学院
15	纺织生物医用材料科学与技术创新引智基地	教育部、科技部	纺织学院
16	纤维材料先进制造技术与科学创新引智基地	教育部、科技部	材料学院
17	先进纤维—低维材料国际联合实验室	上海市科委	材料学院
18	纺织智能制造与工程国际联合实验室	上海市科委	纺织科技创新中心

续　表

序号	基地名称	隶属部门	校内依托部门
19	上海市轻质结构复合材料重点实验室	上海市科委	复材协同创新中心
20	上海市高性能纤维复合材料省部共建协同创新中心	上海市教委	复材协同创新中心
21	纺织产业关键技术协同创新中心	上海市教委	纺织协同创新中心
22	海派时尚设计及价值创造协同创新中心	上海市教委	服艺学院
23	现代纺织前沿科学研究基地	上海市教委	纺织学院
24	上海工业大数据与智能系统工程技术研究中心	上海市科委	人工智能研究院
25	上海纳米生物材料与再生医学工程技术研究中心	上海市科委	化工生物学院
26	城市创意经济与创新服务研究基地	上海市人民政府发展研究中心	旭日工商管理学院
27	马克思主义理论与当代实践研究基地	中共中央编译局	马克思主义学院
28	纺织行业"一带一路"国际合作发展研究中心	中国纺织规划研究会、中国纺织服装教育学会	国际文化交流学院

（执笔：丁明利）

附录十一：研究生院获得各类奖项和发表论著一览表

1. 教育专著

［1］舒慧生，主要参与编著《上海研究生教育新进展》，上海人民出版社，2009年3月第一版。

［2］舒慧生、丁明利，主要参与编著《上海专业学位研究生教育发展改

革与实践探索(1991—2011)》,华东师范大学出版社,2012 年 10 月第一版。

[3] 丁明利,《终日乾乾　与时偕行——上海恢复研究生教育 40 周年》(下篇)主编,参与上篇和中篇编辑,华东师范大学出版社,2019 年 6 月。

2. 发表教研论文

[1] 张翔、陆嵘、丁明利、郭琪,基于大数据的学位授权点质量信息常态化监测.学位与研究生教育.2016,(02):34—39。

[2] 刘建树、丁辛、陆嵘、舒慧生,行业背景工科博士研究生培养中导师作用的发挥——基于纺织学科获选全国优秀博士学位论文的分析.学位与研究生教育.2011,(03):31—35。

[3] 柯勤飞、丁明利,研究生教育实施"122"培养模式的探索与思考.学位与研究生教育.2010,(10):44—46。

[4] 柯勤飞,重素质强能力不断提升研究生培养质量.学位与研究生教育.2007,增刊:51—54。

[5] 郭萍、唐俊峰,利用学校网络平台建设研究生"三助"管理系统.学位与研究生教育.2005,(10):29—30。

[6] 陈东辉,学科发展的几个基本特征.学位与研究生教育.1997(06):40—42。

[7] 刘建树、孙耀斌、舒慧生,论我国高校学科建设的项目式管理.中国高等教育研究.2010,(13、14):64—65。

[8] 孙增耀、张翔、张慧芬、俞昊,产学研协同培养工程专业学位研究生的实践探索.中国高校科技.2019,(11):81—84。

[9] 唐俊峰、骆铁姝、丁明利、刘艺,东华大学研究生信息管理系统的建设与应用实践.中国教育信息化.2010,(11):16—18。

[10] 丁明利,省级视域的思想政治教育工作现状分析.上海教育评估研究.2019,(05):75—79。

[11] 俞昊、冯修猛、陈晓双、丁明利,回归育人本源,落实立德树人-谈研究生教育评价改革方向.上海教育评估研究.2021,(01):17—20。

[12] 舒慧生、丁明利、刘建树、唐俊峰、张郑军,东华大学培养高层次应用型人才的探索与实践,全国工程硕士专业学位教育指导委员会主编,立足创新培养一流工程硕士——工程硕士教育创新院校改革成果汇编,清华大

学出版社 2012 年 9 月第一版，125—134。

［13］丁明利，为打造纺织强国改进纺织工程硕士专业学位研究生教育的探索——基于各方调研的分析和总结. 中国学位与研究生教育学会工科工作委员会、哈尔滨工业大学、清华大学主编，工科研究生教育创新与改革探索，哈尔滨工业大学出版社 2015 年 11 月第一版，515—521。

［14］丁明利、舒慧生、陆嵘，基于项目训练，开展高层次创新型人才培养的探索和实践——以东华大学为例. 中国学位与研究生教育学会工科工作委员会主编，创新机制、内涵发展：第七届全国工科研究生教育工作研讨会论文集，广西师范大学出版社，2013 年 10 月出版，33—39。

3. 省部级获奖论文

［1］丁明利、唐俊峰，基于自适应理论的“产学研用”人才培养模式探索——基于东华-纺织控股集团合作的经验总结，上海市研究生教育学会，2010 上海教育优秀论文评选一等奖，2010 年 11 月。

［2］丁明利、刘秀琴、李炜、刘洪来，专业学位培养与职业资格认证的衔接机制研究——以纺织工程领域为例，上海市研究生教育学会，2011 年优秀学术论文评选二等奖，2011 年 11 月。

［3］张翔、陆嵘、丁明利等，基于大数据的学位授权点质量信息常态化监测. 全国第十届学位与研究生教育评估学术会议优秀论文，2014 年 10 月。

［4］丁明利，我国研究生教育研究的现状探究——基于近廿年 CSSCI 刊物发表主题为“研究生教育”论文的分析，全国第十二届学位与研究生教育评估学术会议优秀论文，2018 年 11 月。

4. 研究生教育改革项目

［1］2010 年，舒慧生等，高层次应用型创新人才培养模式改革，国家教育体制改革项目，改革成果列入教育部原部长袁贵仁总主编的《中国教育咨询报告(二)》。

［2］2012 年，舒慧生、丁明利等，东华大学专业学位综合改革项目，上海市教委。

［3］2012 年，舒慧生、丁明利，大纺织学科人才培养现状调研与前瞻分析报告，上海市教委。

［4］2012 年，舒慧生、丁明利，上海市专业学位研究生教育发展调研报

告,上海市教委。

[5] 2015 年,丁明利,上海学位授予工作服务平台建设项目,上海市教委。

[6] 2019—2020 年,俞昊等,聚焦一流拔尖创新人才培养,构建一流研究生教育培养体系,上海市教委。

5. 研究课题

[1] 丁明利等,新时期修订研究生培养方案的若干研究——基于知识管理的视角和实践,上海市高等教育学会(2009 年)。

[2] 丁明利等,专业学位培养与职业资格认证的衔接机制研究——以纺织工程领域为例,上海市研究生教育学会(2010 年)。

[3] 唐俊峰、丁明利等,基于研究生教育管理信息系统的研究生培养预警机制研究,中国学位与研究生教育学会信息管理委员会(2011—2012)。

[4] 丁明利等,基于创新视域的研究生教育预警机制研究,上海市研究生教育学会(2012 年)。

[5] 丁明利等,上海学位点优化布局和动态调整机制研究,上海市研究生教育学会(2014 年)。

[6] 张翔等,基于大数据的学位授权点质量信息常态化监测体系建设,上海市研究生教育学会(2015 年)。

[7] 查琳等,专业学位研究生招生分类考试及选拔方式探索——以东华大学为例,上海市研究生教育学会(2016 年)。

[8] 单丹等,新一代纺织革命背景下纺织特色高校工程硕士实践有效性评价,上海市研究生教育学会(2017 年)。

[9] 郭琪等,基于双导师制的全日制工程硕士培养模式改革探索——以东华大学为例,上海市研究生教育学会(2017 年)。

[10] 冯信群、丁明利等,省级专业学位研究生教育质量报告发布的探索与实践,中国学位与研究生教育学会(2017 年)。

[11] 丁明利等,上海研究生教育发展史研究(1949—2019),上海市哲学社会科学规划教育学(2019 年)。

[12] 张翔等,深度学习在学位论文质量评价中的应用与实践探索,中国学位与研究生教育学会(2021 年)。

[13] 陈晓双等，基于学科评估的研究生教育质量常态监测体系研究，中国学位与研究生教育学会(2021 年)。

[14] 郭琪等，研究生拔尖创新人才培养的路径研究，中国学位与研究生教育学会(2021 年)。

6. 高等教育教学成果奖

[1] 2011 年 9 月，纺织类研究生开展“122”培养模式的研究与实践，中国纺织工业协会纺织教育教学成果奖二等奖，柯勤飞、丁明利、刘艺、唐俊峰、张郑军。

[2] 2013 年 10 月，依托优势学科基于项目训练着力培育高层次创新型人才的探索和实践，中国纺织工业联合会高等教育教学成果奖一等奖，舒慧生、丁明利、陆嵘、俞昊、骆轶姝、张慧芬。

[3] 2015 年 11 月，博观约取、以象入意——东华大学艺术硕士(MFA)专业学为研究生教育十载探索与实践，中国纺织工业联合会纺织高等教育教学成果奖二等奖，刘晓刚、冯信群、丁明利、刘晨澍、刘晓东、朱达辉、林峰、黄更。

[4] 2017 年 12 月，“三全程”工程硕士培养模式创新与实践，中国纺织工业联合会纺织教育教学成果奖，舒慧生、俞昊、陆嵘、骆轶姝、丁明利。

[5] 2018 年 5 月，标准引领，协同共进，持续创新 MFA 教育的探索与实践，上海市高等教育教学成果奖二等奖，刘晓刚、冯信群、丁明利、宫宝荣、张晨初。

[6] 2018 年 5 月，协同 · 融合 · 创新：工程硕士“三全程”培养模式改革与实践，上海市高等教育教学成果奖一等奖，舒慧生、俞昊、陆嵘、骆轶姝、丁明利。

[7] 2021 年 11 月，因需而建、应需发展、四链协同——东华大学研究生教育助力纺织强国的探索与实践，中国纺织工业联合会纺织高等教育教学成果奖特等奖，俞昊、丁明利、徐效丽、刘晓艳、覃小红、廖耀祖、赵涛、张翔、查琳、张慧芬。

[8] 2014 年 12 月，上海专业学位研究生教育改革的探索与实践——“六化”模式的构建与实践，中国学位与研究生教育学位研究生教育成果奖二等奖，束金龙、李耀刚、廖文武、丁明利、马爱民。

7. 部分主题报告

［1］2010 年 11 月 30 日，国务院学位委员会第六届纺织科学与工程学科评议组第一次会议暨研究生教育高层论坛，东华大学研究生部主任舒慧生教授做了题为《东华大学开展研究生创新教育相关情况》的报告。

［2］2011 年 12 月 9 日，上海市研究生教育学会 2011 年学术年会，东华大学研究生部主任舒慧生教授做了题为《立足优势学科，加强创新教育——东华大学优博论文培育工作的实践和思考》的专题报告。

［3］2012 年 5 月 18 日，在上海市第一期研究生教育管理干部培训会议上，东华大学研究生部主任舒慧生教授做了题为《研究生教育创新计划的探索和实践》的专题报告。

［4］2012 年 5 月，在上海市第三期专业学位研究生导师培训会议上，丁明利做了题为《上海市艺术硕士专业学位论文（专业能力展示及作品阐述）基本要求和评价指标体系》的报告。

［5］2014 年 9 月，上海市研究生招生工作总结会，徐效丽做了题为《东华大学复试与录取工作总结》的主题报告。

［6］2014 年 10 月，全国第十届学位与研究生教育评估学术会议，张翔做了《基于大数据的学位点质量信息常态化监测模型》的主题报告。

［7］2015 年 7 月 30 日，研究生教育质量管理与服务能力提升交流会，丁明利做了题为《着眼质量，立足创新，全方位提升研究生学位授予水平》的主题报告。

［8］2017 年 12 月 28 日，全国第十一届学位与研究生教育评估培训会议，丁明利做了题为《四链协同　五方联动——新时代东华大学建设现代纺织一流学科群的探索与实践》的主题报告。

［9］2018 年 7 月，上海市研究生招生工作总结会，查琳做了《东华大学复试录取及数据审核》的主题报告。

［10］2018 年 12 月 7 日，全国第十二届学位与研究生教育评估学术会议，丁明利做了题为《我国研究生教育研究的现状探究——基于近廿年 CSSCI 刊物发表主题为“研究生教育”论文的分析》的主题报告。

［11］2018 年 12 月 23 日，上海艺术专业学位研究生教育指导委员会 2018 年年会暨国家创新战略背景下的 MFA 人才培养模式改革论坛，丁明

利做了题为《上海艺术专业学位研究生教育质量报告(2017—2018 年度)》的主题报告。

[12] 2019 年 5 月,全国工程类专业学位研究生联合培养经验交流与工作总结会,俞昊做了《东华大学—上海纺织(集团)有限公司联合培养实践基地建设与联合培养情况介绍》的主题报告。

[13] 2019 年 11 月 28 日和 12 月 6 日,2019 年上海市专业学位、学术学位研究生导师培训班,丁明利做了两次题为《优秀学风与立德树人》的主题报告。

[14] 2020 年 12 月,刘晓艳在国家留学基金委交流培训会上做《聚焦创新型人才国际合作,助力新时代研究生教育开放》主题报告。

[15] 2021 年 6 月 25 日,"把论文写在祖国大地上"研究生培养与科研成果评价研修会,俞昊做了题为《东华大学破立结合构建研究生学术成果科学评价体系探索》的主题报告。

(执笔:丁明利)

附录十二： 东华大学学术委员会组织人员名录

时间	主任	副主任	秘书长	委员
1978 年	钱宝钧	薛喜民、严灏景、尹蒙、蒋孙谷	—	周启澄、王仲宜、吾葆真、刘裕瑄、张闻骏、章纪川、张九垣、方柏容、王菊生、谭声乙、曹凤山、沈焕明、周世逑
1983 年	钱宝钧	严灏景、蒋永椿	—	洪钟威、周启澄、刘裕瑄、方伯荣、蒋孙谷、章纪川
1996 年	严灏景	邵世煌、胡学超、周永元、陈瑞琪	—	钱宝钧、周翔、张瑞宝、金家友、薛有义、江建明、黄秀宝、丁辛、冯勋伟、王善元、陈彦模、顾利霞、戴瑾瑾、秦鹏飞、邵曰祥、邢传鼎、奚旦立、孙俊康、张渭源、谢涵坤、吴让泉、贺善侃、李芝章、张家钰、孙家匡、陈东辉、高鑫源、汤兵勇、刘晓刚、王生泽
1997 年	严灏景	邵世煌、胡学超、周永元、陈瑞琪	—	周翔、张瑞宝、金家友、薛有义、江建明、黄秀宝、丁辛、冯勋伟、王善元、陈彦模、顾利霞、戴瑾瑾、秦鹏飞、邵曰祥、邢传鼎、奚旦立、孙俊康、张渭源、谢涵坤、吴让泉、贺善侃、李芝章、张家钰、孙家匡、陈东辉、高鑫源、汤兵勇、刘晓刚、王生泽
1998 年	严灏景	邵世煌、胡学超、周永元、陈瑞琪	—	周翔、张瑞宝、金家友、薛有义、江建明、黄秀宝、丁辛、冯勋伟、王善元、陈彦模、顾利霞、戴瑾瑾、邵曰祥、邢传鼎、奚旦立、孙俊康、张渭源、谢涵坤、吴让泉、贺善侃、李芝章、张家钰、孙家匡、陈东辉、汤兵勇、刘晓刚、王生泽
1999 年	严灏景	邵世煌、胡学超、周永元、陈瑞琪	—	周翔、张瑞宝、金家友、薛有义、江建明、黄秀宝、丁辛、冯勋伟、王善元、陈彦模、顾利霞、戴瑾瑾、邵曰祥、邢传鼎、奚旦立、孙俊康、张渭源、谢涵坤、吴让泉、贺善侃、李芝章、张家钰、孙家匡（1992. 2 退休）、陈东辉、汤兵勇、刘晓刚、王生泽

续　表

时间	主任	副主任	秘书长	委员
2000 年	严灏景	邵世煌、胡学超、周永元、陈瑞琪	—	周翔、张瑞宝、金家友、薛有义、江建明、黄秀宝、丁辛、冯勋伟、王善元、陈彦模、顾利霞、戴瑾瑾、邵曰祥、邢传鼎、奚旦立、孙俊康、张渭源、谢涵坤、吴让泉(2000.2 退休)、贺善侃、李芝章、张家钰、陈东辉、汤兵勇、刘晓刚、王生泽
2001—2003 年	徐明稚	朱世根、周翔、邵世煌	柯勤飞	丁永生、丁辛、王生泽、王依民、王善元、乐嘉锦、冯玉瑚、刘晓刚、吴静芳、沈恒根、张渭源、陈田初、陈彦模、陈瑞琪、郁铭芳、周永元、周仲安、胡学超、贺善侃、顾庆良、顾利霞、奚旦立、卿凤翎、黄秀宝、谢涵坤、薛有义、戴昌钧、戴瑾瑾
2004—2005 年	徐明稚	朱世根 周翔 邵世煌	柯勤飞	丁永生、丁辛、王生泽、王如彬、王依民、王善元、乐嘉锦、孙以泽、冯玉瑚、朱利民、刘晓刚、邱夷平、吴静芳、沈恒根、张渭源、陈田初、陈彦模、陈瑞琪、郁铭芳、周永元、周仲安、胡学超、贺善侃、高长春、顾庆良、顾利霞、奚旦立、卿凤翎、梁二军、黄秀宝、谢涵坤、薛有义、戴昌钧、戴瑾瑾
2006 年	徐明稚	朱世根、周翔、邵世煌	柯勤飞	丁永生、丁辛、王生泽、王依民、王善元、乐嘉锦、冯玉瑚、刘晓刚、吴静芳、沈恒根、张渭源、陈田初、陈彦模、陈瑞琪、郁铭芳、周永元、周仲安、胡学超、贺善侃、顾庆良、顾利霞、奚旦立、卿凤翎、黄秀宝、谢涵坤、薛有义、戴昌钧、戴瑾瑾
2013 年	徐明稚	—	方建安	徐明稚、朱民、朱绍中、江莞、朱美芳、王依民、徐洪耀、丁辛、邱夷平、郁崇文、俞建勇、刘晓刚、李俊、卞向阳、鲍诗度、戴昌钧、高长春、顾庆良、周翔、卿凤翎、毛志平、朱利民、沈恒根、柳建设、孙以泽、王生泽、朱世根、乐嘉锦、曹奇英、丁永生、张菁、陶有山、张厚泉、方建安

续表

时间	主任	副主任	秘书长	委员
2017年	蒋昌俊	—	方建安	蒋昌俊、朱民、江莞、朱美芳、王依民、徐洪耀、丁辛、邱夷平、郁崇文、俞建勇、刘晓刚、李俊、卞向阳、鲍诗度、戴昌钧、高长春、顾庆良、周翔、卿凤翎、毛志平、朱利民、沈恒根、柳建设、孙以泽、王生泽、朱世根、乐嘉锦、曹奇英、丁永生、张菁、陶有山、张厚泉、方建安、邱高、舒慧生、孙明贵、张怡、姚卫新、阎克路
2019年11月14日	俞建勇	卿凤翎、朱美芳	张清华	丁彬、王宏志、王治东、王洪亚、王璐、韦联福、毛志平、卞向阳、亢燕铭、方建安、史向阳、冯信群、刘天西、江莞、孙明贵、孙宝忠、李俊、李凌燕、杨坚、沈波、宋新山、张厚泉、张洁、陈春海、陈南梁、武培怡、罗维、郑斐峰、孟婥、顾伯洪、徐琪、储玲玲、舒慧生

说明：1. 1978年为第一届，委员68人，表中所列为常委18人；

2. 1983年为第二届，委员34人，表中所列为常委9人，前期主任钱宝钧，副主任严灏景、蒋永椿，后因学校领导班子变动，调整为主任严灏景，副主任蒋永椿、蒋荪谷。

（执笔：丁明利）

附录十三：东华大学学位评定委员会组织人员名录

届次	时间	主任	副主任	秘书长	委员
第一届	1981.9	钱宝钧	严灏景、蒋永椿	徐霆猷	蒋孙谷、朱介民、章纪川、洪钟威、刘裕瑄、陈敩、杨汝楫、方柏荣、孙桐、王菊生、周启澄、陈元甫
第二届	1984.12	严灏景	蒋永椿、陈瑞琪	陈彦模、徐霆猷	朱介民、孙俊康、张文赓、陈元甫、贺福敏、王传铭、陈人哲、陈明、郁履芳、孙桐、孙铠、吴宗铨、邵世煌、谢驹谟、王士杰、程悌吾、吴让泉、高章博、陈彦模、徐霆猷
第三届	1992.12	陈瑞琪	严灏景、王善元	—	周永元、朱介民、孙俊康、金家友、徐载熊、周慈念、徐灿华、张文赓、赵书经、陈明、邵世煌、孙铠、黄秀宝、冯勋伟、包铭新、顾庆良、陈克彰、邢传鼎、梁伯润、胡学超、邵云、姜至本
第四届	1996.1	薛有义	周翔、陈瑞琪、王善元、陈东辉	陈东辉(兼)	邵世煌、严灏景、胡学超、周永元、孙俊康、黄秀宝、张家钰、孙家匡、李汝勤、陈明、王生泽、冯勋伟、吴让泉、张渭源、顾庆良、邢传鼎、陈彦模、戴瑾瑾、孙铠、顾利霞、王庆瑞、奚旦立、唐志廉
第五届	2002.3	陈田初	周翔、王善元、顾利霞、陈东辉	陈东辉(兼)	丁辛、王生泽、方建安、冯玉瑚、阎克路、朱世根、朱美芳、刘晓刚、沈恒根、吴静芳、张怡、张家钰、张渭源、张群、陈荣耀、邵世煌、郁铭芳、胡学超、俞建勇、奚旦立、戴昌钧
第六届	2004.6	徐明稚	周翔、王善元、顾利霞、宋立群	张家钰(兼)	丁辛、俞建勇、阎克路、朱美芳、胡学超、郁铭芳、朱世根、王生泽、邵世煌、方建安、奚旦立、沈恒根、张渭源、刘晓刚、吴静芳、戴昌钧、陈荣耀、冯玉瑚、张群、张怡、张家钰、邱高

续 表

届次	时间	主任	副主任	秘书长	委员
第七届	2009.6	徐明稚、蒋昌俊	周翔、朱世根、陈田初、邱高	舒慧生(兼)	蒋昌俊、徐明稚、周翔、邱高、丁辛、丁永生、王生泽、王依民、方建安、乐嘉锦、孙明贵、李俊、朱世根、朱美芳、刘晓刚、邱夷平、姚卫新、张菁、张怡、张厚泉、沈恒根、柳建设、卿凤翎、阎克路、舒慧生
第八届	2019.6	俞建勇	江莞、舒慧生	俞昊(兼)	冯信群、顾伯洪、江莞、蒋昌俊、亢燕铭、李俊、彭倚天、卿凤翎、舒慧生、宋新山、孙明贵、覃小红、王直杰、王治东、韦联福、武培怡、徐琪、杨坚、姚卫新、俞昊、俞建勇、郁崇文、张洁、赵晓临、朱美芳、徐广标、张科静、杨旭东、单鸿波

说明：1. 第四届学位评定委员会于2001年调整，在原基础上增加朱世根、朱苏康、朱美芳、沈恒根、阎克路、冯玉瑚、张群、张怡等8人，减少孙家匡、吴让泉、孙铠、唐志廉等4人；

2. 第五届学位评定委员会于2003年6月调整，在原基础上增加邱高1人，减少陈东辉1人，秘书改由张家钰兼任；
3. 第六届学位评定委员会于2004年12月调整，在原基础上增加乐嘉锦1人；
4. 第七届学位评定委员会于2010年3月调整，朱世根不再担任副主任，增补邱高为副主任；2010年12月，增补舒慧生为委员；2011年3月，陈田初不再担任副主任、委员；2012年3月，柯勤飞不再担任委员；2014年3月，戴昌钧不再担任委员；2015年3月徐明稚不再担任主任，增补蒋昌俊为主任；2015年12月吴良不再担任委员，增补姚卫新为委员；
5. 第八届学位评定委员会于2020年3月增补张科静为委员；2020年6月姚卫新不再担任委员，增补徐广标为委员；2020年12月徐广标不再担任委员，增补杨旭东为委员；2021年6月张洁不再担任委员，增补为单鸿波为委员。

（执笔：丁明利）

附录十四：东华大学研究生院（部）2000年以来工作人员名录

时间	姓名	科室	任职	备注
1997.07—2002.10	陈东辉	院长（主任）室	研究生部主任	
2002.11—2007.08	张家钰	院长（主任）室	研究生部主任	
2007.09—2010.10	柯勤飞	院长（主任）室	研究生部主任	
2010.10—2018.04 2020.12—至今	舒慧生	院长（主任）室	研究生部主任，研究生院院长	2002.03—2010.10，研究生部副主任
2018.10—至今	俞　昊	院长（主任）室	研究生部主任，研究生院常务副院长	2010.10—2018.10，研究生部副主任
1999.10—2002.10	舒国汀	院长（主任）室	研究生部副主任	
1999.11—2009.08	蒋光辉	院长（主任）室	研究生部副主任	2009.9—2014.11 返聘研招办
2011.12—2017.08	陆　嵘	院长（主任）室	研究生部副主任	
2017.07—至今	刘晓艳	院长（主任）室	研究生部副主任，研究生院副院长	
2020.11—至今	丁明利	院长（主任）室	研究生部副主任，研究生院副院长	
2020.12—至今	徐效丽	院长（主任）室	研究生院副院长、研招办主任	
1993.02—2006.02	吉启华	研工部	研究生工作办公室主任	与研究生部合署办公

续表

时间	姓名	科室	任职	备注
2006.03—2008.09	林文伟	研工部	研究生工作办公室主任	与研究生部合署办公
1996.05—2004.06	郭　萍	研工部	研究生工作办公室副主任	与研究生部合署办公
2006.09—2008.09	朱　英	研工部	研究生工作办公室副主任	与研究生部合署办公
2003.07—2007.03	张克兢	研工部	科员	与研究生部合署办公
2004.03—2008.09	李成龙	研工部	科员	与研究生部合署办公
1999.09—2013.08	王　英	研招办	研招办主任	1999.09—2003.06,研究生部科员 2003.06—2004.11,研招办副主任 2004.11—2008.11,研招办主任(正科级) 2008.11—2013.06,研招办主任(副处级)
2014.05—2020.12	徐效丽	研招办	研招办主任	2014.05—2020.12,研招办主任(副处级);
2015.05—2017.10	张慧芬	研招办	研招办副主任	2014.04—2015.05,研招办科员
2012.05—至今	查　琳	研招办	研招办副主任	2012.05—2018.04,研招办科员 2018.04—2021.01,研招办副主任(副科级) 2021.01—至今,研招办副主任(正科级)
2001.09—2003.09	孙　健	研招办	科员	
2004.03—2007.03	张海生	研招办	科员	
2007.07—2018.06	石春乐	研招办	科员	

续　表

时间	姓名	科室	任职	备注
2008.04—2011.10	骆铁姝	研招办	科员	
2015.01—至今	桂　萍	研招办	/	返聘
2017.02—2019.09	吴连超	研招办	科员	
2019.01—至今	单　丹	研招办	科员	
2019.07—至今	匡思颖	研招办	科员	
1992.07—2011.11	唐俊峰	培养办	培养办主任	1992.07—2000.03，研究生部科员； 2000.03—2002.02，研究生部学科建设办公室副主任； 2002.03—2003.06，研究生部行政秘书； 2003.06—2006.09，研究生部管理与就业办公室主任； 2006.09—2011.10，研究生部培养办公室主任；
2011.10—2017.10	骆铁姝	培养办	培养办主任	2011.10—2013.12，培养办副主任（主持工作）； 2013.12—2017.10，培养办主任；
2017.10—至今	张慧芬	培养办	培养办主任	
2000.03—2004.03	徐效丽	培养办	科员	研究生部行政秘书、培养与学位办科员
2004.05—2013.03	刘　艺	培养办	科员	

续 表

时间	姓名	科室	任职	备注
2008.08—2011.11	丁明利	培养办	科员	
2012.04—2019.05	孙增耀	培养办	科员	
2012.05—2014.03	郭　琪	培养办	科员	
2014.07—2019.01	单　丹	培养办	科员	
2019.09—至今	吴连超	培养办	科员	
2019.01—至今	唐　维	培养办	科员	
2019.02—至今	田顺利	培养办	科员	
2002.03—2011.04	刘建树	学位办	研究生部主任助理	2002.03—2006.04，研究生部行政秘书、培养与学位办科员； 2006.04—2011.04，研究生部主任助理；
1991—2008.09	李煜成	学位办	学位办主任	先后担任研究生部科员； 研究生部学位办副主任和主任； 2008.01—2013.12 返聘学位办；
2001.06—2017.08	陆　嵘	学位办	学位办主任	2001.06—2003.06，研究生部行政秘书； 2003.06—2008.05，研究生部培养与学位办科员； 2008.05—2011.12，研究生部学位办主任；
2008.08—2018.04	丁明利	学位办	学位办主任	2011.11—2013.06，研究生部学位办公室副主任(主持工作)； 2013.06—2018.04，研究生部学位办主任；

续　表

时间	姓名	科室	任职	备注
2013.05—至今	张　翔	学位办	学位办主任	2013.05—2014.12,研究生部学位办科员; 2014.12—2018.05,研究生部学位办副主任; 2018.05—至今,研究生部学位办主任
2019.05—至今	孙增耀	学位办	学位办副主任	2019.06—至今研究生院学位办副主任;
2004.07—2012.02	刘海峰	学位办	科员	
2011.06—2014.04	张慧芬	学位办	科员	
2014.03—至今	郭　琪	学位办	科员	
2018.09—至今	杨　超	学位办	科员	
2019.02—2021.11	陈晓双	学位办	科员	
1992.06—2013.07	张郑军	综合办	综合办主任	1992.06,担任研究生院(筹)主任科员; 1993—2004.08,担任研招办主任 2004.08—2013.07,担任研究生部综合办主任; 2013.08—2021.06,返聘综合办
2004.02—至今	林　琳	综合办	综合办主任	2004.02—2013.06,研究生部综合办科员; 2013.06—至今,研究生部综合办主任;
2016.07—至今	杨月华	综合办	科员	
2021.11—至今	陈晓双	综合办	科员	

(执笔:丁明利、林琳)

附录十五：东华大学二级单位对照表

序号	全称	简称
1	纺织学院	纺织学院
2	材料科学与工程学院	材料学院
3	化学化工与生物工程学院	化生学院
4	机械工程学院	机械学院
5	旭日工商管理学院	管理学院
6	服装与艺术设计学院	服艺学院
7	信息科学与技术学院	信息学院
8	环境科学与工程学院	环境学院
9	理学院	理学院
10	人文学院	人文学院
11	外语学院	外语学院
12	计算机科学与技术学院	计算机学院
13	马克思主义学院	马克思学院

参考书目

Bibliography

[1] 纺织大学校史编写组,《中国纺织大学校史(1951—1986)》,上海科学技术出版社,1989年8月版。

[2] 东华大学校志编纂委员会,《东华大学志稿(1951—2006)》,东华大学出版社内部出版,2011年7月版。

[3] 上海市地方志编纂委员会,《上海市级专志·东华大学志》,华东师范大学出版社,2021年10月版。

[4] 张伟江、王志中主编,《上海研究生教育改革发展20年(展望篇·奋斗篇·成果篇)》,上海交通大学出版社,1999年1月版。

[5] 王奇总主编,《上海研究生教育新进展:纪念恢复研究生教育30周年》,上海人民出版社,2009年3月版。

[6] 上海市学位委员会办公室编,《上海专业学位研究生教育发展改革与实践探索(1991—2011)》华东师范大学出版社,2012年10月版。

[7] 毛丽娟总主编,《终日乾乾与时偕行——上海恢复研究生教育40周年(上中下篇)》,华东师范大学出版社,2019年6月版。

[8] 秦惠民主编,《学位与研究生教育大辞典》,北京理工大学出版社,1994年6月版。

[9] 吴镇柔、陆叔云、汪太辅主编,《中华人民共和国研究生教育和学位制度史》,北京理工大学出版社,2001年10月版。

[10] 谢桂华著,《20世纪的中国高等教育——学位制度与研究生教育卷》,高等教育出版社,2003年12月版。

[11] 教育部学生司编,《全国研究生招生工作文件选编(1977—2003年)》,北京航空航天大学出版社,2004年2月版。

[12] 中国学位与研究生教育发展报告课题组著,《中国学位与研究生教育发展报告(1978—2003)》,高等教育出版社,2006年3月版。

[13] 中国学位与研究生教育发展年度报告课题组著,《中国学位与研究生教育发展年度报告(2011)》,中国人民大学出版社,2011年12月版。

[14] 中国学位与研究生教育发展年度报告课题组、全国学位与研究生教育数据中心著,《中国学位与研究生教育发展年度报告(2012)》,中国人民大学出版社,2013年4

月版。
[15] 中国学位与研究生教育发展年度报告课题组、全国学位与研究生教育数据中心著，《中国学位与研究生教育发展年度报告(2013)》，中国人民大学出版社，2014 年 4 月版。
[16] 中国学位与研究生教育发展年度报告课题组、全国学位与研究生教育数据中心著，《中国学位与研究生教育发展年度报告(2014)》，高等教育出版社，2015 年 7 月版。
[17] 中国学位与研究生教育发展年度报告课题组、全国学位与研究生教育数据中心著，《中国学位与研究生教育发展年度报告(2015)》，高等教育出版社，2016 年 10 月版。
[18] 教育部学位与研究生教育发展中心著，《中国学位与研究生教育发展年度报告(2016)》，高等教育出版社，2017 年 12 月版。
[19] 教育部学位与研究生教育发展中心、中国学位与研究生教育发展年度报告课题组、全国学位与研究生教育数据中心著，《中国学位与研究生教育发展年度报告(2017)》，高等教育出版社，2020 年 1 月版。
[20] 中国学位与研究生教育发展年度报告课题组著，《中国学位与研究生教育发展年度报告(2018)》，清华大学出版社，2020 年 1 月版。
[21] 中国学位与研究生教育发展年度报告课题组著，《中国学位与研究生教育发展年度报告(2019)》，社会科学文献出版社，2021 年 08 月版。
[22] 王战军著，《中国学位与研究生教育 40 年(1978—2018)》，中国科学技术出版社，2018 年 12 月版。
[23] 王战军著，《中国学位制度实施四十年》，中国科学技术出版社，2021 年 7 月版。

后　记

Afterword

2021年是一个特殊的年份，中国共产党成立100周年，中国学位制度实施40周年，中国专业学位研究生教育开展30周年，全国研究生教育会议1周年，“十四五”规划开局之年；还是东华大学成立70周年，东华大学研究生教育开展62周年，东华大学研究生院成立1周年。

为了展现60余年来东华大学研究生教育发展与改革的成就和风采，系统总结学校研究生教育的探索和实践，展示学校研究生教育取得的成就与经验，阐述“十四五”及未来研究生教育发展的新思路、新任务、新方向，不忘育人初心、牢记强国使命，始终沿着建设具有东华特点、中国特色、世界一流的研究生教育强国的目标奋进。研究生院决定组织编著《奋进——追求卓越的东华大学研究生教育》一书。一方面，助力高校与社会及研究生培养单位之间的了解和沟通；另一方面，助力推进学校研究生教育事业的持续和健康地发展，更好地实现一流研究生教育的战略目标。

在校院领导的指导下，研究生院于2021年初成立了书籍编撰小组，开始筹划和设计本书编写的基本框架和相关内容。本书全体编撰人员坚持“遵循研究生教育规律、恪守研究生教育史实、呈现研究生教育成绩、展现研究生教育特色”的原则，以学校研究生教育发展不同时期的一手数据和客观事实为依据，在研究生院（部处）曾经工作过的各位老师和相关部处的协同下，科学谋划、充分研究，真实地反映和再现了60余年来尤其是近10年来东华大学研究生教育发展与改革的基本轨迹，按照研究生教育从招生、培养到学位授予的全过程，从组织机构、招生管理、培养过程、专业学位、对外交流、学籍学位、创新探索七个方面，完整地展示了东华大学研究生教育在服务纺织强国建设和区域经济社会发展中的重要价值和突出贡献。

本书全体编撰人员利用暑假和周末，细致地开展文献检索、资料收集、数据核实与消化吸收，从学校出版的校志和校史中挖掘资料，从近10年编撰的质量报告中总结提炼，系统地展开本书内容的编撰。期间还先后召开集体交流会，研讨并逐步修改完善文稿，于10月完成初稿，并提交给相关部处、老同志征求意见，同时开始内部互相交流修改。11月份完成统稿，并送交出版社排版。历经近一年的艰辛努力，最终从浩如烟海的资料数据中，整理归纳、提炼总结、分析展望，汇编成了眼前的近50万字的《奋进——追求卓越的东华大学研究生教育》书稿。本书在编撰、审核和校对过程中，全体编撰人员奋力投入到编辑出版工作中，并按照既定的编选程序、时间节点要求，及时出色地完成了本书的编审任务。这种认真负责的工作态度、团结合作的工作精神是奋进东华的最好体现，将给后学者留下一笔宝贵的精神财富。

本书的付梓出版，从某种意义上来说，是东华大学研究生院全体同仁集体合作探究的杰作和集体智慧的结晶，更是学校研究生教育管理者致敬建党100年、建校70周年、致敬伟大事业和纪念辉煌时代的精品力作。

由在研究生院(部处)不同时期工作过的老领导和部分同志担任顾问。研究生院现职人员组成本书编著委员会，具体编著任务见每一节最后的标注。全书由丁明利统稿，陈晓双承担了大量的沟通交流和全书校对工作，孙增耀完成了本书目录的英译，杨月华和桂萍负责一些校对和数据核实等工作。

本书在编撰过程中，得到了各方的鼎力合作与支持，党委学生(研究生)工作部(学生处)、学生就业服务中心、校团委、国际文化交流学院等部门为书稿提供了一些较准确和权威的数据与材料。本书还是丁明利承担的上海市哲学社会科学规划教育学一般项目《上海研究生教育发展史(1949—2019)》(编号:A2014)的中期成果之一。

还要感谢中国学位与研究生教育学会副会长舒慧生教授在百忙之中为本书作序，他的序言为本书增色了许多。

由于编著任务繁重，加之时间仓促，编写组成员水平有限，难免挂一漏万，在数据收集、统计口径、时间范围等，有的案例、事件等方面载录不够周全或者还有疏漏，书中有不充分、不完善，甚至有错误，敬请专家和广大读者批评和指正。

谨以此书作为献给中国共产党成立 100 周年、中国学位条例实施 40 周年和东华大学建校 70 周年这三个有纪念意义日子的一份庄重礼物！

编著者

辛丑年十一月廿八日、西历 2021 年 12 月 31 日

图书在版编目(CIP)数据

奋进:追求卓越的东华大学研究生教育/东华大学研究生院著.—上海:上海三联书店,2022.9
ISBN 978-7-5426-7646-7

Ⅰ.①奋… Ⅱ.①东… Ⅲ.①东华大学–研究生教育–概况
Ⅳ.①G649.28

中国版本图书馆CIP数据核字(2021)第263572号

奋进——追求卓越的东华大学研究生教育

著　　者 / 东华大学研究生院

责任编辑 / 郑秀艳
装帧设计 / 一本好书
监　　制 / 姚　军
责任校对 / 王凌霄

出版发行 / 上海三联书店
(200030)中国上海市漕溪北路331号A座6楼
邮　　箱 / sdxanlian@sina.com
邮购电话 / 021-22895540
印　　刷 / 上海惠敦印务科技有限公司

版　　次 / 2022年9月第1版
印　　次 / 2022年9月第1次印刷
开　　本 / 710mm×1000mm　1/16
字　　数 / 500千字
印　　张 / 33.75
书　　号 / ISBN 978-7-5426-7646-7/G·1626
定　　价 / 118.00元

敬启读者,如发现本书有印装质量问题,请与印刷厂联系 021-63779028